中国当代民间史料集刊 11

华东师范大学中国当代史研究中心 编

沙文汉工作笔记（1949—1954年）

本集刊出版获得东方历史学会资助

中国出版集团 東方出版中心

出版说明

《中国当代民间史料集刊》是一套记录1949年以来中国历史的资料丛书，由本中心组织编辑。这套丛书收录的是流散于社会的各种民间文献，包括日记、笔记、记录、信函、小报、表格、账册、课本等等。与已经出版的许多中国当代史资料不同，这套丛书以反映社会底层的政治、经济、文化状况和日常生活、人际交往、家庭关系、个人境遇等为内容，为读者提供记录底层历史变迁的原始资料。

相对于中国古代和近代各种民间史料，中国当代民间史料数量更大，种类更多，抢救、发掘的难度理当比前者要小得多。但实际的情况却颇不乐观。由于在相当一段时间里政治运动频发，特别是经历过“文化大革命”以后，许多私人记录性史料大量抄没、毁坏或遗失。而各种运动过后，尤其是改革开放初期“拨乱反正”，也曾将大量个人材料交还个人处理，或由组织代为销毁。再加上单位变动频繁，过去曾经保存在单位里的各种油印资料或个人记录材料，也不断地被处理或销毁。所有这些都使得原本应该浩如烟海、取之不尽的当代民间史料，如今竟成急需抢救的“国宝”。

近十几年来，意识到并重视当代史料搜集和抢救工作的民间人士和专业研究者，已不在少数。但十分遗憾的是，这方面的工作迄今为止仍处于一种分散游击、割据自守的状况。由于收藏者多将自己搜集到的史料藏诸深山、秘不示人，从而使得原本就显得十分稀少的民间史料愈显其缺。

历史研究,关键在史料。当代史料通常有几类,一是官方档案文献;二是口述或回忆;三是影像或录音;四就是民间记录的各种文字材料了。在所有这些史料当中,官方档案的形成、留存和开放,都难免会受到时政的极大影响,因而具有很大的片面性;口述回忆史料因时过境迁,加之当事人的主观意向和记忆误差,也极易造成对历史的误读。至于影像录音之类的史料价值,自然局限更为明显。因此,当代史料当中最大量的,也是最能够真切反映社会当时各种情况的,恰恰是这些民间史料。如今,当代中国历史的研究正方兴未艾,已有越来越多的学者和学生开始关心和研究当代历史的问题了,但因为民间史料查找不易,除极少数近水楼台者外,真正能够利用民间史料来做研究的学者和学生,还寥寥无几。

本中心成立不久,但深信应该在这方面有所建树。因而不惜大家动手,不取分文,费时费力并以极为有限的财力资源,编辑出版这样一套丛书,以利推动民间史料的整理与出版,进而逐渐打破现在史料收藏过于分散、难以利用的情况。

必须说明的是,本中心在民间史料搜集上着手较晚,故我们所推出的史料无论从面上,还是从点上,都不成系统。同时,由于整个当代史料的整理和出版工作在全国范围也都还只是处于起步阶段,无论编辑还是出版工作都还有一个摸索适应和逐渐规范的过程,因此,在许多方面都难免存在着缺失甚或不当之处。凡此种种,还有望各方读者包括原文作者及时提醒和指正。

华东师范大学中国当代史研究中心

2010 年 7 月

编校说明

一、本辑资料为沙文汉工作笔记及所附之件，部分为沙秘书笔记。除标题中具体标明为他人讲话、报告或某部门文件者，一般均为沙所撰所记。少数无法确定记录人或主撰人的篇目，亦保持原状，不做推测和辨析。

二、本辑资料多为沙当年的草稿和速记稿，文中原有涂改、添加、省略和不确定、无规则的大小序号甚多，导致阅读困难之处比比皆是。为了在保持原文原意基础上使今人阅读不致产生太多歧义和疑惑，编者在编校时对原文做了以下三类加工处理。特说明如下：

（一）代码处理。原文中的代码除个别量词作者在一篇文稿中混用时统一改为一种形式外，一般基本保持原状，只在第一次出现时加括号说明。

为方便读者查找，正文中作者经常使用的代码列表备查。

（二）旧式用法处理。原文使用的多是繁体字，遣词造句多为旧式用法，有些不改容易造成歧义；有些不改不易造成歧义，修改反而数量太大太多。故此项处理采取了下述两种办法：

1）直接改成今日用法。凡旧用法容易产生歧义，统一改成简体字及新用法更便于阅读理解者，均直接改过，不加标示说明，如：

“狠”（程度副词），直接改成“很”；

“底”（助词），直接改成“的”；

“回报”，直接改成“汇报”；

“行叶”、“工叶”、“农叶”、“商叶”等，直接改成“行业”、“工业”、“农业”、“商业”等；

“什志”、“什货”、“什粮”等，直接改成“杂志”、“杂货”、“杂粮”等；

“智识”及“智识分子”等，直接改为“知识”及“知识分子”等；

“介释”、“介决”、“介放”等，直接改为“解释”、“解决”、“解放”等；

“正风”、“挨正”、“正顿”等，直接改为“整风”、“挨整”、“整顿”等；

“史（大林）”、“史大林”、“史达林”，直接改为“斯大林”。

2）保持原状不动。一般旧用法不妨碍理解的，不做修订或修改。这一类字词数量较多，仅列几种以供了解：

旧式用法	**新式用法**
那（那个，那里，那时等）	哪（那个，那里，那时等）
二（二个，二种等）	两（两个，两种等）
他（中性、女性）	它，她
须（须要）	需（需要）
份（如成份、份子）	分（成分、分子）
付（如付业、付部长）	副（副业、副部长）

（三）一般坚持原文照录的处理原则，不改变原文的体例、格式、文字。但篇目标题，除部分原有且保留不变者外，多由编者依据内容所拟或改拟。正文遇下列情况，亦照下述办法加工处理：

（Ⅰ）原文中的错、漏、衍字和难以辨认的字做了如下校订：

1. 错别字以〈　〉符号订正，错别字在符号内，正确的字置于错字符号之后。

2. 漏字以［　］符号填补，漏字在符号内，置原位。

3. 衍字以□符号注明，衍字在符号内，置原位。

4. 难以辨认的字以■符号标明，一字一符，置原位。

5. 语句缺漏、不通，又需加说明之处，用页下注的方法在需要说明的文字或语句之后标注说明。

（Ⅱ）原文无标点，或仅黑点，或缺标点且读不通者，均重新断句并标点。

（Ⅲ）对原文繁杂不一的序号做了如下处理：

1. 序号不连接的，如缺序号、重复序号等，一般应加注说明；只有一个孤立的序号的，删除不影响文意的，一般予以删除。

2. 序号为两层且意思明白者，保留原序号。

3. 序号为两层，但序号的数字用法（如汉码、阿拉伯码、罗马码）不一，且层次不明者，应按大小层次调整为统一用法的序号。

4. 序号层次超过两层者，不论原文序号的数字如何，一律使用单一数字用法的序号；序号基本上是汉码数字者，全文应统一使用汉码数字，非汉码数字均改为汉码数字；序号为罗马数字者，全文应统一使用罗马数字；余类推。

5. 序号层次过多，大小倒置，容易发生歧义或按原标注序号无法继续延伸者，应按下列序号层级重新编排：以汉码数字一、二、三为一级序号；以汉码数字（一）、（二）、（三）为二级序号；以阿拉伯数字 1、2、3 为三级序号；以阿拉伯数字（1）、（2）、（3）为四级序号；以英文字母 A、B、C 为五级序号；以 a、b、c 为六级序号。原文中个别非序号排列，而使用实心圆点符号者，可保留，但应与正文字号大小相同。中文数字序号后应使用顿号“、”；阿拉伯数字和英文字母后应使用小圆点符号“.”，置数字后右下角。

6. 凡序号过多，须造字才能解决者，应照（5）项办法处理。

7. 序号数字经改动者，应标题注，即在本文标题后加 * 号注，并在页下注中注明：“本文序号数字为编者统一编排。”

正文代码查询表

ブル　或指资产阶级,或指资本家,或指资本主义。

ブロ　指无产阶级。

インチリ　知识分子。

CP　指共产党。

CCCP　指苏联。

K、KMT　均指国民党。

UF　指统一战线。

M　指群众。

MAX　指马克思。

Tob　指同志。

Stalin　指斯大林。

Sovet　或指苏维埃,或指苏联。

Fascist　指法西斯。

Ton　量词,指吨。

KW　量词,指千瓦。

E　量词,指亿。

TB　指肺病。

No.1　指拿摩温,亦即领班。

目　录

论中国革命的国际意义及中国在国际上立场

1949年8月15日

一、中国革命的国际意义。为了解这一问题，我们有把今日世界政治形势作一简要的说明的必要。

（一）今日世界政治的基本特征

今日世界政治的根本特征是高速度转变中的ブロ[①]革命时代，即资本主义高速度的崩溃时代，也就是说激化了的世界转〈形〉型时期。

1. 在世界史上第一次大战是表示着资本主义已发展到最高峰，十月革命就是转〈形〉型的开始。

2. 第二次世界大战及其以后，这转〈形〉型的速度更趋激化，ブル[②]的世界更不安定，已无法安定（连相对的稳定时期都没有了），革命的力量不但愈来愈大，且还继续在发展中。所谓ブル世界总危机是更加现实化了。

3. 革命与反革命的阵线更加清楚，世界的斗争也更加尖锐化显著化了。

4. 从这个意义上来说中国革命的胜利是世界ブロ第三次的大胜利。

（二）这第三次的大胜利，在今日的现实世界上就有如下的严重意义：

1. 它解放了世界1/12的土地，23%的人口，使帝国主义者在亚洲大陆上的侵略与战争的计划基本上垮台了。就是说，它大大地增强了革命的力量，大大地削弱了反革命的力量，它使整个世界革命与反革命斗争的形势大为改变，而给世界革命势力以极大的援助。

2. 它是这个转〈形〉型期中被压迫民族第一次的大革命的成功。这不但证实了列宁主义的理论，证实了被压迫民族应走的道路，而且给今日许多被压迫民族以极大的鼓励与推动力。尤其是在远东。就是说帝国主义在东方的统治已开始崩溃，根本动摇了。

这就是中国革命在国际上的伟大意义。我们中国人应以此自豪。全世界的人民，不仅是被压迫民族的人民，也都在以中国革命的胜利而欢腾着。

---

① 指无产阶级，下同，不另注。
② 指资产阶级，下同，不另注。

二、那么在这样的国际政治条件下，中国应该怎样处理他[的]自己呢？

（一）这本是一个很复杂的问题，可从好多方面来说的，这里我只想着重的从中国应该怎样站稳自己的立场来说。我们的立场就是：坚定不移地站在国际革命阵线的这一面，而把自己看成是国际革命势力中很重要的一个支柱。

因为：我们要建设中国，巩固革命的政权，使他成为世界上更有力的革命力量。我们要求世界和平，反对一切帝国主义的侵略与挑拨布置战争，发动人类的浩劫。我们要支援世界其他各地被压迫阶级及被压迫民族的革命运动，赖此来巩固自己。

所有这一切，不但是与中国人民的利益相符合的，并且是代表着中国人民共〈通〉同的最高利益的。

（二）因此，这里我们批驳与反对在世界两大阵线之间走中间路线，这是因为：

1. 假如中国内政上不能有、也未曾有过中间路线，则今日的世界政治上也不会有与不能有中间路线的，理由是这样：

（1）中间路线，即国际上的中立，只能是向帝国主义侵略势力开门与屈服；

（2）中间路线只能妨碍中国得到革命势力的援助，妨碍中国建设的发展与国家安全；

（3）中间路线只能给帝国主义以弱点而向世界其他国度内革命势力去进攻。

2. 所以今日的世界，任何国家都只能是非杨即墨，我们这么大的中国更不能例外。所以中国在国际上站在革命阵线与否，是是否继续保持革命与发展中国的问题，而不是儿戏随便可以玩的。事实上所谓中间路线，只不过是帝国主义尾巴的一个代名词罢了。是资产阶级与若干小资产阶级的一种幻想。他们根据着他们传统的利益，和一种传统的庸俗的超阶级的、幼稚的敌我不分的思想的[一种]幻想，是与中国人民的利益相违背的。

土耳其，印度，以至于铁托的南斯拉夫的实质很明白地证明了这一点。

3. 许多人以为"你们还不是一边倒，这与国民党有什么不同呢？"他们且用"民族独立"这个美丽的名词为他的幌子，说我们是赤色帝国主义的走狗。

（1）我们是一边倒，但是革命为着中国人民，或中华民族更好的发展，而国民党的一面倒则是反动，是卖国，把中国人民变为帝国主义的鱼肉。形式上因为一面倒，而其本质上却有根本的区别。

（2）民族独立，很对，革命的一面倒刚刚是民族主义，巩固我们民族的独立，是为着繁荣与发展中国，也尊重其他任何民族，正确的、光荣的民族主义，即革命国际主义的民族主义。即有区别于自私的、损人利己狭隘的民族主义，这是正确的民族主义，向革命阵线的一而倒是为着加强与发展这正确性和人民大众的，也即是民族的利益。

难道中国还有什么政党，曾比共产党更要求民族的独立与看重民族利益的，若以为我们坚决的主张联合苏联，就是赤色帝国主义的走狗，（这名词不能成立的，下面将再解释）那么难道中国应该孤处于世，让美帝国主义来侵袭以至于出卖给他，反是民族主义了！显然事实完全不是这样的。

所以所谓中间路线这事实是没有的，有之，则不过是帝国主义尾巴思想的代名词。你们不看到美帝在期望中国变成南斯拉夫，并且竭力培养中间主义者吗？而唯一正确的民族主义，应该是革命的国际主义的民族主义。

（3）这里有人会问，那么中国会否被苏联侵略掉，变成苏联的殖民地呢？不信，苏联不是在中国的旅大筑军港做他们的海军基地吗？

A. 现在让我先来谈一谈旅大问题。

a. 苏联之要求旅大，在当时是因为要阻碍美帝国主义独控太平洋西岸与东北。事实上，苏联之在旅大，对这次中国革命有极大帮助的。否则我们在东北就会增加许多困难。

b. 苏联现在为什么还不把旅大还给中国呢？那是因为美帝国主义者正在扶植日寇，正在挑拨与布置世界大战，而这个北方安全的责任对中国来说反而愿意要苏联担负的，让苏联背此包袱，好在他也背得起，所以我们竭力赞成中苏的条约，因为这对中国人民是有利的。

c. 但把旅大的军事防守权放在苏联手中，结果会否作苏联侵略中国的根据地呢？不会的，那又为什么呢？因为苏联的社会制度根本不是私有制度，因此苏联也不能有侵略行为。

甲、侵略与掠夺根本是私有社会的产物，封建时代的掠夺与资本主义的利润追逐，都是例子，而苏联的社会制度就没有这种动机。

乙、社会主义的社会，一方面因为没有剥削关系，自己可以无限度的发展，而根本不需侵略人家，另一方面他本是世界性的，依靠着世界革命的成功，而自己取得根本的安全与更伟大的发展。没有二次大战苏联将发展得怎样了啊！因此他更不会侵略人家，否则就与他自身的利益相违背。

丙、人们常从形式来看问题，但有时形式与本质就常相矛盾，同一形式就可产生完全不同的结果，而旅大问题就是这样。如果如此则美国的援助就将是真的援助了！但我们中国人都知道，已经吃够这援助的味道了！所以苏联之在旅大，是绝不会有侵略中国之虞的，而他本与中国人民的利益相符合的。

(4) 那么有人或者会问，中国这样地向世界革命阵线一面倒的政策，是否将不与美英等国往来，是否会走向战争呢？

A. 首先应该说明的，中国并不是美英等国革命不成功就不同他往来，而是在这些国家没有放弃其敌视中国人民，放弃其侵略中国企图之前，中国不愿和他们恢复国交。否则事情就将敌我不分，我们会对他们示弱，而刺激侵略欲望，对中国是不利的。

至于将来他们觉得一切毒计阴谋都破产，而只好放弃其野心时，那我们是愿意与他们通商复交的。这通商复交对中国的建设也是有利的，因为他是平等的无从属的关系，所以我们应该做的，但这也并没有变更我们坚持世界革命阵线的立场。

B. 次之会否走向战争呢？这样不是刺激帝国主义来打中国吗？

要知道在帝国主义这个纸老虎面前愈软弱他就野心愈大，愈坚定愈有决心愈有力量，他就愈老实，我们过去对日寇曾“过客气”了，甚至作揖叩首，但日寇就打进来了，今日对美帝是很强硬的，但是他也只好从青岛，而且明日还将从台湾撤出去。所以帝国主义会否进攻中国，完全不在于我们对他的态度，因为我们绝不会有去侵略别国的企图的，反之，我们愈是坚决地站在世界革命的阵线中，我们的力量就愈大，敌人就愈不敢动我们，就愈老实。

C. 那么这样不是敌人进攻苏联时，我们也将卷入战争了吗？但事实是：

a. 我们革命阵线愈联合得坚固，敌人对苏联也就更不敢动；

b. 再则今美帝国主义者声声口口要打苏联，而其更重要的实质之一，又在于想以此为掩护，来侵略苏联周围的国家。使他们在这烟幕下，落在美帝的掌握中，因此斗得凶未又能做得凶；

c. 何况今天世界的形势基本上是革命的形势，和平的力量。只要加上主观的努力是有充份的条件能去克服战争的，而这主观上努力的最重要的条件之一，就是革命的进步的国家紧密地坚固地团结，所以坚决站在世界革命的阵线上，不是引向战争，而是反对战争，争取和平。

三、总结起来说：

中国革命将世界形势大大地改变了，将世界革命往前推进了一大步。而我们中华民族，中国的人民，只有坚决地站在世界革命阵线中，才能够得到真正的独立与更好的发展。将来世界民族间的斗争，也只有在这种无产阶级国际主义的民族主义之下，才能得到合理的解决与消灭。

（文件编号：F106）

华东地区政协代表团的讨论记录

1949年9月中旬末[1]

饶漱石：

一、帝[国]主[义](与)反动分子所好者我们恶之，其所恶者[我们]好之。

二、帝[国]主[义]与反动分子所争取者，我们应毫不放松争取之。

陈毅：

一、要求：

(1) UF[2] 方针，希望中央有规定。中央对具体问题有指示，而方针则希望有很好的指示。

(2) 华东 UF 工作主要在上海，南京、杭州也有一些，而各区党委与地委是否都要统战机构，希中央有所决定。

二、由于前述问题未解决现在各地 UF 工作相当混乱。

(1) 对劳资纠纷中，同志有把劳资两利看成是我们应付ブル的，而没有看成是我们 UF 总路线的实现。这种情形使我们不能很好与民族资产阶级合作，也不能与他们作正确的斗争。

(2) 是一般地对党外人士，尤其是处理〈有〉各机关、技术机关与学校等的过左，以胜利者自居不虚心，而与一般上层分子有恐惧，这表现我们同志不会领导人家，拒人于千里之外，现在我们干部中都有过去老干部对付新知识分子的毛病。

三、对于一般民主党派，我们是一种推脱不解决问题的方针，对于他们之要求工作，解决问题都是如此，但这并不是办法。

各党派现在实在是没事可做了，吹政治。现在人家听共产党[的]了，解决劳资纠纷与救灾等他们也没办法，而事实上他们空起来了，觉得无事可做而很恼火的。

---

① 日期为编者据内容判断所拟。

② 指统战，下同，不另注。

四、关于一般民族资产阶级，他们受美 K 压迫是事实，而他们确产生依靠我们后有出路[的希望]。但另一方面，他们中间很复杂的，有 CC、军统及政学系分子等等，他们是准备埋伏的。我们不看清这些，是不对的。但以为他们硬准备一二十年后与我们斗争则也不然。我们政策上能照顾与争取他，则可能争过来的。

总起来说，他们有几个武器，即以为我们上面好，下面不好；洋共好，土共不好，即他们是拉上打下政策。

其次，是将劳资两利解释为劳资合作，使新民主主义为他服务，与我作思想斗争。

施存统就大说其民族资产阶级不拥护新民主主义，则中国的社会主义将被迫提前实现，而以此来号召民族ブル。

章乃器则公开说要宣传组织民族资本家，而自己在争取作为民族ブル的代表。

其三，则表示他们积极地要组织ブル自己，使能保卫自己参加斗争，这里就有参加敌伪与 K 等反动时期者，我们要不要他们的问题，而此问题又很复杂。

其四，他们〈要〉到处找人，多钻孔子，向中央、华东局等处挖空我们的下面。他们又到处送礼，用团体送礼等以〈处〉取得其合法，使你不能不承认他们（如市商会）。

自然，对于他们这种战术，我们要懂他，而不必怕他。在另一方面，他们与我们有不同意见，客观上有好处。如大家都一味拥护，则各界政协就是多余的了。

上海ブル对我们提了四个意见：

① 你们只有消极精简节约，没有积极开源发展。

② 只有财政政策，没有经济政策。

③ ……[1]

④ 只看到现在，没看到将来。

这些意见是错的，我们必需批驳，但我们贸易局与统战部不接受，没有很

---

[1] 原文无。

好照顾他们而反给好处于小商人，而不给有地位或较进步的ブル，这是不好的。

实际上，上海政治就是经济，而贸易自做自为是不好的，实际上ブル对我提四个原则，原则上是不对的。而从前述这种实际事实上出发是有根据的。

我们今日的 UF 主要是左的关门主义，但也已有是右的。这主要是我们〈是〉自己思想〈磨〉模糊，受了人家影响，这些虽非主要的，但应予以注意。

刘伯〈诚〉承：

南京统战部机构很不健全。

① UF 的民主人士中反革命分子的情形。反革命分子利用我 UF 的活动，在解放之初，就想抓武装，参加接收，我们都把他收缴了。

但在民主党派下的反革命与坏分子的处理要很有分寸，要分步骤，而不可冒失。

② 生产是今日中心工作，而 UF 工作要为此努力，但ブル对我常以许多问题来为难我们，而把资本出路、原料的问题都推到我们身上来，要我解决，并且将物价成本等假造了计算法。对这类人应设法个别击破他。要多同他们接触。

③ 教授与学校问题，〈比〉我在那里抓得很紧，尤其在中小学。

对于公务人员，我们(接)收了他们一部份受训。我们对此外(的)，从财政上(为他们)着想了，但对坏分子我们还应处理。

④ UF 与各部份的关系问题。许多部门，如财经、文化之类都与统战有关。由于我统战部机构不健全而与各部门的关系有没明确规定，这是不好搞的。

粟裕：

目前对 UF 问题中，部队对统战思想的认识还大不足，这是目前很重要的内部障碍。

许多人只把统战看成是专门干部去做的，而把自己置身于其外，什么都不管。

UF 中上下与各地区各部门间的配合今日确很重要。

陈毅(9月19日):

今日的形势,政协开始已与过去不同了,我们党要领导广大的各阶级,过去我们没有议会斗争的经验,尤其是部队与农村的干部,缺乏这种经验。但现在我们要学会这些,用政治协商方式,来教育与团结各阶级人士,以保证毛泽东思想的实现。因此在这里我们无产政党就要有高度的警惕与统一性,以与别阶级作斗争,教育并团结他们。因此我们一般同志应该静默而把许多话让主要负责同志去说,因为只有这样我们对外斗争才能高度运用我们的艺术,因为我们代表水准很不一致,而同时都没有这种会议斗争的经验。现在这斗争却还正在开始,我们乱讲,讲得不好会把事情弄坏的。我们不能看轻这个斗争,这个斗争实比我们的军事斗争来得复杂,而且复杂得许多。我们应该把全国的及各省的政治协商会看成是战场,而且这战斗还是很剧烈的。

今天其他各阶级及其党是与我们跑龙套的,但这龙套也要跑得好。现在我们住的中南海,光绪、袁世凯都住过的,但是他们就是龙套没有跑好而失败了,这是他们失败的原因之一。

同志们不要以为到北平来是玩玩的,听听的,而我们是应该展开对党外人士的活动,使我们意见通过政协,而变为神圣不可侵犯的法律,要全国人民来服从。

其次,对于三个文件,想作如下的若干解释:

(1) 关于政治协商会。

在十七八年间中央文件中曾说苏维埃的形式,在社会主义准备与革命时期ブロ专政斗争用了苏维埃的形式,这在马克思时代还没有发现的,因为当时还没有这个条件,到列宁时代才创造出来的。他把旧民主的欺骗完全否定了,改变了他三权鼎立的形式,而以工农代表来代替他,由这代表选出政府来行施政权。这个问题到了中国,中共是找了好几年,在十年内战中我们用了农民的苏维埃,现在我们创造了人民政治协商的方式。依照毛主席的话,这是我们最适合的方式,因为这是各界大联合,有极度大的统战性。自五四以来,五卅与其他革命斗争中,实际上都是各阶级的大联合的革命斗争。蒋介石否定了这点,来个反动专政,他就失败了。

所以人民政协实是中国革命的创造,他既不是苏维埃,也不是美式的ブル政权,也不是K的政权。

K 曾想用过参政会，联合各阶级，但他并没用好，而且在抗战后取消了。这是他反动的本质所决定的，但也是他最笨之处。

这次政协中代表所包括的阶级是很广泛的，毛主席说，我们搞别的东西人家都不来的，但搞政协则人家都来了。而各方面的代表都确能代表各方人民的意见的，变成为全国的工农商学兵及各阶级的大联合，而来拥护共产党。这就是说，我们用了政治协商的方式而把全中国人民实际上团结起来了。

这里我们共产党应防止狭隘的观念，我们不要看不惯各阶级代表他们的发言。其实(让)他们说话是对我们有益的。譬如我们要发展生产，就要注意那些生产先发展与后发展及如何发展等具体步骤。但江南解放之初，我们只会在全国空喊发展生产，而他们却帮助我们提出了具体的意见，使我们能采取实际的步骤等等。

所以对此我们应学习，决不可以为天下是我打的，人家都是投机的狭隘的经验主义，来封锁自己。如果这样，这就是自己搞垮自己，拆自己的台。

所以我们今天已成了公开的统一战线统治形式的时候，我们应该虚心学习，加强自己，使我们能赶上新形势，新需要。在这里同志们是一点也不能骄傲的，自然这不是说我们不要警惕他们，无原则的在做人家的尾巴，所以这也是一个斗争。

中国革命在政权上已有新的发现，这就是政治协商，而这经验仍对中国有重大意义，并且对世界也有意义的。这方式解决了工人领导了社会各阶级的问题，在苏联这是没有的，在东欧因为资产阶级反动了，联盟中也没有ブル的。而中国则不然，中国的具体条件创造了马列主义与无产阶级领导各阶级的方式，这是一个马列主义新的发展，而这经验至少在远东是有很大作用的。

(2) 关于文件的本身。

共同纲领，实质上是等于宪法，是建国的方针与大纲。这不是应付党外的文件，而是中国革命所产生的结果，多年来斗争的结晶。因此我们共产党员就首先应遵守。因为我们遵守得好，就使我们去领导与统治人家；而遵守得不好，则人家就会以此来打我们的。

以下想作逐条的解释。

所谓共同纲领，是只说各阶级共同说的，对于其他问题，各阶级有不同意见，那还是有的。这就是说，在反帝反封建反官僚资本主义中，我们与各阶级所订的共同遵守的协定。以为共产党思想在共同纲领中都代表进去了，这是右倾，而要把党纲全部在共同纲领中写进去，那就是“左倾”。同样在其他阶级也是一样的，他们也还有其他意见在那里没写进去的。以为他们有话都说了，有意见都写进去了，那才天真得可笑的，太幼稚了。

因为这里只是我们提出了一些当前的主要问题与人家订立协定，约束了人家。

对序言中第二点，各阶级的分子实际上有意见，而限于事实，天下是共打的，不好说罢了。所以以后对此点我们应注意反复解释，以为在一次政协会议上他们都接受了这点，那才是笑话。但是这句话写下来了，是很重要的。这就[使]各阶级都只好〈遵〉尊重这点而保证了中国政权的根本性质与其发展的前途。

许多ブル对民主集中制的政权组织形式曾颇有意见，以为民主与专政并用觉得〈更〉很奇怪，他们以旧民主的观点硬想不通这点。但事实上我们对此已有二十几年的经验了。

许多人要在序言中写上走向社会主义前途的词句，实际上这就太左了。许多ブル分子曾作些此提议，其实他的是连为工农服务都还有问题的，我们决不可做他们的尾巴。

……[1]的。所以虽取消其为党派但吸收他们□□(来做)政协代表。

在小党派中代表最多者为民盟，因为他们分子最多而影响也最大。次之则为民革、民联、民建及工商业者，他们占第三位，其他则就很少了。

至[于]无党派人士，是则亦是发展中形成的。他们对革命是有贡献的，这种人在民众团体中也有不少。这无党派人士因其本身无组织，先是与我们个人来往的，但他们是在奋斗的，大部是跟着我们走的。但这种人我们要多教育他，因为他们不懂就会乱弄的。

至于代表的成分，各党派所提出的都是经过与我们商讨的，一般的人常讨论到十来次以上。因为我们要尽量保持得好些的，但同时在旧社会中有地位的人我们也应该照顾的。在这类[redacted]前途的，但对他们来说是[redacted]这样的，因此对于他们来说当时能够那样是难得的。

民盟虽经变化在K压迫下解散了，但他们在香港又成立起来了。

---

① 原缺。

去年五月一号我们号召联合政府中他们都很快响应我们了，所以今天我们应该照顾他们的。致公党也是当时响应者之一，因此我们不能对他例外。他们投革命之机这有什么坏处。患难中的朋友我们应照顾他的。至在淮海战役后组成的投机小党派，则就不能如此照顾他了。我们反而要他们取消成为党派。许多党派在我们说服之下是解散与别党合并了。(被取消者有二十个以上)这说明了我们也不是来者不拒，而是有原则性的。至于孙文主义同盟，他们是有过贡献，我有不同〈着〉有时弄到自己几天睡不熟■■■我们的意见。

此外有四分之一是中间的及中间偏右的。他们今日应该是少数，但是不可缺少的，因为他们能代表我们所不能代表的人。这些人一般他年龄都较大，旧传统深。ブル意识较浓，甚至[是]有封建意识的。

为什么要如此呢，因为这是我们工作的最好方式。在抗日时期，UF 中我们的领导权尚未在全国实现，现在这种统战领导权(工作中)就实现了。因此在 UF 中必需包括这许多人及少数民族分子，只有这样才能表示 UF 的广度与深度。有人觉得小党派的人太多，是的，他们几乎全家都来了，但我们要记得他们在最困难时是与我们一道的。在内战问题上，在反对伪国大问题上都是如此的。我们■■政协的组成。

(3) 为什么政协这样组成。

政协这样组成是基〈本〉于四阶级联盟与党的领导，657 位中少了一名是民联的一个反动分子，我们不同意。

在代表中我们加进步分子可达四分之三，保证了绝对领导。所谓进步分子有二种：(a) 即可以与我们同道走的。即政治方向上可〈根〉跟我们走的(在过去十二年中证明了是这样的)，他们过去虽有不对，但说明了，则他们能接受我们意见的。例如沈钧儒就是如此。(b) 第二类即中间性的偏左分子，即推着左，但又时有动摇的。即在时间上有时接近我们有时就远些，或与我接近时间较短的，但大体上是向着我们走的。例如许德珩先生就是基本上向我们但有些问题则与我们……①。

(文件编号：F136)

---

① 原缺。

第一次全国政协会议日程①

1949 年 9 月下旬

对于这一章我们这样规定后各少数民族的代表都很赞成与满意。

昨晚中央召集各党组织[组]长会议决定：

(1) 21 日晚七时开始开会(六点钟到会)行开幕式。

(2) 22 日报告。

(3) 23、24、25 三日讨论。由首席代表发言，26 日休息，27 日通过决议及宣言通过国都、国徽、国旗提案。

第八日选举全国委员(约一万人)及主席团。选举四十个中央委员。

第九第十天休息。

十月一日成立政府并拟举行全国庆祝大典。

（文件编号：F136）

---

① 原件不完整。

周恩来同志关于政协各民主党派代表包括非党人士的报告

1949 年 9 月下旬

（一）关于政协名单问题

由于胜利意外的快，局势变得意外快，所以原定的一百多些人为代表的政协就不适用而不能不加以扩大。

现在名单内容共分四类，共 46 单位，512 人，候补 70 余人。其中特别邀请类则由常务委员会通过决定的。

现有代表六百多人，这是革命统一战线性的重要表现，二十几年来革命是由 CP① 坚持着的。

抗日后的政协是一种 UF，但反革命者不要，不过人民还是要的，因此我们提出了新政协。所以新政协不仅是开一次会，而是包括各方面、各阶级的 UF。自五四以来中国革命中从未有过如现在那样普遍广泛的 UF 过，也没有如今这样深入的 UF 过。今日的新政协可说是最广泛、最普遍而且很深入的 UF。

现在革命尚在展开中，土改尚未完成，因此，我们所用的还是政协而还不是普选的代表，但是，我们代表还是各界各阶级的，是现有条件下最充分地能够代表人民的。

现在我们的目的是四阶级的联盟推翻反动派及系列的统治，而其政权质性是四阶级联盟，以工农为基础以工人阶级为领导。

但同时在另一方面，我们也吸收了四阶级之外的反动的与进步的，过去参加反动政府的人们。

所以，在党派中共有十四个，而其中新政协是由十一个首先响应中共新政协号召的[党派]所发起的。其他三个一为九三学社，他们是支持了北方学生斗争的；台湾自治同盟也是革命团体；其三是青年团，在形式上是新成立的，但实际上是长期革命中发展的。所以，我们都邀请了他们。

至于其他在新政协筹委会后成立的，则虽为民主党派而就无法邀入了。

---

① 指中国共产党，下同，不另注。

有的我们则要他们并入其他党派或团体里，如反国民党的民社党已并在民盟。孙文主义同盟则邀请了许闻天与邓昊〈民〉明。

至于区域及军队代表，这表示革命发展的结果，但区域代表中也照顾到了其他党派的人士，此外我们也照顾了待解放区与蒙古等区。

第三类是各种人民团体，更是包括了各方面的人士，虽说有的还仍是在筹备中的，在那里我们照顾了各种职业和地区。至[于]少数民族代表，则与蒙古不同，因蒙古已自治而其他还多未解放。海外华侨与宗教方面也都照顾到了，所以人民团体中有已有组织者，尚在筹备者及未组织者，而上海人民团体则因在革命中有特殊贡献，故亦邀请其参加。

特别邀请者分为九类：

1. 是以孙夫人为首的救济团体；

2. 在解放中曾努力保持很大物资而与K[①] 奋斗的；

3. 名流，有正义感的；

4. ……[②]；

5. 和平运动有功的如颜惠庆、邵力子；

6. 起义有功的；

7. 文艺界对旧艺术改造有功，这表示我们对旧艺术改造的重视；

8. ……[③]；

9. 解放中护厂有功的及劳动英雄。

因此，代表约有 660 位，这些代表的产生是经过协商的，就是一切事先协商，这是政协的特点也是民主的本质。

1. 在各党派间一般地党有大小而代表差别不大；

2. 其各阶级中人数有不同，而代表数相差亦不多；

3. 各单位与各单位之间，水准不相同的干部多少也不同，但代表名额则相差甚微，如中共的中央委员还多数不能成为代表。所以我们并不能采取平等的方法。

4. 一般地、凡不可能到者则我们就不请，自然这其中也有若干特殊的。

---

① 指国民党，下同，不另注。
② 原空。
③ 原空。

这是因为他们关系太大的缘故,但这样的人也是经过常委通过的。

前两[者]是决定代表的原则,我们虽不能说完全满意,但也可说我们已负了责,是比较能满意的名单了。

(二)关于政协组织法的草案

原名叫新政协会议草案而现改成中国人民政治协商会议组织法草案。这会议不是一次会,而是一种组织,因为这是要长期继续下去的,因为 UF 政权是长期的,而且这个组织也是长期的。

将来这会议还可有地方性的组织的,如现在各地搞的各地人民代表会,其性质就是地方政协。在全国人民代表会未成立前,全国的政协就是将代替人民代表会的职权,等人民代表选出来之后,则他就成为各党、各阶级的协商机关,而仍将继续存在下去,而且这是根本与必要的。

(三)中华人民共和国组织法草案

1. 本名曰人民民主共和国,后减了民主二字,因共和已是民主,而用人民二字则表示有别于旧的民国,是人民民主专政。

2. 政权制度,是根据民主集中制的人民代表大会政权制。

3. 政府的组织是二级制,但仍一元化。

4. 政府部门特别多,为的是要建设,有人以为太细分,行政效〈力〉率会减低,其实不然的。

5. 中央与地方关系问题,此问题纲领上未写,且无经验还尚难写。

不过这在新民主义下是容易解决的,我们要集中,但也要敢于授权于地方。

名单中前四名多是这类人物,如萨镇冰是满清时代的海军大臣,他反了蒋,欢迎了我们,但提议我们国旗应用黄的龙旗,为什么把他请来呢!因为他对福建台湾与满军都有很大的影响。

有人对此种人作代表不满意这是不对,因为若以革命的历史与贡献的来说,则政协就不能成立只能开我们党员代表大会了。

就是以我们党内来说,也应照顾各单位,而文艺新闻方面的人比例上较作党工作上的同志来说是来得多的,因为他们对外接触更多些对 UF 更有利,而同时我们又要照顾各单位,所以在党内来说也不应改光照资格与职位的。

自然科学家他们政治上多不了解的。但我们多是请了党外的人士,因为这与将来建设有很大的关系，所以应当如此的。在华侨与教育方面也是这样安排的。

有人以为革命不如反革命，是的，就是因为他们反革命过所以要他做代表，因为他们能起到我们所不能起的作用。只有傅作义才能开北京的城门，而我们无人能这样做的，只有他们能影响其他敌人，而我们就不易。这样所以他们反革命后到革命方面来了，我们应该欢迎他们的。因为我们是服从革命的利益，我们只能做对革命有利的事情。

我们在生活上是优待他们的，但他们所保下的物资岂是几百斤猪肉呢？所以这也是为着人民的利益。

政协是建国大会，但建国是，大家二十几年奋斗的结果光荣还仍是大家的，不是代表的。

（四）政协的政权，已说过了，而在政府中亦还有各党派人士的参加，政委会中间也有党外人士参加的，而后各级政府中及各级政协中也将如此，这是一件大事情，因为我们是长期的在农村中长大，对于这些还没有学会，尤其是今天不仅同许多上层ブル之类合作而且还有与其他党派的合作问题包括在内。他们的思想是很复杂的，甚至有封建买办思想在内，我们与他们不但有不同的立场与思想方法，且缺乏共同的言语。

今天我党是在胜利与领导人家的关系中，这与过去的 UF 也不同了，军队国家化口号下的党派斗争，今天基本上已不存在了，而我党在胜利中，对全国领导的威信问题也已解决了。所有人都承认我们是领导者。工人领导、工农为基础与毛主席思想、新民主义的原则等，他们的认识在程度上虽尚有距离，但基本上他们也都承认了。

再则，今日人民的力量与人民的趋势也决定了他们必须这样做的。否则他变成自绝于人了。同时国际的力量对他们也有这样作用的。

这就是今日 UF 中的顺利条件。因此克服今日 UF 中的困难是有很好条件的，我们不应强调 UF 中的困难。

而今天的问题主要的是在于我们是否到他们里面去领导他们，即我们若进去了，就能领导他们。若不进去，则自然无法实现领导。我们有人觉得同他们在一道不痛快，讨厌这就不对的，这就是放弃我们对他们的领导。

自 K（国民党）垮了后，中国没有其以外的其他大党，中国ブル是软弱的，我们是可以领导他们的。他们(小党派中)自己的问题,也是常常要我们去参加时他们才能解决的。我们已派了人到民建中去了。他们很欢迎,因为他们是ブル团体,没有我们人参加许多经济政策的问题等就无法解决。自然我们领导他们要很灵活,不是一个领导决定,而是要在许多问题上有计划的教育与解决他们的问题。

许多人以为在他们那里很麻烦,其实并不如此我们党内思想教育也是很麻烦的。就是麻烦我们也可因此不做,因为否则不能教育他们就不能合作与UF了。

我们要听取他们的意见,对的,我们应接受。不对的我们也应知道。总之我们应与外面接触能来增加我们知识,许多人不愿与不惯与外人接触这是不对的。自然与外人接触了就做了人家尾巴也是不对的。这时我们应该警戒:今天许多人,是只能与我们同走一段路的,但只要走一段也好的,我们不应[因为]他们只走一段而今天不要他们工作了。

将来地方上也有许多小党派问题。尤其是破坏分子会钻到他们里面去的,但我们对此最好的办法就是进去,到他们里面去领导他们。除此之外就没有更好的方法。

对于小党派我们也应该给他们一些经费与房子。大家都用公家钱,我们大党用得多,他们小党则就应用得少。他们要辆把子汽车,我们也可给他们的。他们要办报纸在一定地方也可,甚至给他们办几个。总之,我们应适当的给他们照顾,自然最重要的还是思想上教育与领导他们。

在UF中作为斗争最主要的思想是ブル思想。这思想总是经常要与我们斗争的,但这斗争不可超过与放松总的对封建主义思想的斗争任务。同时,也不可离开总的为了新民主[主义]建设的前提,推动他们前进。

ブル思想中有几类,(1)是很实际的提议办某些事情,对于这些,我们只要考虑到,至于办不到就〈够〉算了。

(2)第二种就是带着封建思想及以民主个人主义者以旧民主思想,着重在一般原则与名词方面,对与这些人名词上无碍于大体者,可以酌量改进之。

总之他们总与我们经常有斗争的。

他们觉得走向社会主义,毛主席所说的恐有二三十年,还〈决〉觉得不〈至〉止这些年份。而对于中国走向社会主义的方法上,他们希望发财后国家用钱买他们。因此我们总纲上今天还不写中国走向社会主义，因为要写这一句还须经过长期的斗争与教育，今日只在名词上通过是无意义的。

因此对于这工作，不但要与ブル等不断作斗争，而且我们要加强对此方面的学习，不要满足于我们旧的经验。譬如：

对政协三个文件，我们应看成这时代的大宪章，如政协变成是长期的工作组织与各地都有地方政协。这是毛主席再三考虑后提出来的，是我们领导各党派各阶级的最好方法。而我们就要学会用这个手段。

我们的政府组织包括四大部分，这证明我们政权既不同于旧民主制，也不全是苏维埃制，对于这种制度我们就要学习。

至于共同纲领其包括问题更多，而就更要学习了。

人民胜利，打天下的人是劳苦功高的。现在还有什么问题呢？就是要把他稳固。

以前的统治者为什么坐不稳固呢？

有人以为许多人革命干时不来，等我们进皇宫了他们来了，就不高兴。其实人家来归附是好的，人家走了我们也就要坐不稳。因此我们要 UF，这是我们党的总方针。反对人家来归附，这与我们党路线不符的。

我们有些老干部看到我们优待傅作义等而觉得伤心，觉得革命不如不革命。这些人实是不懂我们中央革命的总方针。

党员必须知道为人民服务是无条件的，有人以为我们还不如反革命者有猪肉吃，这就是有条件的革命，即吃猪肉作[为]革命条件。共产党员有别于人家者就是别人要条件，我们不要条件。

这种思想是很难说通的，如他以为革命不如不革命，那么这思想如打不通只好要他不革命，请他出党。但我们同志要他这样就不肯了，那么你就得革命，就得不讲条件。

UF 在将成功之时最严重的问题就是关门，说革命不如不革命不要人家来归附。

过去的 UF(统战)我们基本上还要去归附人家，而现在是人家归附我们，为着我们的天下，同志们应深虑此点，不然我们就会变成关门主义。自然投降主义在今天今后也还可能产生的，尤其是在 UF 成功之后，我们应该防止的。

因此今日到会代表同志应注意正确的执行中央的无产阶级的 UF 方法。

次之，党员的代表在会议中的行动是多还没有经验的。我们行动得好坏是有关于我们党政策的实行与实现的，因此我们要学习。我们最易犯的毛病就是对人家批评，我们提意见等不当作一个问题，而不去想一想，因此我们的党员应有纪律。发错了言，投错了票，就要受党的处罚，即我们首先要慎重考虑，其次要有组织有纪律，有与中央不同的意见在发言前应先与小组长商量。而对于这点应学会。

有同志提到纲领中应有社会主义词句。这明明是要ブル作假，有什么用呢？有人要优待，其实自说要优待反被人家不尊敬。诸如此类等的各方党员都提出了许多问题，这都不对的。虽则在某些方面说也有好的一面，以后有问题同志应只向党内提出，而过去提的未被采纳的意见不可在大会上再提。

一、各党派的数量，活动及企图。

二、我们的几个措置，解散部队、拆穿其活动。

三、对我们工作的批评。关门与党的工作是多余的

四、今后工作的意见。

(1) 主动的组织上层分子，以学者为中心。

(2) 打到他们里面与经过交际关系的领导。

（文件编号：F136）

政协小组讨论记录

1949 年 9 月下旬

（1）旧统治宣告结束，是否应该基本上宣告结束。

（2）政协是代表全国人民的。政权是以工人领导工农……

（3）我们是以新民主主义为基础的不是其他主义。

（4）纲领必需共同遵守的。

孙仲德：

宣告结束，不等于完全结束，此宣告与新中国宣告成立的宣告一样。

政权 UF 及其组织形式，政权性质及领导者。

经济构造的特点，UF 性及其走向资本主义对社会主义之途。

而不会如封建政权那样。他集中中央或地方权利过大等现象。

关于共同纲领。

是由中共起草，提出经几次讨论修改而现在已成为第二小组的草案了。

第九小组讨论摘记：

第三小组准备过程。最后修正。

序言章增加了序言二字。

（文件编号：F136）

政协会议讨论记录[①]

1949年9月下旬

第二章主要意见是对十二条，是民主集中制的统一的中央权力机关，从代表大会到各部都是国家权力机关，而ブル学者则以为是太集中了（这表示了ブル的利益，怕我们权力太大）。我们则以为这反而是更民主些。因为他更直接地由人民代表所组成的，且此方法我们已用得多年，而证明是好的（苏维埃是二级制的。苏维埃是代表机关与行施政权的则为政府，我们则与此不同）。

政协任期三年，而准备满三年后开人民代表大会，因为中国军事行动尚须一个时期，而土改更需要相当时间。人民代表大会只有在这些工作完成后才能更广泛性的真正选出人民的代表而开代表大会。在人民代表大会召开之前，政治协商会是比较最民主的方式了。

再则在三年之后，政协还是肯定要的，但他变成了各党派及无党派人士的协商机关了。我们保留了这一条是很机动的。可以更好的照顾大局。自然三年以后也可能没有保留政协的必要了。但如无必要则这时再取消也不迟。有些民主人士反对这个保留，其实这是左的空话，对事实没有好处的。

第三章中最大的问题是在我们的军人同志中，就是要求更大的优待与尊敬，把残废改为荣誉等等。我们同志提这些问题是自尊自大的。他受人家的尊敬是因为他做得好。而这荣誉今日已得到的了，又何必写上去。若以为负了伤才是荣誉这是不通的。所有解放军应该都是荣誉的，所以我们用残废军人这个名词。

有人提议在那里写上要加强国际主义教育的语句。这在政协纲领里写那是不对的。因为还有其他阶级。如果这样写上去要人家同意，那不过是要人家作假。而且我们部队中要加强国际主义教育（这是必要的）又何必要在纲领上写上去呢？

党政民一致要求尊敬解放军，这是对的而且必要的，但军人自己这样要求这就错的。思想上就有问题的。因为我们不能成为特权阶级。这种思想是与

---

① 原文不完整。

老革命不如新革命的老子第一思想如出一辙的。我们共产党员应该是无条件为人民服务的这一思想硬是应该搞通的。

毛主席指示我们党员与解放军只有站在最艰苦最危险的第一线才能保证我们对其他各阶级的领导，这话完全是对的。

第四章的争执主要是ブル。他们根据自己利益都要把自己事业项目增加一条而加重他，在这里我们的同志，如做卫生工作的等等也想增加一条，而做了ブル的尾巴忘掉了新政协中在进行阶级斗争。

今后的政治问题，主要就是经济问题，这一章中我们是根据人民利益与照顾私人资本为家资来写的。而私人资本家及其他党派则主要是根据私人利益来讲的，而且我们对经济问题多不懂，还要学习。因此在这章中多说是不好的。

第五章，第四十四条实质上是反对唯心论，不过写得较温和，使各种人都能接受罢了。

第六章中最大的问题是我们有条件地而统一的国家军事制度下，给各少数民族以武装[的]权利。而其五十三条中，我们一面尊重了各少数民族的风俗习惯，但另一方面也说明他们自己改革的自由。

至五十一条，则说明是各少数民族不搞自己的共和国，而都变成或大或小的自治区。在中央或省等领导之下有独立的行政权。再则五十条中我们反对了大汉族主义与民族间的挑拨与狭隘主义。

……[①]或对此政策的思想不清楚。

在这里最重要的是四阶级联盟与以工农为基础与工人的领导。

共同纲领是武器，使我们能教育与提高其他阶级人民。这里主要几点是：

(1) 人民与国民的分别。而国民无一般权利，这是[对]ブル党及 K 一个很大的限制。

(2) 我们是民主集中制的代表会议制。

(3) 军队是人民的军队，而以共产党领导的。

(4) 经济上是① 土地改革；② 节制资本；③ 取消帝国主义经济特权。

(5) 文化政策上是大众化问题，即民族形式，科学原理与大〈变〉众化

---

① 原文缺。

方向。

(6) 外交政策即一面倒。

这是我们最〈底〉低纲领,但也是ブル及 K 的最高纲领,通过后他们还会打折扣的。我们今后应大大宣传,首先要在党内教育使 Tob 懂得它。

Ⅵ. 各党派组织问题并已协议的是:

(1) 农村中一般的各党派不去发展组织,但他们已有了的,则不要叫他退出。

(2) 在城市里他要去组织我们只好让他组织,而我们也可选一些干部给他,对民盟及民建我们已协商,有我们人去参加。

我们 UF 中有四大系统。

① 民建ブル、② 无党派进步分子、③ 民盟小ブル、④ KMT 而这四种中,最可靠的是无党派进步分子。

应该每一地区都有适当的数量,要进步分子参加到各党派中去,以便于我们领导他们。再则对于各党派我们要主动的参加去领导他们,因为在纲领上他们也承认了我们的领导。

这些人组织起来了是有麻烦的,但他们不组织起来,则也是更麻烦的。

中国社会上这些分子,会因此得到地位,但中国的社会限制了他们。组织是无法很大的。如此,纵令明日他们做了坏事,要打掉他们了,我们也很容易打他,而不会有什么大问题[的]。至于他们要机关、报纸及经费等,我们可量情给他们,自然他若只有三五个党员则他就不必要机关了。对此问题,以后各地可提具体办法,而中央批准之。

至于军队方面我们已协议各党派不到军队里去发展。但旧 K(国民党)部队中尚有 K(国民党)的思想。而民革与民盟也有其党员去军队中的,则他们不发展党员。而我们[则]保持其党籍,[而]不排斥他。

各党派的找职业与要求学习问题,对于他们的生活,他们曾有过革命工作的,则应该安置他们,或给他们以学习与研究的机会,然后给他们以职业。

对他们这些照顾,不但是给他们吃饭,且也要教育他们。

至于 UF 工作部,各主要地方都应设立前应由主要负责同志之一负领导责任。省以上一定要有此工作机构,各中心城市亦然。因为这样才能有经常工作,也有经常报告。至于个别地区则不设此部,而可由党委兼之。

在 UF 中，现在有两种偏向，即左及右的，但今日主要是左的关门倾向。

中国向来在革命困难中是关门的，而顺利时是迁就的。但由于今日形势的改变，我们是领导者。在这条件下使我们虽胜利，而关门仍是主要倾向。自然我们也应意识到将来也有迁就主义发生的可能，对此我们领导上应有预见而予以注意。

今日我们有四百万党员，五百万军队，有四万万"人民"，还有一个苏联。这是我们政权的四个保障。

我们今天要先让民主人士住北京饭店，而自己妻离子散还没有解决。但要他们住北京饭店就是要他们大家来努力解决我们很难解决[的]全国妻离子散问题。

有些人怕他们反动，但他们反动我们可杀他，不过其余还要请〈地〉他住北京饭店，Tob 一定要有这种思想准备，如有再出毛病的再惩。但其余还是请客住北京饭店。

Tob 以为同他们搞是麻烦的，其实他们比我们自己 Tob(同志)还简单。

Tob 有麻烦说、怕反革命说、吃饭说，其实我们若不给他吃，他们家里也不是要吃中国粮食的。这几种说法既然都破了，那么 Tob 就要很好的去做 UF 工作。

KMT(国民党)剩下来的有七八百万至一千万的人，这是一个大问题，我们对他只有二个办法，或者破坏他，消化机构，或者是给他们吃，把他们遣散了，他们还是在中国吃饭，而问题却弄糟了。把他们遣散是最笨的办法。

我们要打算九百万人(连我们自己在内)吃饭，这在今天还是可能的。至四五年后自然更不成问题了。至于民主人士自然更应给他们饭吃了。

对于苏联的问题，我们对苏联人应该以老实诚恳的态度。

补充：政协中 UF 的精神，各地必须贯彻下去。在政协中，很明显的我们只有收获而没有坏处，既没坏处，为什么不应该做？举例说五星红旗就是给我们一个很好的修正。

我们的原则都通过了，而他们补充了我们一些，使更好些，这是好的。

若我们召六百多个党员来开一个所通过的，亦不过是这样的纲领，但有些方面，及文字上等都还没有那么完善的，那〈里〉么为什么我们对 UF 想不通呢？

傅作义由于起义了，他得到了主动，现在绥远军政委员会我们要让他们占多数（因为那里军队公务员与人民都是他们的多）这样我们才保持主动，这主动就是① 他们做得好那自然很好；② 他做得不好，那么由于不好我们就可主动地来处理他。我们这样做是对我们有利的。

土地问题，今年秋收到明年秋收一般不分土地，否则步骤乱了，但到明秋收后起，应开始解决土地，因之明年夏秋二季应准备好解决土地问题，而使冬季可以动手，若再迟了，那恐怕也不好了。党，群众，与基层政权，未有解决相当解决之前搞土革，是会天下大乱的。

（少奇提议）你们应按各县抽二三个人来加以训练，变成农运及土革干部。

（文件编号：F136）

周恩来同志关于政协的总结及统一战线的具体政策

1949 年 10 月 7 日

一、关于政协的总结与统一的传达

传达的主要根据是三个文件，政协主要的成功是“实现了人民民主专政，团结了国际友人”，在抗日时期开始我们不断宣传民主专政，而在这次政协中实现了，而实现的具体表现，则是一个纲领及一个政府组织法，即有了纲领也有了组织。

二、关于团结国际友人

我们民主专政实现后，就即实现了与国际平等待我的国家，首先是苏联的联合。

这两个任务的实现，就是政协最大的成功。

至于我们成功所以能这样伟大，并且这样顺利成功那是因为我们有三个法宝，即党，军队与 UF 的缘故，这三个就缺一不可。

在党[和]毛主席的领导下，具体表现了军队的胜利及政治的胜利。而另一个是我们代表了ブロ大公无私的 UF 的政策。

党有了军队与胜利基本〈人〉就能领导人家，但我们在 UF 中，则带有摇摆，如在土地改革中，就是如此，在这次政协中我们是成功的。

但由于干部对 UF 认识还多有不明确的，因此这胜利我们还不能说已完全巩固了的。至于大会的组织与方法这是比较技术性的，它主要依靠于政策的成功与正确，而才能发挥力量的。

毛主席对大会[要求]主要抓紧二件事，即纲领与选举，对此二事我们是决不[能]草率从事的。

至于缺点方面，也还是有的。有些是准备与酝酿不够，如对党外照顾得多，而党内代表团则因有事情到得迟，许多 Tob① 一到就会议，有些弄不清楚，这种情形是应该避免的。

再则我们在通知与技术上还欠灵活。

---

① 指同志，下同，不另注。

再则，对党外人士的接触及对文化低的同志的帮助，在各小组中也是不够的。

再则，警卫在有些地方也有过份的。自然一般的说严肃负责是对的，但有些小事是太[生]硬了。

三、关于政协会议中的思想问题

有人对有些人硬看不惯，为什么把孙中山提得那么高？有人对有些人觉得靠不住。这实际上是同一个问题。

警惕与团结。我们应把警惕与团结这二个口号并提的，若光有警惕，那就不行，因为这样就不能团结人家了。我们对 UF 人士应该是在团结中有警惕，只有这样才能教育与提高他们，并且在这个过程[中]对 UF 人士去了解他们。

今日 UF 中二个最大的对象是ブル及 KMT。这一部分与我距离最远的。(因为小ブル基本已不成大问题)

有人不满有些同志没有参加，而觉得给党外人士太多了。这种人有什么可选呢？这同志是不懂得乐队，很好的提琴手太多了，自然不能全用，但反而打鼓的人倒是一定要有一个　的。

至于对孙中山为何提的这样高，那是因为孙还是有作用的。如民革以此为骄傲。那可以用别的方法补足之，何况这也不是什么重大问题。

四、我们与ブル及 KMT 有争论的问题：

(1) 对于纲领第十二条，我们政权制度是完全不同于旧民主制，而基本上是同于 Sovet① 制的。但其具体的做法也有与 Sovet 有不同之处。

ブル学者以为现不同于旧民主，也不同于 Sovet 制。这说法是不对的，他会模糊中国制度是属于 Sovet 类型，而弄得不好会助长政权上的铁托思想。

(2) 在政策上主要争论在经济方面。ブル主张要写有利于他们的具体的条件，而我们则主张只写主要写紧急的与必须解决的。

(3) 在军事方面，K 的军官有想把旧军事制[度]那些办法写在纲领里的，但这意见不多。

(4) 不改变秘书长是政府委员一员的意见，可使一切事情不必完全要经过副主席的同意，而秘书长可以去做了。

---

① 指苏维埃，下同，不另注。

五、地方政协问题

县及县以上以后都应该有些人民代表会议，也即是中国人民政协的地方会议。这代表会议，在军管时期是协议机关；在军管结束后，则代行人民代表大会职权。这是必要的，因此各级人民可帮助多补充我们的不是。

六、关于工作政策的具体问题

各级党过去都没有将 UF 政策有系统地教育 Tob，这便[使]许多 Tob 确实不懂得 UF。

（文件编号：F136）

刘少奇同志关于政协党组工作总结报告

1949 年 10 月 7 日

政协第一次大会是开得好的，准备也很充分，尤其是各党派人士谈得很多，使意见能很一致，因为许多问题已在协商中解决了，为使他们水平提高到很接近我们，而不是我们的水平降低，则这种〈重〉反复的协商是很重要的。不是这样，则许多问题，突然提了出来，就是我们党中也会不一致的。而现在政协大会中却很一致，这是这次政协第一个好的经验。共产党既不小气，而事情也做得很有条理。事情不能怕麻烦。这使得我们纲领，到让人家看起来也不是高调了。

这次准备中，除各党派代表商讨外，我们也组织了二次各代表的小组讨论，在这协商与讨论中，人家确实给我们以许多好的补充，而使我们更聪明了。对此，我们决不可宗派主义。即我们应以意见对否以作决定，而不可因是否党员来作评判意见的标准。这一点，各地方都应特别加以注意。

这就是说我们要团结人家，就需有高度的原则性，只有这样才能团结人家。我们应该很好考虑党外的意见，而接受其好的。是的，要评判人家意见是好是坏，这是不容易的，我们对此应该加以学习。这种评判力，往往是与党员的水准有关系，因此各地党领导上水准及觉悟程度之高低，是决定我们能否很好领导人家的，现在我们是使傅作义之类都心悦诚服了。以后在各地，党能否领导人家，也决定于此。

有人说得我们把蒋介石都打倒了，为什么还要 UF。即与民主人士 UF 还有可说，为什么还与陈明仁之类 UF？这些同志根本上是怀疑或反对党 UF 的方针的。

决定要否 UF 不是打仗有否打胜，而是决定于中国社会的实际情况，即中国ブロ还很少，因此需联合一切有用的人。否则我们即使胜利了，但没有 UF，则还是巩固不了的。所以 UF 是不能不要的，因为只有如此才对ブロ与人民有利。而对ブロ与人民有利，这是我们党决定政策与评判人家的标准。

以为老革命不如新革命，革命不如反革命，这[其]实是没有人民的观点（他们只有自己个人的观点）。我们党内应宣布这种同志是落后分子，那怕他有二十年三十年的党龄。

把傅作义、〈陈〉程潜选上，以及毛主席去欢迎〈陈〉程潜，在 K 区中影响作用是很大的。这〈就〉是为着人民，是对人民有利的。

我们党内一定要讲清楚这一问题，而且应正面批驳他，公开指出他这种思想是落后思想。他说我这点想不通，试问落后的思想如何会想得通呢？

我们现在的政府是联合政府，是七大通过的毛主席报告的实现。但我们 Tob 过去赞成了毛主席这个报告，而现在这报告实现了，同志们却有意见了。可知问题从原则上说明简单，而一到实际解决时则就复杂了。

今日政府中党员固然是多数的，但要知道傅作义之类所代表的人是很多的，他们的“党员”是〈好好地〉大量的，要比某些民主党派的党员来得多[得]多呀！（笑声）

许多人常是给他一个委员，他们就好了，不给他就不愿为人民服务了。那么我们党就要计算一下，给他一个委员对人民有利还是不给有利。如果给了有利，我们就应该给他。因为他们这些人之参加革命是有条件的，一如我们 Tob 说，革命不如反革命，而自己也想当个委员一样。

在十月革命的时候，因为ブル及旧知识分子都反动，这给当时苏联以很大困难与痛苦的。而中国这个条件就比苏联好，这是中国的好处。你们不要〈以〉因为他们没有革命就不高兴，若你们经过十月革命经验，今天就不会这样想了。

但所谓 UF 是否长期的呢？自然是有一定时期的，但可也不短，要十年二十年继续下去的。

再则 UF 是否只要中央搞而地方上不要的呢？地方上尤其是重要的地方都要的。

所以 UF 是长期性的，全国性的（包括中央与地方的）。

所以各党派要到别处去发展组织，我们是无理[由]可拒绝的，而且我们应该是赞成他的，允许他有实际行动的。但自然，他们没有的地方，我们也不去促使他、鼓励他。

许多人怕他们捣蛋，但这点不要怕。如他们里面有特务，那我们可以禁止他的，打击他的。我们应要求他们质量纯粹，并且有权力批评他们的。他这里我们有充分的主动的。

在这次政协中,大家都没有公开提自私自利的意见。这是因为他们有意见不敢提,因为我们很光明正大,使他们私心不敢公开表现。如果我们不大公无私,则这次会上各种自私的意见,就会多得很的,会也会开得一团糟的。

对于地方政协。所谓人民代表会议,即各〈阶〉界人民代表会议,[redacted]但它与人民代表大会就有区别的。因为没有后者是人民所普选的代表之大会。将来各地区如县、省,都应该有人民政府委员的。而所谓参议之类,则可以不要了,将来应以地方政协即人民代表会议代替之。幕后协商,事前协商,这方法很重要,而在地方政协等亦应充分运用之。

关于建立协商机关,我们该主动提出(自然也要看条件)。自然,这种协商机关是有麻烦的,但他是最小麻烦,避免更大麻烦的机构。所以我们对此小麻烦就不应怕的。有些 Tob 以"麻烦"而不愿做此工作,这是完全不对的。

(文件编号:F136)

政协学习会的发言(提纲)

1949 年 10 月

一、很高兴能与各位先生谈谈,因为论学习我们是应请教各位先生的。

共产党 28 年来主要是搞政治、搞军事,学术理论上只搞了一些与当前中国革命关系最密切的东西。而这范围是非常狭隘的。

以本人来说,东西奔走,二十几年来不曾得过一个较好的读书环境,甚至不许藏几本书。到抗[战]后还只买了几本小册子。所以今天只能算是大家参加讨论,大家参加学习,随便来谈谈。主要的还想在这次讲过以后,能够得到各位先生来指教我的机会。

二、对于所提问题的我见。

(一) 首先有些问题本人完全是门外汉,连插嘴的余地都没有。

譬如,1) 石延汉先生提出的,相对论与原子论上发生的不确定原理,有着唯心理[论]的倾向,我就根本不懂有此一回事。

又如,2) 第六组所提出的宇宙精神之需要与否,对于生命起源问题意见不同,无法得到结论,对我来说大有黄牛听琴之感。

这些问题,倒反要听各位先生们讨论的结果如何,而不是来问我。古代打天下做皇帝的都自称为圣,圣者无所不知无所不能之谓,犹如佛教中的佛。但我们共产党既不做皇帝,也决不如此。我们只有一个老老实实学的态度,自己学习希望大家也学习,相互交流见面,相互增进知识。

(二) 次之,关于社会科学性的所提的问题,本人的意见以为是这样,但不对处请大家商量。因为我的生活还没有回到书堆中,而还在枪杆子旁边。

三、本人有个希望,假如你们依你们自定的课程来学习,则最好。

(一) 集中于学社会进化的规律,和社会观、人生观等,因为这是我们与人家最不同的地方。这虽是旧问题,但在 K 统[治]下[的]中国,[这]还是新的[问题]。

(二) 更专门性的问题(甚至如辩证法)与较远的,今日不切要的(如讨论共产社会的前途等),则可暂时放下,因为这样学习的时间是很短的。

(三) 关于经济学上几个名词的含义。

1. 生产力,生产手段,生产工具有何不同,其含义如何? 生产手段与生产工具是一个名词,生产力是生产的能力与力量因生产工具与方法的变化而不同的,一个社会盛衰是以此为动力的。生产资料是有别于生活资料的资料,或社会的财富。

2. 非生产的劳动(如佣人、车夫)工作剩余价值无法计算,是否能说其被剥削? 非直接生产物品的劳动,其为生产与社会生活所必需的,仍是产生了价值的。以其社会对劳动力从未有给予十足的补偿,所以他们也是被剥削的。

3. 文学家、艺术家的劳动并非生产的,如何计算其价值,在共产社会中其地位如何? 文学家、艺术家是生产的,比车夫、女佣[的生产]更有形,其价值[是]以复杂劳动计算的。在共产社会中他们将发展的,因为人类文化生活[需求]亦更高了。

(四) 劳动创造世界问题。

1. 劳动创造了人类生活资料及世界文明,但山水河流及风雨日光,以至于星球等等是否可用劳动制造?

(1) 这是不能创造的。但所谓劳动创造世界,是人类社会的世界,不是说自然的宇宙。自然的宇宙与山河气候等是劳动创造的客观条件,假如劳动(包括科学)能创造这些,则不但是创造世界,而且应说创造宇宙了。

(2) 地理对于社会,即人类劳动的效果、特点,与生活风俗习惯等都有影响的,但不是决定的影响。因为他只能影响人有某些特点,而不能改变人的共通点,即基本的相同点。至于对社会制度的影响,据我看基本是没有的。虽说是张其昀很主张这点。有之,其作用也只能是在原始性的落后的社会里。

2. 脑力劳动是否与体力劳动并重?

并重的。本质上说脑力与体力只是劳动的分工,与阶级社会中把他分离开来,甚至成为对立物[上],变成治与被治的关系了,今天我们是要把物归本质,两相结合。

(五) 阶级问题。

1. 无产阶级含义如何,雇农、挑夫、人力车夫、清道夫、船夫、校工是否无产阶级?〈本〉严格地说,プロ是现代的产业工人(工厂、交通工人等),他有如下的特点:

(1) 他们代表现代最进步的生产群众,是在共产社会里人民的基本生活形式,因为他有自然的社会进步意义存在着。

(2) 他们是集体生产,集体生活的,因之有集体意识与团结性,共同利益超过私人利益。[他们是]属于顾大体,有共同目的,而少私人出路[追求的阶级]。

(3) 在社会中[他们]是底层人物,受严重的压迫,因之对现社会不满,并且他在底层人民中是知识最高的,所〈有〉以不但富有革命性,且有更好的能力。共产党之所以为无产阶级政党就是因为这些缘故,就是因为プロ是社会先进的阶级,并不是因为他穷或什么。即プロ是共产社会人民的胚形。

(4) 由此,雇农、挑夫之类只能说是半无产阶级与苦力。

2. 小ブル包括那些人,公教人员出卖脑力劳动是否为无产阶级,为何说是小资产阶级呢?

(1) 小ブル是工人与ブル之间各阶层人物的总称(普通是指城市小ブル而言)。他的阶级性是不一致的,是中间状态可上可下的。

(2) 公教人员以其依出卖劳力为生来说应该是近于无产阶级的,但其出身却多是小ブル。而尤其在反动统治者强调脑力劳动与体力劳动对立的习惯下,他们的思想则离开プロ常是很远的。在将来我相信这些条件改变了,他们将会即是无产阶级。

3. 工人农民有多种,所谓中国革命的基本群众是指全部还是指一部呢?指差不多是全部的,即农民中富农除外都是基本群众,因为中国富农的根本特点常是小地主!

(六) 中国社会从新民主主义到共产主义社会问题。

1. 中共现在要发展民族资本,民族资本发展后如何转入社会主义,并会不蹈英美的覆辙。

(1) 要发展民族资本,是因为资本主义在中国还有进步意义。

(2) 如何转入社会主义,则因为发展的不仅是民族资本,而且他是在无产阶级领导的政权领导下的,将来将是蜕化、和平的过渡,假如我们自己不犯错误的话。

(3) 不可能蹈英美覆辙,因为除前述原因外,今天世界上资本主义是衰落的,将来中国无产阶级与资产阶级之间也是有斗争的,这斗争主要表现是摩擦,不会是暴力革命。所以新民主主义到社会主义不会是暴力革命,但有突变,其变化形态不同就是了。他是进化,但进化仍是革命。我们对革命[的]了解，是反动的对称，即运动，而其是否用暴力，则只是其形式。

2. 新民主[主义]社会、社会主义社会与共产[主义]社会的三个阶段发展是怎样[的]?

(1) 发展过程是和平的蜕变，已如前述。

(2) 三个社会的不同是：新民主主义有资产阶级，共产主义则是社会主义发展到极度。

(七) 关于共产主义社会中的诸问题。

1. 共产社会里有无生产力与生产关系的矛盾，有无阶级斗争，如无，则社会如何发展?

(1) 这种矛盾没有的，有的是社会与自然的矛盾。

(2) 社会进化是阶级斗争，这是有阶级社会里的法则，在无阶级社会里则依靠于和自然的斗争来发展的。我想道德与荣誉在那时是更发展的，事实上科学的进步并非全是竞争，而主要是人类文化的提高，和研究的条件。所谓阶级斗争是阶级社会进步的动力，其意义是阶级斗争结果改变了生产关系，使生产力可以发展，不斗争就不能发展的意思，而并非没有阶级时社会就要停滞。

2. 共产社会是怎样的社会，脑力与体力是否分工，城市与乡村是否分工作，有否政府?

(1) 脑力与体力分工是有的，但是相结合的，而且是向脑力发展的。

(2) 城市与乡村间一定的不同与分工还会有的，但乡村城市化了，区别减少了主要是生产的内容不同〈吧〉罢了。

(3) 政府是没有了，计划与计算机关是必需的，但这已不能称为政府了。当作政府的特点，对一定阶级的专政，是没有了。

3. 共产社会中既无阶级也无阶级斗争了，所以不会再起社会性质阶段性的突变，这是否与质量互变律相违背? 又：凡事都由生产到消灭永远运动着发展着，那么共产主义社会是否也要消灭，被更高级社会所代替?

(1) 在共产社会由阶级斗争所表现的社会阶段的突变是没有了，但其他形态的生产突变进步等会有的，因此这不会与量质互变律相矛盾。在那时，人类管理与生产方式可自觉地经过会议改变过了。

(2) 共产社会会否消灭呢? 当〈做〉作初期的共产社会必会被其后更高的共产社会所代替，但离我们太远，这更高的社会怎样我们还无法知道，但他不可能被私有社会所代替,这与否定的否定并不矛盾。否定[的]否定律当存在。但在当时的起点上,它的形态与过去不同了。至于是否全被其他动物当革命对象,那不会的,动物没有社会。

(八) 关于辩证法中几个问题。

1. 辩证法是根据科学的真理得来的,但科学的真理也常有修正,那么辩证法是否也该有修正呢?辩证法本身也在发展与充实中的。但其最基本原则已可说确定或几乎确定的了,好比物理学不管怎样的发展,物质不灭论已不能变更的。

2. 量变过程中是否质亦在变,质也在变的,但质与量变的速度是不一致的。

3. 唯物论将来是否会被唯心论来代替?这是不可能的。

(1) 精神的文明是唯物的。

(2) 否定的否定不是玄〈法〉学,而是有客观条件的。

(九) 其他问题。

1) 为什么中国封建社会会延长至二千年之久,是否受孔子思想所影响?中国封建社会的历史与欧洲的形态确有许多不同,对这的解释历史家还未有肯定的结论。但光以孔子思想的影响,或者有从地理条件的影响来解释,似还都解不通。在一定意义上说孔子思想的延长反而倒是社会不进步的缘故。

2) 亚细亚生产方式只是马克思觉得东方封建社会与欧洲有许多不同之处时概括说的一句话,并无一定内容,马扎尔对此问题的解释是错的。

3) 都市失业问题日趋严重原因何在?是生产破坏同最高反动派包围,新秩序当未完全建好的缘故。

4) 江南地域解放以后问题甚多,似与华北不同,是否与地域及人民有相当关系。主要是华北先农村后城市,而江南是先城市后农村的缘故。

5) 社会发展史中都说欧洲社会,觉[得]中国社会与欧洲有不同。对的,但不是根本不同。

(十) 最〈好〉后,本人对各位先生在暑假中冒着大暑努力学习,相[互]提一些意见……[①]。

(文件编号:F120)

---

① 原文如此,缺字。

传达宣传中国人民第一次政治协商会议的发言稿

1949 年 10 月

一、政协做些什么

同志们！您们都知道了中国人民第一次政治协商会议已经通过了共同纲领，选举了政协全国委员会和中央人民政府主席、副主席与委员等。实现了党七次代表大会中联合政府的决议并选举了毛泽东同志为中央人民政府的主席，接着中华人民共和国也就在十月一日宣告成立，而以苏联为首的世界民主进步的国家都很快的和我们建立了邦交。

在这短短的十几天中间，很迅速而且很顺利地把中国人民百年来的，特别是近卅年来拼着血肉，牺牲了多少志士的生命所追求的根本目的都实现了。旧的黑暗的中国几千年来一脉相承的中国的封建主义和其后的帝国主义，官僚资本主义的反动统治，至此就宣告了结束。崭新的人民的中国已经建立起来了，中国的人民已经昂首在世界上站立起来，并且当做一个人类进步阵营中重要的一员和苏联与东欧新民主义国家一起，在旧世界面前站立起来了。

这是一个伟大的历史的日子，也是一件伟大的历史的事件，是长期艰难的中国革命胜利的集中表现。同志们！这件伟大的建国工作都是毛主席和我们党中央主要负责同志所亲自领导的，在这工作过程中毛主席和中央的负责同志曾反反〈覆覆〉复复地给我们以教育。当政协会议结束，中央政府成立之后的中秋那一天晚上毛主席在解释统一战线工作时很强调地说："中国革命的胜利有四个保证，即三百万党员，四百万人民解放军，四万[万]人民和一个苏联。"这就是说：中国须有强有力的共产党的领导，英雄无比的人民解放军的作战与保卫和国内工农小资产阶级及资产阶级等四个阶级与各民族的紧密团结，以及以苏联为首的世界革命势力的合作和援助。只有齐备这四个条件，中国革命才能顺利的继续发展，只有齐备这四个条件，中国革命已经得到的胜利才能巩固起来，少了一个就不行的。

根据着毛主席这个思想，假如这里我们要问一问，这次政治协商会议有些什么最主要的成功，那么我们就可回答说：这次政协最主要的成功就是实现了全国各阶级各民族人民的空前大团结，而在这个基础上建立了中华人民共和国，实现了人民民主专政，以及这个国家紧密地联合了苏联而和苏联等国家正式建立了邦交。所以周恩来同志在政协党组全体大会上总结工作时说：我们的主要成功，“就是实现了人民民主专政，团结了各国际友人。”换句话说，这一次政治协商会议是正式实现了毛主席听说的中国革命四个胜利保证的后面二个，这后面两个的保证条件，经过政协全体会议和其后几天中的工作，是大大地提高与加强起来了，继而使中国革命胜利的保证也进一步增强起来了。

我们每一个参加政协会议的同志，以及许多非同志的代表们都有这样一个强[烈]的感受。在这一次政协会议和他的建国工作中，我们才看见了中国各阶级各民族的人民空前的大团结。政协的代表中有老至九十二岁的在前清做过海军大臣的萨镇冰先生，和参加了戊戌政变要被西太后通缉的五十二年没有进新华门（这就是光绪召见他们的地方也是这次政协会场的大门）一进新华门感觉不胜感慨的张元济先生。有少至仅二十一岁的学生青年代表，换句话说代表中是包括了中国五次革命中的人物。这五次革命就是戊戌政变、辛亥革命、五四运动、北伐前后的大革命，以及抗日战争和最近三年的解放战争。所以有人把政协会议称之为五代同堂，这不是没有根据的。

再则在代表成份中不但有工人的，农民的，小资产阶级和资产阶级的代表，并且还有其他的民主进步人士和这次解放战争中反对国民党与起义有功的人物，包括程潜、傅作义、陈明仁、邓宝珊等等，而中国境内各少数民族和各地海外的华侨也都派了他们自己的代表参加了政协会议。

从这些方面去看政协的代表，真是五光十色的各种各样的人都有，而我们党员在代表总数中约只占一半或稍多几个。但是，成份这样复杂的六百六十多位的代表中，却以全场一致没有一票反对或弃权的通过了“中国人民政治商协会议共同纲领”这个我们共产党的最低纲领，而把他变成全国人民的大宪年了，这不是一件大奇事吗？同样地，在选举中央人民政府主席、副主席和政府委员时，所有的候选人都是以绝对多数票当选的，在五百七十几个有选举权的正式代表无记名投票的结果，当选者最低的票数竟达五百十一票之多，你们看，这还不是奇事吗？

世界上这样的事简直是没有看到过的，全部好多次的表决与投票中，一共只有三票弃权，即在表决国旗时有一票弃权，表决国徽时有二票弃权，其它重要的表决与投票没有一票弃权的。

同志们：为什么这样复杂的代表怎会有这样齐整的行动呢？这种整齐的行动又表示了什么呢？这就充分的表现了中国各阶级各民族的人民空前的大团结和在建国大事上思想行动的一致性。而这种空前的大团结和一致性，就是由于中国工人阶级先锋队——共产党和中国人民二十八年来艰苦卓绝的奋斗和他在建国事业上正确的方针与大公无私的态度所造成的。

共产党领导了中国人民二十八年来的奋斗，打倒了强大的敌人，并且壮大了健全了自己，有毛主席那样英明的领袖，在全国建立起来了空前强大的政治威声，这是保证今天以及今后中国工人阶级可以领导全国人民而使他们能够有这样的团结与意志一致的第一个根本条件。这个道理，大家都很容易明白的，我这里不想多讲了。这里想着重讲一讲的倒是另外二个条件，那第一个就是我们在建国大业上方针的正确性和大公无私的态度。

大家都知道中国的革命尤其是近二十年来差不多都是共产党担负与领导起来的。换句话说，今日的天下都是共产党领导着工农和一部分小资产阶级打成的。但是，我们政府的实现既不是工农的专政，也不是共产党的独裁。而是按照着中国社会的性质遵照着毛主席在党的七次代表大会里的报告和被七大通过的决议，论联合政府里所规定的模型来做的。政权以无产阶级领导，以工农联盟为基础，并包括小资产阶级及资产阶级的四阶级联合的政权。政纲是新民主主义的政纲，不但没有废止私产，并且给私人资本以很好的安排和保证。保证他们有一定的前途等等。换句话说就是“统一战线的政权和统一战线的纲领。”

就是因为这个缘故，所以全国各阶级各民族的人民，就心悦意服地乐于同我们合作，接受我们的领导，积极来支援与参加我们的政权，而能造成全国人民空前未有的大团结，并且他们的行动是表现得那样地齐整而又一致。

再则，在这样基础之上，我们共产党处处都抱着大公无私的态度与政治协商的方式来处理一切，这更使全国的团结与行动的一致性，大为增强，从共同纲领的内容到政协代表与政府主席副主席和委员的〈按〉安排等等，我们都处处紧握着建国的原则，以大义来团结与教育各阶级的代表，并对各种势力及利益都加以适当地具体的照顾，这就使得所有各阶级各民族的代表都无话可说，只有心服。

同志们！在这里我们可以看到有一个很重要的经验，这是中央所创造值得我们好好地学习的。那就是中国无产阶级怎样去实现对其他各阶级及具体的领导的。在政协筹备工作和全体会议中已明确地告诉了我们，这具体的实现就是共产党以其现有优越的政治地位可用高度的原则性和大公无私的态度采取政治协商的方式，即事先协商、民主讨论的方式来团结与教育其它阶级的人士。

就是因为我们正确的运用了这种条件和这个方法，使得各阶级代表中相当复杂的意见能够很顺利地取得一致。高度的原则性和大公无私的态度，使各阶级代表所有自私自利不顾大局的意见都拿不出来了，而事先充分地协商和民主讨论更使他们的认识水准能够逐步提高，从他们自己肚子里的观点和纲领，提高到我们对于当前中国问题的观点与纲领上来。

虽则这好像是比较属于技术性的问题，但他却是很重要的，在政协全体会议中，各阶级各民族的代表能够表现得那样的团结与意见行动的一致，无疑的，他是有着很重要的作用的。

根据我所了解，我们中国各阶级各民族的人民能够有如现在的那样空前未有的大团结和行动上的一致性，他的理由主要的就如上面所说的三点，即（一）共产党强大的功劳、力量和高度的政治威声。（二）正确的统一战线的方针。（三）有高度原则性的政治协商的领导方式。

有一位白发苍苍的老先生，在会议的休息室里我亲耳听到他这样说"中国历史上历代的圣王，从没有一个人能如今日毛主席那样真正得到民心，统一天下的。"自然这句话是有语病的，但他的意思是不错的。我们党中央和毛泽东同志英明的领导和正确的方针，确实使得中国走上了历史上空前未有的统一与人民的大团结。同志们：应该特别看看这点，并足够地来估计他的意义，因为他是我们中华人民共和国能够顺利地走向发展与繁荣的一个最根本的保证条件。

党不只一次的指示过我们，只有全国各阶级各民族的人民紧密地团结在一起，充分发扬他们的力量，中国才能真正不怕任何困难而迅速发展与壮大起来。我们在北京开会时，毛主席、刘少奇同志和周恩来同志在等反〈覆〉复地对我们解释统一战线的方针，并强调这方针的重要，把这方针看成是今天党最重要的方针，实质上就是为了这个。

这就是我所以要告诉你们的第一个部分，自然若用新闻记者报道的方法来描写一下政协及十月一日中央政府成立的典礼，还可以讲得许多的。许多场面确实是太动人了，但这些您们在报纸上也看到一些了，我也没有再读的必要，现在还是让我继续说一说第二个部份。

二、关于共同纲领的一些问题

对于政协三个文件即一个共同纲领二个组织法，我们同志都早已读过了，因此我这里不想作一般的介绍而只是根据其中最重要的一个文件，即政治协商会议共同纲领方面最重要的一些问题择要地和大家来说一说。

所谓共同纲领实质上就是中华人民共和国的宪法，我们绝对不可把它看成是应付应付党外人士的文件，或把它看成是民主装饰品，它是我们中国革命眼前要做的目的，是我们和中国各阶级各民族所订立的建国大纲、施政方针。因此我们共产党员就应首先遵守它与争取它的实现，因为我们遵守与实行得好，就使我们能够更容易、更合法地去领导与统治人家，但若遵守得不好，则人家也会以此来反对我们、打击我们。所以在今后中国工人阶级能否很好地来领导中国各阶级各民族的人民。实要看我们是否能够成为遵守与实现这个共同纲领的模范。对于这一点，我们全党同志全体干部都应深刻了解的。如共同纲领里规定人民有身体与居住的自由等等，那么我们干部就不能随便捕人，更不能吊打人家，如果我们这样做了，人家就立刻会拿共同纲领与我们讲话，少则做这事情的同志只好记过处罚，大则人家甚至会同我们的中央去打官司，责问我们共产党是否遵守我们自己所表决赞成的约法——共同纲领，而把我们憋得无话可说，只好低头认错，以致于影响了我们的政治领导威声。

同志们：假如事情仅仅是这样，那还不算是顶严重的问题，顶严重的问题则是人家以我们某些地方没有很好遵守共同纲领为赖口，而自己也不遵守共同纲领来乱干了，那就可不得了啦！

大家都知道所谓共同纲领对我们来说是革命的最低纲领，对其他阶级的人来说则是他们的最高纲领了。他们之承认与赞成这个纲领，在一定意义上来说是因为大势所至不能不这样的。譬如资产阶级按照他们自己的意思总是不愿意中国的政权由工人阶级来领导，而明天走向社会主义去的。走向社会主义固然在纲领中并没有明文规定，但是中国的领导阶级既然是工人，而同时经济纲领中又强调了国营企业（即社会主义性的经济）的领导，外交政策上强调了联合苏联等等。显然都明白的表示了中国的发展是走向社会主义的，而且这个问题在政协筹备会和小组会中也都公开讨论过了，然而结果他们都全体一致的支持这个共同纲领，其意义也是默认了这样发展的前途，那显然主要是因为中国与世界大势所至，他们除此之外没有更好的前途，不得不如此而已，并非他们也是社会主义者了。

这不过是一个最显著的例子，这个例子就说明了中国各阶级中间不同的意见和斗争并不因为团结得好而消灭了，反之他仍然是存在的。政治协商会议与共同纲领只是规定了中国阶级斗争的最高的形式（即团结中协商）与内容（即共同纲领）使他不能超过这个规定的形式与内容以外去斗争。这种规定，对于中国社会秩序的维持和我们政权的巩固是有头等重要的作用的。因之在这样情形之下，如果我们自己不遵守共同纲领，人家也就可不遵守它，而在共同纲领所规定的内容之外和我们来斗争了，这样就会迫使得斗争形式也不能规约在政治协商的方式里面，而把事情弄成大乱了！那么，同志们：这是很明白的，事情的最后吃亏的还是我们自己！我希望同志们特别注意这一点，这里让我再来重复一句：即共同纲领，我们遵守与执行得好，就是我们领导其他阶级以及和其[他]阶级斗争的利器，可以保证全国人民的团结，巩固我们的胜利与中国的繁荣发展，但如我们遵守得不好，则就会变成人家来打击我们的武器，因而削弱我们的领导与中国的发展，我希望我们同志牢牢地记住这一点。

这是我对共同纲领要说明的第一点，次之，我想说一说有关共同纲领的几个内容。

在共同纲领中已经写得很明确的问题这里我不想重说了，譬如政权是四阶级的联合政权，以工农联盟为基础，以工人阶级为领导，这是中华人民共和国政权的性质及各阶级相互关系的具体确定，是共同纲领中最根本的最重要的一条，但是这在纲领中已说得很明白，我想这里已没有解释的必要了。其他如军队是人民的军队，而以共产党为领导，经济上要实行土地改革，节制资本与取消帝国主义经济特权，文化政策上是民族形式，科学真理与大众文化的方向等等，也都是如此的。既明白又肯定，所以我觉得都没有加以解释的必要了，这里想提出来说一说的，有如下的几点，那就是：

（一）人民与国民的区别问题：

同志们不去注意是会把这问题忽略掉的，对于人民与国民这二个名词，这次政协中已有了新的解释，即人民是代表工农小资产阶级及资产阶级的四个民主阶级的人民，他们有完全的公民权，而国民则是指这四个阶级以及这四个阶级以外的所有一切的中国人，国民这个名词，他把地主、官僚资本家、反动份子也包括进去了，因此国民这个名词是比人民这个名词所包括的范围更广，人数更多。但在国民这个名词下，他对中国却只有义务。作为统治阶级的四阶级的人民既有权利又有义务，而这四阶级之外的反动阶级的人都只有义务，国家的法律他必需服从，但没有公民的权利。他们要取得公民的资格与权利，需经过改造，证明他不反动了以后才有可能。

为什么要有这样的分别呢，这就是具体的说明了民主专政的内容，许多人觉得很奇怪，为什么既民主而又专政呢？好像民主与专政是不能并列的，那就是不懂得人民与国民的区别，人民是当权者，我们的政权对他们来说是民主的，人民以外的国民是反动份子，我们政权对他们来说是专政的，即政府只有统治他们裁制他们与改造他们，并没有他们的份儿，除非他们已被改造好了。

把人民与国民二个名词这样区别开来了，这就使得我们民主专政的意义与内容格外明确，而同时在这里也约束了其它阶级与其他政党，使得他们不能乱搅，不能把反动份子挂着他们政党的招牌来向中国要求权利，不能把共同纲领中所规定的给人民的权利，拿保去获反动份子与反[动]阶级。

（二）对于我们政权类型的解释问题

我们的政权是民主集中制的代表会议制，它和旧民主主义立法行政和司法三权鼎立的政权有着根本区别，即我们是三者合而为一的。根本上是属于苏维埃政权的类型，但我们具体的实现则与苏联政权亦有不同，这不但在阶级构成上有区别，就是政府的组织上也有区别的，苏联有常设的苏维埃主席团，而中国则没有，政协全国委员会不是常设的，更不是代表政协全体会议行〈施〉使全部职权的机关，它大体上只半年开一次会，不像苏联的政府，许多措施经常要提到最高苏维埃主席团去讨论与批评，我们在政协休会期间，政权是交给中央政府了。

这样中央政府的权力是比别国要大些的，但是如果中央政府是人民选举出来的，是忠于为人民服务的，这不但没有减少民主的成分，并且对行政是有方便的，我们共产党根据多年的行政经验，证明这政权的形式不但没有弊病，而且最合中国的实际情况的。

在这里，资产阶级及其旧民主主义的学者，对我们是有些争论的，他们硬是在旧民主的思想范围内来了解这个问题，不懂得政权是人民的这个本质，总觉得有些不好，但却也说不出不好在那里，经过我们的行政经验告诉他们了以后，最后总算没有问题了。但是，在这里有人作这样的解释即以为中国的政权，既不是属于旧民主主义的范畴，也不属于苏维埃代表会议制的范畴，而全是中国新创造的。这种说法也是不对的，我们应该正确的这样说，中国的政权基本上是属于代表会议制的范畴，而不过其具体的实现，按着中国的国情，略有改变罢了。否则会很容易使人看成中国政权问题，走的是第三条路线而把他的本质否定掉了。对于这个问题，以后中央还将发个专门文件来加以解释的。

（三）第三是关于中国社会发展前途问题

这里在共同纲领中虽没有写进去，但是在讨论纲领时，大家都肯定的认为是社会主义的前途。

那么，既已公开讨论了这个问题，为什么不在纲领里写进去呢？那是因为共同纲领是只包括目前新民主主义革命阶段里要实现要去做的问题，而社会主义则是将来十年廿年以后的事情。有人曾经提议要把这句话写进去，但这被我们共产党反对掉了，为什么我们反对呢？一方面就是因为纲领只是要写现阶段去做的问题，即民主革命阶段要去做的问题，而另一方面则更是不愿意将这个美丽的前途在人家思想还没搞通之前，硬要人家承认。而迫[成要]人家[明明]作假。严格地来说，有些人甚至连为人民服务都还有问题的，你还要他来争取社会主义的前途，那[肯]非硬要人家作假，这对于事情只会有害，而一些也没有好处的。

对于将来中国转变到社会主义的问题，我们在北京也曾谈过，是的，我们还没有深切的研究这个问题，但是一般的结论是中国可以肯定的和平转变到社会主义的，这是因为政权在无产阶级手中，经济是国营经济（即社会主义的经济）为主体的，私人资本是在国有经济领导下的，但同时也用不到怀疑的，在新民主主义发展到社会主义的过程，这中间有着我们与资产阶级复杂与剧烈地斗争，并且这斗争今天已经开始，资产阶级总是想把共同纲领对他作更有利的解释，总是想尽量扩大他们的经济权利，而在将来要转变到社会主义的时候，这斗争还会更剧烈的。就是说我们那时即使用收买资本家的工厂归国有的办法来实现社会主义吧，他们也还是不高兴的。但是不论如何，新民主主义可以和平转到社会主义,那是今天已可肯定了的,这在共同纲领中是已经把他安排好了。

(四)第四就是民族的自治与自决问题

同志们过去都听惯了民族自决这个口号的。但是这次我们共同纲领中所出现的则是民族自治,这是为什么呢?并且自治与自决两者的区别又是什么呢?

民族自治基本上是在中华人民共和国的范围之内,各少数民族有权组织他们的自治政府,其自治的范围大至可为省、区域(如内蒙古)小则成为县区,但不是一个自治国或自治邦。而民族自决是各少数民族有权选择自己成为一个独立的国家或继续成为中国的一个邦,即包含着有与中国分立的自由。在苏联十月革命的时候,他们对少数民族的政策是民族自决。我们内战时也喊过这口号,而今日则是自治了,这原因主要是因为今日中国革命的条件已与过去以及当时苏联革命时有所不同了。首先,苏联十月革命时代,世界上并没有如今日那样革命与反革命的两个阵营对立得那么利害的情形,假如那时候,在民族自决的口号下,少数民族组织自己国家还有他一定的获得自由的意义,则今日我们也这样做,那其结果必然将中国境内的少数民族送给帝国主义去奴役,对少数民族的人民绝对不会有好处的。反之,只是把他们本来因为汉族的解放而可以获得解放的条件剥夺掉,在帝国主义统治之下继续过被压迫民族的生活罢了。次之,在革命的主观条件上来说,现在我们的条件和过去内战时代以及和苏联十月革命时的条件也不同,我们过去喊民族自决,是为瓦解国民党政权,而苏联之所以这样做,是因为当时苏联的力量相当孤立,并没如中国现在的那么便宜,所以这口号是有瓦解帝国主义世界的作用。今日这种条件都已大大不同了,自然我们的口号也应不同了,这就是我们今日在中国不提民族自决而提民族自治的理由。所以从表面上看,好像民族自治的口号并没有像民族自决的口号那么彻底而漂亮。但就今日具体的条件来说,在实质上它比民族自决对少数民族的人民来得更加负责,更加有利,更加革命的。这里并没有任何大汉族主义的成份。而且事实上,中国境内少数民族的人民真正所要求的,也是民族自治,而不是民族自决。民族自决,在今日中国具体条件之下,不过是帝国主义走狗的口号罢了。试看美帝国主义在台湾的走狗,和英帝国主义在西藏的走狗所喊的就可知道了。

也就是因为这样的缘故，所以在政治协商会议中，所有少数民族的代表都热烈地发言，坚决拥护我们这充分民族自治的民族政策。自然这里应该附带的说明一句，那就是在世界上对于殖民地半殖民地的革命中，我们的口号也还是民族自决。因为这自决是从帝口主义统治下的独立，仍是革命的，进步的，这与在革命已将完全胜利的中国境内的情形完全不同的。

（五）我想简单说明一下我们的外交政策向世界革命阵营的一面倒的问题：

这问题对于我们同志，尤其是政治认识比较高的人来说是很简单的，但是对于一般人民来说则是比较复杂的。在共同纲领小组讨论中有人也曾经提过意见。大家都知道我们把这个方针是看做密切关联着中国革命的巩固与发展问题提出来的，根据毛主席所说，中苏友谊就是中国革命胜利四大保证条件之一。

为什么是这样呢？那理由是十分明白的，我们在经济上与文化上今日还是一个落后的国家，我们革命成功与今后的发展，根本上与帝国主义的利益是相冲突的。帝国主义是决不甘心我们的成功与发展，而又会想一切办法来破坏我们的，并且现在他们已在这样做了，这是大家都知道的。就是因为这样，中国要很好的把落后国家改变成为先进的国家，农业国变成工业国，那就非得到像苏联那样能够尊重我们并愿意帮助我们的先进国的技术与物资等等地援助不可。而我们要保障国家的安全与和平建设的环境，阻止帝国主义的冒险，也更非同苏联坚决地站在同一阵线上，建立起密切的中苏友谊来不可，因为只有这样使帝国主义不敢在泰山上动土。

所以这是很明白的，中国要真正保持独立发展与繁荣，是必须这样做的，有些人生怕这样做，将来中国要被苏联侵略掉，这是完全不懂苏联是一个社会主义国家，而与资本主义国家有本质上的区别的缘故，社会主义以其没有私有的观念与剥削关系，以其是革命的世界主义的，所以他根本不能有侵略这回事的。党外对这一事实了解得还很少，今后，同志们对此还应该多多的宣传与教育人民。

我们在北京住了一个时期，亲眼看到了苏联的友人在我们工厂里服务的精神，他们帮助中国建设起来，这件事情看成是义不容辞的做革命老大哥应该负担的义务，他们恨不得把中国很快建设好，反而觉得中国人[阑珊]懒散的散漫现象有些不耐烦,有时候要操之过急。根据我们所知道,斯大林大元帅,更看重中国的建设问题,调这些工程师技术人员来,都是他亲自下的命令。他们准备加紧他们的生产,生产五年计划以外的中国所需要的东西,这种兄弟般地帮助中国的热情,确实是使我们十分感激的。假如在这里我们中国人反而还要说我们应不应该联合苏联,那岂不是大笑话吗〈。〉?

(六)最后我想说一说的是政治协商会议的职权问题,大家都知道政治协商会议是长期的统一战线组织,即包括各党派各人民团体各地区,军队以及其他势力的联合组织,在全国人民没有普选之前,这里所参加的代表是最能够代表中国人民意志的了。因此在全国人民普选产生人民代表大会之前,它就代行了人民代表大会的职权。而等人民代表大会产生以后,它就仍恢复到原来的职权上去,即各党派团体间对于国事进行协商,而变为国事的协商机关,与对政府的建议机关,这是共同纲领里所规定了的,且在北京已经这样做了。

至于它实施到地方上去,则因为地方的情形有老解放区、新解放区或尚在解放的区域等的不同,就应有该变化了。一般来说所有各地的地方政协,即人民代表会议,在军管时期它是协议机关。在军管结束之后,则就变成代行人民代表大会职权的机关,即政府及其方针也要经过他们讨论通过的。最后到地方人民代表大会,经人民选举产生后,则它又成为各党派等协商地方政事与向政府的建议机关了。

帝国主义和反动派企图引用我们这一点,即军管时期与人民选举代表之前政协代行人民代表大会职权,而全国的人民普选又要在三年之后来批评我们的不民主,这实在是非常可笑的。那么按照他们的意思,最好是什么地方一解放,马上就进行选举,而让我们的所谓"国民"的这些旧反动势力依仗着他们传统的地位再来当政,那岂不大笑话,革命革来革去,政权还是在反动派手中。

这种具有特种目的的批评,本来是没有理睬它的必要的,但是因为它用了"民主"二字来批评我们,有些头脑糊涂的人,可能会上他们当的,所以我们不能不顺便提一提,小心受反动派的蒙蔽!

事实上真正的民主,是建立在人民能够正确地表现他们自己的意志和基础上的。除此之外,一切的民主形式都是假民主,但要使多数人民能够正确的表现出他们自己的意志来,那么非是人民充分动员与组织起来了,把中国的反动派势力肃清了,特别是把土地改革完成了以后不可。我们共产党很知道这个真理,因此,我们就宁愿中国人民的普选稍为延迟一些,即延期三年,从而使中国人民能真正表现他们的意志来选举他们所信任的,能替他们做事情的人来掌握政权,这是真正的民主,也是对人民负责的态度。

关于共同纲领方面我所要解释的就是这一些。

（文件编号：F51）

传达关于第一次中国人民政治协商会议的发言稿（节录）[1]

1949 年 10 月

三、关于统一战线的一些问题

前面我把政治协商会议和共同纲领的一些问题已择要地说明过了，下面想来说一说统一战线问题，尤其是关于这方面的方针和思想方面的。

我过上海向华东局请示时，饶政委曾也肯定地说，统战是我们党在今天最重要的方针，这句话是一些也不错的，毛主席所说的我们三个法宝：党、军队和统一战线，前面二个法宝，今天我们基本上都能使用得很好，是没有大问题的，唯有最后这个法宝，统一战线问题，我们都还搞不好不会使用。但是中国革命已进入了新的阶段，即共产党已经在中国当家了，已被全国人民公认为领导者了，我们如果还不会用统一战线这个法宝，那就会影响到我们的政权，胜利没有办法巩固起来。刘少奇同志在说明统一战线的方针时，也是从巩固中国革命的胜利问题上提出来的，他把统一战线看成是巩固革命胜利的决〈节〉定环节，他说如果人家不来归附我们，我们在皇宫里也就坐不稳（因为他说话时这次会是在从前皇宫里开的）。

所以这是很明显的，中央是把统一战线问题看成今日中国革命中决定的问题，我们在北京住了这许久，中央所给我们的教育也就是一个统一战线问题。对此毛主席，刘少奇同志和周恩来同志都反反〈覆覆〉复复的作了几次的报告和说明。那么所谓统一战线究竟是什么东西呢，他的思想根据究竟是什么呢？

所谓统一战线就是我们要动员中国全体的人民发挥他们的积极性，组织一切有用的力量按照着共同纲领所规定的内容来改造中国，建设中国，中国只有四万万人民团结一致才不怕任何国内外反动势力的破坏捣蛋，只有四万万人民充分发挥其建国的积极性，方能迅速发展强壮起来，这是天经地义没有可以怀疑的，统一战线就是为着要解决这个问题。

---

① 原文不完整。

大家都知道,中国是一个落后的,多阶级的社会,所谓二头小,中间大的社会,无产阶级人数太少了,他只能领导其他各阶级来革命、来建国,而没有办法来包办革命与建国。既然如此,就只有联合其他阶级共来建国,而在这联合中去领导与去改造他们,以实现我们的目的,即有计划、有步骤地走向社会主义的目的。这联合以及联合中的领导和改造,就是所谓统一战线和统一战线工作。因此我们也就可以知道,所谓统一战线这个思想,也并不是什么人可随着自己的主观上随便想像出来的,而是现实的中国社会的具体情况所规定的,不管你主观上要或不要,事实上是必需这样做的。

我们有些同志今天都还不懂这一点,以为我们已经把美蒋的联合势力打倒了,我们已经胜利了,今天要还讲统一战线干什么呢? 在北京时,我们曾听见有人这样说过,显然这是把统一战线问题根本看错了,他不但把统一战线只看成是一种权宜行事的政治手段,没有看成如上面所说的,是中国社会具体情况所规定的东西,并且他把中国革命问题也看得太简单了。他以为打仗已经打胜了,什么问题也就可以解决了。是的,打仗打胜了,他确使什么问题的解决都容易了,但这仅是问题的一面,问题的另一面我们却还有许多困难,还须去克服。这首先是克服中国的贫穷与落后问题,克服中国复杂的思想和收拾民心问题,克服内外反革命势力的破坏捣蛋等等问题。按毛主席的说法,我们现在还只在万里长征途中走完第一程,还有更多路要我们去走,而这些路还是不好走的,而且根本上是要依靠政治上,即统一战线总方针的基础上去解决的,所以这种以为打了胜仗,就不要统一战线的思想是完全不正确的。

今天的问题不是打了胜仗可以不要统一战线,而是〈却却〉恰恰相反的,因为打了胜仗我们当政了,要管天下大事了,统一战线就愈显得它的重要性。也就是因为这个缘故,所以中央一再强调了这个方针,而把它看做是党当前最重要的方针,并把统一战线扩大到和尚、教士、旧的官僚政客,以至于昨日还是反革命,今天才到革命阵营来的份子上面去。这些人,严格地说来其中有不少是四个民主阶级以外的人,他们的社会成份应属于"国民"的,即所谓地主的左派和国民党的自由分子。

为什么中央要这样做呢? 这是因为他们有特别的功用,能够做我们所不能做的事情,起我们所不能起的作用。没有人能把北平和平交给我们,只有傅作义。没有人能使新疆解决的那么快,只有张治中。如果今天中国反革命的力量还存在，如果明日全国都解放了，残余的反动势力还很大，那么他们就能继续做我们所不能做的事情，即瓦解敌人，减少我们的困难便利于我们改造反动势力。对革命来说是有好处的。既对革命有好处，为什么我们不要和他统一战线，不用他们呢?

瓦解敌人和改造其残余势力，这在我们统一战线中也是重要的任务之一。毛主席在有一次会议上曾这样告诉我们：你们不要以为傅作义等没有群众，他们的“党员”（即指群众）好好地要比有些民主党派多得许多哩。我们不搞这一着，我们会增加许多困难的。也就是因为这样，所以毛主席指示我们不可把旧人都一脚踢开，而提出三个人饭五个人吃的口号，要把他们安顿好，以便我们可以改造他们，他们不来捣我们的蛋。

我们有很多同志对这种统一战线很想不通，以为同民主人士统一战线尚有可说，而同这种人统一战线实在犯不上。其实我们如果能从他们可能对社会的贡献上去看问题，则这个思想是很容易想通的，所以中央把统一战线扩大到这些人身上去，即所谓地主中的左派和国民党的自由份子身上去，绝不是抽象的为着宽大，而是真实的从人民利益的观点出发的。

我把统一战线中地主的左派与国民党的自由份子特别强调，这并不是以为他比工农联盟还重要或比联合小资产阶级或资产阶级还重要，从统一战线的本身来说，自然工人阶级去联合农民，团结小资产阶级及资产阶级，是比争取和团结地主的左派和国民党的自由份子来得更重要的。尤其是农民和许多小资产阶级，我们都知道是我们的基本群众，但这里却把地主左派和国民党自由份子特别说得多的，则是因为我们在统一战线工作中容易把他们忽视，而同时在这方面我们工作经验也特别少，许多同志思想上也特别不通的缘故。周恩来同志曾经那样说过，我们统一战线工作中特别要使劲的是资产阶级和国民党势力，其意义也在这里。因为那些人顶难搞，我们经验也不够，而同志的思想也顶难搞通。

我们有些同志常常一听到统一战线就觉得头痛，以为这些人早些不来，革命胜利了他们却都来了，心中就很不舒服。而今日还要把统一战线发展到地主的左派和国民党的自由份子身上去，并且这里有些人甚至昨天还是反革命骂共产党的，以至于杀过革命份子的，那确实是思想上很转不过来。因此一看到政协代表中，以至中央人民政府中有许多这类的人，一听到毛主席说不可把旧人员一脚踢开,要照顾他们,心中就不舒服。尤其是看到他们的生活比我们还舒服,好不使人〈闹〉恼火,于是许多怪话就来了,所谓老革命不如新革命,不革命不如反革命等等。

同志们!对于这种情感和思想,我们在北京时中央曾反〈覆〉复而又严厉的批评过了,少奇同志曾明确的指出,这不但是反对党方针的思想,并且也根本不是我们共产党人无条件的为人民服务的思想。真正为人民服务的思想,不但要考虑到谁对革命有功劳,谁更革命些,并且还应考虑到有些事情由谁来做,能够做得更好些,或者对团结人民的作用改造社会的作用更大些。而在前述这种"革命不如反革命"的思想中,显然只〈胜〉剩了单纯的革命功劳观念,单纯的论功行赏问题了,这是有条件的革命论,即革了命就要做官、过好生活而把为人民服务,一切服从于人民的利益的革命的基本原则丢在脑后了。

同志们,今天我们应该有这样的思想,谁来做事情对人民更有利,就应欢迎谁来做。我们能否做到这样,也就是我们共产党员党性的具体考验。而所谓老革命不如新革命,革命不如反革命的意见里面,显然是找不出有这种思想的。

对于投机份子、不投机份子问题,即以为平时不来,革命成功了他们都来了的思想,中央也曾加以反〈覆〉复地驳斥,中央的思想是:今天革命胜利了,人家都来归附我们,这是一个好现象,我们所担忧的是人家不来归附我们,我们政权无法巩固,现在人家来归附了,这就只有增加我们政权的巩固性,有什么不好呢?至于人家来归附我们,我们因而要接待他们,给他们吃得很好,并且也要给他们官做,甚至我们同志还要受他领导,则这些问题就是这样做是否对人民更有利些,是否符合中国人民的利益问题。如果是的,那么一个共产党员为什么要〈呕〉怄气,要不舒服呢?

在有一次会议上,毛主席曾很深刻既又滑稽地对我们说:你们都赞成了党七次代表大会的决议,并且就曾为此实现而奋斗,现在这决议实现了,即联合政府实现了,你们都讲起怪话来了,这不是怪事吗?弄得大家只好发笑。同志们,这是一些也不错的,这说明了我们有些同志还只能抽象地接受理论,一碰到实际,则就成了问题,把我们党一切以人民利益为依据的这个决定政策与评判事物的出发点都忘记了。在这里也可看到我们中央负责同志真正伟大的地方,值得我们好好地学习的。

是的，今天我们党内外统一战线的思想，不仅如上述这些，有的同志是看不起人家的力量，或在怕人家的力量，因此他们不愿去和他们接触，即不愿意进行统一战线；有的同志则是担忧着这许多人中，有些是很靠不住的，弄得不好，中国也会发生和匈牙利拉伊克事件那类的〈判〉叛国案件出来的，对于这类思想，中央也给我们作了详细解释了。

中央对许多党外的人士是这样看法的，即有许多人常常是我们用了他，他就说我们的好话，会替人民〈作〉做事情，我们不用他，不给他饭吃，那他就会作怪，甚至会被敌人用去，来捣蛋与破坏我们。我经过上海向饶政委请示工作时，饶政委对此也特别作了解释。他说：这种中国的旧势力，从他社会影响和人数方面来说，他们今天的势力是很大的，但从他们本身是没落的残余势力及组织方面是很散漫的一点来说，则他们的力量又是很小的。至于他们是否成为一个很大的势力，还是一个很小的势力，则完全决定于我们的政策，即我们政策用得好，能够争取他们较开明的去分化与改造他们，则他们的势力就变得很小，我们就不难瓦解与改造他们。反之弄得不好，我们造成他们联合起来对抗我们，则他们的势力又会很大，造成我们很大的困难。我觉得这句话确实是至理名言，因此我们怕他们是不必要的，但看不起他们也是不对的。问题正确的解决是要我们很好地去〈撑〉掌握我们统一战线的政策，很好的去瓦解与改造他们，使这个国民阶级最后被消减，我们的政权才能够最大限度地巩固起来。

至于他们中间可能〈稳〉隐藏着反革命份子，明天可能叛国，这种警惕是次要的，但是毛主席告诉我们，我们用不到去怕他们，如果他们有反革命行为，那我们就可惩掉他，但是别的我们还是要同他们统一战线。既然政权是我们领导的，是在我们手中，我们就不怕这一点，所以我们对此警惕是要的，但恐惧畏缩是不必的。

是的，根据我们所知道，我们有些同志之所以不愿意讲统一战线的倒并不一定是怕他们反革命，以为我们无法对付，而我们同志在许多场合常常觉得这件事情总是自找麻烦，自讨苦吃，认为愈同他们统一战线，他们的麻烦就愈多。你不但要招待他们同他们讲礼貌，并且他对我们工作或施政还会这样有意见，那样有意见的。在上海有二位民主人士，几乎是专门来保人，卫护地主反动派的。的确，这种麻烦是有的。但是中央对于这麻烦的态度是：第一，一定的麻烦是有好处的,他可增加我们的见闻、和对实际情况的了解与许多政策的反映,这对我们并没坏处,只会减少我们主观主义的成份,帮助我们考虑问题,可以考虑得更周到。第二,这小麻烦是必要的,因为他可避免我们大麻烦。中央的考虑是这样,即:还是主动的同他们在一道,在商谈与讨论中解决这些麻烦问题;还是根本不理他们,让他们社会上去乱讲乱动,甚至来反对我们,捣我们的蛋呢?显然前一办法的麻烦来得少些,所以周恩来同志说,我们是主动的抓小麻烦以避免大麻烦,在这里就怕麻烦不得。

事实上根据这一次政治协商会议中的经验,党外人士也并不是很麻烦的,一般说来,在大的问题上,他们都很虚心,这是大势所至很自然〈地〉的现象。根据毛主席和刘少奇同志的说法,他们比我们有些固执的同志的思想还容易搞通些。我觉得这里最重要的问题,倒是在于我们是否把他当一件重要的事情来做,如果这样,那就没有什么麻烦可言,否则便就只会看到麻烦了,事实上我们要真正做好一件任何工作,都无不是麻烦的。要做事,要革命,〈尝〉岂可怕麻烦,何况我们不去做,事情反会发生更多的麻烦来呢?

同志们,这是很确实的,今天我们党内这一类不愿进行统一战线的情绪和思想是相当严重的,这种思想根本上都是不顾大局的狭隘的阶级观点和盲目的功臣思想相结合的非无产阶级思想。中央名之曰"左倾"关门主义,并指出他是我们党内今天最危险的思想,号召我们必须坚决地克服他。因为他是直接反对党今天的总方针——统一战线的方针,并将影响到中国人民能否团结,革命的胜利能否巩固的大问题。

但是这里我们的话得又把他说回来一些,即当我们的坚决反对"左倾"关门主义,纠正我们前述种种关门主义思想的时候,我们也应该警觉到另一方面有右倾的迁就或尾巴主义的可能。

在政治协商会议中,中央统一战线的方针上所表现的,大家都知道是非常之大胆,非常之放手和宽大的,但同时在另一方面,他把革命的原则也〈拿〉掌握得非常之紧的,他不但没有放弃党对其他阶级的领导和斗争,并且连一个小小的疏忽都不曾有过的。

大家都知道共同纲领是我们共产党小组起草的,这里全部实现了我们的最〈底〉低革命纲领,在讨论这共同纲领的中间,固然我们也吸收了其他阶级代表的一些好的意见,而有着好多处修改,但是我们也批驳了其他许多想把共同纲领改成适合于他们利益的意见和解释，举个例子说，在共同纲领的草案中，中华人民共和国之下，本来是有个括弧的，里面注着简称“中华民国”的字样，国民党方面的人很坚持这个意见，以便他们的传统能够保持一些，但是我们把他反对掉了。

同样在二个组织法里，许多资产阶级的代表都想把立法和行政分开来，当我们不同意之后，他们还想把政协全国委员会的常务委员变成常设机关，以便实际上变成国会，尽量保持着旧民主主义的特点和扩大他们〈肘制〉掣肘中央人民政府的可能。对于这一点，我们也坚持了我们原来的意见，而进行了反反〈覆覆〉复复地说服与教育工作。

再则表现在政协代表资格的审核中，我们中央更把其他党派提出来的好几回，对于革命毫无贡献，而其身份〈尤〉犹属于“国民”的家伙拒绝掉了。而在政府的人选方面，也没有重用表面上装得很好，屁股里不大干净的人物。至于在政协的代表和政协的全国委员中，组织上我们也充分保持了我们的领导权，以政协代表来说吧，我们共产党就占一半[或]一半还多几个，此外四分之一是已经肯定地跟着共产党走的进步份子。（固然有时他们的头脑也会糊涂）因此在全体的代表中有四分之三是左派，而只有其它的四分之一是右派即所谓资产阶级的右派，地主的左派和国民党的自由份子。

由此我们可以看到中央对于统一战线，不但是很大胆放手和宽大，并且在另一方面，又是很严正，把我们革命的原则主张和对其他阶级的领导的斗争（主要是教育）是掌握得非常之紧的。如果我们忽视了这一面，而以为只有大胆放手与宽大，那是不正确的。那是右倾的看法。而其结果必然会把统一战线看成是拉拢战线，放弃对其他阶级的领导和教育，而去迁就人家，做别人的尾巴的。

当我们今天要开展我们的统一战线的时候，固然我们是一些也不能放松的，必须坚决地克服我们“左倾”关〈于〉门主义思想，但是同时，对于这种右倾的迁就主义和尾巴主义的警戒却也还是须要的。尤其是当明天统一战线工作开展了之后，这种右倾思想更可能会成为我们最危险的思想。

前面就是我们所要说的统一战线的方针和思想问题，这里我们若把他总括起来说一下，总共只有这样二点：

（一）统一战线是根据着中国社会的实际情况出发的，为的是要把中国社会中一切有用的力量充分发挥出来,把中国的社会改造好,建设好。因此统一战线,不但要建立和农民的坚固同盟与联合小资产阶级。(这二点我们基本已做到了的)并且还要团结资产阶级争取地主的左派和国民党的自由份子。

(二)在统一战线中今天我们的主要阻碍是"左倾"关门主义,即狭隘的阶级思想和盲目的自傲自大,要展开统一战线,我们必须坚决的克服这些思想阻碍,但目前对于右倾地迁就主义和尾巴主义亦应予以禁戒,不可忽视。

看起来问题好像非常之复杂,说穿了实际上总共只有这么两句话,关于统一战线的方针和思想问题,我所要说的就是这些。下面说一说统一战线工作上的一些问题,这问题共有如下的几个:

(一)首先我们应该确立这样的一个观念,这就是统一战线不仅是中央要做,省委统一战线部要做,而[且]是我们全党全体同志,不管是在党政军民等什么部门的都要去做。因为统一战线是要团结与争取各阶级人民,以至一部份已改造了或可改造的"国民"共来建设中国,改造中国。因此,凡是与人民和国民有关系的工作中,以后就都需要统一战线化。

大家都知道:政府是人民的政府,他是替人民做事的,他更要管"国民",那么他不但是执行统一战线的很重要的机关,并且他自身的组织,也要统一战线化的。(中央也要我们首先把省政府统一战线化)。次之,群众团体,更是组织与教育人民的,大凡群众团体他的本身就应该是统一战线性的,而在他们工作中应有充份的统一战线的头脑,这是用不〈要〉着说明的,至于军队好像没有什么统一战线了,但是还是没有例外,首先我们军队中今天还有国民党的军官,如我们的三十五军,我们没有把他搞好,这次在北京时毛主席就讲了话了。今后我们军事的建设,把我们的军队要做到现代化,则更会有赖于许多党外力量来帮助的,这就不能不[要]统一战线了。至于我们各级党委,更是领导全盘的政府军队与民运工作的,党没有统一战线的头脑,那就全部没有统一战线了。

所以这是很明白的,统一战线既不仅是上级党的工作,也不是统战工作部的工作,而是全党各方面同志大家应该做的工作。中央说统一战线是党的总方针,其涵义也可以从这方面去了解。过去我们对统一战线的了解是太狭隘了,以后这种观念,一定要把他好好地改进。

(二)其次,统一战线不仅是过去及今日的方针,而是党在今后长时期间的方针。这方针将一直保持到中国转入社会主义之前，按中央的说法要进行十年廿年，虽则在这中间，统一战线的具体内容是会随着社会的阶级关系的变化而有变更的，但是总方针，即必须要统一战线则是不变的。我们同志中假如有把统一战线看成是当前暂时的方针，则这种观念就应该改正。

（三）再则统一战线是要联合与团结各阶级人民并发挥他们的积极性，共来建国与改造中国的，因此我们不能把统一战线看[做]作是请客或敷衍人家的手段。也不可只把他看[做]作是和党外人士交换交换意见的。为要发挥人家的积极性和巩固与他们的团结或联盟，我们应该给他们有职有权，诚心地要他们共[同]来〈作〉做事，自然这里我们不是无原则的随便给什么人做事情。但大凡可以给党外人士做的，而他们来做，会比我们的同志来做更有作用，或做得更好，则我们就应该让他们做，给他们以权力，而我们同志应该服从他，接受他们的领导。

（四）以后县以上的县市和省都将普遍的建立经常性的各界人民代表会议，这种代表会议他的职权是在军管时期是地方上政事的协商与建议机关，在军管时期结束后，是代理施行人民代表大会的政权机关，政府要由他们选举的，施政的总方针要受他们决定的，而在人民代表大会产生之后，则他又回到原正常的岗位上，变成地方上政事的协议与建议机关了，这种各界人民代表会议，依照中央的解释，也就是所谓地方的人民政治协商会议。

同志们！这里我想要请你们特别注意一下，第一就是各处各部门在就应该开始来注意了解社会各阶层各阶级的力量和其代表性的人物，以便明天组织地方政协时我们可以有更可靠的和在社会上更有作用的代表，而使地方政协真正能起地方政协的作用。第二，我们自作自为和不管政协共同纲领的作风，现在就应该开始改进，免得明天地方政协成立时我们变成被人家批评的对象，而无法来领导人家。这一点，我们同志尤其是基层的行政干部是应该特别注意的。

（五）我们对各党派的分工与竞争问题：同志们！我们中央统一战线工作部已和其他民主党派有一口头协定，这就是其他党派不在军队与农村中去进行活动发展组织，在那里他们已经有的党员仍旧保持着他们的党籍，即我们也尊重他们的党籍，而不可因为他是别党的党员开除他，或不给他事情做。不过他们也要遵守在那里不发展党员，不去进行他们自己的企图。但在城市里，我们答应给他们活动与发展组织的自由并且我们应给他们以经济上、物质上的帮助,酌量他们的情形,给他们以必要的经费,办公的房子,以至于开办报馆设法安排他们党员的职业等等。这里我要同你们说明,这是我们中央和他们中央的商讨后口头协定,我们就有义务要这样做的,不要明天我们这样做了,你们就不开心。

但是这并不是说我们在这口头协定里把城市让给他们了。相反的,在这协定的本身中就意味着我们在城市里和其他党派之间有着一个竞争的关系,即:一面我们不应该限制他们,而另一面我们则要和他们竞争,即看他们能够团结群众,还是我们能够团结群众。自然也很明显的,所谓竞争实际上主要也是在所谓上层份子中间的,由于我们是一个领导的政党,我们不但政治威信比他们高,并且更能比他们解决问题,因此在这里我们和他们竞争的条件是很优越的,但是,既然是有竞争,则我们决不可以为我们有比他们优越的条件。就以为什么都可高枕无忧了。必须知道,从社会关系上来说,在上层份子中,他们是比我们来得接近的,因此尤其在上层份子中,我们应格外加强我们的工作而不可大意。

(六)最后就是我们对其他党派,或社会团体的领导和教育问题,我们对他们的领导和教育不仅仅是只限于我们的政治威信,和一般的政治主张,以及主动的去组织什么运动时,请他们来参加。并且还应该用各种方法深入到他们里面去,周恩来同志曾以他自身经验,特别强调了这一点,即只有我们进到他们里面去,我们才能更好地教育与提高他们的。因此以后我们并将依照着共同纲领里所规定的,以领导政党的资格派同志去参与他们的会议与工作,以实现我们对他们的领导和教育。我们有权要求他们思想和质量提高能够执行共同纲领, 至于对其他党派及社会人士的警惕斗争和改造问题,周恩来同志所告诉我们的最主要的方法,也是要我们进入他们里面去并让他们做事情,因为,只有在他们里面和在他们行动的过程中,我们才能更好地了解他们,教育他们和改造他们。

在工作中,我们对他们的警惕是必需的,这点我在前面已经说过了,但是我们警惕必须与团结并用,不可只有一味的警惕,像我们公安工作者对敌特那样,我们应该是团结中有警惕,否则就会是只有警惕而不能团结的,这样统一战线也会根本被否定掉的,这一点我们的同志是应该特别注意的。

同志们！全国第一届人民政治协商会议已经开过了，中华人民共和国也正式成立，在政治协商会议里，我们共产党已被法定为全国的领导政党，这是我们无上的光荣，也是我们全党同志二十八年来，在毛泽东同志英明的领导下，坚决的执行党中央的方针与指示的结果，我们同志在这种无上的光荣感之下，应该更进一步来认识我们自己的责任和今天所处的条件，由于我们已经被公认为中国的领导政党了，按照谭[震林]政委的比喻来说，就是我们已经做皇帝，不是草寇了，这就使得在我们的肩上，一面担负着过去所没有担负过的掌管全国命运的重大责任，而另一面在我们的手中也就有一切的便利可以运用我们过去所不能运用的条件，使我们的作用与力量更加强大了。我希望同志们很好地认识这点，虚心的研究这种新形势新条件和党中央的统一战线的方针与思想，继续着过去坚决执行中央一切指示的精神，来争取统一战线的展开与实现。

（文件编号：F52）

关于共同纲领中的两个问题

1949 年 10 月

一、人民对反动分子的专政和他的政策

（一）新中国的三敌四友[①]，所以把中国人分成二类。

（二）反动分子必须对他专政与消灭他们的理由：

1. 在政治上是卖国压迫人民，使中国正气不扬，走上殖民地化。

2. 在经济文化上阻碍中国的发展，造成中国的穷困、落后与灾害。

3. 反动分子决不甘心他们的失败，还正在破坏捣蛋，梦想复辟。

4. 但所谓反动分子并不是因为他们富有，而是因为阻碍中国发展。（社会阶级的正动与反动并不是由贫富来分，而是从其社会作用中来看）

（三）革命是为着改造社会，不是对谁有怨有仇。而革命必需打倒反动阶级、改造社会制度，则是因为革命不单是换朝代。

（四）今天反对国内敌人的最严重的问题，是地主与匪特，而我们的基本政策是镇压下实行的宽大。把人民政府共同纲领只看成是宽大是错的。

纲领中说（第七条）（第三条）。

至于镇压与宽大到如何程度，则这完全要看各地的实际情况，换言之主要是由反动分子自己的态度来决定的。

浙江（江南）强调镇压，被压加速发动农民与土改的原由：地方情形不熟识，再加上加速运动的步骤，必有毛病这是意料中的。我们应尽力改进，使毛病少犯这是对的。但有这毛病主要是被迫的，反动分子应负其责。而今日，要避免我们打错，主要还靠反动阶级内的人自己能够守法与表明态度，检举他们的内部。

（五）对于二重身份的人，我们希望他下决心去掉一重，有误会可同我们来说，当尽力不使其受亏。

---

① 三敌指帝国主义、封建主义、官僚资本主义；四友指工人阶级、农民阶级、小资产阶级、民族资产阶级。

二、对于资本主义和资产阶级问题

（一）民族资本家是四个民主阶级之一，对于正当的工商业是保护的，鼓励他发展的。在纲领第 26 条、30 条中说得很明白的。这里的限制只有二个：

1. 有关国家经济命脉和关系操纵国民生计的，不准私人经营。

2. 投机活动必严厉取缔。

这二个限制是完全合理的，否则大家的生活会受到严重影响的。

（二）从前段对民族工商业者及工商业政策来说，显然一切都比过去好了的。

政治地位已高于过去，虽不是领导阶级，但比过去好。像[过去]ブル势力更大，但只是官僚ブル，而民族ブル是被压迫的。经济发展的余地，是比过去大得不知道多少倍的。按照道理民族工商业者今天应该很高兴了，但是实[际]还并不是这样。其原因是大家对人民政府与共产党是否忠实执行共同纲领和将来中国要社会主义化，还有满肚子的狐疑。

（三）这狐疑是有根据的。

第一，许多人不懂得共产党性格与政策，看到地主受重大打击，有些兔死狐悲。这里自然也有许多人是双重身份的，也有单从人道观点来看社会问题的，也有以为共产党是反对富有的，以贫富代替阶级观点的错觉。

第二，是对于国营企业为领导与社会主义的前途问题。

1. 国营企业为领导并不等于缩〈少〉小私营企业，而与发展适当的私人工商业相矛盾。怎样分工合作各有得所呢？可分的工多得很啊。国营企业并不如官僚资本以侵吞与压迫民营资本为目的，而是照顾与必要的扶〈殖〉植，使[在]合作中能发展。

2. 社会主义前途是长时期以后的事情。

3. 资本主义绝没有永恒的，这是肯定的。中国如此，美国也如此。共产党也不是永恒的，皇帝万岁，更没有万岁。

（文件编号：F53(2)）

关于城市工作的会议记录

1949 年

一、公营工厂

1. 公营工厂解雇问题

(1) 生产必需之外者解雇，其原则是。

(2) 体力工作不胜任者解雇。

(3) 工作不积极或反革命者解雇。

2. 处理原则

(1) 转业，改行或集中训练，提高其技术或及思想，或训成为其他干部，转业者依新厂中待遇之，受训者，按原工资〈80%〉60%待遇，受训后作干部则以原工资 80%待遇，但原工厂扩大则有优先复工权。

(2) 至于老弱不能再工作时，则按总工会案例发养老金。

(3) 对油条及反革分子，经训练后未有进步则即解雇。反革命分子并法办之，但解雇者则给解雇金。

二、私营工厂

(1) 解雇问题由总工会工商局及劳动局主动地先与工商资本家商量。

被裁店员可由商业厅训练为贸易干部，但其成份中必须要有积极分子，大都是中间分子，而落后分子只能是少数的。至[于]其他工人，能组生产合作社者组合作社。

省政府吸收较好的文化较高的工人办训练班做办事员。

(2) 再则可以回家者则动员他们回家，但对此须有准备，需与要回去的当地政府接洽好以便能安排他们，再则工厂可以用三班制。

(3) 对私营工厂内的腐败情形，应以能发展生产增加利润的前提下对腐败情形提出意见(向各界人民提)与他们共同讨论要求改进。

对资本家之用私人裙带则应让步，不提意见。

(4) 对公营工厂管理的民主化问题，此为发展公营工厂的发展很重要的问题，我们应开展批评与自我批评，运动此等手段以办好工厂。

(5) 关于工人福利，应由公营工厂出工资 1%或多少去自己办理，而不可依靠政府，否则今日就不能普遍化。

对手工业工人个别解雇可以不问他
要解雇的私厂工人。
纱厂约 500
丝织约 300
私营汽车 200
火柴 100
锡箔及手工业 700
店员 1 000 人

城市委员会要讨论的问题。
(1) 城市的统治方法。
(2) 劳资问题。
(3) 文化教育问题，下学期地主子弟读书问题。
(4) 发展生产及与商人斗争，贸易问题。
(5) 市政建设问题。
(6) 不劳动者改造问题。
(7) 手工业的组织问题，有个别的生产走向集体生产。
(8) 摊贩问题如何解决。
(9) 司法工作问题。
(10) 城市及城郊的土地庙产等问题。
(11) 城市中的统一战线问题。
(12) 失业工人学生职员如何解决问题。
(将近六万人，其中工人 3 500，学生 40 000，商人 3 400，难民 3 000 余，地主 1 600，退伍军官及其家属 24 765 人)。

UF 的对象
(1) 工商业者以工业为主发展生产，引游资投入生产。
(2) 地主ブル文人知识分子。旧文人技术专家，为国家及工农兵服务消灭其对抗思想。

(3) 地主官僚阶级中争取其开明分子，以使瓦解。地主官僚阶级，改造他们以至消灭他们。

(4) 宗教界人士。对反特务有特别意义，争取与改造他们。

(5) 广泛的农村与城市小ブル。

(6) 民主党派。

团结的基本形式：

(1) 首先利用他们组织教联、科协等。

(2) 各界代表会、人民代表会以及其余的许多委员会。

(3) 政府下面多种研究顾问性的委员会。

(4) 吸收其中进步的参加政府组织。

(5) 开各种座谈会，如农村中地主座谈会。

(6)〈各〉个别访问交换意见。

分工合作：

(1) 工商业及(工商厅)及旧知识分子(教育厅)，宗教团体(民政及公安厅)由政府机关去做。妇联负责对该方面的妇女工作。

(2) 城乡小ブル由 M(商业——整理者注)团体及教育局负责。

(3) 民主党派及主要士绅、学者由统战部负责。

(4) 起义军官由军区负责。

(5) 失业军官由公安机关负责改造。

UF 工作机构：

各主要市及地委建统战部。

对全省提出工作要求在明年 2 月开全省各〈阶〉界代表会议之前要提供材料及意见。

一、政协是人民的大团结。

二、政协的工作与民主性，CP 在那里的领导。

建国的原则，高度的信用、虚心的讨论、充分的协商。

代表的原则与安排。

三、共同纲领的方针。

(1) 四阶级联盟与工人领导,工农为基础。

(2) 民主与专政、及对反对派的镇压和改造。

(3) 四阶级联盟的意义,大家都有进步性。

(4) 工人是人民的多数。

(5) 工人是社会的先进阶级,且有他最强的政党。

(文件编号:F136)

农村工作汇报

1949 年

领导问题：

（1）强调加强领导干部到农村去的结果地委及县委核心领导减弱，形成〈全区〉重要问题无人掌控。

（2）地委下去工作的干部应不断将问题反映到地委来。

（3）在群运展开中就应加强报告请示制度。

（4）对农民提出条例之外的要求甚多（如要算老账，收还空期租），同时有普遍的违法政策的绑人打人现象。

……（原缺——编者注）

（文件编号：F136）

征粮笔记一则

1949 年

良山区 105 亩 7 分 9,8 570 斤

（业主应交 2 900 斤）

农会要求业主交 8 570 斤　租尚未收

上泗区 20 095x267x55 485

陈以炳　租已全收

业主净交 9 185 斤

总数：13 988 斤

（文件编号：F136）

杭州市工作汇报

1949 年底

民政局

（1）民政科。

（2）地政科。

（3）社会科。（管社会团体，福利救济）

农村 M[①] 运［动］问题：

（1）打击〈而〉面无论如何不能扩大，超过界限必需阻止。

（2）对地主的斗争的几个问题，无先后的一般打击地主是不好的。

① 贴本与公粮的矛盾，改造与打击太重的矛盾，倒租问题应阻止。

② 地主态度和贫富的分等，恶霸与地主。

（3）生产与节约问题（斗争的方式，反吊打捕人）。

（4）农运中的口号问题，与强调大胆放手问题。

（5）左倾及右倾问题，放手与严格领导。

农村斗争的形势问题

（1）全国形势已确定，我［们］已成了主人。安定社会（加强生产）要改造社会制度，巩固我们的基础。

（2）地主已由正面斗争，变成侧面斗争，与准备他的命运。多数是不敢作对、反抗的。

（3）我们的干部水准与浙江 M 条件。

（4）斗争的对生产积极性的妨碍与荒年和明年的粮食问题。

（1）今日要讨论问题，并非完全是为我们农运中产生一些偏向，因而要纠正他，而主要的是因为中央政府成立后，中国革命新时代的形势中来研究农运

---

① 指群众，下同，不另注。

的新特点，而浙江的农民已蓬勃起来，已经不是过去对我顾虑的状态了，自然这起来也有其偏向的，所以我们在这新形势下因来重新研究一下浙江的农运问题。

（2）中国革命的三大任务，官僚资本与地主势力是解决得差不多了，接下来主要的是消灭封建势力。

大谭：（谭震林，建国初任浙江省委书记——编注）

（1）在地主已被斗过，M 已起来地方，农民与地主斗争应正规化，而用法律判决形态，主要是使斗争不破坏生产。

（2）对地主阶级的打击要有个限度，不可过分动地主的浮财。

（3）要主动来解决明年农民的再生产资本（是否可以组织各界人来搞农村农货，斗争果实应做生产资本）。

（文件编号：F136）

中国革命的现势[①]

1949 年底

一、

三年解放战争，在共产党及其领袖毛泽东领导之下，在人民解放军艰苦奋斗之下，在全国人民热烈支持之下，〈总〉终于获得了基本胜利，美蒋的联合势力已成为残余，且就将被消灭了。这就是说：

（一）中国革命，军事阶段已将结束，建设阶段已经开始了。

三年歼敌五百六十九万，蒋介石说损失比抗战第一年还少。明天流亡海外自然比在上海做流氓还要好些的。

北方建设，南方战争，江南是中间形态。匪特游击队能及救蒋介石江山，那才大笑话，无论游击无论秘密工作，他当我们小学生还不够。

（二）这是非常伟大的胜利，它把中国几十年来封建桎梏与百年来帝国主义的铁蹄统治摧毁了，是百年来，特别是这三十年来中国革命的最初成功，它铺成了新中国独立、和平、民主、统一、自由、富强的大部路基，[作]筑成了中国发展与光大的根本条件。

二、

中共与人民是如何胜利，美蒋是如何失败的呢？

第一个意见是军事上的，确实蒋匪在军事上犯了严重错误，而解放军正与此相反。

（一）蒋匪的错误，首先是过高估计了自己的力量，以为武器能解决一切，武力能解决一切。

（二）其次是重点进攻的失败，山东之战。都证明了，指挥的才能，组织的力量，作战的方针与士气等，双方相比都有天壤之别。军事失败是蒋匪失败的主要表现，但其原因决不至此。

第二个意见是政治上的。是政治上的反动。所谓反动，在理论上说是社

---

① 这是沙文汉在杭州的讲话提纲。

会发展的障碍物，从具体事实上说即是豪门地主的自私。

1. 反动统治本质上是与人民对立的、反动必然以人民为鱼肉，与民为敌，从而激起人民的反对；

2. 反动必然腐化、无能；

3. 反动必然卖国，而没有自信心。

第三个意见从社会学原理上来说，则是社会矛盾的极度发展的结果。

1. 在封建主义、帝国主义联合统治下，中国社会生产的发展是停滞的，只能单纯再生产，有时甚至〈联〉连如此还不行。但另一方面资本主义生产方法与苏联革命的成功都指出了中国发展可能与发展的道路。尤其是经过日寇的侵略与豪门资本并容，使中国社会矛盾发展到空前未有的程度，而终于旧社会制度被毁灭了。(蒋介石说这是民主自由独立的社会制度啊！)

2. 因此革命的胜利，旧社会制度的毁灭与新的产生，这是社会发展的法则。社会是发展的不能停滞的，一切军事与政治力量，只能在社会矛盾还没到极度时，能起一定的作用，而在矛盾极度时，一切人为力量是决不能阻挡的，不管谁愿意不愿意，社会都仍按他自己的规律发展的，这不但今日中国是这样，并且今日的世界也是这样。

3. 共产党是迎着这个社会进化的法则取得胜利的，这胜利不单是共产党与人民主观上的努力，而是他们的努力以此社会发展的法则为其客观基础的。所以，美蒋的失败，从社会学上来说，根本不过是旧的外壳，其被抛弃是必然的。所谓谋事在人，成事大天，这“天”的意义就是社会发展的法则。

三、

反动派能复辟吗？懂得了社会发展的法则，自然，没有人再会相信他能反得转来的，除非社会法则会倒转。但今天当有许多人，不懂得这个道理，他们被美蒋的造谣与欺骗所迷惑，以为蒋介石有美帝国主义的帮助，美帝国主义者有原子弹。蒋介石现在不能翻身，则至少在第三次世界大战中，不是没有希望的，并且似乎还相信第三次世界大战就将爆发了。为着澄清这种可笑的迷惑，这里让我对下述几个问题来解释一下：

(一) 首先，蒋介石现在能否翻身呢？

许多人都知道是不可能的，因为他兵力快光了，兵源也差不多光了。以他今天的条件来说，即使美帝国主义再给他几十亿美元的援助，也绝不发生作用的，何况美帝自己也在闹经济恐慌的。人民解放军更不会让他有长期休息补充时间的。

对美帝援助的力量与中国革命进程的影响，过去曾有过争论，许多民主人士曾建议我们对美应缓和，否则蒋的失败反而会成其坚持的条件的，事实证明这都错了，他们以为我们看偏了，只看主观力量，其实我们却比谁都看得全面。

当时蒋有雄厚的力量，美帝尚救不起来，那有现在只有微弱的喘息时，还能救活！土匪游击队与特务破坏能否解决问题呢？

（二）次之，我们应将美帝真实的力量估计一下，因为蒋唯一的希望只有依靠美帝。我们这里没有时间去评论，蒋的反动不反动，只来说说美帝的力量能否救蒋。

就物质与生产条件来说，美国的力量是很大的。但就军事政治社会条件上来说，则就不然。

高度金融垄断资本主义制度下的美国，统治者与人民的对立，是非常严重的，美国的大财阀许多与军事首领固然很好战，但一般人民，却是爱好自由，反对战争的和平人民，经验说明，战争的痛苦是人民受的，而战争的成果是财阀得的。美国人民也颇知道这些，所以连有些资产阶级政治家都反战了。

由于战争的胜利与战后的特种繁荣，这使美帝可能欺骗一下他的人民，但经济恐慌一来这欺骗就必将很快地破产的。

美帝国主义者在人民之前造不出一个战争的借口，因此他也极不容易造成一个可以作战的政治条件。

事实证明每次战争中美国总是迟迟动员不起来的，（固然也是为着托便宜）

因此可以说，作为和平生产方面来说，美国的力量是很大的，作为军事斗争的力量上来说，那就没有什么了不起了。在战争中，一般地说美国不过是一个大军火供给库，而不是能战的国家。事实证明，在第一次世界大战中，美国的物质援助对联合国帮助甚大，但美军却无甚功劳。作战时期最短，而逃兵则最多。在第二次世界大战中，诺曼〈地〉底及西欧是托便宜的，冲绳之战则只能说明美国打得很坏，牺牲大过于日寇。

假如美国不是这样，大可自己独打日寇，而不至强求苏联参战，独占日本就好了。何必在今日日本问题上还让苏联插一脚呢？

（三）第三就是所谓第三次世界大战究竟怎样呢？

1. 先从军事来说：自德国法西斯打倒后，红军已成世界无敌，苏联因无足够的海军以致美于死[地]，则美国也不能在大陆上站得住，这是明眼人都知道的。

2. 其次，美帝要进行世界大战还得在欧亚有巩固的同盟国，单独作战这是绝不可能的，（他连苏联的边界都碰不到）但美国能联合各国作战的条件只有一半或者还不到一半，这就是各国反动统治者害怕自己成了蒋介石，而想依靠他。但另一方面，各国人民不但反对，并且美国与各国反动统治阶级的利益也是矛盾的，而且矛盾得很尖锐。这就是马歇尔计划下的侵略，想把各国变为美国的附庸，再则，他应算在最重要的同盟国的国度里，如希、法、意、德等国，革命的势力都非常之大，这些国家反动统治者都顶软弱，可能战争还没打起来，革命倒反已成功了。如中国然的。

3. 美帝要进行世界大战在自己国内的条件也大大不足，而这又是很不容易改变的，因为发展的方向是愈来愈困难。

（四）最后就只剩原子弹问题了。那么美国有原子弹，这些困难不都解决了呢？绝不！因为：

1. 原子弹只能用作战的轰炸，炸后方，在前线是无用的；

2. 美帝计划以一千个原子弹炸平苏联 12 个主要工业城市，但这是苏联能防御的，而美军的轰炸基地在苏机攻击射程之内；

3. 何况原子弹并不一定是美国所独有的。——英国的原子科学家，估计盟军对德轰炸的弹量等于 4 个原子弹。

小结

由此可知，原子弹绝不是怎么可怕的武器，其作用与第一次大战时的毒气以及其后的飞机一样的。至于原子弹对中国，则由于中国人口很散（城市不多）其效力是更弱了。

外行的人很难想〈像〉象没有原子弹能与有原子弹的作战。这也都如很难想〈像〉象我们没有飞机可以战胜蒋介石一样。但战胜却是事实啊！

今天许多人对原子弹的恐怖，这不过是无知而被敌人所诱惑罢了。

有人会问：你说原子弹没有什么了不起，但美国二颗原子弹不是打倒了日本帝国主义吗？可是日寇不是二颗原子弹打倒的，而是被红军打倒的啊，若不是满洲防线(筑了十几年的最精锐的关东军把守的)一夜之间被红军突破，而使日寇军火及粮食供给库根本崩溃，孤岛无法维持作战的话，即使再有几颗原子弹，日寇也还[正]能与美国周旋的，很明显冲绳之战之后美军是不大敢在日本海上陆的。

（五）由此可知，第三次世界大战是很难打起来的，至少在今后好几年中是不可能的，因为没有条件可打。由此可知，原子弹并不怎么了不起，更不能解决战争，那么我们的蒋匪从那里复辟起呢？即使退一万步说，世界大战又打起来了，难道一定是美帝胜利？相反的。世界历史发展的事实证明每打一次，资本主义反动势力削[弱]一次，共产党进步势力扩大一次。

因为世界正是在资本主义总危机最后的时代中，在这时期中，资本主义的安定基本上已不可能了。世界性的生产力与生产关系的矛盾，已尖锐到空前未有的程度，资本主义世界只能是走由衰落崩溃，革命的速度是比任何时期都加速了。具体事实是：

1. 旧世界经济恐慌的开始，使宗主国与对殖民地的矛盾更加尖锐起来；

2. 工人运动的发展与殖民地革命运动的高涨；

3. 苏联与东欧新民主主义国家日益壮大；

4. 中国革命的成功。

四、

（一）中国的前途由此可知，中国革命的成功，不但在国内有其极好的主观与客观条件，并且还有极有利的国际世界政治条件，这些条件不但是今天存在着，并且今后还将更加有利。但是这并不是说我们没有困难，这困难就是：

1. 过渡时期经济的难关。这是敌人所遗留的。任何新时期所必有的，但也是一定能够克服的困难。

2. 中国人还缺乏建设的技能，在程度上，还缺乏进步的一致的健全的国民思想和建国的自信心。思想是很庞杂的，尤其是半殖民地的恐外思想，保守的、轻视劳动人民建封士大夫思想和腐化自私官僚思想。

3. 目前土匪、封锁等转换期的困难。

（二）当军事战争〈形〉行将结束，建国后已经开始的今日，我们应该努力在生产与思想的两条战线上展开斗争，希大家来努力，做个完整中国的公民，咬紧牙关，渡过目前的困难，建成一个美丽的中国。

（文件编号：F104）

关于统一战线工作的一次讲话（节录）[①]

1949 年底

Ⅲ．统一战线中的思想阻碍

1．今日统一战线中不正确的思想基本上是过左的关门主义思想。这是胜利中很容易发生的，应坚决加以克服。宣布这种思想是违反党的总方针的，右的尾巴主义思想可能也有，但这是次要的，它在统一战线开展之后与成功时，会变成我们主要阻碍的。因此我们今日对此问题是“反对左的思想，警戒右的思想”。

2．关门主义思想基本上有如下的几种类型，即：

（1）老子打天下给这些投机分子来吃喝做官，不服气

（2）怕麻烦，觉得同这些人搅，不习惯，或以为愈搅愈麻烦，还是不搅好

（3）怕他们反动，明天搞坏事情

（4）以为美蒋已打倒，我们还怕什么，要统一战线〈则〉做甚

中央对此回答是：

（1）人家要投机，是归附我们，这是好的。我们需要他，因为他们能做我们不能做的事。

（2）不去搅他们是更大的麻烦，以小麻烦免大的麻烦为何不搅。

（3）反动应该警惕，但可以整他，没有什么可怕，只要利多弊少我们就要干，天下纯粹有利的事情就不多。

（4）统一战线是中国社会情况决定的，不是决定于战争的胜败，枪炮解决了武装敌人，但不能解决残余的势力和经济、思想等问题。

3．归结起来说，我们这种过左思想，是脱离中国社会实际的狭隘的阶级思想、功臣思想与盲目的自大自满，他不懂得中国的实际情况与建国的困难，是不顾大局，更不知道这就是为了我们自己。这种思想若不加以克服是会坏大事的。

4．中央要求全党贯彻统一战线的方针，自上而下深切地检讨，并要求同

---

① 此标题系编者根据内容所拟，原文不完整。

志们准备好思想接受与尊重党外人士来领导我们。

Ⅳ. 统一战线中的领导与具体工作问题

1. 在政府与人民代表会议中,我们不但依靠于政治威信和工作方针等来领导他们,并且还应在组织上保持我们的多数,党外人士中应重用进步分子,照顾落后的民主分子,及全社会努力。(政协及例子)

2. 对他们领导主要是依靠进到他们里面去,去教育他们提高他们,视情形的需要,我们并可依据共同纲领派适当的人进到他们的组织里去。

3. 对各党派的限制,在谈成的条件内,(即不要军队及农村中去发展)应着重在思想质量方面限制他们,即要求他们吸收有赞成共同纲领建国思想的人。而不要乱吸收以致连他们自己都不能负责。

4. 对他们的警惕是必需的,但是我们要在团结中去警惕,即团结与警惕并用,不可只警惕而没团结。事实上我们也只有和他们在一起,让他们动起来,在这过程才更容易认识他们。即统而战,不是战而统,(前者为统一战线,后者为肃反)

(文件编号:F86)

关于国际政治工作上的几个问题

1950 年初

一、整个人类历史从资本主义世界转〈形〉型到新的社会主义世界的过程，社会主义的生长发展，与资本主义的凋枯衰亡，这是十月革命以来世界政治上最根本的形势。而在二次世界大战和中国革命胜利之后，不但新世界的力量已经发展到三分之一的世界，强大空前，其种种条件已使现实力量上大于资本主义世界，并且更促进了资本主义旧世界的衰亡（首先最根本的是资本主义世界市场的严重缩小），加速了人类历史转〈形〉型的条件。新旧二个世界的对立，这是当前世界上最根本的特征和世界政治形势发展的根本方向。

二、在这样新旧二个世界对立的世界里，社会的转〈形〉型，即社会主义与代替资本主义的过程。从理论上来说，应该认为有二种的可能形式：第一，即资本主义企图解决这矛盾与社会主义世界来决战，即二个世界决战的形式；第二，即不是二个世界决战，而是基本上由于资本主义内部矛盾的爆炸，决定性的爆炸是主要资本主义国家间的战争，使他垮下去，在他的基地上产生新的社会主义势力。

三、由于新世界的力量基本上在当前现实的斗争中已发展[到]比资本主义世界力量更为强大，同时，也由于资本主义在世界市场里空前缩小的条件下各种矛盾，本质上比过去来得更加紧张，甚至连相对的稳定都已不可能了。在这样的条件之下，如果新世界自己主观不犯错误，即能够充份地运用他的社会政治条件，迅速建设、发展自己的力量，加紧兄弟各国间的互助团结，和正确地掌握和平政策，那么这就能使世界人类历史的转〈形〉型避免以第一种的形式出现，而将由第二种的形式来实现的。

如果说，前述这些主观的条件是已经具备了的，即根本上不成问题的，那么这就是说，今后世界的根本形势就将顺着第二种的形式发展。

四、资本主义内部矛盾，基本上有三种：一即资本主义各国间的战争；二即殖民地半殖民地反帝国主义的民族革命；三是资本主义国内无产阶级的革命。这三种基本矛盾，虽则是纠结在一道的，而且在目前表面上看起来许多地方反而后二种似乎还更显著或尖锐一些，但在现实条件下，第一种的矛盾终将发展成为顶突出顶尖锐[的矛盾],而成决定的东西,即第二及第三种矛盾会变成随着这第一种矛盾爆炸而发展的。这是因为:……[1]

五、但是,所谓今后世界形势发展的根本特点(实际上也是第二次世界大战后的根本形势)将是主要资本主义国家间的战争,即资本主义的矛盾,而不是新旧二个世界的战争,(社会主义与资本主义的矛盾),这是就整个形势发展的基本方向和终局决定世界政治的基本形势上来说的。因此,[他]并不否认[而]进程中有曲折,以至在一定条件下,主要资本主义国家有"联合"起来向社会民主世界来进行挑战与侵略的,而成为当时在现实世界政治上最重要的特点的可能。在特别是社会民主世界的力量和斗争还没强大到能够完全阻止资本主义作这企图之前,资本主义世界内部的矛盾还没有尖锐到将要爆炸之前,这种形势(即主要资本主义国家想向社会民主世界进行挑战和侵略,而使新旧二个世界间的斗争前为世界政治上最主要的斗争)反而是必然会有的。否认或忽视这种形势的可能,这不但不合事实,而且会否认在资本主义内部矛盾极度紧张或爆发之前,我们必须用一切办法来阻止与击垮他向我们挑战和侵略的必要。

定一(即陆定一——整理者注)同志的文章并没有否认这种可能。自然夸大这种形势的实质,即简单而又机械地从现在世界根本上是社会主义代替资本主义的发展过程,世界的根本形势就是社会主义世界与资本主义世界的对立出发,而以为这就是今天与今后世界形势的根本特点。即没有看到这只是暂时的,不是终究决定本来进程的形势,那也是不对的。[他]不但不合事实,且会使我们在斗争中失掉饱满的信心和光明的前景。

六、就当前世界政治形势来说,显然,顶重要的、顶尖锐的带有决定〈势〉世界形势变化的进程,是破坏与侵略社会民主世界和反对破坏与侵略的斗争。也就是说是以美帝为首的资本主义国家,"联合"起来,积极准备,以至于用各种方式实行(部份地方已用军事行动)破坏与侵略我们社会民主世界,企图从这里找到他们的出路,来缓和他们自己的矛盾。在我们有效的斗争之下,帝国主义这个行动并没有得到成功,而且可以这样说,帝国主义向我们的攻进或破坏,基本上已被我们堵住,没有成功希望了。但是,这并不是说我们已把他完

---

① 原缺。

全堵住了，也不是说它就会歇手、放弃或放松他的计划，或不作其他新的冒险了。换言之，在这场斗争中，我们已坚固地站在胜利面，但这斗争并没停止，且亦没有缓和了。事实上其克正是企图以加强“反共”行动在刺激加强反共力量。而只能说帝国主义更不利更困难。因此，这斗争的本身仍是，而且在今后一定时期内仍会是世界政治上最重要最尖锐的斗争的。

是的，美帝国主义在实施破坏与侵略社会民主世界过程，另一面也是侵略资本主义世界的过程，但是这二面刀锋，到现在为止，我们应该肯定地说，进攻我们一面是重要的，另一面暂时还是次要的。（固然将来形势发展的机会变的，但现在的事情还是如此）

七、自然，我们必须看到，资本主义内部的矛盾，在这个时期里也已迅速地紧张起来了。它的范围很广泛而其中从性质上来说特别严重的，是在国民经济军事化的条件下，资本主义世界紧逼的生产停滞、市场斗争已很紧张，这意味着资本主义恐慌确实迫近了。

没有问题，资本主义内部矛盾日益尖锐，他是日益在削弱其进攻我们的可能与力量，但同时，这矛盾发展的程度，就现有的情形来说大体上还只能说是初期的危险性质的，（资本主义各国之间无时无刻不在矛盾的，但在通常情形下这矛盾并不就会发生战争的危险）。

固然，这矛盾将来会变成决定事变进程的，并且今后他们的发展速度是会愈来愈快的，但现在暂时还没有代替前述二个世界间斗争，而成为决定事变进程的矛盾，那是不错的。作为当前世界政治形势上最重要的斗争仍是二个世界间的斗争，我想这点是应该肯定的。（有人以为这斗争本身只是民主的性质，因而不承认这是二个世界，或社会主义与资本主义的斗争，这是不对的。）

八、也正因为是这样，所以今天我们在世界斗争中不仅是笼统的主张和平，反对帝国主义的侵略战争，而是首先要阻止帝国主义的向我们的挑拨和进攻，孤立与瓦解帝国主义，使他的阴谋冒险完全失败。换言之，就是首先要使帝国主义者碰我们不动。这是为着我们和平反战斗争的任务。只有当我们完成这个任务这才使我们能充份运用资本主义内部矛盾的发展与爆炸，帝国主义者只好在他的世界里面去找出路了。

所以今日的形势是决定于我们（新世界）是否能阻住帝国主义者旧世界之向我们侵略与进攻。当我们说，终局决定事变进程的是资本主义内部的矛盾的时候，我们应该领会到，这是以我们能够（而且事实上确实能够）阻住帝国主义向我们的侵略为前提的。（不然，形势的发展就为变成二个世界的大战来决定事变进程的）因之，当今日我们更明确地了解到，终局决定世界事变进程的是帝国主义与帝国主义的战争时，同时我们却不可忽略或轻视，还有有待于我们今日的努力更进一步去阻止与互解帝国主义向新世界的侵略，这是当前决定世界局势进程的斗争。虽然我们有把握能够取得胜利，但这并不减轻这个斗争意义的严重性。

九、和平运动的发展与内容问题……①

（文件编号：H14）

① 原缺。

李丰平北京开会后的传达

1950 年秋

中央决心在三年准备中（即明年年底前）肃清反革命分子，其中只有肃清敌特是长期斗争。三大运动是三年准备的三大问题，这三来搞好，十年建设就不成问题。

镇反的高潮基本上已过去，但还有中潮。老区如河间，甚至还有几村的反革命没有动，新区自然更有问题了。一般说老区尚有 20％未解决，新区有 30％以上未解决，因此须有一个中潮来解决之。中潮拟自十一月起至明年四月〈至〉止，其后将还会有一〈底〉低潮。以为反革命问题已解决，可以休兵那是错的，差不多思想是危险的，我们还需彻底肃清他，但时间不可拖到三年准备以外去。而所谓中潮在各地区应不同，有高低的内容的，重心也有不同的。

华东有 25—30％地区不彻底，10—15％地区尚未动，而浙江打的主要是土匪恶霸及反动党团，对反动道会门及特务则只搞〈得〉了一部分。经过这次点一点收集材料，中潮中有以更多计划搞，可以由每县有计划来搞。但在过去高潮中也有部分“左倾”，主要是控制不严，乱〈受〉授权捕杀人。再则有些地方有些组织不纯，而弄乱了的，尤其在广东、云南等处。

经验证明凡组织不纯与重灾区地方是不能进行镇反运动的。

我们在镇反运动中经验也更丰富了，如大张旗鼓和在这中间动员人民力量加强工作，吸收民主人士来参加等等。

今后的斗争方针是：

（一）全国范围内凡镇反不彻底地区和方面，必须彻底肃清之，比较彻底的地区，则加强往常工作。

彻底与否则看五种敌人是否解决，因之须以乡为单位加以检查，每乡报告须经常委批准，呈大行政区审查批准后方可确定是否彻底。

要杀的必杀，要捕的必捕，要关的必关，但不可弄错，数字可有一个，数字外实报实销，对逃犯务必归案〈发〉法办。

在镇反运动中，大行政区，省及署三级必须加强领导严格控制，交清政策，勤于检查。

镇反运动必须与 M 运动相结合，捕人权到专署，杀人权到省。在镇反中如领导上有大错，发生乱时须停止，或迟搞(但现行犯还是要搞)。

(二) 清理积案，劳改及清理中内层。必须要搞清理工作，十月底前务需完结。劳改工作年底必须搞好，重点放在县二级，多则集中。其经费一年之内由公家供给，再半年中，一半由公家解决，其后均自己解决。

清理中层，原则上，中高以上的学生都当中层管理，对学校不可太急，理应逐步搞，对学生可试用毕业时〈检〉鉴定的办法逐步来搞。

清理中层要争取多救，缩小反革命活动范围，不可硬追，一追必弄错。并应大部不抓，不杀，(须要杀的亦只杀他十分之一二)，基本不清洗。

工厂，公营的先搞大的，私营的亦要搞，至对技术人员、学者、科学家则要注意方式，不要杀，务必改造他。

(三) 经常性工作

1. 加强侦察工作，并改善方法。尤其是对帝国主义特务及宗教中反革命分子，必须从侦察中解决之。

2. 对外国特务固然要放长线，但有些则不可放长线，赶掉就是了。

3. 经济保卫工作。

4. 加强联防工作。

5. 对首长，党政机关及主要民主人民的保卫工作。

(四) 镇压后的管制性工作。

农村中管制者不超过千分之三，城市不超过千分之二，管制者须县市公安局及法院正式宣布，并宣布其时间。管制须把思想教育，政治管制与劳动改造相结合，管制要防止过左，应整理一下。对反革命分子的家庭应宽些，没收财产则只没收大的。

管制要依靠群众，发动群众，应组织群众治安防奸委员会。

十月前以市县为单位，普遍开治安防奸模范会。(以后每年可开一次)。

(五) 加强治安机关的党性及思想教育工作，克服闹独立与坏作风，并加强人事工作，使成为军队的政治部。

(文件编号：F193)

关于中国历史的讲话提纲

1950 年

I. 中国共产党的产生及其时代背景：

① 帝国主义侵入中国，使中国原有的社会矛盾与世界性的社会矛盾相结合而益形尖锐起来。封建主义与帝国主义从斗争走向屈服而成为附庸。人民穷困与国势日蹙，走向殖民地化。几十年来的革命斗争都次第归于失败，中国被殖民地化，穷困与苦闷所笼罩着。

② 新工业的产生，与工人阶级的出现。

③ 苏联革命的成功，马克〈斯〉思主义的现实，警醒了中国的先进者。

在这样几个条件下共产党就在五四运动（1920 年）中怀孕，而在 1921 年诞生了，开始由研究团体走向社会革命运动。（五四是从反对日本继承德国在山东的特权，由北大学生而起，工学商各阶级联合的反帝反封建，反军阀运动。）

II. 共产党最初进入政治舞台（1921 年一次大会至 1927 年大革命失败）

① 共产党开始领导工人运动，1922 年 1 月省港罢工（增加工资），2 月而得胜，其后又组织上海武汉等罢工，和三万多人的开滦罢工。

② 1922 年 5 月二代会指出工人要达到社会主义，必须团结一切力量，先“打倒帝国主义和军阀”。

[这]时工人运动继续高涨，直到 1923 年〈四〉二七京汉罢工的高潮，而工人运动亦由经济斗争发展到政治斗争（二七表示了中国工人在 CP 领导下，在成[为]独立政治力量，并表现出革命气概，但因斗争孤立而未成功）

③ 同年六月（1923）三次党代会决定帮助改组国民党与国民党合作，组成革命统一战线，KMT[①] 接受了 CP 的主张及政治纲领，这使中国革命势力大为发展，发展得很快，1924 年 1 月 CP 开了四代大会并力求加强 UF 及工业[人]运动。

④ 1925 年发生五卅惨案，CP 领导了全国工人学生联合〈者〉着其他阶级展开了反帝大运动（上海罢工者达五十万人）全国学生也都罢了课，省港二十

---

① 指国民党，下同，不另注。

五万工人联合罢工，封锁香港，形成全国革命大高潮，7 月 1 日广州成立国民政府，继之统一了广东省（除琼崖），农民运动（尤其在广东）也大为开展。

⑤ 国民党中右派的反对国共联合，打击共产党，[1926 年]蒋介石召开[二届二]中全会，通过“整理党务案”逮捕军（第一军）中共产党，毛主席反对，而陈独秀只会退让，但全国革命运动仍旧高潮，1926 年 7 月，在此革命运动高潮下开始北伐，10 月 7 日克汉口汉阳，双十节克武昌，国民政府迁都武汉，人民收回了租界，1927 年 3 月 21 日，在上海 80 万工人暴动下克〈服〉复了上海。

⑥ 四一二，蒋介石以江山将定，开始“清党”，投敌屠杀人民。

由于陈独秀机会主义而使革命失败，革命同志多遭惨杀，入狱与流亡，反革命反而争取

了动摇者。这说明：

a. 中国不革命即殖民地化；

b. 对反动阶级退让，放弃领导与武装，即是断送革命；

c. 除非工人阶级，谁都不能领导中国革命。

III. 土地革命时期：

① 大革命失败后共产党受了教训，转变方针与路线，八一起义与八七会议，武装革命反对武装反革命的开始。八一起义，虽因缺乏经验而失败，1927 年秋收暴动与井冈山根据地，创造了农村向城市的武装斗争的总方针。

② 四次围剿的被粉碎，与教条主义的错误：

a. 城市中心主义；

b. 军事上死守；

c. 过左阶级路线和反统战。

③ 1934 年秋 10 月，长征，与 1935 年 1 月遵义会议，开始确立毛主席的领导，保存〈在〉了革命的队伍——尤其是干部。

IV. 共产党在抗日时期：

① 世界经济恐慌后，帝国主义侵略的加紧，1931 年九一八事变开始，民族矛盾超过了国内阶[级]矛盾，共产[党]要求共同抗日，国民党一面不抵抗、卖国，一面尽力围剿，而人民抗日运动次第高涨，蒋介石认为“共产党是日帝的走狗”，以〈极〉及标榜其先安内后攘外的卖国政策。

1932 年发生一二八事件，蒋介石压迫了十九路军乃至失败，继之华北又将

紧张。

1935 年共产党不管 KMT 反对，为了中国前途，毅然决定抗日统一战线政策。

12 月 9 日，发生一二九运动，KMT 想围剿陕北，直到 1936 年西安事变而停止。

② 次年(1937)七七事变，吉星文自动抵抗，战事已起，而 KMT 还想要妥协，又拖了一个多月，只好被迫应战，不得已成立八路军和新四军。

③ 1938 年 10 月武汉失陷后，国民党几乎停战了，而由于八路军新四军的发展，拖住日寇一半以上的军力，战争也进入相持阶段，日寇集中力量来扫荡八路及新四军，蒋介石则大事封锁陕北，按兵不动(休息)，企图借刀杀人，甚至将主要力量来进行反共。而于 1941 年 1 月竟发生皖南事变。共产党在敌后独受煎熬。1941—1942 年历经了空前的苦难，但总搞了十五块根据地，8 000 多万人口，47 万主力，227 万民兵，90 多万党员。

④ 1945 年八月日寇投降，八年抗战得到胜利，在这之前党开了七大，确立了毛主席思想是指导思想。

抗日战争中后期的情形已说明了中国有内战的危险。

V. 解放战争时期的中共

① 日寇投降后，K(国民党——编者注)即在英美帮助下，想独吞抗战的果实，进行接收进攻，8 月 25 日 CP 发[表]坚持和平民主团结宣言，KMT 不理，28 日毛赴重庆，全国均要求和平，长治、邯郸战役后乃得订立 10 月 10 日(双十)约定。

② 美蒋被迫订立双十约定后，一面假装调停，一面调军，布置进攻解放区，1946 年 6 月进攻王师地区，7 月五十万 K 军进攻苏北，战争随即大爆发。

③ 第一年国民党在美帝援助下表面上大胜，至四七年初达于顶点，三月以后 K 被迫改为重点进攻，除山东、陕北外，我转入反攻。此时，我大力进行土改发动群众，支援战争。全国人民对 K 认识亦更清楚，K 到之处就是美帝及封建势力。

④ 战争转机后，1947 年 10 月 10 日，毛发表宣言，联合各阶级、各民族、各党派及华侨反对蒋独裁成立民主联合政府，重申七大决议，论“联合政府”。

⑤ 1948 年 9 月后自辽沈战役始我大反攻，作主力决战。计辽沈歼敌 47

万、淮海歼敌 55 万、平津歼敌 52 万。而敌主力几乎被歼，美帝军事顾问团逃跑。1949 年 4 月 21 日渡江，解放江南，美蒋想以和谈来阻我国民党(K)反动政权被推翻，10 月 1 日人民政府成立。建立人民民主政府，完成了推翻帝[国主义]、封[建主义]、官僚资本[主义]的统治。

VI. 解放后的中共：

① 一年多经大破坏的半封建半殖民地的落后国家，美帝及蒋匪残余还不肯甘心。

② 联合了各阶级人民，使中国面目为之一改。

a. 稳定经济，迅速走向转好

b. 巩固了民主专政与真正统一了中国。

c. 教训了帝国主义成为世界的强国。

这是由于：a. 财经统一与领导；b. 土改与镇反；c. 建立了正确的外交路线

③ 这证明了共产党的领导，是解救中国，发展中国的。以毛泽东思想为指导的ブロ对人民无限忠诚。

（文件编号：Q18）

在华东局台委工作期间关于策反工作的一次讲话提纲

1950年

一、策反工作的目的，任务与意义

（一）策反是策动敌人反正，因此他是用政治方式来瓦解与消灭敌人的对敌斗争工作。这种工作在斗争方式和组织上是独立的，但在本质上是从属的，即从属于整个的形势，尤其是从属于武装斗争的形势，换言之它是我们武装斗争的一种辅助手段，是发挥武装斗争效果的一种手段。

（二）它虽则是一个辅助手段，但有时它的效果，甚至会比我们一个军还大，如绥远，新疆，西南和西藏的解放就是其例，因此这项工作在内战中，始〈总〉终是很重要的一件工作，过去如此，对将来台湾的战争也是如此。

（三）在对外战争时，他的作用自然减少了，但对小国、弱国的战争中他仍可能有很大的作用存在的。

二、策反的工作问题，即怎样做的问题

（一）工作的条件和我们的依靠，即既是敌人为何又可反正，而我们可以这样做的依靠和根据是什么呢?

1. 形势与敌人的矛盾，即在死路上给他生路，这是最根本的条件。

2. 在前述基础上运用敌人内部的矛盾和意气作用，他能减弱他在重要问题上客观的反动性

3. 发扬国家民族的正义感和人性，以增加其道义感和勇气（敌人基本上是没有这些的，但当作每个个人都多少存在的，个别的还相当强，尤其是同形势与本身的苦痛相〈接〉结合时更是如此）。

4. 我们主观的工作，即具体的联系与正确的运用，这是最后的决定条件，成熟了的果子，不会自[己]到嘴巴里来的。

（二）由此可知，策反工作本身主要是依靠于客观条件的，即基本上要看我们能否善于运用客观条件。犹如做投机生意一样，运用得好，一本万利，运用得不好，力气白用，弄得不好反而亏本。因此我们的一切问题，都在于：1. 如何运用得好来赚钱；2. 如何避免亏本。

（三）回答这两个问题，我的意见是：必需解决下列的一系列的问题：

1. 了解与掌握情况

(1) 整个的情况,如对台湾:

① 穷途末路,但又有所依靠,使他们坚持反动中又不安心;

② 做美帝走狗的奴性与自尊心民族意识的矛盾,使他们矛盾中来麻痹自己;

③ 怕我们(镇压)怕危险(敌特)又怕生活痛苦,挺着继续其反革命;

④ 这些条件决定大部敌人都是动摇不坚定的,其反动与反正,可随形势变更而变化的。

(2) 个人的情况,嫡系、非嫡系,得意、失意,有出路、无出路(包括没路)以及生活的痛苦(包括家庭)等等,这些也是在变动的,上述情况必需具体了解,灵活地去掌握运用它。

2. 方针及政策问题

(1) 镇压与宽大相〈接〉结合,镇压下来讲宽大,这是基本精神,运用时不变此基本精神

只能变此形式;

(2) 强调镇压与宽大的条件,愈宽愈好,还是愈狠愈好,整个要求下来要求宽会犯错误的;

(3) 对敌不怕奸诈与阴险? 和仁慈好人观点,与不择手[段],杀人意义等。

(4) 搞上层还搞下层,主要是中上层,文官的用处是为我做策反工作和条件到来时,混乱其内部(如过江前的立委)

(5) 数量和质量问题,数量为着质[量]。如何沙里淘金,怎样放长线远钩。

3. 具体工作问题

(1) 关系的选择,教育(造成)与派遣。

选择的条件:

① 对象的工作条件,能力和特长,能干人和老实人各有用处。

② 秘密条件和习惯。

③ 可靠性和保证(地位越高可靠性也愈大)愈少政治可靠性,则愈重保证条件。

（2）工作原则实现的曲折性（很少有直线的实现）：目的与做法，主客观条件成熟时才动手；在这之前都是准备工作，曲折的，要为对象服务，拥护其反动利益以扩大其矛盾，与增加其动摇性；具体如何作为应由关系与对象的状况和当时的情形来决定的。

（3）组织问题，单线组织单纯工作，重点配置。分散与统一骨干的安置。

（4）对待关系问题，是敌还是友？两种态度和重点，须不断进行了解与考验，反间和钓鱼，同一集团中的几个关系统一的时间。

（5）交通联系。

（6）一般宣传号召与个别争取。

4. 策反干部的条件：

（1）党性，不腐化

（2）充份的敌情知识和社会经验，心细胆大的作风

（3）秘密工作知识及保密习惯

（文件编号：Q19）

台湾工作委员会的讨论纪要[①]

1950 年

1. 大部区委书记，组织部长及区长都知道第一工作队的全部性质。

2. 区及支部推行此工作却不重[视]做保卫工作。

3. 区把此工作看成是附带的，变成事实上不做了(有向吸收对象谈明其任务的现象)。

4. 积极分子与公开工作一道来搞，大量集中训练，选择其中好的吸收成为秘密党员，即预先指定支部中一定的人来教育，研究与吸收他。

5. 发展条件，品质好应该是：

① 历史长；② 工作好；③ 作用〈声〉威信大。

要进行很好的教育(阶级教育及纪律教育)——使能守秘密，彻底解决其思想。

6. 新开辟支部是否一概成为秘密党，因其面目不暴露。

7. 秘[密]工[作]自己动手，向区里抽干部来搞，还是依靠区委来搞? 依靠区委来搞，但须〈直〉植入支部。

8. 委员会分工问题。

① 公用事业交第一工作队；② 工作应找重要的区；③ 了解工会及其产业等情况，并搜集资料。

9. 机关用什么形式，公开机关还是秘密机关。

10. 工作计划问题。

① 扩大会前，李(伟光)、谢(雪红)等党员情绪不好，要求谢作政治报告有否，要谢作政治报告是否决定?

② 林有泉家里开了几次会讨论同乡会问题，在扩大会前，同志们大家知道否? 若知道，是什么时候。

③ 布置扩大会时，谢有否说以林有泉或什么人做扩大会主席。

④ 谢提意见时有否说李是怕开大会，开大会必落选。

---

① 此标题为编者根据内容改拟，本文序号数字经编者重新编排。

［会议记录］

谢［雪红］：

1. 同乡会问题，说有党组，而是由［王锡］珍[1]直接领导的，统战科的决定他们则不执行。珍对统战科工作有困难，而没有采取帮助态度。

2. ① 统战科要干部没解决。

② 台盟每次提计划如宣传劳军等，每次与珍谈，珍都说要台盟和刘或吴说，结果只好拖下来，有的只好不做。

③ 台盟章程问题，重重复复提了好多次而没解决。

④ 关于托儿所问题，珍到底是不敢出主意，还是〈固〉竟不理，我不详细。总之珍总是没有意见。

凡类似有此种具体问题时，我每次请示，而珍总不理的，或不积极帮助的。

⑤ "二二八"纪念小册子的稿子，至今不知到哪去了，我问珍好多次，而总没解决。

⑥ 关于文工团事，背后有人说话，珍始终没同我说。其后整编时，又怪我调些小〈哇〉娃〈哇〉娃来。而此事又向刘晓〈会〉汇报，刘责我为何调小〈哇〉娃〈哇〉娃来，这些人能做什么干部呢？对李等就文工团事说坏话，我认为珍态度是坐山观虎斗的，我始终是不满的。

对于章程及台盟理事等，我并不怪王没解决，而是怪王不积极去搞，不积极来求得解决。

杨［克煌］：

① ……。[2]

② 闹不团结事，我们想到珍处解决，而珍未解决（实不好解决）。因此当时有对珍不满，以为珍只听别方面意见。

③ 关于台盟问题，在台委会是谈过的，但因当时我们要求甚急，觉得珍有不管我们的工作，但这不能怪珍的，因此事不能由珍解决。

---

① 时任中共中央华东局台湾工作委员会副书记兼组织部长。
② 原文缺。

④ 关于干部问题，当时珍主张华北干部来时解决的，但没来干部来了。适逢整编，因此又没解决，所以觉得干部长时期没解决。

⑤ 关于统战科工作范围，一个时期是没解决的。当时同乡会不属统战科管，而同乡会同志与珍熟识，所以有直接问珍谈的事情。后属统战科管时，有同志〈确〉却不愿统战科领导。又李在搞科学工作，杨曾请示珍是否应属统战科领导。而珍说同志个人也可以搞些活动，当时我觉得有些意见的。

⑥ 托儿所不搞是刘决定的，劳军不搞是吴克坚决定的，这不关珍[的事]。

谢：

1. 在整编之时，王[锡珍]有意思留谢雪红整风，这是谁决定的？王以为我犯有错误，所以要我整风。我要问王当时以为我有什么错误，为何把李伟光等介绍到统战部去，而我要整风？

2. 不管谁反映李伟光的意见，王即不满。

① 对王文辉反映 M 意见，珍即不满意。因此凡讲到王文辉党籍等问题，珍也即不满意。谢要证明王文辉党籍，珍亦有意见。且有〈教〉叫群众去检查王文辉的箱子事，谢去向珍反映时，珍连听都不听。

② 对杨克煌的报告（报告附有王文辉信及另一张信），珍在整风时说到此报告时，态度就不好，而对杨的态度亦不好。

③ 谢向珍反映 M 对李伟光意见时，珍亦很不高兴，在整风中说我向刘晓提什么意见而很不满意。

④ 钟洪家分配工作到台盟招待所，常到百老汇来看谢。对谢说，有人说要注意立场之类问题。是否珍曾要钟不要与谢接近？有一次钟来台委等了很久，而王不同他谈，后来谈的内容我不详细，又谈后周明对谢说（因病不能参加开会）。有一天与钟谈话时，钟所谈的是对李伟光很不利的，而珍即说“你很偏”，其后钟将此告周明，而要周不要告别人。

⑤ 珍对周明及郭绍烈关于同乡会的意见，都有以为周、郭是谢派的意识。王曾向周说（在开会时）：拥谢的不一定拥党，反李则是反党。

⑥ 闻[redacted]、李天增及张倪等都反对过苏新、蔡子民。而对谁讲到这些人时，珍对他们有歧视。

反之，珍对另外一部份人反映别人意见时，珍的态度就不同，至少是愿意听的。如李松乔[1]、李伟光、王天强等说谢雪红坏话时，则就可整天整夜谈下去。

⑦ 再则在工作上凡有关谢的工作，珍就很不关心，没有一次谈得起来，常是说“你去问谁吧 ”。在台委开会时，关于台盟的工作，珍是没意见的，而对同乡会的问题则谈得很起劲。也许这对台盟工作看法有所不同，但是否这也是说明对干部的看法有不同呢?

自然这里[明]也可能我自己有着错也说不定的，也许是把程度看严重了。

谢：

① 王有一次说台籍同志有互争地位现象——对东士伦等说的。

有一次说同志们从暗争已到明斗，这些事情有何证据?

② 台委初成立时，台湾有二同志来联系，经李伟光找锡珍，而未告雪红，为何? 是否王对雪红有特别的看法，我看起来好像有宗派的活动。

③ 自台委成立以来，王不重视同级同志意见，开会事先都不知道，使谢不能主动工作。

④ 王有家长作风，很多事都好个人出主意，而不喜别人有意见，如分配工作处理干部时，常是这样。例如，干部名册上提意见，王就不高兴；其他干部调动时谢有意见，王就不高兴。有些问题谢提出时，王说你去同刘［晓］部长谈，其实这话是假的。刘告我，你来找我谈应通过王，不然王就不高兴。对同乡会问题亦然，对王有不同意见时，王态度不好，且说你这样说对你不利的。

⑤ 再则有人与王谈话，见我进去则就不谈，这会使干部知王、谢二人间有意见是不好的。这究竟是家长作风，还是地下作风，我不详细。

王在机关工作时，常不按制度工作，很多事情是很独断的，常不和有关部门谈，而对旧公文加批事情我认为是不妥的。

⑥ 有的干部分配工作时，没经调查研究，使干部不满；有的干部空着而不用，而要干部则在别处去调，最近的马同志就是一例。

⑦ 王对谢究竟如何看法? 有人向台委对谢提意见时，王即转交上级有关

---

① 原文如此，应为李乔松。

方面，而未与谢谈过。反之，有人对别人提意见，则王态度就不大好。

如苏新对“二二八”纪念册提意见，王把此意见转给上级(华东宣传部)。

杨：

评等级问题，似没经过讨论。

郭：

觉得王不大信〈仰〉任我：

① 整风中五月七日去参加同乡会理事会，我忠实执行党的决定，而王认为我当场赞成群众而且签名了，这是根据不正确反映。

② 关于学习会填表问题，事实是没有的，而王听了不正确的反映就以为是真的，也不问我一问。

③ 我自北方来，虽知谢、李感情不好，但不知其详情。钟洪家说，你要很好注意立场，否则王会怀疑的。后听到有人说：何北海说，台盟是空头货。我向王反映时，王说群众要说就只好给他说，而没重视此问题。

④ 学习会弄得不好，群众提议要选一个领导机构加强领导，而我向王反映时王仍说不管。我觉得王这态度太简单。

⑤ 对于我领林政汉去上海总工会事，王说我有立场问题。而我去则是谢要我去了解这情形的，而且二次请示过谢的。因此说我有立场问题，我不能同意的。

王对台委会不用台湾干部问题：

a. 组织科的权力范围问题；

b. 组织问题上认识有距离。

① 台湾除干部不用，以及其后和张省吾商量，勤杂人员都不要用。

② 认为台湾干部争地位，明争暗斗，是否对一般台湾同志有成见?

③ 谢对干部提出意见，王不满意。甘莹去电台的过程。

④ 地下党来的同志一般应先学习，但不是死规矩要看什么条件下调用的。王建人空着，而王志远很忙，为何?

a. 使用干部，台人与非台人问题。

b. 家长作风问题。

c. 谢的意见中有许多猜测，歇斯〈的〉底里性。如王前天态度不好，不信台湾干部。

⑤ 以杨克煌来搞与王向刘晓〈会〉汇报，这都没有问题。

a. 找张省吾谈而不找谢、杨谈问题……

b. 对用干部提意见，并非别有企图。

许多人对王锡珍有不满。

何建人：

① 为干部名册事锡珍态度不好，说这样已不必须组织科存在，只由谢来做好了。

② 整编时，对干部意见，说先请示解决则事情就好办，不然谢会有意见。

③ 初来台委时，李绍宗、周传枝等说某杂志是谢的机关报，说不要对谢多接近，否则不好的。对此曾报告了台委，台委有否讨论过?

④ 整风时，在科务会议中，王说何这个报告是倾向谢雪红而有狭隘观点。

⑤ 有一次我与陈向新等去电台玩，知道了李天增、张倪等四人说有苦闷，对蔡子民及甘莹有意见。[说]蔡子民压制闻某发言，要他有关不团结问题不要在小组中谈，你现在谈这问题，对你不利的。回来报告王科长（苏新也在场）。

[王锡]珍答：

① 劳军问题。珍表示要做准备，后由[于][吴]克坚[持]则决定不搞。

② 托儿所。珍意见是钱的来源要注意，其他则要很好准备。

③ 章程纲领。在讨论时珍有积极意见，且台委也通过了，至于没批下来则非珍的责任。

④ 文化企业公司的报告我还是提上去的，但我无权批准此事的。

农杨①

⑤ 科学工作联谊会，珍曾问李是否参加上海开分会的，李说是的。因此这事情应由上海分会领导，而是李个人参加进去，所以台委与统战科可以不管他。

---

① 原文如此。

⑥ “二二八”纪念文册，珍未反对此事，后此稿由谢转给刘、吴，而即交华[东局]宣[传部]，此事与我无关。后谢向刘〈摧〉催过，也要珍不催问此事过，但上级没回信我不能负责。

⑦ 同乡会设党组，但台委成立时，没有同乡会问题，也没有说同乡会归谁领导。同乡会问题发生在政协会后，起初发生时我们也没注意他，而只是等到成了问题以后，台委才讨论同乡会问题，而过些时间则亦决定归属于统战科领导。这里，李[伟光]、[谢]雪堂与我谈此事时，可问李、谢，即我有否不要他们去和雪红说，或曾再三说要他们与雪红去商量。至于同乡会曾动员很多人讨论此事，则是因为问题闹大了的关系。

⑧ 钟逢甲在台盟招待所工作，其领导是否属于统战科。

⑨ 谁在招待所订一份报纸要报销，王锡珍不批，这表示招待所不属于台盟的。

---

1. 华北总支部问题。

① 加强领导机构，主任可是林鉴生，但付主任应是……[①]

② 总部应加强领导所支。

③ 对外会议联系，可尽量参加。

④ 对不团结问题(以为林出风头)只要党员原则抓……[②]

2. 林鉴生，人缘很好，做工作热心，但没脱离生产，文化也……[③]，靠我们是可靠的，但政治水平不很高。林要辞职。

3. 开台盟中央会议及盟章问题。

① 其他党派中央开会传递了。

② 经费问题未解决。

③ 怀疑台盟总部在做什么？

华北台盟多少人？

---

① 形势条件决定政治上最困难时期已过去，但工作仍是长期的，但技术困难已到极点，而且将继续存在。

---

①②③ 原件缺损。

② 工作是已有那样不少关系(难计算的基础)但有一定作用的,而这些关系需要了解整理与继续工作。

③ 当作方针上来说不能不采取高度的质量主义,耐心的搞。而工作上则必需集中力量解决交通问题。交通问题是极复杂的:

a. 一要通消息,带东西。b. 二要带人,须有社会关系,勾结敌人。

④ 对台工作上层领导机构与各有关方面的关系问题。

⑤ 香港机构与广州联络站问题。

(文件编号:F143)

关于台湾同盟整风问题的讲话稿[①]

1950 年

一、十天来的学习说明了我们整风学习的情形是好的。

（一）不但把事实基本上都弄清了，说明事实是事实，党并没有弄错，因此除了个别的同志之外，绝对大部分同志基本上都能从党的原则上来考虑与了解问题，因此这使同志们对党的原则和工作的策略思想上、同志与党的关系，和尤其[是]我们在复杂群众中怎样贯彻党的方针与立场的认识都提高了一步，使自己头脑更加明确起来了，继而使过去那些浮在党内的某些不正确的思想开始从基本上消除下去了。

（二）这一课的学习是给同志们的一个考验，就是考验每个同志：

1. 有否明确的革命的原则性和党员的立场；

2. 对原则与立场理解的水准如何。

在十天学习中所表现的基本上都是好的，我们绝对〈他〉大部份的同志都能从党和革命的原则来看问题，而有些过去受错误思想影响较深的同志或观念比较薄弱的同志也开始弄清是非，能站在党的立场上来看问题。

3. 因此这很好地回答了同志所怀疑的一个问题，即以为我们整风是整不好的，事情完全证明我们这里的同志和其他部份的同志并没有什么不同，籍贯更不会影响共产党的党性和对革命原则的坚持有什么区别。个别同志思想顽固，不易改造，那只是个别同志自己的问题，更无及于籍贯问题。从籍贯上来分彼此，这完全是非科学的，并且是落后的。

4. 但是在这十天的学习中，我们可也看到有若干缺点。这就是我们极少数的同志，似乎对党的态度政策还抱有若干怀疑。即：

（1）党会否弄错事情，或者党是否对同志的错误没有治病救人的态度，错误是否应归罪于一人，宗派斗争为何不批评二面，只批评一面。

（2）对错误的思想虽加以批评但对错误的行为却不敢揭发，或少揭发的勇气。

---

① 本文序号数字经编者重新编排。

前一点，基本上在于同志们不详细过去的情形所产生的。这缺点基本上并不带原则性的问题，而后一个缺点，则仍有若干的原则问题存在的。因为这表示了我们有些同志：

（1）怕错误的事实暴露得太多，对自己不利，会影响到党对他的看法。

（2）怕说出来了伤了私人情感。换言之，这些同志对这种错误与非党的思想、活动（无论对己对人）还采取温情、调和的不敢坚决的站在党的原则上来清算他的态度。仍把个人间的关系或个人的利益放在正当的同志间的关系和党的利益之上。

党应爱护每个同志，同志间应爱护每个同志和自己，但这爱护是在革命的原则和进步的观点上面的，如〈个〉果某种思想或行为是在损害党的原则、违反进步的观点时，我们的爱护就只能是批评以至于斗争。而在那时还在照顾个人，或自己那就更[不]对〈的〉了。（整党标准第四条说：对于党内党外一切损害党利益的现象必须进行坚决的斗争，否则就不能〈作〉做共产党员。）

二、党是否弄错事情，或者党是否对同志的错误没有治病救人的态度，而把错误只担各于一人，换言之是打击个人。

（一）党会否弄错事情，这在讨论过程，同志们基本上都已弄清楚了，在根本事情上，党都并没弄错的。

1. 有人说党台盟干部的使用都经过党委组织部或各地统战部的，这与事实不符的。

（1）李上根是谢（雪红——编注）从北京带来的，从台盟到苏州革大去学习，回到台盟时中间由台委转个介绍信。因此是否可说是台委用的呢？显然不能说。且在此之前，台盟对台委的介绍都以李为进步分子，而台委已经对台盟用李有意见的。二个人准备做二个科长，也是台委反对掉的。

（2）台盟委要了许多人，到了上海但又不适[合]分配工作，无法生活，而给他们的供给生活的照顾，[为]不使台盟过分为难。是否可以说，这就是台委把他们当作干部了呢？显然不是的。

（3）王光卫，孙毅心，郭良，杨克培（煌），陈信德之类，是否各地统战部用的呢？显然不是的，统战部只是承认了他们是台盟干部，但都有意见的。

（4）黄光卫是否有政治问题，我们没有肯定意见，但据台盟正式报告，说过去怀疑他是特务，现在进步了，我们认为过去怀疑是有理由的，现在进步则没有根据。因此，他是一个有嫌疑的分子。至于看他对于台湾民主青年军的报告，则完全可以看出这个人〈只〉至少是很不诚实的不可靠的人。

(5) 同乡会中支持反对派发言，是为着我们可以下台，并有同志也皆以为这样做是对的，这须说明，台委从来不曾以为这样做是对的。

2. 在斗争中同意了反对自己而取得下台，这是投降，失掉立场。我们宁可破裂，以至于孤立的。相反的，我们却没看到同意反对派意见者，曾在会场中根据党的决定，同反对派有过任何辩论。

3. 在会场上公开发言支持反对派，不是为着下台问题，而是显然是企图实际自己要反对党的主张问题，因为这精神与台盟同志在台委会争论中一贯的主张完全一致的，和台盟同志自己讨论中的意见完全一致的。

4. 以为当时有同志认为这样搞是对的，那是这同志幼稚，他只从工作技术上来看问题，而没从原则上来看问题，但这错误的本质和意识这样去做的人是根本不同的。

5. 台委中是否独裁，或工作蒙着谢(雪红)同志做。

ⓐ 对华东及中央的报告。

ⓑ 台委中特殊部分的工作。

ⓒ 这次整风。

ⓓ 其他小事情忽[略]则有之，大问题都讨论。

ⓔ 事情组织科先知道，为何台盟事情组织科后知道？

ⓕ 原来王是第一副书记，谢是第二副书记，副书记是协助书记工作的，书记不在第一副书记执行任务，第二副书记未能实忠[实]地执行党的方针，因之无关于台盟部份的工作更不必谈。

ⓖ 党对于错误的同志是否打击政策或把事情归咎放一人呢？这决不是这样的。

ⓗ 党是主张进步的，对任何同志的错误都是治病〈治〉救人的态度，主张尽可能帮助他能改进错误。但另一方面，又必需保持党严肃的原则和纪律，因为没有这个，党也不能巩固，同志也不可能进步。这二方面都不可偏离，偏离了任何一面都是错误。

因此党对有错误的同志，起初认为是尽量说明与教育，也使他能改造错误的。但如经过多次教育同志还坚持其错误，辩护其错误，并且还保持其错误行为，那这时已不能用普通教育，主要应是从纪律上来讲问题了。这道理是大家都知道的。

6. 那么过去的错误是否可以归咎到一人呢？宗派斗争为何不批评二面？

① 第一，过去的错误并不归咎到一人，尤其在宗派斗争中，错误是好多人都有的，但这是过去参加整个的同志，都已检讨了。包括谢同志也承认错误的，党基本都承认他们的检讨的，这承认也就是给他的批评与教育。因此今日讨论中也就没有这问题。但，在工作路线方 针上的错误，以及联合群众反对党，企图改变党决定，适合于自己要求等，这不是多数同志都有的，而有这错误的同志，是不承认的。并且在不承认这部份错误中又重新来否认过去已承认了的宗派斗争中的错误。（如认为同乡会中没有错，对不同意我对他的路线方针的意见时，全部仍是说，宗派斗争中谁破坏他，否认过去已讨论清楚的问题）因此，很明显的，这 种护卫自己一贯地来对抗党的错误，绝不是多数人的，而主要是个别的人。而今日我们在讨论的问题也就是这问题。

② 台盟中的同志不〈至〉止一人，而这错误为什么只说台盟负责同志呢？这是因为一般同志的错误基本上是被动的。但作为负责同志是否只谢同志一人呢？党并没这样讲过，在工作路线方针、以至反[对]违抗的思想上，谢有这错误，杨也有此错误，但谢、杨之间多少也还有区别，而不是完全一样的。如果大家以为只有谢的错误，也只是因那天谢首先跳起来否认我的报告，认为全无事[实]根据，而造成的给同志们的一种错觉。我并没说错误只有一人。

③ 那么台盟既有这许多错误，难道台委没有责任吗？毛病是有的，在前次整风中已批评过了。即台委过去在起先一个时期，没有在任何工作中，哪怕是一个细小的措置，处处强调到原则方针上去，反而有时有些迁就。这点他当时是必要的，但在事发后严格地说来也未免有些毛病。换言之，在工作措施上是不够切合实际的，但是这既使有什么方针路线等错误，也不是本质上有什么错误。因此在检讨方针路线与台盟同志严重对抗党的错误上来说，台委并没有什么错误的。况且许多地方台盟的发展是在前的，台委成立是在后的，有些台盟的发展和工作的布置（如福建），台委是到几个月后才知道的。

在这个问题上的要点是，台委是否同意台盟这样来做或与用这样的人，还是一向不赞成这样做与用这样的人？如果是后者，则台委就没有责任。而为了用人和工作问题，台委与台盟一向有争执，则是谁都知道的。

因此抽象地以为台盟工作有错，台委亦必有错，那是不对的。

三、关于错误的性质与其思想实质。

（一）同志们可以看到台盟负责同志的错误是一〈列系〉系列的。

（1）利用党所给予的地位，在党内党外组织以拥护私人利益为目的的势力。在党内扭曲是非，破坏团结，麻痹与损害同志的独立性和原则性；在党外，是资助和掩护复杂的社会势力。

（2）这种私人组织活动，不但从理论上说是反党的，违背革命利益，在党的纪律上所绝对不允许的，并且台盟负责同志事实上且已运用了这种势力来反对党而与党相对立着。并且不只一次地和这种势力联合，作向党进行〈理〉里应外合的斗争！

（3）台盟负责同志在群众工作中对党的决定重要的地方（在工作认识方针方针），不是阳奉阴违便是公开反抗。他们对党的决定与革命利益的考虑，是完全放在次要地位，甚至是没有地位。把党对台盟群众工作的意见和党外这些复杂势力对他们的意见来比较，台盟同志基本上是执行党外这种复杂势力的意见的。即他们把这些人的利益放在远超过党和革命的利益之上。

（4）党对台盟负责同志在这些方面的不同意[见]和批评，台盟负责同志是坚决拒绝与对抗，直到今天还是如此。

（5）从上述这种错误来看，很明显的这是台盟负责同志一系列的有意识[的]严重的反党行为，从组织活动，工作方针，以至于对党的态度上来说都是如此的。如果把这种严重错误解释为是党内闹宗派，闹意气，与幼稚不懂事情，那都是不正确的。

（二）错误的思想实质。

（1）那么台盟负责同志为什么要这样做呢？很明显地这里有一个根本思想，这思想就是一种非常强烈的个人主义，这个人主义已发展得近乎疯狂。换言之，为了自己的领袖欲，即自己这个最高利益，党的纪律、革命的利益，统统都排除掉了。他与党的关系，只接受与他个人利益相符合的这一面，如给他地位，使他成为一个群众的领袖。但他对党的与对革命的利益，却毫不尊重，甚至不惜破坏。党要他与同志的关系按党[的]原则来处理，他就不赞成（宗派斗争中）；党要他工作切实来做，他就不满意（文化 公司托儿所等）；党告他台盟干部有不纯，乱发展是不好的，他根本反时党的意见；党不赞成他乱用干部、乱介绍关系，他就不满意党；党同他多说或批评了他们方针路线时，他就一面反抗，一面坚持其错误。这说明什么呢？这说明凡是党对他这种个人主义的私欲有不同或〈想〉相抵触时，他就不快乐。因此这是很明白的，我们的同志，在他的思想和行为上，已不是自己怎样为党、为革命来努力，而是要党与革命志怎样为他自己。他和党的关系，已经不是当作一个党员无条件地服从党与革命，而是为着自己的利益在利用党。或者接受，或者反对。

因此这种个人主义，本身已不是我们通常所看到的，某些残余的非无产阶级思想，次要的、局部的问题上和同党相对立，而根本上是严重的、赤裸裸剥削阶级的思想，——即有我无人（包括党）；有我才有人（包括党）的思想，与党相对立着。

（2）很明显地，共产党内是不能允许任何人有这样思想存在的。因为这思想不但与共产主义毫无相同之处，并且是相反的东西。也就是因为如此，党对这种严重的错误思想进行耐心的教育而还不能改进时，必须继续以对他坚决的斗争而把他消灭掉。

四、党对这种错误思想的态度。

（一）党对这种错误的政策，今天仍是改造的方针。即在对这种错误在思想必需坚决的反对他，只有这样才能〈这〉使错误还可能改进。因为所有软的，较缓和的教育办法都用过了，现在剩下来的只有这么一个[办法]了。

有人曾经这样问，对于这样严重的问题党为什么不速即加以组织处理呢？这是因为：

（1）犯错误的同志基本上都没有经过长期的革命锻炼和严格的组织生活，从这一点上来说，党对于他们还没有给以很多教育，因此在责任上还没有尽了的。

（2）由于教育责任还没尽了，我们不能预先做个结论，说某人是思想是无法改进的，组织处理只能是在教育改进的方法统统用完而还无效的时候。

（3）这错误是严重的，他的思想根源也是根深蒂固的，也就是因为这样，要他改进也就更加困难，因此在这里给他较长的时间与耐心那是必要的。

（4）自然从软到硬，从小范围到大范围，从侧面到正面，从劝说到斗争，所有教育一切方法用完而他还坚持其错误时，那党就应该考虑组织处理问题的。

那么，又有人问，现在就这样开会思想斗争是否太急了一些，带有打击性的，欠缺治病救人的精神呢？这也不然，因为：

（1）从整风开始到现在已教育一年多了，而把问题正面提出来和台盟负责同志的讨论也已半年多了。在这一年多时间内党已用尽了一切较温和的办法，从暗示、启发、算账、解说，到了争论，批评与小组会的检讨，都已用过而证明全无效力。

（2）今天的整风，公开来讨论这错误，其意义就是当一切较缓和的办法都用光了，只好进一步用更硬些的办法来教育他，希望他能改进，也还不是打击。假如这里带着有斗争的意味，那这斗争还是为着教育。

用温和的药是治病，用猛烈的药也是治病，动外科手术仍旧是治病。当病情很严重用温和的药治不了时，用猛药或动外科手术，那是必要的。否则不但除不好病，救不了人，反而是损坏党的原则。

（二）几个同志包括谢同志在内，是知道这情形的。最初，我对谢同志，主要是暗示问题，鼓励他在整风中采取主动检讨自己，向他解说做个群众领袖的条件，告他方法，要正视缺点。其次是提出他一些最明显的初步的缺点，并要他人转提一些问题，劝他反省检讨。再次是提出个别的原则性的问题要他考虑，他回答我是“伤心”、“厌世”。

再后是对〈斗〉党内斗争提出全面的意见。

再后是对工作问题争论，不时提出正面意见和个别的辩论。

再后是会议中的争论，以至于作肯定的结论性的工作上和原则上[的]批评，等等。

再后是把整风中对个人的结论压下来，在工作中再考验他。然后才用这次整风中公开讨论的方式来教育他。而由于他一贯地与党相对抗着不认错，为使他较易接受〈错误〉批评，所以一直到今天还没正面地说个他这错误的严重本质。

对于在性质上这样严重的错误的同志，〈化〉花了一年多的时间，采取了这样的步骤，进行耐心地教育与争取，忍耐着他的一切跳怒、强辩、狡赖，以至于恐吓，而仍不改变我们采取教育的精神，我想党对他不能再说不够治病救人的精神了的。如果是在其他的条件下，恐怕很早之前已宣布党对他的结论而作组织处理了的。

对于错误的思想根蒂很深固的同志，党的耐心教育与改造精神是有的。但要党的原则真理向任何错误来让步，那是不可能的。这里我希望犯错误的同志当能很好地运用党所给他的这个时间，来改进自己的错误，彻底的来清算自己的错误。

五、关于本单元今后学习中应注意的一些问题。

（一）群众工作问题。

（1）我友敌的界线与政策。

（2）如何分析群众，什么是中间群众，中间群众的两重性和决定他的因素，我们优势的失却。

（3）同乡中和日本人的关系与地方思想问题——群众中是照顾中改进。而不是反对——党内是反对的——

（二）党员的思想和组织原则。

1. 共产党是工人阶级先锋队，以领导人类进步到共产主义社会，消灭人与人的剥削为宗旨的。因此在党员的人生观上必须是为着人类社会，依社会发展的规律，牺牲自己去进行不懈的工作。他的学习、生活，以至于休息，都是为了这个伟大的目的。

因此一个共产党员的思想，他与旧社会中个人主义，即个人先于一切的思想，是完全相反的。个人主义在现在的社会里是允许存在的，在党内是绝不允许的，那怕他是以怎样革命的姿态出现。

2. 今日世界还不是共产主义社会，在共产主义的意义上，非共产主义的思想与社会制度，都是我们的敌人。我们的承认他与联合他们，只是为着改造他，自然是看步骤的，按社会发展规律改造他。而另一方面也就因为如此，所以我们经常有和社会上进行尖锐的斗争的一面。而为着这个，所以党必需有严格的纪律。

3. 因为如此，所以一个共产党员除了有前述思想与人生观之外，必须具备如下的最基本条件，这就是：

（1）首先是必须把社会的，即人民的利益，或革命的利益放在个人利益之上。一切为革命的利益打算，个人利益必须服从革命的利益，当个人利益与革命利益冲突时，是无条件牺牲个人利益为了革命利益。

（2）自愿自觉的，并无条件的服从组织，从党的意图决定，到他的全部纪律上。这是党员与党关系的根本问题，是服从党，不是利用党对自己好的要，坏的不要，那就是用途，不是给党用，剥削革命的果实。

(3) 对一切党内外损害党与革命利益的现象能疾恶如仇，进行坚决的斗争。私人感情，感情用事，事不关已还高高挂起，都是这种错误。

(4) 对错误能敢于批评和自我批评，勇敢地来改进（因为旧社会影响我们的思想，保留与掩盖自己错误），表示自己有勇气认错与接受真理，只有具有前述这样的人，才能有条件成为一个共产党员，能忠心地去为共产主义的事实来奋斗，少了一个条件就不行的。

(5) 党内的思想问题，根本上是个人主义问题。

A. 个人主义形态的种种：

a. 为一般的生活、地位、面子或前途问题，闹情绪，或用不适当的手段私人谋利等，这是个人主义的残余思想与党局部的利益相对立。

b. 要党服从自己，好者要，坏者拒绝，以自己利益为考虑工作的出发点，那是严重的剥削阶级思想，挂了革命牌子的严重的个人主义，即向党来投机。

B. 个人主义本质上是反共产主义的即是反动的。

只要它的"根"存在，随时可以发展的，甚至可以发展到敌我不分和反对党。

六、这单元学习是要大家在这些方面的认识来提高，而我们学习是在讨论一种错误思想上进行的，因此这里同志们应充分注意：

理论与实际相结合 ；懂了原则不辩实际是无用的。

思想与行为相结合：思想很明白，行为脱节也是无用的。

因为这些是革命最根本的问题，更有关于将来台湾的建党和革命工作。因此要同志们更好学习再研究一下文件后，再来分析与研究实际。

（文件编号：F182）

教育工作问题发言[①]

1950 年

一、会议的意义与感想：

（一）这次会议不但使我们对私立中学有更进一步的了解，不但各代表提供了许多很好的意见，并且给我们建立了一个很好的开头，即我们在教育岗位上大家的努力与帮助（但不是私校属于教厅）这对以后浙江教育的推进与改造，都会有好处的。

（二）在这次会议中使得我们很感动的是许多学校校董、师生，在很困难的条件之后，为教育事业艰苦奋斗的一种精神，有的校董对学校可以说已负了最大的责任，有的教员则是义务的，从金华来的王老先生对我说"过去金圆券时代那么困难，我们学校里的难关都渡过去了，今日的困难是算不得什么的"。确使我非常之感动，我相信我们大家都有这样精神，什么事情都一定能办好的。

（三）自然也不瞒大家说，也有不少校董和先生们是很不负责的，大大地缺乏为教育服务的精神，而尤其是有些办学的与教书的政治水准都较低，至今还有不想步的，自然这是很可遗憾的，对于这些我们应发扬我们已有的好的精神和进步性慢慢地来克服它的。

（四）中国是个穷国家，而尤其是现在旧的破坏已到底点，新的发展还没开始的二个时代的过渡时期是更加穷，更加困难的时期，因此我们教育上，也和其他事情一样所遭遇的困难也特别多，在这样的情形之下，为我们光荣的任务，我们自亦只能穷撑，我们相信这样过渡时期是不会很长的，过了今年，应该只会一年好好一年的，希望大家咬紧牙关共来渡此难关。

（五）许多人说共产党是提倡吃苦的，他们来了我们一定要苦死，这话也许一半是对的，因为中国目前是吃苦时期，我们只要提倡吃苦，供给干部有病无药后，家中者饥饿不能管，被迫得发病的，有家属自杀的，说起来是很惨的，为首中国为着人民，今天我们只好如此，俗语说〈克〉刻苦成家，我们今日实亦只能〈克〉刻苦成国。

---

① 本文序号数字经编者重新编排。

但,革命的目的是为着富强,不是为着〈克〉刻苦,而只要在现实的条件下,要富裕就得先刻苦,许多人羡慕外国的富裕,但羡慕有什么用,我们要的是中国也能够富裕,但要富裕就先刻苦,〈相〉想避免〈克〉刻苦而要富裕,事实上是没有的,如果我们要中国富裕,得承受今日的刻苦,中国如此,我们的教育工作也是如此,愿大家以此共勉,大家来努力!

二、次之,想就这次会议中大家所讨论的问题,来提一提我们的意见。

(一)减免房捐、农业税、地价税,以及保留学田问题。

1. 减免捐税实在困难的当与有关当属尽量设法,但此事最后决定于地方当局。

2. 保留学田是不可能的,这是改造社会的政策,不管用途如何正当,这种剥削方式必须取消,土地必须分给农民:

(1)地主不能留田作子女学费也是这个道理。

(2)革命干部家中仍付农业税,他的涂地不能保留,是这个道理。

(二)工读问题。

同意大家的意见,但因注意

1. 生产必需有充份把握,各校可效[法]宗文中学方法向政府包工,我们当尽力扶助之。

2. 这运动应作今后学校中的中心运动,该其意义不仅是帮助几个失学学生。学校可组专门委员会之类进行之。

3. 私人的奖学金,助学金应该接受与欢迎的。

4. 课程简化,不可定死标准,要照顾,但为着读不可将水准降低。

(三)校董会,学校,与学生的关系问题。

1. 把学校搞好,需三方面大家努力,共同负责,只有某一方面努力是不能成功的。

2. 校董会经济责任自然大些,但有义务必须有权利,有委派撤换校长及确定办学方针规模等之权,但委派校长须照顾师生之意见,确定办学方针须遵守教育当局方针及法令。

3. 校长为当然主任委员,有聘请教职员权,但须校委会同意而校委会可选择,校董对教职员及校委会有同意权,校委会应有学生代表,校工代表则可不必。

4. 对校董,校长,校委会等,学生会是有充份的发言权,校董校长校委应充份照顾之。

5. 行政当局,对校董,校长,校委及办学方针教员人〈算〉数等有同意权。学校需呈报,但各方及学生在各该方面对行政当局都有建议权。

6. 这一切为的就是要把学校办好。

(四) 师生团结与整顿校风学风问题。

师生的隔阂和不团结,相信根本上是思想问题,即进步与落后问题。

(1) 学生是进步得比较快的,一般说来其速度是大过于先生,但进步中有不足,如乱民主,无纪律,不重视读书,轻视先生等,自然这是不好的,在教育的观点上说来办教育的应在提高他们进步中来纠正他们的。学生不能以进步自傲,须知进步,就要多负责任。

(2) 但严重的问题是先生不进步,或甚至拒绝进步,仇视进步,那就成了真正的问题了。社会进步,时代变了,不进步自[然]不行的,(水涨船不能不高)因此要解决师生团结问题最主要的关键,是先生加强学习政治,赶上进步的速度。做到确能为青年之师。否则问题就会更严重的。

(3) 今日学校中当残存着旧时许多不好的习惯,这主要的是:

A. 开学店和混饭吃,而不是认真办教育的态度

B. 把学校看成培养自己势力机关,裙带及私人集团作风。

C. 清高自满思想

D. 习惯的家长制与过时了的尊严

E. 对新社会人民政府的怀疑与仇视和恐惧

如果学校存在着这种思想与作风,那就不会进步的,因之不团结问题也就更多,学校也更难办好,希望"有之"的能渐次改进。

(4) 至于学风方面,不守纪律,不读书的固然要整顿,而学生中有一些不良青年,流氓的,则更应注意整顿他们。

(五) 这里想谈一谈教会学校问题。

1. 教会学校,我们决没因其是信仰宗教而歧视的。共同纲领里规定着人民有宗教信仰自由,我们赞成了,一定依此做。

2. 但教会及教会学校事实上颇受些刺激,而心中也颇有些疑惧,也是事实,这原因,主要是教会颇使人家不了解。因为:

甲、教会过去都是英美法等外国人办的，而在教会及教会学校里常常外国人的权力又很大，而这些国家实质上是侵略中国的，人们只见反日时，教会是参加的，反苏时也参加的，而反英美法时则不曾参加过的。

乙、的确过去的教会与教会学校不完全是为着宗教信仰，而宗教信仰发展成亲美英法等帝国主义，是一个客观的事实，今天这情形已有不同，但教徒中旧思想的残存还很浓厚，也还是事实，因此一般人对教会以至教会学校歧视，也确是有原由的。

丙、今天的问题，我觉得要改变这种形势，最好的是教会及教会学校方面，自己主动地能表现其进步，而破除对外人的这种怀疑。这样空气自然会不同的。

丁、教徒方面常怀疑我们背后在搞什么，我可保证说是没有的。我决不会非难你们。我们共产党做了一定说的，我们[对]基督教的意见，他对吴、刘等公开说的，我希有耐心，等你们进步。我们决不口是心非的。

戊、再则我希望，各校各先生同学能对教会学校也能以[像对]我们的态度，一视同仁，不要歧视。我们是同行，对努力办学，大家都应相互扶助与爱护。

（六）最后，有几个个别的问题，即：

1. 调训教员增加人数，我们考虑之，但调训的人薪金由政府负担恐有困难，但我们再研究之；

2. 调训教员如拟调作其他工作，当征求原校同意；

3. 教职员之任免，任已说过，免则只有如此三个条件：

（1）政治不纯洁，有反动行为（不是简单的头脑糊涂）；

（2）能力不胜任，也不够学会；

（3）行为不端（如贪污，严重的败坏校风之类），至于年老力衰，多年的教员，不能任教则应调他职安顿之，不可一脚踢开。

（4）教育工作者的养老制其用意颇好，但今日还不敢这样做，因为连残废军人都还要遣散。

（文件编号：F113）

在留用人员培训班毕业班上的讲话[①]

1950 年

Ⅰ. 几个月来学习得很辛苦，因为这学习和你们社会上做人的习惯完全相反，但这学习很重要解决了你们从旧社会走到新社会去做人的桥梁。（革命之不同于换朝代就是不懂政权变更而且是社会变更，即进化）

Ⅱ. 在毕业中大家心绪都相当沉重的，许多人都担忧自己以后的问题，与回想这几个月学习心中有些不痛快，这应该有的，但也不应该有的，还要想得明白些，自己进步了，认识得更好，或放下了包袱，难道不好吗？

Ⅲ. 因应去了解，我们有些错误，或做了对不起人民的事情，主要是来自旧社会，其次是自己的思想和生活条件。

1. 旧社会的特点是弱肉强食，满口仁义道德，根本是男盗女娼。

地主，官之下焉者，官之上焉者，在那里谁是老实人谁就吃亏。为着生存，谁不想这样做？为着生存得更舒服，谁不喜欢这样做？孔孟称为圣人。圣人解决不了这问题，反把自己成为人家的烟幕。

因此旧社会是在引诱与逼迫每一个人这样做，而把此看成应该的，做不到叫做没有办法，尤其是帝国主义侵入中国之后，社会经济破坏，物质引诱更烈。道德破坏加深与法西斯主义的传入等，遂使旧社会的变成更坏，做汉奸卖国都变成冠冕堂皇。

2. 自己的思想责任问题。

你们有些人对旧社会也很不满，甚至也有反抗过的，但最后都仍被它同化，这一面是表示社会的力量，一面都还证明是自己的思想有问题。

3. 生活的条件与机会问题。

如果这样去看问题，你们曾做过坏事的，或有什么缺点的，这并不算是一件怎样严重的问题。

Ⅵ. 你们有三种担忧：

1. 自己虽无论政治问题但还是思想上行为上也检讨了几条，觉得很失面

---

① 原文无标题，此标题为编者根据内容判断另起。

子，以后不大好见人，这完全不要紧的。我们共产党员搞了七八十来年的，它的鉴定上也有几条的。好好去工作，没有旧人员问题了，工作岗位上一样宽大。主要是要你们认识了这些，知自己禁戒的方向，以后可以更好，那并不坏，“人孰无过，过则勿惮改。”

2. 坦白了，有许多问题的，怕处理，怕我们的话不兑现，上了钩了。

应该说没上钩是下了钩了。三个保障今日有效，今后还有效，对任何人现在都不处理，要你们去努力，改进自己，然再来考虑处理问题，但怎样大的罪也决不杀。不要怀疑太宽大了。

3. 有没坦白的正在狐疑。表示我们仁至义尽，要你们再学习半年。

Ⅴ. 经过这次学习后，基本上大家都进了一步，以希大家努力，继续前进，成为新中国的人民，新社会忠实的人民，新国家的公教人员，顺着学习中自我检讨与改过的方向努力，这是进步，这是生路，也是自己的前途。

祝你们的努力，祝你们成功！

（文件编号：F97）

关于当前工作的讲话记录

1950 年底

有成绩有进步，但有些问题没解决。这没解决的问题，有些是不可避免的，有些不能短期解决的，有些是可解决与今日不须解决，否则会阻碍工作前进的。

同志有不满，就是问题没解决。但有些同志想解决全部的问题而不满意是不对的，市委应集中力量解决关键所在的二三个或一个问题。

抗美援朝与镇反，只是轰轰烈烈的运动搞下去，群众为之疲劳，工作〈为〉会停〈留〉顿的。而农村将此运动归结到土改去，而城市里则应深入到生产里去，以生产为中心，应加强对生产的领导。过去在这方面没有经验，今天已有初步经验了，这样领导就比较容易办了。

在私〈劳〉营企业中的口号，应该是依靠工人，劳资两利，发展生产。

抓紧以生产为中心，对其他工作则让它各自努力，能进多少就进多少，而市委只注意对他原则领导就够了。对这些方面，只要注意防止乱就行了，他们进步得慢不要紧的。但对生产，领导上则应抓得紧，并努力取得经验。因为好的领导，只有领导者有经验和有马列主义[水平]。

有些人工作决心很大，但决心只有在有经验的基础上才是对的，否则决心就是冒险，会错得很严重，而要取得经验，则就是有依靠典型。

上海是产业城市，因此问题是怎样依靠工人搞好生产，而在这问题上我们没好好解决。这解决应从典型入手，而搞好典型则要求三点：

（1）有经验的决心。

（2）党政工团统一搞。

（3）要有具体的领导。

自然典型经验也不能到另处去硬套，但总是一个有价值的基础。

另外是一个用组织力量问题，而解决方法是分工中加上集体领导，而不是分工就分了家，因此干部仍是党政工团的各方干部，而干部则在精不在多，对中心之外管不多的部[门]，均应很分[给]区委或各部门自己去搞，但他们必须自己有一个中心——典型。每行工作都如此。不可平均使用力量，这样使他们也可取得些经验，各项工作都能取得一套办法，否则所有工作都搞不好的。而市委对他们则可采取会议、指导之，以此来交换与讨论经验。

现在我们会太多，但工作会议则欠开多，而工作会议与各方典型试验相结合，则对工作积累经验与指导有很大的作用。

现在工作问题很多，但实际上只有一个是没有典型，各项工作协商愈大东西愈多，而典型就更重要。

大凡工作应典型（个别突破）在前，然后再来一段号召（展开），如典型在后则工作就要乱，因此未有典型经验，就不可进行号召。

现在只有二项工作：（一）选择与搞典型；（二）非典型地方配备领导核心。

婚丧喜庆及一般群众会，只要派个别人（说话者）参加就够，不要多去，有事同干部说，让他们配备。

一、优胜旗子的获得，是经过大家有组织的一系列的艰苦的努力而获得的。是每一工人，每一工作人员，每一负责干部全体人员合力的共同表现，是一个有组织的共同工程的成功。

（一）解放后的工人是国家的领导阶级，主人翁。基于这里，大家对工作的负责性和积极性，是比前大大提高了的，在这里你们取得到优胜是尤其光荣的，因为这表示了国家主人翁对劳动的真实态度，真实进步。

（二）我们的国家正在进行一个伟大的斗争，这斗争一面是反对帝国主义的侵略与对我们的威胁，一面是要克服我们的穷困与落后，从事改造社会准备建设。为了这个，动员了每一个的人民各就自己工作岗位来进行这一斗争。因此，每一部份人民在他自己岗位上把工作做好，不但是完成了自己的任务，并且是支援了其他部份，使国家这个斗争造成更有利的条件。因此，大家得到优胜，不但对人民并且对工作有着很好的推动与推进作用，并且是最具体地增长了建设的条件，支持了抗美援朝的爱国斗争，大家应以此来了解得到优胜的光荣——国外来宾的故事。

二、全国的斗争正在愈来愈紧张，全国建设也正在加紧准备中，为着国防与国内的需要，不但我们交通——铁道还要发展，并且我们的工作也还要大大提高，必需把我们的运转力、安全性等逐渐提高到现代的水准。

为此希望大家今后在胜利的基础上继续努力，不断〈的〉地打破旧记录，保持新的优胜。我深信你们是能够达到这光荣任务的。

（文件编号：F193）

关于时局问题的讲话

1950 年底

为和平还是为着战争？

① 为何先打朝鲜不打台湾？

② 苏联为何不出兵？

③ 原子弹来了是否要疏散？

时局问题

① 战争与和平斗争的加紧一步——我们决心的表现；

② 斗争的前途；

③ 对上海前途的影响和我们应有的准备，疏散的必要。

工作问题，由此而产生我们工作步骤应有变动：

① 疏散的一般计划和我们具体的执行，第一线和第三线的布置，目前应准备(技术)的工作；

② 整风的问题，时间的限定和方法步调的改变。

一、[国际]时局问题

第二次世界大战是包括ブル的法[西]斯战争，这战争包括二种矛盾，即法西斯与苏联及人民的矛盾和资本主义世界自己的矛盾，在当时有些ブル国家，要反苏反人民，是必需首先打倒ブル国家内部的竞争者——即侵略者的法西斯，自然当时他们也希望尽力削弱苏联，这样使他们既打倒了法西斯，而同时又打垮了苏联，而自己可以独占世界。因此他们对法西斯是用二面政策的，是要法西斯攻苏的，极力希望法西斯向苏进攻，只有当法西斯，主要是对着其他ブル资产阶级国家时，他们才不得已与 Faist[①] 作战而爆发了第二次世界大战，所以当时 Trumen(杜鲁门——整理者注)说："如果苏联胜，美应助法西斯，法西斯胜利，则应助苏"，这句话充份说明了当时反法西斯ブル国家的基本特点，即使根本上是为了自己，他反苏联人民与法西斯[是]相当的，法西斯反对他的

---

① 指法西斯，下同，不另注。

危险是与苏相同的，而共同的是〈相〉想削弱或打倒二个，自己统治世界。因此当时我们与反法西斯ブル国家的根本态度是又团结又斗争。

因此以为英美过去是我们朋友，今日为何反他，这是不对的，同时以为今日既要反对他过去就不应把他当朋友那也错的。过去当朋友，不是抽象的社会主义与资本主义本质上的不同来决定的，而是当时形势下具体的实际来决定的，即并不是把他们当作是我们真正的朋友来看的。

在第二次世界大战中，诺曼底登陆，实际上的不是开辟第二战场，而是与苏联抢夺战争的果实，反苏反人民的斗争实质上是从反法战争胜利时开始的，但其斗争形式因为长期战争之故，不能是公开战争而是想支持各国反动派来镇压各国人民的革命力量，孤立苏联罢了。希腊、意大利、以至法国、印尼的反动派如无美、英反动派支持，人民是早已胜利了的。但是帝[国]主[义]在这斗争中没看得到完全胜利，许多地方只是推迟了人民的胜利，而并没战胜人民。反之许多地方他们失败了，尤其在中国，他用了空前的经济及军事力量和马歇尔空前的欺骗。但是一切总归失败了，这造成他在世界斗争中(带有决定性的)最大的失败。在这世界斗争中，帝国主义基本上是失败了，他只有局〈步〉部的成就，而且也不稳固。

朝鲜的战争，是帝[国]主[义]用公开露骨的武装行动干涉别国内政的新斗争。在这斗争中美帝成了公开侵略，因为中国胜利之后，使美帝隐蔽的侵略破产了，所以只好用公开侵略。用这方法来镇压胜利了[的]革命人民，巩固反动派内部并孤立苏联，他敢这样做是有二个假设的，即① 他认为苏联已经过大破坏与人民重大伤亡，而需要休息，只要战[争]打不打〈倒〉到苏联，[苏联]不会以战争来反侵略战争。② 第二个假设是中国经长期战争后须休息，怕战争的，战争不到中国是不会打的。因此他就觉得就可以动手用武力来行动，抢夺中苏以外的地方来削弱我们。

美帝为何选择朝鲜及台湾动手呢？因为这里动了，而中苏无声息，则他的假定就完全证实，而世界上别处可以动手了。而且他选了台湾，若中国不动手，则不但证实他假设并说明了，他搞了朝鲜之后，还可以大胆来搞中国，搞安南，公开武装日本和德国。

但这不是说美帝已进入全新的公开侵略的阶段了，而在原来的隐蔽侵略阶段中，加强了公开侵略的成份与步骤罢了。

但是美帝这计划已遭到了严重打击。他的假设和政策证明已完全错误了。

但这样是否战争已可阻止住了呢？那现在还不能如此讲，因为：

美帝的面子是否容易卸下来的，因为下不来了，说明反革命的力量是不行的，他的〈娄罗〉喽啰会害怕的，现在美帝想得到休息与补充，再来战争，补他面子，自然我们是决不能容许他这样做。他不肯[放]下面子，则必需逐出或根本消灭他，使他更没面子，然后他面子才能卸下来。世界上已开始证明人民的力量是大于反动侵略力量的。

今天我们政策也还是要和平，要争取二次世界大战中所提出的各民族人民都依照自己的意愿来生活，反对任何外国的干涉。

现在我们已把朝鲜战争扩大为更大的战争，是大大阻碍下去了。[战争规模]一步步地缩小了。但在另一方面说，战争还没有阻止，帝[国]主[义]还在想其他办法对付朝鲜，同时他在世界范围中正在加强战争准备。因此我们还不能说朝鲜战争已经阻[止]住，而这决定是在帝[国]主[义]手中，我们应提高警惕世界战争。自然如果世[界]战[争]〈暴〉爆发，是帝[国]主[义]加速死亡罢了。

我们不能以朝鲜的胜利自满而麻痹了自己，但人民的团结与力量动员起来，则敌人侵略是可阻止下去的，这可能现在已加强了，且变更明显了。

现在还不是情形已经确定了，而还是在过渡时期，且最近的二三月也还是过渡时期，我们的任务是在过渡时期，[有]力量阻止三次世[界]战[争]，恢复远东和平，但另一方面我们仍应警惕世[界]战[争]的可能，以便那时能取得更大的胜利。

换言之，我们应从最好方面去争取，而在最坏方面〈作〉做准备，所有这一切都是为着保障人民主与和平。

如果三次世[界]战[争]爆发，一般的结局将是世界革命胜利，所有帝[国]主[义]被打倒，美帝不能在他海外力量全被消灭时，而还能维持其国内的统治。但若保守些来说，则亦当解救欧亚非三洲。

二、[远东]时局问题：

在朝鲜连续三次都打得很好，证明了美帝要在朝鲜〈作〉做强大的抵抗是很困难，而只好撤逃了。至[于]第三次的战果最不好，第二次大，但[也]大过于第一次。

在这种情况下，美帝要想扩大战争，在中国沿海登陆，以及发动世界战争的可能是非常困难了，但战机的轰炸仍是可能的(中央指示)。

现在美帝在朝鲜是极力想保持住现阵地，避免赶走与被大量歼灭，自然美帝做的姿态是不同的，但实质上则是这样的，因为美帝后备力量成问题，要英法来帮，英法也不干，在这里美与英法其他国家内部有斗争，他们在二个问题上是不一致的。

在美国内部，杜鲁门主张的美国为主体，威胁国家来干。而另一方面，胡佛等则不主张 以美国军队为中心，在外面干，而想减少其人的损失。而英法也不敢跟着美国的杜鲁门[的]那么干，所以在时局上来说对我是很有利的，因此战争扩大的危险性对帝国主义来说是很困难的了，但自然不能说战争的可能性[不能说]已完全没有了。第一的可能还是存在的。

由于美帝基本上不敢扩大战争，则其主要办法将在东方加强蒋介石等反动势力，因此这几个月内有可能利用蒋介石来捣乱我们——即所谓第二战场，但是这种新的战争，只表现在帝国主义失败下的骚扰罢了，这不是新的大战。

三、工作问题：

1. 登记匪特是反匪特的补助办法，而非主要的或唯一的办法，但在解放区有很大作用，因为他能使：

① 提供反特的线索与材料；

② 使特务在群众中被动被监视；

③ 孤立大特务，使他失了〈抓〉爪牙。

至于反对主要特务，那还须要依靠技术及高度智慧的斗争，这种侦查斗争是依靠公安局，登记则主要可用群众力量。

所以我们的反特工作，是高度的斗智与群众力量相结合。

2. 在登记中，要讲政策的。杀一批特务，不应依靠登记，否则人家不登记了，并且这样也容易杀错人。登记后并有活动，仍是可以杀的，但坦白的又无活动，原则上就不可杀了。

在登记中，乱咬人，说好人是敌特等，则应该严办。

至在登记中继续[不]反革命活动者捕到就杀。

总之，使人把宽大与镇压，生〈活〉路与死路看得很清楚，而其效果就大了。

因此登记没有公布限期，这并不坏，只要不要把这工作变成无定期的工作就是了。

至登记过后回去神气活现，这没有多大问题，要搞以后可再搞。

而对于教员、技术人员，在只[要]他不是死特务，在办理中可以宽些，至于流氓鸦片鬼出身的则可办得严些。

（文件编号：F143）

在华东局和浙江工作笔记几则

1950—1951 年

一、卫生事宜

1. 防疫。

卫生工作的重要，关系人民死活是一切工作建设的基础。

平衡，〈整〉正常，重要公共卫生；夏季防疫的准备。

2. 治疗，迎接公教人员公费治疗，目前门诊的混乱现象。

3. 培养干部。

训练新的；改造旧的；团结私人医生及中医。

4. 妇幼保健及地方病、吸血虫的防除问题。

二、账目等数据统计

Dr.（医生——整理者注）1 280 000＋41 600＝1 321 600；500 000＋200 000＋621 600＝1 321 600

2 150 250（以下为个人账目——整理者注）

太 500.000 嫂 200.000 衣 200.000 储 800 000 用 450.250，总 2,150,250

EXP（费用）		Dr.	Cr.
伙　食	222.600		
服　装	41.600		
津　贴	1.280.000	1.544.200	
伙　食	222 600		
寄[给阿]太	500.000		
支[给二]嫂	200.000		
党　费	200.000		
杂　用	421.000		1.544.200

关于台盟工作的讨论

一、我们的情况：

（一）群众的条件：1. 二种以上的派别在活动，群众好坏难分。2. 捐献没有达到 M 工作目的，张[redacted]梅的生产救济问题与其活动的停止。

（二）工作比其他党派落后了一步，作为外围团体的党内部尚未搞好。

二、工作的方针与路线问题

（一）今天还没有解决 M 工作的基础，不是发展问题与搞 M 工作。

（二）因此台盟是集中力量巩固内部。

台盟总部工作与垂直领导问题，加强干部问题。

捐献与 M 斗争问题。生产救济不仅是借公济私问题。

领导与 M〈接〉结合，依靠 M 问题。

工作群众共同讨论，发挥其积极性问题。（群众面目清楚否）

总部与支部分工问题，代表问题是否慎重？

谢(雪红)：

1. 学习中交代历史是怎样学习的？

2. 在捐献运动中，组织积极分子问题。

3. 工作都是自己决定，在群众中〈作〉做形式的通过，即在机关中是党的决定后，在 M 中形式通过的。

领导中群众路线的实现问题；领导的 M 性与其实现的形式和没有领导的群众性讨论问题。

4. 台盟无党派垂直领导，而只有各地统战部领导，因此总部工作做得不好。

各地都要发展组织，（民主党派都在发展）。

对总部有意见。

5. 党内没有依靠群众的思想。

6. 因此使有些不良分子得有机会来破坏台盟，如托管派，而台盟却没有[对]注意此事进行思想斗争。

7. 组织对配备台盟干部有不适当处。

杨：

补充谢的意见：

1. 关于抗美援朝代表会的代表问题。

(1) 非盟〈是〉作为代表团有问题。

（2）代表人选不合方针。

郭：

M 中反李[伟光]为主委的意见还是存在的，因此党内要保持得更一致。

周子平：

对台盟过去的积极分子觉得有些可怀疑，是否真正进步分子呢？基本上可怀疑的，而且其中也有不良分子。

王志远，23 岁，苏北人。

1945 年三月入党，父钱庄经理，因参加革命工作脱离家庭，生活无法时做过报贩（时代）。1948 年在交大暴露，到苏北做交通站工作（分站长，党内组长），随军回沪，现任台委组织干事。

① 历史单纯清白，十六七岁之后都清楚。

② 工作认真积极，党性好。

③ 有守秘密，保持整理文件习惯。

关于战争与经济建设的看法①

美国现军费预算占总数 78%。即九百八十七九亿预算中军费占七百六十八亿，即已达第二次世界大战中的最高比例。

大仗打不起来，和平时期也不会到来，而是长期的紧张局面，这是今后局势的基本特点。因此我们国家的建设也是在这紧张环境中来进行的，而我们建设的重点就是国防和美国做军备竞赛，如果我在三四年中工业搞起来了，战争可能没有，而我也在这时期打下了工业基础，可作十年的建设了。

因此，今日的备战，不仅是备战，而这备战本身也就是建设最重要的建设。

因此，今后任务是建设，党的中心工作是搞工业，但在搞工农的中心时决不要放松督促部署与搞农业。

（文件编号：F193）

---

① 此标题系编者根据内容自拟，原文无标题。

饶漱石同志在华东局扩大会议上的结语

1951年6月23日

饶（漱石）的结束语（饶说明：不要作为总结）

（一）各地各项工作，基本上都能按原定计划进行（虽说有个别的缺点与错误）。因此成绩是很大的，凡经三大运动的地方，情形是焕然一新了。从〈事〉时局上来说，在美帝侵略下，局面还是不定的，因此我们主要任务还是国防建设。而我们以后一切工作仍应以此作中心，围绕着这中心来布置。

（二）关于抗美援朝，必需继续贯〈澈〉彻与深入，而成为推动各种实际工作的动力。今后不应采取开会与游行的方式（除必要地区外），而是要深入，如此才能不疲劳群众与持久化。我们[要]经常展开与检查爱国公约，要做好优抚军烈属和支前工作，要做到军烈属没一个讨饭，不荒一亩田，并要各地要经常讨论，尽可能解决军队的困难，把抗美援朝变成为广泛的宣传工作与推动各项工作的具体工作。而使此工作能经常与持久化——今后中国将会是要在反美中巩固自己，一如过去在反日中推动一切工作一样。

（三）土地改革。凡未完成土革地区，应按华东指示争取在1951年底完成之，把未结束的问题结束之。对第一种改得很好地区要做好发土地证工作；对第二种基本土改好了的地区，不要再提土改，重新来土改，这会引起地主富农等觉得无出路而只好走险或自杀，会引起新问题，节外生枝的。同志们不可幻想在土[地][改]革中能解决一切农村中不合理的现象，有些问题是要待以后解决的。对第三类土改基本没完成的地区，那自然是要土改，发动群众打倒地主。

因此第一类、第二类基本上是结束土改，经发土地证而巩固他。

（四）对私人资本独占而我是空白区的工业，应插脚进去，以保证对私人资本的领导与斗争。

（五）注意工农业与卫生技术干部、技术工人的培养，以避免建设的〈偏〉片面性。

（六）加强企业与工矿的管理与领导问题。发展工业生产是城市工作的中心任务，因此学会与改造、管理与领导工矿企业是我们的中心问题，我们接收

K 的工矿企业是有成绩的，但我们在管理与改造官僚企业为人民企业还没有全套经验。他们的管理方法是依靠资本来压迫与剥削，以达到个人发财，而其方法是强迫命令，分裂工人等等。而人民企业是以为人民的，是社会主义性的，因此其管理方法亦是依靠工人，依靠民主，依靠于他们的积极性。因此这两种制度的目的是不同的，因此其管理方法和人与人的态度也是不同的。我们不把这分开来，那我们的工厂就一定管不好，工人积极性发扬不起来的。

要把官僚企业改造为人民企业一般地有些个阶段：

① 弄清工厂人员及情况的阶段。

② 民主改革。

③ 发展生产，准备经济核算。

④ 贯彻经济核算制。

根据上海、青岛与浙江的经验，要了解工厂全面情况都要经过三个步骤，即经过镇反、反恶霸、民主团结与群众反浪费三个相衔接的运动来达到弄清情况，而准备好了以后民主改革的基础。凡以此三个步骤来进行的则其工作经过是健全的，不会走弯路。

中南[局]总结了反霸阶段的经验，但其具体条件是工人中封建势力大，而无工人运动的传统(如上海码头)。所以他就应用此办法。但若对工人有斗争传统的大工厂里，又经过了镇反运动的话，来采用此办法则可能会出毛病的。因此在参考运用时，不可机械，而必须考虑实际情况，有霸才可。如工厂已经过镇反运用，则再来反霸那就不行。而问题就应从民主团结开始。

镇反是在群众不敢动时，用政府先找人，群众控诉相〈接〉结合的办法来进行的。这样做过后，就要很快转入到民主团结去，民主团结这工作，在精神基本上是与清理中层相同的。一个不抓一个不杀等问题全弄好，绝对大多数团结得很好时再处理个别的坏分子。因此在这工作中也应搞控诉与诉苦，坦白和批评与自我批评运动，而以此来达到弄清敌我，弄清是非，改造一部份人，团结绝对大多数，而成为巩固的民主团结。如此把工人情况也弄清楚了。

群众性的反浪费运动，主要是弄清生产情况，以便可定比较合理的生产制度。其方法是教育，将情形的好坏来比一比。这里许多人(工人职员及行政上)都会有顾虑的，所以这是充分反保守与鼓励进步的运动。这里尤其应抓住爱国主义教育，捐献飞机大炮去推动群众。

所以镇反、民主团结与群众反浪费等三个运动贯彻下去，总起来就可达到弄清全厂情况，这个阶段是很重要的。因为这是事情的开始，万事开始难，好的开始是能解决许多问题的。

但在这弄清情况的阶段按理是有可能〈作〉做一些局部改革的，不过就不这样做也没有大毛病，因现在在这方面尚无经验。

其次在民主改革阶段，我们也还没有实际经验，而第二及第三阶段的工作也都如此。

但我们虽还只走第一步，却已获得了这样经验，即：

a. 领导此工作是须要党委统一领导，而党委统一领导则须避免包办。

b. 大家在党委统一领导之下，〈以〉在一个统一的生产计划之下，不但可以搞好生产，并且还可搞好党政工团等各方面的工作。即在统一任务下，大家分工各都发挥自己的特长，从而把自己也健全起来了。

c. 要使大家围绕一个统一的生产计划，在党委领导下来工作，工作上应先从解决思想入手。我们目的是搞生产，但入手且应从政治开始，必须先把国民党管理工厂的只讲技术与压迫制的思想克服下去，只有克服这思想我们才能〈把〉使他的技术能为人民服务。

d. 第四个经验就是要搞好这工作，必须要以学习的态度去搞。只有这样我们工作才能搞好，我们应不被不懂生产而吓倒，这点是很重要的。

我们过去的缺点是没有计划地全面去注意与布置这工作，所以弄到现在才开始。

中小城市工作问题。所谓中小城市，是指农村经济的中心（不是工业中心）。除商业交流外主要只有为农民服务的手工业（有人以为中小城市是完全消费城市，这是不对的），即其商业主要也是农产品的交流，所以中〈心〉小城市是农民生产品及生活资料的供销场所，因此中小城市能搞好，对农村有很大的作用。

因此：1. 各县委应注意把县城的工作搞好，而不可再把他只看成是住宿之所，坐在城里只搞农村工作。

2. 对中小城市工作应就事论事来消灭封建势力（即要看是否镇过反，与镇得够否来决定问题），进行城市民主改革。

3. 中小城市工作要搞好，与指导农业有关的手工业，把他们管理好，可开工匠、铁匠会议之类方法来进行。

4. 要搞好土特产推销的合作事业与运输。

5. 搞好税收工作，与管理私人商业(好的指导，坏的限制)。

6. 搞好工会工作，一般的是手工业工人、苦力运输工人的工作。要把这种初期工人的意识提高一步，即主要的是克服他们的行会思想。

7. 搞好文教工作(他是农村的文化中心)。

8. 为加强中心城市的基础组织，凡五千人以上的集镇[组]工作委员会归县领导，三千人以上的归区领导。

城市工作无论是大城市与中小城市，都必须由党委统一领导，否则一团乱后什么都不好搞。

(七) 党的工作问题

1. 整党各地都应按中央组织会议的精神稳步的来进行。但要如此：

(1) 对不同的地区不同的情况，而应用不同的方式：

A. 老解放区其特点是农村党员很多，土改后经济的变化，是变化了党员的，同时也因过去战争条件党员发展而少教育，其中也有一定的组织不纯。

B. 老革命区(旧赤区)这种区域因经反复斗争，党员又脱离革命及[又]加入党，其党员的情形是很复杂的。

C. 新解放区党员主要是老解放区来的，当地新党员不多。

老解放区，基本上可用天津安子文同志整理的经验来搞。

老革命区基本上可用福建的经验的精神，即一面要谨慎小心、实事求是；一面要有严〈近〉谨的态度与警惕。

在新解放区，主要是以学习党员八大标准为内容，以整风方式来进行。

这三种是基本形态与基本方法，各地看实际情形，可掺杂运用与创造新的方法。

整党应在党的代表会议或干部会议上，明白与正确的来传达中央整党的决议精神、方法与党员八大标准。党员标准要求在八条以上或把他降〈底〉低都是不对的，我们应依党员情况去提高与鼓励同志，不要[用]八条机械去套人，打击人家进步。八条标准用积极鼓励的态度来教育同志，消除同志的顾虑。

整党应该是分清敌我，分清进步与落后，分清可以教育与不可教育，对可教育者则团结与教育他，等待他进步；而对不可教育者则以不伤感情下，要他退党。至于分清敌我后，对敌人则只要不弄错，应坚决的开除出去。

对于政治上无问题，过去革命曾有〈供〉贡献，但不合于八条标准的落后分子，应采取爱护团结教育提高的方式。至[于]对那些拒绝教育与改造，不肯进步者，则应采取严〈重〉肃诚〈肯〉恳的态度，在不伤感情的原则下请他退党。

所以整党要切避急躁、草率与简单化。但自然也不能迁〈求〉就落后，而只是证明他不能进步后才用严肃与诚〈肯〉恳的态度要他出党。因此若有人以为我们那里整党中要开除多少党员而作成计划，那是错的。

整党必须与当前工作任务相接合，必需有党委统一领导，建立坚强的机构，统一的教材，围绕与教育好骨干分子，并经过典型试验，然后可以展开。

2. 建党

建党应根据中央组织会议建党的方针来进行：

(1) 三种不同地区的建党问题：

A. 应着重在产业工人中发展党员。

B. 在新区要在土改完成后积极分子经过教育后才可建立，在两年内每支部不要超十个人，反之最好就只要三两人，能起积极作用就够了。

C. 在老区农村中，那里应以整党为中心，停止发展，但其中老区中新区及城市则应按 A、B 二项来办。

(2) 新区建党应采取积极与慎重的态度，过去在镇反土改后仍旧只慎重而不发展是不对的，慎重是要的，但同时须积极的一面。

发展党须有计划、[有]准备、有步骤、有管理，并且经过了解教育审查等步骤。

发展党员对象的水准必须在各种实际工作与运动中去肯定他，然后再经过共产主义的教育，〈再〉才可发展。

新区建党亦须经过典型试验，取得经验后再展开。

各工厂矿山中在民主革命之后，各农村经土改、镇反后都应有系统来教育积极分子。

3. 党的领导方法问题：

在初过长江接管阶段中，党负责人只好陷到具体工作中去，这是必要的，因为这样可以减少错，工作搞得好。因为那时还没有组织，无从组织领导，而情况也不清楚，思想政策领导也无从说起。但现在此情况已过，土改也已过了，城乡各种组织也基本上有，各种工作也大体都上了轨道。在这样情形下，我们就应强调政治政策、组织与思想领导，一改过去的领导方法，否则就叫做事务主义，对上对下都不好的。领导同志必须有时间考虑问题，并要强调党委集体领导与在其下的科学分工。

为要加强政治政策，组织与思想领导，党委就要掌握党报、党校，与学习理论。要善于经党员与群众的联系来进行宣传工作，发扬宣传纲的作用。另外要加强监察工作，监察是和组织一样是上面与下面的一种重要联系。因此自区党委省委与华东局起都要保持三两人的集体领导，而华东局的每部必须有三两个部长，使负责者每日有半天时间能空起来考虑问题。要思想领导政策，领导是必须要反复研究的，因此负责人必须有空的时间，在强调一般思想与政策领导之下，同时工作中党委又要善于掌握一项中心工作中的领导。

（八）关于文化教育工作问题：

a. 必须纠正学校教育中现存的混乱现象(军政委员会已有指示)。

b. 学校中首先应解决政治教育问题，政治教育必须要集体调训，不许他乱讲。

c. 采取民办公助办法去普遍开展农村小学，对扫除文盲采取积极的态度，并有计划的去开办工人识字班、技术工人教育，这在城市里就很重要。

d. 加强文艺工作的思想与政治领导。

e. 要多办初级的卫生学校与训练兽医人员，而这个计划基本上是为着地方需要的

f. 各地方对各种的专家要注意要照顾，对专家生活上采取平均主义的态度是不对的，因此各地应调整专家，把他登记起来而特别去照顾他。

（九）统一战线

革命是一面打击敌人，一面是团结多数，三大运动我们打得很好，因此还须要我们团也去团结好。对民族资产阶级，过去克服经济困难〈相〉想靠我们，现在情形较好他们有些〈相〉想自[己]搞，不喜[欢]我们管了。

我们对民族资产阶级，在思想上要对具体问题去教育与批评他，经济上应注意照顾与限制他。过去强调照顾，今日应双方并重。在组织上，对各党派应尊重他们的独立性，对他们在教育上应以科学与爱国主义的基础上进行先公

后私的教育，但不能如要求无产阶级的[那][样]去要求他们。对他们，我们应组织人同他们去讲话，多教育他们，而尤应注意加强爱国主义与共同纲领的原则性的教育。

（十）青年工作问题

党委应定时讨论青、妇工作并帮助解决其困难，而解释与宣传婚姻法。

革命胜利的道路：从农村到城市

今后工作

中央要求五年计划、十年远景，在明年三月以前弄出来。

再则在浙江：

① 二年来始终〈报〉保持着主动性（而不受中央〈预〉与华东限制，而自己有一个计划，来〈接〉结合中央与华东的指示），这种优点应予保持。

② 预定要开的会继续开下去，而每个会把明年三月份以前工作都布置好，以后这样会每年开，使县干部自己都有一个总概念，知道一年中要做些什么事情。如此使地委与县的工作可减少，机构亦渐渐减少。

③ 工业经济及农业经济问题。

④ 干部学习训练办法必须抓紧。

（文件编号：R136）

浙江省统战会议记录

1951年6月26日

霍(士廉),传达全国秘书长会议关于政权中的UF问题:

1. 问题的中心是要把在政府内部80%的非党人士把他团结好,发挥他们的力量来为人民服务。

2. 要达此目的,必须首先给人家有职有权,从各部门负责人直到干事都应有职有权。

3. 政权各方工作都应有统一的政策与法,而使有职有权,不是各照各人意思做,能把各人的意志和力量能够统一起来(这最高的法和政策就是共同纲领)。因此,在这里就产生了统一战线中的斗争问题,对党外民主人士,政策及思想上的斗争是必要的,而这斗争的形式即是教育与帮助,使这斗争不是限制人家而是帮助人家有职有权(政策上的限制,党员与非党员都是一样的)。

4. 要做好前面工作应由共产党来负责,而不是要党外人士来负,而我们党内对此要经常教育同志,经常检查此工作,尤其是机关党委,应设统战委员,而此工作规定应由行政首长负责,秘书长日常执行。

吴山民传达全国委员会秘书长会议关于协商会工作问题。

协商委员会是人民团体,不是国会,但他并是非通常的M团体,而是各党派及群众团体协商政事、协助政府团结各阶级人民的机关。因此他是统一战线的组织,也是统一战线工作的重要进行者。

协商委员会之所以需要,是因为中国是多阶级、多民族的大国家。因此我们应使协商委员善于代表各种人民来讲话,开言路,使能从协商中大家意见取得一致。

现在的协商会(各地的),因我们过去对地方情形不详细,因此其代表性还尚有不够,而一般委员则常有问题也不说的。中国人常有不管人家,就被人管的习惯,因此要使协商会起他应有的作用,则尚需我们各方面的努力。

下午

大谭(震林):

关于UF的基本问题。

UF 是中外古今都有的，是由于中国是多阶级多民族的国家，所以 UF〈随〉遂成为中国革命三大问题之一。但我们尚有许多同志却仍把 UF 看成是一般的工作，如征粮、扩军一样，这样就不能把 UF 看成是为了中国革命，引导中国从新民主主义走向社会主义的问题了。这是战略问题，不能小看他。

历史上党内在 UF 问题上有右倾机会主义和“左倾”冒险主义的二种倾向。右倾表现得最明显的是陈独秀武汉的失败与皖南的失败，这两次的右倾错误所犯错误中最基本的问题是革命的领导问题，即应由谁来领导革命问题。错误是放弃了プ口的领导，这是战略的。因为这战略上的错误，而策略上就放弃了发展进步，团结争取中间与孤立落后。

今日党在毛主席领导下基本已无此问题了，但这不等于各人或各单位都没有这问题了。我们宁波副市长的思想上还没有弄清楚：还是宁波市政府领导工商联，还是工商联领导市政府的问题。我们有事情要打电话问工商联，而副市长常常去请教与拜访工商业人士，而温州市则把税收工作变成为工商联的工作，而取消了税收中阶级斗争的内容。

再则“左倾”冒险主义的错误造成革命的损失是难以计算的，尤其是对中农和对地方实力派（如十九路军）的政策问题，这就是 UF 问题。在今天我们里面还有许多这类左的情绪，而其表现不是冒险主义，而是关门主义，即对非共产党员就不放心。而要非共产党员也只看作是台子上的盆栽，似乎没有就不好看的样子。如果 UF 是为了这个那就糟糕了，今日的 UF，仍是发展进步，团结与改造中间和孤立落后。

今天我们的力量是大了，尤其在政治与军事方面。但在经济上来说，资本主义仍是优势的，尤其是包括农业的生产在内。如果社会主义经济还没占优势，而说我们已经稳固了，那是不行的。同样在思想与文化上也是如此的，封建与资本主义思想显然是优势的，甚至我们党内也有这样的思想。

因为如此要把这种力量团结在我们的周围，而使社会引向社会主义，所以就要 UF，全党同志都应懂得此道理，都来做 UF 工作。

吴宪，传达华东统战会议的精神及浙江的统战工作问题：

在浙江党内 UF 思想的认识还有很多问题的。

① Tob 对民主人士有落后的看不起的思想，甚至有鄙视、蔑视以至敌视的态度。

② 同志有怕搞统战工作，怕弄出立场问题来，整风中成了自己的关节。

③ 有同志提出协商会里搞了这许多民主人士，明日县市长选举时会否起来捣蛋。

④ 有些思想是，有事情来统一一下、协商一下，弄过了就算了，放在一边。

⑤ 有人以为 UF 只是某些地方某部门的工作。

次之，关于 UF 对象问题，想再谈一谈。

① 知识分子，其中基本上有新旧两种，新知识分子是相当进步的，是我们主要对象；至于旧知识分子，一般说与旧社会联系很大，比较复杂，但他们对帝国主义的侵略也是不满的，而现在也在分化中。因此我们要很好的做他们工作，这是 UF 中对知识分子工作中应注意与加强工作去改造他们的。

② 是工商业民族资本家，他们大多数是反帝的，我们各项政策只要道理讲清楚，资本家会同我们来的。

③ 宗教界，职业化的宗教界人士，在思想上甚至是与我们相对立的，但从爱国主义出发，经过反复说服，大部分是可争取的。尤其是其下层，尤其是基督教，这问题是很复杂的，宗教是很多人民的思想问题。

④ 民主党派，他们对共同纲领及共产党领导是赞成的，但思想确很复杂。在社会上有他一定代表性的，我们应加强对他们的领导，积极帮助其发展。因他们思想虽复杂，但其政治路线是明确的，肯定了的，不然则他们反可被敌人所用的。

民主党派发展主要应掌握如下原则：

a. 主要是进步的与中左分子，且要有 10—20%的公开，共产党员或青年团员参加进去。

b. 面向中下层，尤其是中层。

c. 质与量并重。

崔子明(市府秘书长)，汇报宁波市情况：

① 镇压反革命时对工商文教界进行了教育工作，一般做到了解除他们的顾虑，也出现了一些积极分子，进行检举与控诉。王定纬是恶霸地主被杀，但

是民盟盟员，杀时未知是盟员，亦未与[民]盟谈。

② 甬有民盟小组共 23 人，解放后至今未有发展过，还在巩固整理中，拟文教副局长等二人以公开党员名义参加进去。

③ 民建组织正在准备建立。

④ 华东统战会只在市委及市府党组中传达了一下，在那里解决了一些思想问题，但没很好讨论。曾绍文[是]市统战部长。

⑤ 统战部组织，只有兼职部长，准备再调一秘书。

温州市汇报：

① 在镇反中起初是关门杀的，社会上有人人自危现象，因此即召开各阶[层]代表会说明镇反问题，其情形即转好。尤其是经过要他们参加审案后，人心更安，认为政府不会杀错人。

② 曾捕了民盟组织委员而不知其为盟员的，但他曾藏过逃亡地主。

③ 民主人士去参加过土改的，回来都反映都很好。

④ 各县人民代表都有些恶霸，现已被捕或撤销其代表资格。

⑤ 温[州]民盟有二派：一、上海发展的成份多不好(右派)的；杭州去发展的，多青年，成份较好(左派)，但作风不好，自〈敖〉傲，现对上海发展的不满，已退出民盟。因此温州民盟是在右派手中，但他们都没什么威信，群众对他们有反感，因此须加以改造，并准备十五个积极分子(其中四个党员)去参加民盟(十五个加入前共有 33 人)。又在乐清民盟有 27 盟员。

⑥ 温州工商联，以前有王仁和领导工商联与我们对抗的现象，后经改组把王改掉，其情形就较好，工作也较易做了。

⑦ 民建，正在筹备中，已有十一人参加，内有党员一，团员二，其余亦都是积极分子。

⑧ 农工民主党——其四人(温州二，平阳一，青田一)。

嘉兴地委孟加(统战部长)：

统战部现在部长一，工作人员二，各县、两个市已有兼职部长。

民主党派各县市有零星几人，一二三人不等。

嘉兴市内有回民六十几户。

政府中〈与〉就党外人士团结问题曾做了一次研究。

湖州被镇压的人民代表四人，未处理一人，其他各县也有一二人，一共逮捕十九人，民主党派三人，著名人士六人。土改中把沈钧孺家坟地分掉(已退还)。

在镇反中，召开了工商界及中小教育工作者的座谈会。

许祖谦，老同盟成员，与沈钧孺等均是朋友，〈清〉青〈邦〉帮头子，有子弟三千人，七十八岁。

宁波地委阎康虞，统战副部长：

土改镇压中，不大注意统战工作，四月开各界代表会中个别代表有些情绪，但开会后情形较好，分别参观各地土改，回来反映亦好。

余姚有人民代表过去与我们有关系的，曾问我们怎样是守法地主。

宁波一般地对民主人士处理较宽些，逮捕者八人，杀者四人。这些民主人士中所以被镇压，主要还是当时推人民代表时草率的缘故，其实他们并不能算是民主人士。

① 继续检查镇压反革命工作。

② 建立政法方面镇反的机构，以经常进行此工作并处理积案。

③ 对反革命的处理要照政策办，各种地主分别对待，改正轻罪重办与轻重不分的“教”和“管”，对此应作具体指导。

④ 对婚姻纠纷应作具体指示，主要是教育与调解，由民政司法农会联合组织机构。

省府学委会汇报：

土匪放到那一类，思想作风不能成一类，自己不要提处理意见，分类问题。

须要展开社会调查：

① 肯定的弄政治问题，不弄思想问题。

② 就大部迅速弄清，能够弄清多少，许多都决定于领导力量，再开展调查进一步解决，组织调训。

③ 小组的追，应适当限制或停止，再追是弊多利少了。重点的还是需要的，但需有领导。苦闷、畏缩的人，不是过去有问题，便是面子问题。可疑而活

泼、积极搞人的人，反可注意。

（沙文汉题头注：有些材料的，很可疑的，有严重的反动思想）

（文件编号：R136）

纪念七一，民主人士座谈

1951年6月

一、接受各友党及各人民团体对本党的祝贺，并愿大家更亲密的更巩固地团结着，共[同]来建设好新中国，为此共[同]来奋斗。

（一）勤劳勇敢和富于创造性的中国，在历史上，尤其是近百年来，在旧的封建桎梏与帝国主义侵略下，遭遇〈着〉了极大的灾难，这灾难

1. 表现在社会经济上主要是旧的经济体系被破坏，农村破产，工业无法发展，对外的依赖性逐年增加。

2. 政治上一天天殖民地化，由莫名[其]妙的夜郎自大，走到恐外、崇外与媚外，乃至险些亡国与更殖民地化。

3. 而在此情形下，文化道德亦逐次混乱与堕落。

中国好像是一个重肺病者，眼看得自己逐渐死下去，对人民来说是民不聊生，对国家来说，殖民地化。

（二）但是这是情形的一面，勤劳，勇敢，与富于创造感的中国人民，在另一面是对此进行不断的反抗，在灾难中想争得自己的命运，太平军失败后，继之以戊戌政变，戊戌政变失败后，继之以辛亥革命，辛亥革命失败后继之五四运动，五四没有成功继之以五卅、北伐。国民革命失败后继之以抗日，乃至最后解放战争。

从我们的先辈自到我们兄弟，这百年来为着自己的前途，中国的命运，不知道已流了多少血，但是我们多次的革命都没有成功，而都归于失败，这其中最根本的原因就在于没有无产阶级的领导，由于缺乏无产阶级的领导，在帝国主义时代的世界里，革命就不可能看它最根本的胜利条件，即社会的先进和进步性，因此也不能有对革命的忠诚性和组织性，便谈不到有先进的科学的指导。国民革命曾使国民党政治统治了中国，但中国却走向更殖民地化，中国民族的危机却更加重，就是因为这个缘故。

（三）这个问题，一直等到中国共产党出现之下才开始解决，在多次的革命失败中，中国人民，以无产阶级为代表首先找到了这马列主义革命的道路，经三十年的努力，终于把这问题解决了。

是的，共产党自己也经过了他幼稚的时代，经过了好多次的挫折，但由于他阶级的先进性所决定的对革命对人民的无限忠诚和马列主义的一般科学原则，在多次的挫折和最艰难的道路上终〈至〉于产生与成长了毛泽东的思想，而把中国这百年来不能解决的问题解决了。革命在全国范围的胜利已经近二年了，在这短短的二年时间中，以马列主义的科学和毛泽东的思想已替中国做下了过去几乎不能梦想的好几件大事：

首先是迅速地解决了通货膨胀，基本上稳定了物价，从而使中国经济由衰落而走向复原和发展。

其次是全国人民空前的团结，中国政治上出现了历史上未有的统一，经土地改革与镇压反革命的基础已大大的巩固起来了。

其三，就是在这基础之上，加上我们革命的外交，使中国以一个崭新的大强国的姿态出现在世界政治舞台上，根本一变过去被蔑视被奴役的状态，无论是友是敌都承认这点。

其四，前述诸点，已开始明白地表现了我们新中国无限美丽的富强光明自由幸福的前途，而这表现还在一天天明显中，我们中国人民，历史上曾表现过他是一个伟大的民族，现在这光荣伟大的时代在共产党领导下又开始了。

（四）由此可知，以无产阶级共产党为领导的中国革命，不但解决了一百年来中国不知流了多少血而没解决的推翻封建势力与帝国主义的反动统治问题，争得了人民自己的命运，并且一二年来的事实更证明了他能给中国以无限的前途与光明。

我这里之所以觉得很高兴就是我很幸运地以这样一个工人政党的党员来接受各友党给我们的庆贺！

（五）但是各位先生，中国要连到真正富强光明的境界，还有更多更多的工作待我们去做，二年前毛主席说，我们才在万里长征中去完成一步，那么现在算是第二步开始吧，这第二步的工作，就是：

要把人民的团结与认识大大地加强与提高起来；

要把国防大大地加强起来，继续肃清残余的反革命势力；

要把我们经济和文化大大地发展起来。

如果这三方面的事情，我们目的是在最后一项，第二项“国防”是保护达到第三项的目的，而第一项则是达到二三两项目的的动力、起点，即只有我们各阶级各民族人民团结得更巩固，人民认识的水准更加提高，我们伟大祖国人民的力量才能充份发挥出来，保证我们的理想的迅速实现。

（六）在这里就说明了我们主张统一战线的全部的理论和实践，因为只有统一战线才能保证各阶级各民族人民的团结和他们力量的充份发挥，而且也只有这样才能迅速地把落后的中国改造成为前进的境地。

我们共产党人知道，无产阶级要解放自己，必须解放全人类，工人阶级要达到他共产主义的美丽的将来，这在中国来说，不但需领导着全国人民解决达到共产主义社会之前的一切社会问题，并且还须领导与帮助其他阶级的人民共同前进。只有这样工人阶级自己也可更好地并且更快地得到真正的解放。

（七）所以统一战线的方针是我们党总方针的一部份，中国共产党成立的第一天，就主张统一战线，尤其是明显地表现在第三次全国代表大会上，由于过去中国革命根本上是武装斗争，而且这武装斗争是以农村包围城市的形态出现的，因此统一战线常只表现在我们的政策上，而很少表现在人的联合上，这使许多人的观念都模糊了，但这是错的，在今后，由于革命的主要形式表现是在建设了，那么没有问题的，我相信不但在如共同纲领的政策方针上，并且在人的联合与共同努力上的作用也会大大地发展起来的。

在这里，容我对大家提出希望，希望大家努力，我们更紧密地联合在一起，并分头努力去组织与动员各阶级人民共来建设新中国。

（八）在过去，这一年多来说，我们浙江，就统一战线方面来说，在政策方针上，基本上都是好的，但由于本人不在浙江，致在统一战线的具体工作上，许多事情我们还没有做好，尤其是我们对各友党的帮助还大嫌不够，我们希望今后能够改进一些缺点大家共来努力，为建设新中国，为巩固新中国而发挥更大的作用。

（九）最后，我谨代表共产党浙江省委对我们各友党各民主人士对我党卅周年纪念的庆祝表示感[谢]，并祝大家前途光明与各位先生的健康。

（文件编号：F97）

谭震林谈对于1952年财经计划的意见

1951年下半年

（沙文汉旁注：农业方针：爱国主义，生产运动，组织起来，发展生产。）

一、工业方面

（一）工业上抓紧现有工厂的整理，为此须加强城工委，一如土改队一样的工作方式，下去检查布置。

（二）整理中的重点是：

1. 麻纺厂

2. 杭州电厂

3. 铁工厂

4. 衢州金华水电厂

（三）考虑新厂的基本建设，建得不好就是大浪费，新建厂必须经省审查。

（四）积极试验新型的生产建设，新的生产方法、技术与制度等。

（五）与现有厂订合同，训练将来所须要的工业干部和熟练工人。

（六）现有加工业（尤其麻）加以整理，合并变成公营，可用犯人及痞子来搞，并可积累资金。

二、农业方面

（一）争取粮食生产到140亿，即战前最高水准。

（二）整理现有农场，研究提高其生产。

（三）农业技术改进的重点，明年放在提倡良种与改良土壤，提出同等土地，同等产粮的口号。

（四）抓紧劳动互助及其政治教育。

（五）加强合作社的政治与业务领导，而加强县及省的合作社。

（六）熟识山区经济及生产情况，以便定出发展山区生产计划。

（七）浙江公地有八十万亩，如何把他变成集体农庄的公地则应在明年开始试验，以便后年推广。

三、交通运输问题

加强联运公司，联运能减少很多运输费，使运输在公营领导下，与私人订合同，在我计划下分配任务。同时更可积累资金来建设运输交通设备，这应成为交通厅中心任务。

四、加强国家企业的政治领导

（一）加强党团的支部工作，与发动群众，来办好事等。

（二）轮训主要负责干部，以加强其政治，并建立经常的学习制度。

（三）以加强政治领导及教育，来消灭贪污浪费。

五、财经

（一）明年必成数二万亿，期成数二万四千亿（对上报必成数一万八千亿）。

（二）在工作细致合理中争取公粮到二十二亿。

（三）在财政使用的节约上争取一千五到二百亿投到工业上。

（四）选择几个典型县开始建立县的财政。

（五）研究好乡财政的统一收支与使用法，先搞典型。

六、搞好工业、农业、交通的正确统计工作。

（文件编号：R136）

浙江省委扩大会议记录

1951 年 7 月 5 日

城市捐献数可能是八百亿(三百万人口,每人三万元不到)。

农村捐献数可能是八百五十亿(每人五千元,一千七百万人口)。

小组讨论中的问题:

① 对特务镇压工作须加强。

② 镇压反革命教育在群众中还有不够,许多人还不关心。

③ 对坦白控诉与检举的处理必须快速,以减少群众顾虑。

④ 政府对镇反有否先紧后宽,松了是不好的。

⑤ 有改造可能者,务给予改造机会,而人民团体[的]人对此了解是不够的。

⑥ 杭[州]市组织协商委员审查反革命分子,应扩大、普及。

(沙文汉旁注:审查时间来得及否,鉴定必须要自己负责,保证无误,有必要时填补充表。)

分类问题:先分有问题无问题。

有问题中再分,弄得清弄不清,弄得清者,分一[类]、二类、三类、四类。

要李丰平报告什么是特务组织,或非特务组织。

有材料不足有嫌疑者。

教育厅提[出]:

① 在日伪时期有罪恶行为者如何分类。

② 曾做过共产党,脱党情况不明者。

③ 国民党员而有罪恶行为的。

④ 有重大嫌[疑]者的具体标准是什么。

谭[震林]:

什么是基本上划清界线,其内容为:

① 使党内及负责人知道自己部下那些有问题，那些无问题，那些是可疑的，而知道如何用他们与如何来处理。

② 所谓基本划清，只是基本划清而并非完全划清，划了的并不一定完全对。

③ 基本划清，说明有一部份人是无法划清的。

这次清理结束是这次工作告一段落，并非反敌斗争结束了，以后由各单位保卫工作者来进行，这是长期的。

这次清查结果使：

① 我们眼睛亮了，能看到大体上的情形。

② 提高了大家，增强了团结，靠近我们，使大家积极性好了。

③ 孤立了敌人。

不可靠的人今天还不能完全[去]掉，而是要我们去培养新干部，逐渐来代替他们，使将来能够慢慢做到政府机关中的人百分之百可靠的。

思想情况：

有严重问题者采取封门态度，公安局有坦白了又杀者。但不严重者也有封门[的]，找他谈就哭。

基本上已坦白者现在惶惶不安，或非常老实，有的企图逃跑，个别有〈反〉翻案的，有想自杀四次者。

① 很快稳定人心，转向学习提高与团结，审查结论慢些宣布。

② 不可再追，但可用填补充表、鉴定，要他保证。多[种]方法，要他自觉改正。以后主要是社会调查与侦察，布置有组织的社会调查。

③ 时间来得及吗？

七月审查宣传后，我们工作主要是继续研究有问题者。其方法是从重到轻，先研究首要的。

监察委员会检查仓库汇报　王湧涛：

① 各被检查的单位，对监察组同志的检查有对抗态度，甚至已检查出有问题还想不承认，对监察组不能很好合作。

② 一般管仓库的干部多不安心，领导者亦没有给他们教育。

③ 在检查中同志因不懂技术，取学习态度，请教懂货物及技术者，而在检

查中不是专找岔子，并指出工作的优点，一般对此都满意。

［问题：］

① 缺乏政治教育，商人观点，不负责任的官僚主义，下面干部情绪不高。

② 对监委检查组的态度应进行检讨。

③ 加强领导，发动群众，实行工会监督权。

浙江应上交谷 15 亿 3 千万斤(浙收获量每人谷 577 斤(平均))

上交税

13 000 亿元必成数

15 000 亿元期成数

土地征 8 千万斤至 1 亿斤

捐献________

公企　905 亿元；

支出 3 860 亿元，不准扩大。

263 亿元 投资；

787 亿元 文教；

2 283 亿元 行政供给薪水、党委、办公杂支、修建；

400 亿元 党派团体补助支出；

126 亿，总预备，实则八十几亿元。

超出预算者(会议、物价补贴、修建、购置(准备限制))，现在欠缺约 100 亿元。

(文件编号：R136)

浙江省行政会议记录

1951 年 7 月 21 日

各地水情及救洪问题：(灾民约 2 万人;20 万亩)

① 抢救是第一。

② 重灾区救济问题。

③ 补修堤圩、木椿问题 94 个。

④ 补种与分秧。

⑤ 水利局防汛经费,追加预算。

堤防应在正二月中修筑,封山问题,治太湖问题。

武训问题：

① 暴露了我们领导在工作上抓得很紧,思想上却忽视了。所以会出此电影片,没人批评他。

② 对文艺工作,我们只注意群众喜看乐闻的东西和技术,而不注意其政治和思想。

③ 对武训传我们是自由主义的,等中央指出来后,批评武训传也是自由主义。算武训历史,其性质已不是向群众教育,而只为着说服文化人,是学究式的,已走岔路了。再则对思想批评联到责究个人责任,这是错的。且[追究]几个导演是简单的,群众影响是大的,而我们要解决的基本上是群众影响问题。

思想斗争变成人与人攻击,与传统的文人派别斗争有关的,党领导上对此不够注意。

中国文艺的队伍,包括领导人中,必须教育他们给他们以毛泽东思想与路线,因为：

① 他们都长期生活在 KMT 区域中,受社会影响大于受党影响。

② 我们文艺界朋友虽懂反帝反封建,但他们没有与广大群众相结合,只吸了一点点的气。在这样大革命过程中,不找现实材料而找武训这个垃圾堆中材料做题材,就是脱离群众的反映。过去在 K 时代他们不能多接近群众,找

那样题材是对的；但今日环境已变，他们还是那样，那就落后了。

③ 过去文艺只有表面批评，而一碰〈过〉到实际则没有力量，思想上是很贫弱的——文艺家的贫困。

对于这些事先应给文艺界的人以有系统的教育，去改进他，因此今日对武训传的批评，不是只为武训传问题，而是为着文艺界。

我们对朋友相处，常没有批评与自我批评的原则，这是错的。而批评与自我批评中则又缺乏原则性，与正确的界线。ブル的思想只能批评与改造他，不能如对帝国主义封建思想那样要求，硬把他压下去。

（文件编号：R136）

谈省府党员的群众工作(党课)

1951年9月1日

Ⅰ.我们群众工作的二面性。

(一)政治是为人民服务的。工作做得好,就是做好群众工作,这是间接的,但是十分重要的是我们终极的目标。

(二)机关内把非党群众团结与教育好,这是直接的,也是十分重要的,因为政府事情要办得好,不但依靠党员,还要依靠群众。

(三)以为机关里没有群众工作这是错误的,行政的领导并不能代替群众工作。

Ⅱ.二年来我们机关内的群众工作还没有做好,党与非党群众间还存在着相当大的隔阂,尤其是南下干部与省人员间隔阂更深。

机关群众工作没搞好,这原因是:

(一)同志们没有把机关中非党群众,当〈做〉作群众工作来做。

1.从前机关中没有做工作;

2.没意识到对他们实现工人领导,只管行政上是不够的。

(二)政治上的顾虑和思想上的狭隘。

这是有可原谅的,但必须认识到是错误的,错是在党员不能执行党的政策和方针。那就必须予以克服。

Ⅲ.隔阂的危害性。

隔阂的存在它使:

(一)不能发挥群众的积极性,促进他们不安心,增强他[们]饭碗、雇佣观点。“人为知己者死”。你不相信他,感情生活都有隔阂,他怎么能替你〈买〉卖力。

(二)阻碍人家进步与靠拢我们,不能很好提高他们,使人家苦闷消极,无法加强实现プロ的领导。

(三)分不清好坏,给坏分子以活动的余地,影响到我们机关的纯洁化。

因此我们须知,我们看轻这工作和感情的错误,会有这么严重的恶果的,如果党员应对党与对革命负责,那么首先就要把这点负起责任来。应该要具体的负责,不是抽象的负责。

Ⅳ. 道理都懂,感情上过不去:感情应服从道理。还是把道理说通他。

我们要不要群众,群众能否做事,这是肯定的,且应承认群众有他的特长,因此问题是在:

(一) 他们政治上不可靠,不可靠是少数的,且清理了,固然还有,但试问对多数怎样呢?

(二) 他们立场原则不稳,思想有问题。是 KMT 的帮凶?

1. 这缺点,还没闯过大祸,不能否认其替政府做事的功绩。

2. 我们有否充份地教育了他们,党员中尚有立场不稳的,为什么只怪他们。

(三) 雇用观点,有钱才来工作,是投机。

1. 我们不是要他做共产党员。

2. 任何群众都是有利益才来的,何独他们不可!

3. 投革命的机并不坏,是靠拢我们,难道要他们去投反革命的机!

(四) 生活腐化,意识落后,革命果实给他们得了,便宜了他们。

1. 基本上不是腐化,只是刻苦不如我们,因为他们没有锻炼,平时生活水准与我们也不同,不能不管家庭。过去他们丢不了家,成了替 K 做事,今天这一点却是他们进步的开始!

2. 意识不是个个落后,一般的虽落后,但多数是在想进步,未直接影响工作,少数贪污,那当作贪污办,不应涉及全体。

3. 革命不是自己想过好生活,果实还是我们自己得。

(五) 他们看不起我们,不服气。

1. 如果我们先歧视他们,他们看不起我们的一半或大半责任应我们自己来负。

2. 他们基本上是想靠近我们,如我们能团结他,尊重他,他们无有不要尊敬我们的。

(六) 感情上生活习惯上合不来,摇头摆尾看样子不是好东西。

1. 那是小问题,因我们与他们相合主要是在工作上。

2. 人的感情大家都有的,长处了,就好了。

(七) 怕同他们搞得好,明天有立场问题。那里有"孤立"的共产党员。

1. 同他们搞得好没有立场问题,搞不好是狭隘的阶级立场,也有问题;

2. 自己走向贪污腐化,自己失去立场,那是自己问题,怎怪别人。

Ⅴ. 做好我们的群众工作

(一) 只要克服了我们自己思想的狭隘性,一定可以做好我们的群众工作。因为:

1. 群众想近我们。

2. 政治界限已大体弄清了。

(二) 如何做好我们的群众工作。

1. 主动去团结他们,尤其是经过爱国公约学习互助运动中,要争取主动。

2. 上下层分子由上下层分工负责、团结与教育他们。

3. 工作上给人家有职有权,应该只有方针政策的限制,而没有其他,他们是上级,应该服从与尊重他,党员并没特权。

4. 关心他们的生活,搞好工会工作。

(三) 要能这样做好,除解决我们思想问题外,尚须研究他们的思想动态,进步的情形,有计划地步步去提高他,而不可一下子要求太高,更不可机械地以党员的条件要求他们。我们对他们的斗争是有的,今天主要是对反革命斗争,因此思想斗争,应放得宽,主要是提高他们的情绪与加强他们靠拢我们,消除现有的隔阂。

总之,对他们是耐心 的群众工作。而我们每一党员都负有做好这工作的责任。只有打击一面,没有团结一面,这就叫做孤立自己,没有方针。

(四) 最后我们有些党员,闹情绪、闹地位,作风生硬,神气活现,却没什么本领。这是需要改变的。

(文件编号:F117)

传达华东局扩大会议精神的讲话稿

1951年11月8日

（沙文汉旁注：了解寿昌人代会的汇报）

Ⅰ．今后农村工作根本关键是合作问题，即组织起来与土地合作社问题。毛说工业是重要的，但工业较简单，容易抓；而农业则不易抓，即使有钱能买耕种机，但不等于就有集体农庄。

华东工业工作是落后了半年，现须突击，我们不可在农村再落后，明天再回头突击，这就将影响到我们革命工作的进程。自然这并不是说农村应与城市并重，城市仍是党的中心，但农村仍是重要的。

今冬明春工作，〈据〉在浙江应是结束土改搞好合作社。而冬季生产准备，则围绕在此工作中进行与贯彻之。对劳动互助则先作典型调查试验之，以使农忙时可以展开。

民主建政，以及整理民兵，都应结合结束土改与搞合作社的中心来进行。

明年从农忙到秋收之间，应把民主建政工作搞好，农村基础应是两件事：① 政权组织；② 乡村财政制度。这两件事搞好，农村工作就可不乱。我们应在秋收前得出典型结论，使秋收后可广泛展开，把他做好。

因之农村工作基本上是四个：合作社、互助组和基层政权及基层财政问题。这四[个]问题在明冬前求得全部解决。

毛对农村问题是这样提的：一是组织起来，二是农场，三是工具。华东局扩大会议要每区都搞一个农场，规模大小可不等，如正规搞不起来可以机关生产出之，以后整理再提高之。大家应认识这有严重政治意义，是引导农村到社会主义的基础，我们一定要领导好，但在调整土地时则应注意这是很复杂的工作。

农具，在东北地区合作社搞起来，主要是依靠新式农具。他使农业劳动力有余而发展了副业，这使土地合作社的作用大大增大，农民生活也在合作中大为改善，因此每专县区都须搞一个改良农具厂。

Ⅱ．城市工作问题。毛限定在有工业的地委以上机关，在十二月底前改变党领导，转变到工业上去，其标志是：a. 以书记亲自动手定好城市民主改革计划；b. 配好工业干部；c. 建立起党委工业部门组织。

民主改革计划是：a. 工厂中民主改革；b. 思想改造（主要是旧知识分子）；c. 社会的民主改[革]革命，即其内容为充分发动群众扫掉封建残余势力，城市民主改革，应在明年一年内完成之。

（所谓坏分子及流氓工人的名词有问题，但无好的名词可代。）

在城市工作中，原则方针政策一定要实行中央的；属于办法执行方面，则一定要灵活，从实际出发。因为地方党不要搞原则方针路线问题，而应搞计划办法方面，但对中央方针路线则应讨论并表示态度。

此外对我们地方工业会议应增加增产节约与民主改革计划的内容，对干部配备，主要工厂应在十二月底前配齐，其他到一月底配齐。

民主改革：四个步骤一定要研究实际情况灵活运用（应缺乏[什么]补什么），而工作重点应放在大厂。在厂中积极分子应分配好，不可乱抢；会议要组织安排得好，不可多开，或一人开许多会。

地方工业会议仍应开，而开会中应注意到了解利用私人工厂的机器，要私人生产提出生产计划，利用机器。

社会民主改造方针必须全面搞，步骤要有计划，杭州应订出全面社会改革的计划，至[于]口号如何提法是否在人代会上讨论，则可研究。

小城镇工作：a. 是手工业生产；b. 是社会民主改革——应注意各行各业有计划展开，游民如何处理，新的民主制度如何建立。

Ⅲ. 干部问题。

浙江十一月底先供华东 30 个干部，第二批十二月底，其余地方工业干部亦应配起来。大厂十二月底配好，小厂一月底配好。

Ⅳ. 工业部，省委取消城工委建工业部，其他有工业地市委，亦建工业部，部里应分公营的、公私合营的、私营、加工订货、基本建设等部份，至[于]杭、宁、温等处则工业部下可有几个同志工作而不分科。

工厂支部不归工业部，仍归组[织]部管。中央指出杭州、宁波都要过问此处。

Ⅴ. 文化思想改造问题，基本关节是既要改造，又要不是一脚踢开，即改造成为我[们的]人。

Ⅵ. 行政会：把思想解决镇反工作布置下去，十二月底公安厅开一次小会检查，工作要比前一次镇反做得更好，劳动改造要各地当经常工作进行之。

整编：

毛提出抗美援朝必须胜利。

减少上面，充实下面。

① 中央按编制数减 20%，办法：a. 是合并，b. 是减级。

② 省县区编制减 10%，厂编制减为二级。

（沙文汉旁注：节约是对浪费来说的，浪费是指不必要、不生产与不急之务。浙江农业大方案加以研究是需要的，但当前问题更重要。）

程：

节约应分三种：

① 绝对的节约，即如白天开灯对任何人无好处的。

② 相对节约，外国货可用中国货代者。如浙江土特产有许多非必要[非]，但若节约掉了则有关人民生活，节约不好亦有坏处。许多旧的好衣服不穿，则另做新的布衣，这能节约而实不节约。

③ 若必要的工作，财政一紧，常会误事，此种是不可节约的。

因此对于节约的定义与界限应该说清楚才好。节约是为着生产；节约没有要求人民一般生活水准降低，而是为着将来的提高，但社会上提倡朴素以加强生产则是需要的。

蔡：

① 农业上许多作物连续培栽是要减产的，如麻即如此。因此要领导上注意扩大麻种植区，而实行轮种。

② 农场要进行民主改革，现在无法发挥农业工人的工作情绪，否则生产不易提高。

程：

全国农业须要分工，浙江种棉是不适当的。

苏：

关于浪费，大会堂修得太好，若花这些钱造得更大些则就更好。湖西西山路已造起来，市内小巷的道路没有[修]到，也应视为浪费。三江那面，工人修养所把原来〈想〉相当好的房子听说要拆掉重造过，这就应考虑。市政及一般建设应停止不急之务与粉饰，先搞重要的。

余森文：

种山应改变，山应造林，而有些经济作物可以从与海争田来解决。

浙江的畜牧可以大发展，因此大家应动一动脑筋，把浙江的农业来一个研究，提一个更好的方案。有水道可用者，应造船，而不应建公路用汽车。

邵：

与海争田，所费颇大，是否应设法在增产中逐步解决之。

吕：

衢州十里大山有二三万亩荒地可种麻，可组织恢复农场。有良好的猪种与鸡种可以推广，以增加副产。山上种雷公藤应禁止，而代之以除虫菊，因雷公藤坏表土。

三反中反资本主义问题。

王：

学校教育应加强扩充，以适合建设需要，而新学制中七岁以下儿童的教育似应考虑。

吴[redacted]新：

造林育林问题在对自然斗争中很需要。

汤：

增产应有计划不可盲目，而公私尤应配合得好，对劳资两利问题政府应有明确表示。

工商界可以研究增产问题，如何增加工业投资和有计划进行增产，并提出其中所存在的问题，如公私关系，劳资两利问题。

乡中有很多十二至十六岁小孩，无力读书亦没有徒弟可做（说是关系问题影响的）应如何解决。

① 私商间的相互回扣应如何处理。虚价（买卖中）似应取消。

② 居民委员会有讨论检查民家水电单看他有否浪费的事情，且有要检查每家过年有否浪费现象。

③ 许多此时旺销货物已有滞销现象，但许多滞销则是时节关系，市场上有夸大节约对商业的影响现象。

（沙文汉旁注：It’s the lose rose of Summer ，left blooming along.）

（文件编号：R136）

在中央组织工作准备会议上的讲话[1]

1951 年

整理全国党的基层组织。

时局：世界大战三五年内打不起来。

朝战半年大概能结束。

敌人轰炸可能有，也不大。

中央对全国党的计划，约五百七十万党员，但有许多人，都只为支部承认，分子不纯，主要是水准不够。部队机关、工厂、学校、党校较好，但只有二百多万，三百多万是乡村的。

依靠第一类，争取第二类，淘汰第三类，清除第四类，党的水准不能降低，但整党步骤须慎重。但对第三种，即水准不够使用的，是否可以放在第二类加以提高与教育。

① 农村党只要村有三五个人就行，不够，农民党员入党条件应与工人不同，更严些。对党同情小组问题，要主张要的，因为有党外许多成年的积极分子。有整党中不够条件而劝他出去的。

② 争论问题，但同情小组，无其组织系统而都归支部领导，一般的支部会可以让他们参加。而支部领导同情小组应成为日常重要工作之一，且此组织不能发展的很多，且此组织是过渡且将来要取消的。

③ 以后新入党同志经县的组织谈话批准，且一定要懂得起码社会主义，将来此水准还要提高，而在此水准提出中，老党员若不进步就淘汰。

④ 吸收工人中三分之一入党，这口号精神是对的，但执行要小心，即精神是要我们教育工人，故在三五年内能提高到这许多人入党，而不是三五年内随便吸收这许多人入党，但一般说来，我们对工人教育不够，则在时间上三五年是来不及的(饶注)，中国工人、青年、儿童占三分之一，并其中有复杂的分子，因此三分之一入党是太多了的，党员与 M 做比例，有几十%，此事只能在部队中才有，其他地方是不行的，中国工人党员占三分之一，则只有在将来中国工

---

① 此标题为编者根据内容改拟。

业发展后才有可能。

⑤ 管理干部制度，中央管理职务名单，到地委书记以上，中央局管县书[记]、县长以上，以后调动。非经主管机关允许，不得变更，而各主管机关要经常了解所管干部，政府另有职务名单，但调动人，须〈遵〉尊重党的意见。所以用职务定名单，而意即不是分级，而只从职务来分。为着内外统一管理干部，政府设人事部门，政府人事部门则以党员为领导，可吸收一个民主人士，但此人士最好是秘密党员。

⑥ 各团体党组应由组织部管（但所管者是党如何联系群众问题、监督其执行党的政策）

在这争取最好准备最坏的情形下，我们具体的任务是：

① 广泛展开抗美援朝宣传教育工作，使人民对我前途有充份信心，有充分觉悟，而对美帝有充份认识。

② 加强部队各方面的准备，教育部队同志，提高教育，加强训练与军事准备，使必要时随时执行任务，我们要建设强大的海空军。

③ 农村中，争取提高完成土地改革，这是一切农村工作中的中心关键，但土[地]革[命]中必需有正确领导，而不可只做群众尾巴，任何伟大的群众力量，没有正确的领导是仍要失败的，尾巴主义就是不要领导，其结果亦必败，自然只靠领导而不要群众的观点，也完全错的，胜利只有是伟大群众力量加上正确的领导，少一个就要失败，因此土[地]革[命]应该：

A. 广大群众与正确领导相结合。

B. 坚决镇压反动地主。

C. 放手发动群众以雇贫农为中心，但雇贫农必须联合中农。

D. 干部不可多分果实（以致脱离群众），不可保护地主。

土[地]革[命]后工作主要转到发展农业生产（土[地]革[命]也是为着生产）同志们想提高生产是好的，但今年是大凶年，我们今后应力求保持这凶年水准的基础上来设法提高，而不可随便定数字要提高多少，以致努力落空。

④ 城市工作除了上述抗美等人思想教育及动员支援抗美援朝与支援农村外，主要是依靠工人阶级加紧生产，而工人阶级则必须团结其他爱国人民。

在过去经济中我们主要是依靠行政来解决问题的，依靠工人的经验就少，以后要加强这点，因此就要加强工会工作。要学会在自己做主人的条件来如何来搞好生产，这主要将依靠于工人的自觉性，而使其能[因]此自觉来支持政府，因此工会中脱离群众的作风，不需改正，（虽然有许多是不可避免的，因此只〈垮〉夸大缺点，不说成绩是错的。）

巩固工会，加强与M联系，提高工人的觉悟并学会生产，这是今日工会的主要内容，但我们不可要求所有一切工作一下子都搞好。

⑤ 巩固党的队伍，提高党的水平，过去大量吸收党员是对的，但胜利后是这样，那会造成党的不纯，他已引起了我们的若干困难，党主要应是质量高而不在数量多，因此今日，我们应努力提高党的水准及政治质量，在老区应是整理与巩固组织，而不是发展组织，而在新的土[地]革[命]后，也不是普遍去发展，赞成土改并不就可做党员，土改后一个农村有三五个好的党员就不错了，因此我们是去团结与教育干部，如经过农会、青年团等，在这中间再考虑农村中来建党，经过个别审查，经过教育与考验，有一定候补期的来吸收党员，使党保持很好的质量（在城市工人中吸收党员也是要慎重的）因为工人中成份也很复杂的。

⑥ 最后我们所有党政军民的机关，必需加强保〈秘〉密工作，使大家都学会与懂得这个建立起严密的组织，并能与敌人作斗争，坚决镇压敌人、内奸。

（文件编号：F143）

关于党员标准问题的一次讲话[①]

1951 年

（一）共产党员修养的标准非旧知识分子所能即时达到，现在知识分子修养的最〈底〉低标准应如何？

1. 共产党员修养的标准是共产党对他党员所要求的修养标准，而并不是对一般人民的，我们并不反对，并且欢迎党外人士以此标准来修养自己，但是也不强迫人家一定要如此修养。

2. 那么“旧知识分子”应以什么作修养的标准呢？这里对人生观若干问题，先要有个简短的说明。

① 人生观有以个人为出发的“个人主义人生观”，与以社会为出发的集体主义人生观之别，又有消极的与积极的区别。

这二者在各人程度上都不相同的，但在新的社会里应该是采取那一种人生观呢？又那一种是正确的呢？是积极的集体主义的人生观。

② 消极的人生观是社会不合理，个人觉得无能作为的结果，这是不合理的，而清高的美名是常不能清高的。个人主义的人生观，是产生于私有社会中的，它是自私的，这不但不能称为“高尚”，而且从社会学的观点上来说是不通的，社会是有机体，应该是共同在各岗位上作，来共得生存权利。他既不是单纯的许多个人相加，（如文章不等于字之相加然）也不是依靠个体间的斗争而发展的。资本主义是重个人主义，实犹如封建主义是重阶级与家长主义。

因此社会应是集体的劳动与发展，与取得生存及生活的提高，基本上应是积极的，以社会为出发来发展个人，确定个人的人生观。这种人生观不是否认个人，而是把个人放好。我想这是合理的正确的。

③ 次之，在这样的前提下，面对着现在中国的现状和一般的知识份子来说，我觉得人生观具体观察的标准，应该是以为人民服务为准则的。而抽象地为社会服务是不够的。这不但［因为］为社会服务这名词已用坏了，并且现社会本身还有［很］多不合理处而需要改造的，我们不能为这不合理服务。所以

---

① 此标题为编者根据内容改拟。

社会二字应代之以人民，更确[切]些说是工农。因为工农是人民的绝大多数，且是生产的基本群众，社会的实际决定者。他们犹如军队中的步兵，而我们是炮兵与飞机之类，是为步兵服务的。

④ 一般说来，今日中国的知识分子，个人主义的人生观固然很浓的，但为社会服务的思想也很普遍的，而只是不够纯。为社会服务的观念基本上是应为人民服务、工农服务的思想还缺乏或不明确〈吧〉罢了。在今后新的环境中，这种人生观只要假以时日，是必能普遍建立起来的。因为这不是硬造出来的东西而是存在在每个知识分子心上，已经有了的东西。问题只是在发展它（自然要发展它还是一个斗争过程）

⑤ 所以应该了解人生观的确立，并不等于就是它全都实现，作为知识分子今日在人生观上的问题，我觉得顶重要的就是明确地把这个新的人生观确立起来，而作为人生的标准来奋斗，而后逐渐的一步步地求其实现。这实现速度的快慢，主要的是依据个人自我奋斗与自我改造的能力如何来决定的。

⑥ 共产党员在修养方法上，不但是自我检讨，而且是有计划的组织、相互检讨与批评，这是一个好制度，我们以为在真理面前改进自己，这是最光荣的。过大的自尊反而是耻辱的，知过必改本来是人们美德，因为天下没有无缺之人，但这种方法，只是供你们做参考的。你们能用更好，但我们没有强迫你们硬用的意图。

（二）现在我们的劳动是社会性的，而生活是家族的、个人的。所以要改造我们的人生观应从生活方式改造起。

1. 这里有二点必需说明：

① 劳动是社会性的，而生活是家庭的个人的，这二者〈是〉之间原则上并非不能并存的，人类生产发展到自给自足以上，其劳动都开始有显明社会性的，现在以及今后自然更不必说，但在社会主义社会中私人的生活仍是族家的、个人的。他既不共妻，也不是你的就是我的，我的就是你的。

许多人以为共产党人不要家，无感情，这是错觉，一部份也是敌人的恶意宣传。其实共产党人常常顾不得家，这与一个认真的科学家废寝忘食是一样的，他把全部注意力集中到他事业上去了。而由于政治的条件，敌人的袭击，使他就无法顾到家庭与私人生活的幸福，我们是自觉的忍着这种痛苦的。

② 人生观与生活方式间的关系问题。人们由于人生观的不同，其生活方

式亦常有不同，这是对的。但家庭的生活方式，就大体上说则亦可有不同，亦可是相同的。因为人生观主要的表现并不在私人的与其家庭中的生活方式上，而家庭的生活方式，对一个人的人生观会有影响，但亦不常是决定的因素。

因此以为改造人生观应〈改〉该由家庭的及个人的生活方式开始，这就没有充份的根据。家庭及私人生活方式可以影响人的思想，但人的生活已不〈尽〉仅在家庭中，同时思想更不能束缚于家庭中的。

然而家庭及私人生活〈总〉终究对人的思想和人生观有影响的。尤其是对比较〈赖〉软弱的人，如因家庭的负责，常影响于个人的事业，然而要解决这问题，一方面有赖于思想的提高，另一方面则有赖于自己善于去处理家庭生活，感化家人，(如一味的享乐与轻视劳动操作观念等等)。

若抽象的说，一般知识份子应如何改造其生活方式，那么我以为最好是多眼睛往下，去和工农与社会的实际去接近，多去了解他们的实质，他们对社会的意义是什么，可爱的是什么，而你觉得看不惯的又是什么，为什么是这样的等等。

(三) 目前失业，与家庭收支不平衡的现象很普遍，是社会的问题，我们应如何克服这种困难。这问题可从社会的与个人的两方面说：

1. 从社会的来说，我以为目前这困难(社会贫困)的原因是在于：

① 战争的破坏与敌人的二面封锁，(简单的再生产，再加上严重的战争破坏)

② 半殖民地，消费都是青黄不接，自然这里也包括一部份人的生活是太远地超过了中国生产力。因此，其解决的方法：a 是肃清残敌，恢复中外与城乡物资交流；b 生产建设，恢复与发展生产。在这方面中国的条件是比过去苏联好的，但困难的时期仍会有一二年。

2. 从个人方面来说，只能是节约与改行，找寻新的工作，尤其是供旧社会享受的。

3. 我们共产党既不否认现实的事实(以为中国没有经济困难)，也不轻视这个困难，但我们要建立一个理想的中国将必经这个困难阶段。

我们共产党并不主张人民生活降低与吃苦，也并不要求人民像我们那么苦，但中国人民生活要提高，都必需经过这一段艰苦的道路。

在抗日问题上中国人民知道要吃大苦的，但为着民族独立与自由是愿意这样干了，在三年解放战争中，中国人民知道要吃大苦的，但为着中国能够发展，也支持了这战争。因此我们相信，在独立与发展的基础基本上已经建立，今日中国人民是必能忍过这困难阶段，共[同]来建设新中国的。

（文件编号：F99）

在台湾同盟整风会上关于党员标准问题的讲话

1951 年

一、一个共产党员必需具体的，也是最根本的条件，就是能全心全意为革命的利益，亦即是为人民的利益服务，自然这里所谓人民利益，是绝大多数人民，也即是人类整个的长远的根本利益，而不是某人或某些人暂时的眼前利益。

二、一个共产党员能够做到这样，那：

（一）首先在思想上他必需把人民的利益，或党的革命的利益放在自己人的个人利益之上。个人利益必需服从革命的利益，而且在必要时，就应该无条件地牺牲自己来服从革命利益，所以我们入党时的誓词中就有这样两句话——牺牲个人，服从革命。

（二）而这牺牲个人，服从革命，它的具体的表现，就是要看一个党员能否尽一切努力来为革命服务，能否自觉自愿的根据党的意图来做事情，能否服从党的决定和革命的纪律。能否对一切损害革命利益的现象疾恶如仇，进行坚决的斗争，并且当自己不懂或弄错时，能否切实进行批评与自我批评来改进自己的错误。

（三）只有具有前述这些条件的人，才表示他有条件能全心全意为人民服务，也即是说，才说得上够一个共产党员的基本条件。

三、革命的理论与实践问题。

（一）群众工作问题

1. 我友敌的界线与政策。

2. 如何分析群众，中间群众的两面性和它决定的因素。政治进步与社会成份。

3. 同乡中和日本人的关系，与对地方思想问题，——阿山和革命者。这是工作争取与提高中间群众的主要关〈节〉键问题。

4. 我们的优势，优势失〈却〉去的原因和补救，这是对新地区以及将来在台湾的教训。

（二）错误的思想本质问题。

1. 错误的思想本质是以领袖欲为中心的极浓烈的个人主义。

（1）表现在干部政策群众路线上是用人唯亲。谁拥护自己就用谁。以是否拥护自己，来代替同志和进步性。

(2) 表现在工作方针上，是为着自己的个人利益，合则执行，不合则反对，以至阳奉阴违与联合群众公开反抗，造成既成事实，逼党改变主张。

2. 自然许多错误也表示是着自己一定的幼稚方面，但一般说来尤其是对谢来说，幼稚是次要的，个人主义的利欲是决定的。因为，……

3. 个人主义的思想已发展到。

(1) 根本没有内外界线，并且事实上成了党外反对者的辩护者与内应。

(2) 有意识有[计]划以个人主义的错误路线与方针等对抗党的路线方针和对他的批评。并且这里表示了他异常的固执化顽强性。

这说明了我们立场：

(1) 同志在这里不但完全没有革命的纪律，并且也没有了革命立场。

(2) 许多同志都注意他作风的恶劣，奸狡与不老实等等，其实这不过是个人主义狂[妄]的一种附带的必然产生的表象罢了。

4. 在这里，同志都应当警惕，个人主义思想发展的结果，他们[会]使自己走到同原来参加革命的目的完全相反的路上去！

固然我们不能说谢同志的思想已发展到想离开革命队伍了，但是谢同志如不纠正这错误，则事实上已不能好好地为革命工作与党的方针去努力，则是很明显的，因为个人主义决非共产主义。

这是很明显的，我们同志从他的思想和行为上[看]，[他]已经不是想自己怎样为党为革命而努力，而全是为个人的利益在努力，并且本质上还在要求党与革命也服从他们的个人利益。在这里，我们同志，已根本没有一个党员的气息了。

（文件编号：F185）

在杭州关于干部思想作风问题的讲话稿

1951 年

一、问题的提出：为什么要检查我们的政治性、思想性和组织性。

（一）二年来中国革命胜利的发展和成就是很大的，这成就显然和全国人民，尤其是我们干部政治上、思想上和组织性的提高是分不开的。因为任务工作都是通过干部去完成的。事实上，我们的干部在这些方面也确有很大的提高。

1. 工作上实现上级意图，组织上、行动上都很一致。

2. 同志的认识水准和眼光都扩大，新的工作也渐次会了。

（二）但这并非说这方面我们已都很好，没有问题了，显然问题还非常之多，并且应该说是很严重的。

1. 许多干部都不觉得我们工作是在剧烈尖锐的斗争中进行的，或了解的很不够，他们以为天下已太平，麻痹自满，有些人甚至想舒服一下。

天下初定但还在流血斗争，帝国主义侵略的威胁和特务的暗害破坏并没有解除或停止。事情还未到可以高枕无忧。

（1）把抗美援朝看成是“发扬国光”“帮助朋友”这是不够的。

（2）镇反后以为内部敌人已根本解决也是不对的，敌人是愈打愈精，也愈狠。

2. 许多干部似以为革命已经革好，以后中国只要能应付公事做或者能学会生产与技术问题就都解决了，不觉得这里需要强有力的政治和思想领导，不觉得这里是尖锐的政治斗争。因而有些人甚至觉得政治学习是负担，一听到学习就头痛。熟悉业务，多学技术这本是好的，但忘了政治一面那就不行。社会的新民主义改革尚未完成，而且还只[是]一〈些〉个开端。

反动的残余势力和非新民主义的势力的阻挠还很强大，后者今后且可能更加强大。

3. 再有更严重的现象是在少数干部中滋长或复活着享乐腐化、堕落和官僚主义，无组织的思想。这有的是从旧社会里带来的，有的是由于本人丧失原有政治性和思想性发展而成的。

（三）这些情形说明了我们干部：

1. 一种是因为整个形势的发展，即革命形势远远的超过了本人的经验和

认识水准,在政治上,思想上和组织性上相对地就落后了。(包括老干部进步慢不学习,和新干[部]的提高不足)

2. 另一种是一部分干部,在新环境和新的工作岗位上,受新东西(实质上是旧东西)所侵袭和影响的,经不起考验,而在政治上、思想上,以至于发展到组织性上都退化了。

(四) 这就是我们今天提出检查我们政治性、思想性和组织性的理由,因为不然,让这种情形发展下去,不但我们工作会做不好,革命不能顺利发展,甚至我们的队伍都会给[他]它腐蚀掉的。

二、什么是政治性、思想性和组织性,并怎样来进行检查呢?

(一) 政治性是指我们工作中对国家和人民忠诚的服务与爱护和对敌人坚决的仇恨与斗争;而思想性是指这工作能否根据马列主义和毛泽东思想来解决与处理问题。至于组织性,则是指是否能够根据前述的政治和思想要求通过组织纪律把他贯彻下去,使其实现。

(二) 由此可以知道,这三者实是一个东西的三面表现。

思想有问题就不可能[有]良好的政治性,没有正确的思想和良好的政治性,也就不可能有健全的组织性。一个人思想堕落或落后了,政治上就不可能衷心爱护人民,和敌人作坚强的斗争,而组织上也决不能称职或遵守组织纪律。

把这三方面割裂起来,孤立地来看那是不对的。

(三) 有人问:前面讲的都是道理,但我们怎样从实际工作中来了解或检查政治性、思想性呢?举些例子再加以说明:

对于我们政治性、思想性和组织性的检查和认识,我们可从如下的几方面来搞:

第一,要从高度的战略策略或政策方针上来检查,即以建设新民主义社会为出发[点]来检查。

以我们农村工作为例,谁也不能说我们干部的工作做得不好,但我们若从高度战略方针上来检查一下,我们思想性和政治性则仍是相当严重的。

我们多数干部在农村中只知道土改,反霸和生产发展三件大事,而不甚了解其他别的。他们的思想上差不多只有“为农民服务”和“要农民发财与爱国”二件事,很少有或甚至于没有工人阶级领导农民的一整套思想,而成为一个纯粹的农民主义者。

当做工人阶级来领导农民，没有问题，我们要为农民服务，并提高其生活和爱国性。土改反霸都是为着这些。但同时又必需反对农民中资本主义思想，这思想今日已开始在滋长，今后还将滋长，用领导与改造的方式来和他们作斗争，只有这样我们才能领导农民走向集体化——走向社会主义。

因此在这里，我们不但要把农民“组织起来”，并[且使]他们能“合作化”。而我们合作社工作则不是被农村工作者所轻视，便是被曲解为单纯地给农民利益的机构。丧失了[他]它成为领导农民走向集体化的根本意义。

我们干部甚至很听不惯说我们要和农民斗争，而反转来说革命反而是农民领导的，应该农民来领导工人！这是何等严重的反共产主义、反新民主义的农民主义者！

如果这思想不能解决，那我们革命甚至可能发生危机。我们的工作也〈决〉[绝]决做不好。同样的道理，我们在我们许多财经部门和文教部门中都检查一下，我们在那里有否对我们的朋友有明确的联合一面和斗争一面，而在那里贯彻着工人阶级领导的战斗的马列主义的思想。国营公司决不是只为着稳定物价，交流物资，而是要在工商业发展中来掌握工商业，使它适当地处在国家的计划和国营经济领导之下，依新民主义的轨道前进。

从战略方针上来检查我们的政治性思想性，大体上就应如此来检查。

第二，我们还应在具体一件件的工作[中]来检查一下我们的思想性、政治性等。

任何一个方针与政策最后都还是通过具体的业务和技术来实现的。没有具体的业务的技术方针政策，固然不能实现，但具体的业务和技术，离开了方针政策则就无意义也无是非。

我们在省机关里做事，每天都按上级的指示和决议，每天也不断地发出许多指示和决定给下级，这些“公事”都是经过大家的手的。但我们要问有多少人曾对过手办理的公事，即对具体的每一措施，从政策方针上加以深刻的研究呢？我们许多人常是只了解其中要做几点事情，或者是用什么办法，即从任务上形式上了解一下就算了，而很少从革命的政策方针，从工人阶级战斗的马列主义毛泽东思想上去研究一下，为何要作这样措施，它的目的与后果将是什么等等。

举个镇反的例子吧。我们读过惩除反革命条例和许多指示，研究过镇反方针，那自[然]是好的，但许多人都不求甚解，只记了形式上的几件措施，即从业务和技术上来了解问题，因而有些人杀不下去，有的人想从杀来解决社会问题。

反革命分子包括反动阶级必须彻底消灭，不大杀就不成功，这是对的。但另一方面光是杀也并没解决所有的问题，那也是事实。从方针上必须彻底消灭他与杀的可能界限间，我们来定出杀的标准。再加上改造的方法，这是消灭反动阶级的正确方针。我们同志恐很少这样来考虑问题。

七十六岁的老头子只是一般反动分子，并没〈从〉重大罪恶，为什么要把他处死呢?

这不是说我们镇反工作有问题，我们镇反是健康的，但从我们干部对镇反的思想性方面来检查，却仍有毛病的。做对了并不等于政治上、思想上都对了。这样的事情是很多的。许多部门工作都做得不错，但千万不要以为自己认识[了]，否则是骗了自己，不会进步，下次准要出毛病。反之，许多事情我们是搞错了的或搞得不好的，那就更说明因为我们思想上政治上没很好了解问题的缘故。

革命在全国胜利的结果，使我们工作更复杂，新问题也更多。因此精通业务，掌握技术也就特别重要，这是对的。同志们这样努力也是好的，但有一点还需注意，这就是决〈没有〉不要减轻政治上思想上的重要性。把业务与技术来压倒或取消政治和思想性[是不行的]。

第三，我们更应从我们态度、作风和生活上来检查一下我们的政治性、思想性和组织性。在我们里面，在工作态度作风和生活上有着三种不良的倾向在滋长：

1. 第一是官僚主义。

一种是：等因奉此，过了算了，不深入检查，满足于表面现状或者只看好的一面。

另一种：权威官僚思想，当在交椅上，嚇呼别人，不能倾听别人意见，尤其是群众意见，不许人家批评。

这种官僚主义，显然是政治性思想性和组织性大有问题的，我们应检查一下自己有否这样。

2. 第二种做公务员，不做党员了，甚至有人觉得做党支委是额外负担。

把党的会议上进行检讨与批评，认为是多余的。因此他是在要求做不愿要政治、思想和组织的公务员——实际只是事务员。

我们党员的水准还糟糕到连起码常识都大成问题。（党校测验的报告）

3. 第三种是由于前面二种发展的结果，或同时而来的，不少同志享乐思想还在发展。〈劲〉经不起环境的引诱。作为这种思想顶点的贪污腐化的暗流，事实上是在滋长的。监委会检查几个经济单位，许多地方都发现有这问题，这就是说我们同志的政治性、思想性和组织性实[际]已全部丧失而堕落了！

我们的检查，可以用这三种为准则来检查，这检查不尽是为着搞好工作，防止错误，并且也是为着提高同志，帮助每人的进步，阻止蜕化与堕落。

星星之火可以燎原。不要以进步和成就自满，我们困难与敌人还多着呢，我们要普遍进行检查，方法是自上而下，尤其是上面主管人应以身作则来带头。

三、加强今后我们的政治性、思想性和组织性。

（一）从上所述可知我们的毛病，一面是来自提高不足，落于客观环境之后，一面是在新环境下，错误的单纯业务化和技术化的结果。另一面是新环境下，思想上政治上的和组织上的退化。而从总的说来客观上都是由环境变迁的结果，主观上都是大家努力不足，尤其是领导上这方面努力的不足。

（二）因此今后的问题应该是：

1. 健全与整顿党的生活，在检查思想性、政治性与组织性中，展开自我批评与相互批评。

2. 加强思想政治学习，提高马列主义知识，尤其是明确的来确定新环境中努力和斗争的方面。（根据新民主义的原则）

3. 领导人在这工作中应切实担负起领导作用，在布置工作和学习上都要充分注意，不可偏废。

4. 必要的组织调整，务使业务与思想相均衡。

（文件编号：F157）

关于土地改革问题的讲话提纲①

1951 年

一、为什么革命必需进行土地改革?

(一)为什么要革命,革命是社会的改造,应改造些什么?为着社会的发展,人民的康乐,中国社会非根本改造,不能发展了。

1. 革命要改造的可分三个方面:政权、社会制度与经济文化;

2. 土地改革,打倒与消灭地主阶级,是社会改革的主要部分。

(二)社会改造为什么不以法令行之,而要以发动群众为基础。不可避免的混乱与岔子,可以避免吗?

1. 社会改造中一定的混乱是不可避免的,不混乱就只好原封不动,放弃革命,这是不行的。

2. 为什么必需发动群众的理由是:

(1)新解放的地区里,政治与群众还没有充分联系起来的。这就是政权还没有巩固,敌人还有活动的余地,因此必需充分发动群众、提高群众的觉悟,并把他们组织起来使上下〈焊〉衔接起来,打成一片,成为一个整体。

所以发动群众为的是要提高群众的觉悟和把他们组织起来巩固新政权,只有群众觉悟了,组织起来了,知道自己是国家主人,并如何做主人,新中国的政权才得到政治上的稳固。这是第一个理由。

(2)无论是社会制度的改革,革命继续的进行和明日的建设,都必需依靠于群众的觉悟和积极性。这个积极性,不但是个力量,并且也是智慧的渊源。要把这样大而落后的中国改造好,不发动用这个最大的力量与最重要的智慧的渊源,那这等于有意造成中国革命的困难,对中国与人民是犯罪的。贫穷落后的中国,迟进步一年,是要饿死苦死与病死多少人民呀!

(3)改造地主,为什么要这样急,而要进行斗争,而群众又要发动得那么快呢?

① 群众发动得慢些,干部条件更成熟些,自然政策的偏差也一定会少些。

---

① 此文无标题,此标题为编者根据内容改拟,本文序号数字经编者重新编排。

不必要的混乱也定会少些，这是对的。但为什么我们必需这样做呢，那是因为：地主和反革命分子太凶恶，我们是被迫的，不能不如此的。

地主和反革命分子向革命进攻的事实，使我们不能宽大，采取温和的缓进政策。即[在国民党]清党后，我们以武装进行革命也是被迫的，现在地主反革命分子，还正在组织新的反攻。

② 因此，由群众发展过快而产生的政策上的偏差，根本上应由地主反革命阶级自己负责。既是紧急的斗争，尤如战争，战争不伤无辜的人是不可能的。何况今日所伤的基本上是地主。

③ 地主表示要避免过量的打击，今天只有公开表明他们愿意服从法令，接受改造，使群众能了解他。自然我们在群众运动中也应力避打击不必要打击者。

(4) 从新民主主义社会过渡到社会主义对资本家也是有利的，因为：

① 和平的转变不是流血斗争，ブル是转化，不是如地主被镇压。

② 社会主义经济力量愈强，过渡时资本家的条件愈好。

第三，就是ブル对于现实的不满，觉得许多地方都受歧视或遭侵犯。

首先是，工人很难弄，这原因是有些资本家还想用旧态度对工人，另一面：时势的困难，为着工人生计，资本家不能不照顾大体。这里，纵令吃些亏是为大家好，也为资本家自己好。次之是，捐税很重。是重的。但比诸农民并不重。这也是为着时艰，我们要求全国人民刻苦共渡时艰，而供给制干部打头，反动派强迫我们支付的，和遗下来的创伤得要我们去支付与补救，但这是为了中国、为了大家。中国革命中实际上资本家负担是最少的。

其三，则为若干地方受到刺激如“资本家剥削阶级”等。问题倒不在乎剥削，而在乎资本家过去软弱，与对革命的贡献太少。尤其是其中有不少的投机商人之类使人家有这感觉，太自私了。我希望工商业者对中国的各方面尤其前途有很好的认识，思想上提高一步眼光搞得大些。当作一个国家的主人翁。而把义务与权利看得一样重轻。中国渡过这困难年头之后，事实上，就任何个人来说，新社会对他的好处谁都没有如工商业者那么多的。我们就是改了薪水制也不过是几石米一个月，工商业者，那无论如何不至了吧。工商业中有不少很自私的分子。

（文件编号：F180）

关于当前工作的讲话提纲[①]

1951 年

第一部分　镇反学习的总结

一、二个多月来的镇反学习基本上已将结束，这学习取得很大的成绩。

1. 基本上弄清了大家的政治面目。

2. 划清了敌我的界线。

3. 分清了旧我与现在的我。这就是说我们的认识都提高了一步。初步建立了人民政府，能更好替人民服务的基础。

二、从这次镇反学习中我们可知道。

1. 绝对大部份的人政治上都是清白的。

① 许多人连反动党团关系都不曾有过。

② 许多人虽参加了，但并没做过什么反革命行为，基本上只有思想问题。

2. 少数的人是曾有反革命行为的，甚至在解放后还在活动，或曾有过血案，但这些人已坦白了，因此他的政治包袱也就从此卸掉可以重新做人，政府一定给他重新做人之路，保证不报[复]，并给他立功的机会。因为：

① 坦白不但表示了他认识过去的错误并表示了他已决心与反革命分子绝缘。

② 他过去的犯罪，已没有再被敌人所利用而来进行反革命的可能。

③ 主张进步的决不能拒绝别人要求进步。

3. 还有最少数的个别的人，是有政治问题的，但只假坦白一些或根本不坦白而与我们对抗着，这种人，我们应适当〈去〉处理他，任何人要〈担〉保待自己历史与行为的秘密是不可能的。但因为他们不坦白是有顾虑，所以我们是有耐心的。

第二部份 怎样做个人民政府的好工作人员

一、做个人民政府的工作人员是光荣的，新中国的光荣是属于大家[的]。(为什么反动政府的公务员是可耻，人民政府的工作人员是光荣呢?)

---

① 原件无标题，此标题为编者根据内容所拟，本文序号数字经编者重新编排。

二、做个人民政府好工作人员的标准：

1. 用最简单的话来说就是“能全心全意为人民服务”。分开来说，即：

(1) 在思想上要能自觉的为人民服务，即：

① 要懂得人民政府工作人员是替人民做事，不是口说，而要切实能做。

② 不是做官，驾驭人民，而是做人民的勤务员，替人民服务当差。是义务的观念，不是权利的观念。

个人是服役于全体的，私是为着公，不是公是为着私，有公才有个人。我们一般所存在的只讲权利，名位、待遇观念和附庸观点，我有本领，有技术的观点是值得检讨的。

(2) 能替人民办好事情要有高度的负责性，不是应付得了今天的公事而是要负责研究创造与改进现在的工作，使能更好为人民服务，替人民与国家做好事情。形势是在变的，工作也在变的。

三、为使我们能成为一个好的人民政府工作人员，合乎上面的标准，这就需要我们〈作〉做如下的努力：

(一) 第一，就是不断的学习与提高自己，使我们能成为一个肯替人民服务，能替人民服务的政府工作人员。

1. 学习可分三方面：(1) 思想学习；(2) 政治学习；(3) 业务学习。

(1) 思想学习是要培养自己有新的正确的人生观，从而能使自己成为一个好的人民政府的工作人员。没有正确的人生观，是不能在新时代做个好的工作人员的。

我们都生长在旧社会中，对社会与个人的关系的了解是颠倒过来的，从个人第一到投机取巧与损人利己，现在必须倒置过来，我们应正直坦白诚恳，从社会的发展中来发挥个人。

(2) 政治学习是要提高我们政治水准，这是提高我们能力的重要环节。因为：我们做的是行政工作，不懂政治来做政治工作叫做瞎子摸鱼。我们技术家说，我依靠技术，不用政治，这是错的。不懂政治就不能发挥技术作用。我们公务员说我只要等因奉此，这就不会上进。政治形势社会条件是在变动的，社会进步的，新社会发展很快的，不进就要退，老一套必然要落伍。

(3) 业务学习是加强我们能力办好事情的重要组成部份。但① 业务技术一定是在正确的思想人生观与有适当的政治知识之上才能使用；② 业务贵于专，俗云“行行出状元，条条道路可通天。”

(4) 学习必须结合实际。

① 在思想学习上实际就是结合自己。

② 在政治学习上，实际就是我们工作的条件和外界的环境和自己的认识程度。

③ 业务学习的实际就是学〈是〉习自己的工作技术。

离开了实际，学习就不会有成就。顶多只能做个空谈家。

(5) 次之，学习就必须反对自满，自满就是进步的阻碍。以为很懂政治的人，当美帝在仁川登陆就弄得手忙脚乱。自己以为有技术而解决不了问题。这都是自满的结果，事实上没有一个人能自满的，什么人都在学习过程。

(二) 第二，就是要加强团结，机关就是一架机器，每个人是机件的一部份。机件粗糙，不但损坏机器，工作也定做不好，机关人员团结不好也将如此。

我们机关内的团结一般是好的，大家在一起曾做了许多繁重的工作，但一定的，团结得不够好的现象是存在着的，这主要是由于政治面目上认识不清楚，思想作风、生活习惯的不同，工作态度与能力，文化水准的不同。

政治面目的不同，经这次镇反学习的基本上已解决了，这个隔阂基本上已消除，残余的情绪应该自觉的迅速消灭他。至[于]思想作风工作态度，能力文化水准等不同应该从相互体谅、相互学习中来解决。

1. 南下干部思想及政治较弱，刻苦负责的精神较好，这是其他干部应学习的，但文化低，业务知识少，就应向其他干部学习，而不应是歧视人家，看不起别人在别方面的弱点，而应多看自己的弱点与别人的优点。

2. 反之留用干部，也不要只看自己有文化，有技术知识而自骄，要知自己在政治上思想上还很糊涂，原则性不够，还缺乏做个好公务员的基本条件。

3. 青年知识分子，有二面的优点，也有二面的缺点，优[点]亦不如别人，缺点也不如别人，应为两面学习各[自]的优点。

4. 我们团结之所以还没有做得顶好，除上述原因外，是大家的心地狭隘，责己轻、责人重，各执一点的自骄，这种态度与思想必须予以纠正，而应该提到妨碍人民的利益和能否做个好公务人员的原则高度来认识与解决此问题。

同时必须把过去有些不适当的称呼，如留用人员等名词予以取消。有原则的团结、友爱、互助这是人民政府每个工作人员应有的相互关系，每个同志都应主动的来做。

（三）第三，加强保守国家机密。

我们机关内保密工作是相当坏的，不但公文乱放在桌上，常常没人管，甚至有疏失掉，（畜产厅丢了八百余件），更严重的，有将物价秘密告诉投机商人，政治措施透露给外人，这是绝对不许可的现象。

保密不但是每个工作人员应有的基本责任，且政务院也有明令规定，并且须知我们中国人民正和内外敌人在进行斗争中。国家的机密不但是国家机关的利益，而且是人民最高的一种利益。必须认识，失密小则可以影响人民生活与行政措施，大则可以影响国家安全与世界和平。我们应这样来认识问题，加强我们的责任性。好谈秘密，乱放文件和政治麻烦思想应该即刻加以克服与纠正。使敌人无隙可乘。

四、普遍展开订立爱国公约。

要使我们成为一个人民政府好的工作人员，即有为人民服务的思想，并能替人民办好事情。我想应该要像前述的那样来做，即① 学习② 团结③ 保密。少了一件那应不行的。因此，我这里向大家提议，以前述做个人民政府好的工作人员的精神，大家来一个普遍地订立爱国公约运动。

我们不但要办好公事，并且还要学习，还要团结，还要保密，把他们都订到爱国公约中去。

爱国公约可分机关的与个人的二种，根据前述的精神，务求要切合实际，而能确切执行。以后并可成为我们的一种正常的制度，正常来检查我们对公约实行。根据实行公约，相互来鼓励，督促其进行。在这里自然也经有适当的自我批评与相互批评，我们要养成这种良好的习惯。

随着工作的进程与大家的进步。我们爱国公约的内容也可适当地予以变更的，但变更不宜多，最好是每半年一次，由大家来讨论订正之。

五、同志们，新中国是伟大的，人民政府的工作人员是光荣的，我们是毛主席的部下，我们过去为人民的服务已有相当好的成绩。我们应不负我们的光荣，努力使自己来做个更好的人民政府的工作人员，为人民，为我们伟大的祖国来服务！希望同志们努力，并祝每位同志们的进步。

（文件编号：F50(1)）

在浙江省第一次文教卫生会议上的讲话提纲

1951 年

Ⅰ. 今天是省第一次文教卫生会议的开始，这次会，召集大家，想来解决一个问题，这就是“中国革命的现势下，我们应该怎样来进行我们的文教和卫生工作”。

Ⅱ. 文教和卫生，一面是代表人民最基本的一种生活利益，另一面也是发挥和发展我们国家和人民力量的一种强有力的武器。

1. 前一端的道理很明白，他是人民三种永恒的、最基本利益的二种。

2. 至于它是发挥与发展国家人民力量的武器，则是因为：

(1) 文化教育，是人的能力和智力的泉源，或加工工厂，而卫生医药则是保证人的健康和体力的最重要手段。假如一切事情得依靠工人做，则人就必需依靠他的智力和体力，才能做好事情。

(2) 再则，就文教方面来说，更是一种十分重要的革命战线上的阵地，列宁把革命斗争的战线分成三方面，而思想斗争特列为一方面。这不是偶然的。

(3) 由此可知，要继续发展我们的革命，无论是增强我们的国防、改造我们的社会，建设我们的经济等等，都有赖于我们文教和卫生工作做得好，我们轻视它是不对的，用以前打游击时代老眼光来看，今天已经打下了天下掌握了政权时期的文教卫生工作，那是不对的。

Ⅲ. 那么今天我们应该怎样做呢? 我们必须了解一下今天我们的客观形势和工作条件。

1. 我们的革命反帝、反封建的斗争，在大大胜利了的基础上正在继续进行中，而且还须长期的继续下去。

(1) 帝国主义的侵略企图和对我们的威胁，短时期是不能解决的。

封建残余势力，虽根本上给我们击毁，但还未被肃清，我们尖锐的斗争正继续着。

(2) 而尤其是在思想领域中，包括封建思想和帝国主义影响在内，我们还只有给它们一些痛击，离开打死它、消减它的距离还很远，而这里非新民主主义的自由资本主义思想，在 一定意义上也开始在滋长，总而言之在思想领域上的敌人势力还是很强大，不可轻视的。

2. 在另一方面我们的社会经过初步改造（包括政治制度、土地制度和经济结构等等）之后，各方面都开始从破坏衰落中迅速地恢复起来，许多方面且已走上新的发展，人民的生活亦在迅速地恢复和提高中，因此我们的国家不但要求迅速培养身心健康的，有更高文化和专门技能的大批的人才来支持这种新的需要并保证他的发展，并且为更好地巩固与建设我们新社会，我们更须吸收与培养大批的工农分子，来做我们的干部，掌握我们各种的国家和社会机构。

3. 我们的国家，在政治上虽则已跑在世界上其他许多国家的前面，在这方面今天已成为世界上有领导作用的国家，但是我们在经济、文化和医药卫生方面还仍是大大地落后于世界水准，克服贫困，克服落后，知识低落与克服疾病灾害，这是我们革命最根本的目的，（克服其他困难最终还是为了这三个）虽然，今天由于整个的条件所限制，（即我们不能不首先巩固我们的国防，加强社会的改造，和首先着重于经济的发展），使我们还不能分[出]很大力量来和文化落后与疾病灾害作斗争，但为着将能够解决这些问题的准备工作，今天已不容忽视了。

这些就是我们应该了解的客观形势或工作条件。而从这些客观的形势和条件上，我们可以体会到，要使我们文教和卫生工作能够做得更好，适合于今天和将来的要求，我觉得我们在方针上必须肯定如下的几点，这就是：

（1）是发展的方针，要尽量发展，发展的重点第一是教育，与宣传改造思想以及解决人才和干部问题。第二是卫生，解决群众人民切身痛苦问题和困难，第三是一般的文化。

（2）第二是 在发展的方针下，我们文教卫生工作要更明确地掌握如下的中心，即为国防服务，为生产建设作广义解，包括生产领导者，即政治工作干部在内服务。要为工农服务。（包括训练工农干部改变我们的干部成份问题）

Ⅳ. 两年来我们的工作，在共产党领导和同志们大家努力之下，我们曾很好地运用了浙江的条件，做了很多的工作，取得了很大的成绩。

我们很快地渡过了解放第一年政治和社会经济条件剧变的困难，把原有的文教卫生基础基本上都保持下来了。其后又很迅速地在新的基础上，走向恢复与开展，虽则我们今天的情况，有些方面还没完全恢复到解放前的水准，但一般地都已超过了,而且已超过了许多。

(1) 教育方面除中学外都超过的,小学生增一倍,技术学校增 47.98%,中学生减少主要是学生不及毕业就参加工作,基本上是好现象。而工农学校,业余文化学校等则已开始在各处建立起来了。

(2) 同样在文化工作方面,文化馆剧团与广播工作等亦已大为发展、群众性文化活动也还在迅速展开中,而群众的思想提高更是惊人的。

(3) 至[于]卫生方面,我们亦比解放前大大增强了。不但医疗机构扩大了,并且霍乱天花等恶性传染病已开次渐次被我们所控制。

(4) 在很短时间内,在我们很困难的条件下,我们取得这样的成绩,不能不说我们工作是做得很好的,固然这些工作并不完全是我们文教卫生工作者单独完成的,但我们文教卫生工作者在那里有决定的功劳,这是无可疑问的。假如今天我把同志们比成是一支文教和卫生的军队,那么应该说,你们是已经经过了考验的胜利的军队。这支军队所以能够胜利,是因为你们基本上都能意识到文教卫生工作的社会和政治作用,意识到我们工作中随时变化的主客观的条件,而能定出适当的步骤来实现我们的企图,即整个形势对文教卫生工作的要求,顺着这样的道理来努力,所以会取得胜利。

Ⅴ. 但是,已如前述的,今天我们工作的条件已有新变化了,这变更不但是客观上要求我们在这方面的工作加强、要发展,并且我们主观的条件也变了,即我们已在二年中取得了许多经验,我们的队伍也渐增强了,而由于ⓐ我们国家尚在帝国主义侵略的威胁之下,加强国防不能不放在第一位。ⓑ同时国家的建设与社会的发展又不能不从生产开始,在一定时期内,国家还不能分出很大的财政力量来进行文教和卫生建设,因此在这里,我们就碰到了一个新的困难,这困难就是整个的形势对文教卫生工作的要求大大提高,而财政上无法支持的矛盾。换言之,就是今天我们要解决我们小本钱做大买卖的困难。(包括本会经费也只好节约一些)

革命一向是采取穷办法的,发展中的困难总是比较容易克服的,在克服这困难下,我们想起了中央所提出的采取革命的办法的问题,是更有意义了。所谓革命办法就是:

推翻成规,即求解决问题,不拘形式和规格。而使目的与方法都合乎我们的条件与要求。设备、制度与方法、内容等都须服从现有条件和发展的需要来讲，精制品既不能解决问题为什么不用粗制品？这是一个很大的创造，要我们去努力，并且这也是一个很大的斗争，要我们有高度的勇气和高度策略性去进行。我们一定遇到许多困难和反抗！

尤其是传统的资产阶级教育和卫生思想的抵抗，我们应有勇气与耐心去改变他的。

Ⅵ. 最后作为我们能搞好今后的文教和卫生工作，我党的还有一个问题必需很好解决，那就是我们文教与卫生工作人员的改造问题。

我们现有文教和卫生工作人员成份是相当复杂的，同时思想是相当落后的，我们必需加以改造，否则是担当不起我们的任务的，但我们的改造基本上应遵循这样的方面，即：

1. 培养政治上纯洁、思想进步的份子和工农的知识分子去办学，办卫生工作，使文卫干部中增加新的血液。

2. 加强对原来工作者的政治和思想教育。

在目前，前一项主要是准备，而实际工作上主要还是后一项办法。但我们应该加强与加速我们的改造步调，一脚踢是错的，轻视人家与理论上放空炮也是不行的，我们应多从实际问题及工作中来加强改造他们。

（文件编号：F105）

当前浙江教育上一些问题的意见

1951 年

Ⅰ. 问题的提出：随着社会的变革与农民运动的开展，今天在教育问题上产生了二个问题：

1. 地主子弟大批失学及以与此相连教员职业受到威胁，造成了教育恐慌，为教育前途担忧。

2. 农村经济改革中，教育工作者家中或其亲戚遭受到打击与威胁，或者觉得这样搞法太过火。

这种思想是很普遍的，也是应该有的。如果我们教育工作者不把这二个问题解决，则我们的教育会办不好的，真的会发生严重恐慌的。假如这样，这是国家的严重损失，也是我们自己的责任。

为使我们能尽可能好的解决这些问题，我觉得我们对当前的事实应有个正确的认识，从而从这里来考虑具体解决的办法。

Ⅱ. 1. 首先我们应该认识，这种改革是完全必要的，革命即社会的彻底改革包括三个部份，即：① 政权的改造；② 社会制度的改革与新秩序的建立；③ 建设，克服落后与贫穷。这革命的三步曲，少了一步就不行的，即就会没有全体，革命终必失败。辛亥革命与国民革命失败的教训，就是证例。因此，如果中国须要革命，那么今日革命必需贯彻它的目的，这是没有疑问。

2. 其次，社会改革是否可以温和些呢？或把混乱减少些呢？我们是愿意在不妨碍革命目的的条件下尽量温和些的，社会上少些混乱的。

(1) 共同纲领中，是给地主反动分子等以出路的。

(2) 我们亦极其宽大之能事。但我们有一点必需很严肃，就是决不能违反人民利益，妨碍革命的目的，如果这样，那是决不允许的。我们在浙江的条件之下，曾为此花过很多的脑筋，但事实告诉我们并不允许我们太温和了，一定程度的混乱，为着革命的目的也必需承受。

具体的事实就是我们不急进，敌人就急进了，就要来乱我们了：

① 七八月间敌人的反攻，曾使浙江造成很大的混乱，他们目的想把我们封锁窒息死。浙江变成他们游击根据地，难倒我们，结果使我们无法再对他们

温和与宽大,不能不要就很快地发动群众。

② 经九、十、十一月打击后,残敌打垮了,地主也老实些,但现在他们又开始作新的反攻,这就是兰溪暴动事情,他们各处都在布置。新的斗争又开始了。

(3) 根绝反动派的残余的死灰复燃,稳定浙江局面,以便开始生产运动,使我们不能不要求全体群众很快动员与组织起来,否则我们就是对人民的不负责任,应担负延长人民痛苦的责任。

但是我们知道,群众运动迅速的开展,一定会[有]许多偏向,群众的报〈服〉复性,不管政策性,贪眼前小利等,这固然不是好事情,应该纠正的,但是:

① 从农民历来所有压迫来说,今日这些报复是不严重的,今天的特点只是地主比农民会叫。

② 进攻敌人中的混乱有偏差,要比被敌人进攻中的混乱好些,〈已〉易于掌握些,且〈更〉根本上是与改造社会的总目的相符的。当二者之间只能选一个时,我们只能选择群众进攻地主,是的,地主反动分子中间也是有好有坏的。一般说来是二头小中间大的,但他们在各时期中情况也不同。因为这样的缘故,我觉得农民搞差了地主,主要责任还在于地主,而不在农民。是怪匪特及反动地主成了他们害群之马,是怪一般地主不很快[接]受人民政府的法令和对他们的改造,并公开表明他们的决心与态度。假如这里农民和我们下级干部有过失,则这过失仍是技术性的,而不在于他们基本上敌视地主阶级要和他们斗争。

(4) 有人说,地主是祖传的或勤俭起家的,他们有许多人私德很好,他们有何罪呢? 这说法是不对的: ① 他们是犯了阻碍中国进步,造成中国贫困和灾害的大罪;并且② 过去是支持以至参加了反动统治,所以这个社会责任他们应不折不扣地承担的。③ 而今天他们的行为是想用各种方法来逃避他们的这个责任,以至于破坏新政权,阻碍社会的改造;有的一面接受改造,一面背后[匪]参与造谣等等,事实上所表现也不老实的。

所以从革命的观点上来说,这种说法或观点是错误的。革命的观点是先公德后私德,先社会后个人,而这与中国传统的观点相反。今天这传统的观点还需把它反过来。因为这传统观点,曾是〈为〉危害了中国,使中国所以这样落后与腐化。如果这观点不改变,对个人来说是自找苦吃的,对社会来说是中国不能强盛的。教育工作者不但要给学生以技能，并且要给学生以新的思想和健全的道德观念，因此在这一点上弄明白真理是很重要的。

（5）再则，虽然如此，我们也还要，而且尽可能地给地主们以宽大和出路。在我们政策之中，① 不论在经济上与政策上分别对待地主，斗争中只限于必要的而不及其他，固然是为了这个；② 反动分子经改造后证明他是好的，仍给他们以公民权利，也是为了这个；③ 而给地主子弟的失学拟加照顾，也是为了这个。使这一代的怨仇[传]不到下一代，使一定年代后地主也知道革命，也是解放了他们。

（6）小结。由此可知：

① 改造社会是必需的；

② 这样子改造法，也是必要的。地主要减少痛苦，只有他们自己才能够决定；

③ 而我们革命的政策基本上是宽大的。

不久前[我]曾给了表兄弟的一封信，是希望他完了农业税，待明年土地改后，做个纯粹的教育工作者，而成为一个健全的公民。至于真正拿不出来的，则可经农会评完和当地政府去商量酌减。

明年是最后的一个困苦年，全国如此，我们个人也如此，希望大家咬紧牙关，度过此一年。

Ⅲ. 对于学生失学及教育工作者的职业问题

1. 从整个情形看来，我们可以肯定地说，社会改革所给教育上的困难是暂时的。战争完结，土地改革完成，生产积极性提高，财政条件改善后，不但学生失学根本上没有严重的问题，并且教育也可开始发展，而随着经济建设的高潮而来的文化教育高潮也是必然的。文化[redacted]，因之在大前〈题〉提上，教育并没有危机，而且它的前途是很乐观的。在前途上的困难，与其说学生失学和教员过剩，倒不如说学生和教员不够，教育供应不上社会需要，连不上实际罢了。

但在眼前说，确实我们有严重的失学和失业的威胁。我们若不能很好克服这危机，则且会对以后增加许多困难的。眼前东北要人，已有应付不下之势了。

今日教育问题的根本问题就是这样。

2. 在这样情形之下，我们的根本方针就是尽力维持原状，(尤其学生及教员数)对学校考虑到将来的需要，加以适当的，即目前能够做的改造。

在这种总方针之下，我们处理问题的基本原则想是这样：

(1) 第一个很重要的问题是解决学生失学问题。这个问题若解决，教员失业威胁基本上也可解决了。解决学生失学问题，假如政府财政有办法，则只要扩大人民助学金就可以了。但① 现在的财政状况是无力这样办的，增加人民的担负；② 偏要抢地主子弟是不合理的。

因此唯一的办法就是要学生参加劳动以维持其读书。这办法的合理处，不但可以由此能维持学生的学业，并且本身又是给学生一个很好的思想教育，消灭其〈统〉传统的士大夫人上人，轻视劳动的思想。

这办法的困难是：① 做什么工；② 工是否能维持读；③ 做工与上课的矛盾。

考虑到这三个问题，我想最合理的办法是发扬互助精神，集体地作新增的必需的生产。其办法各校可以不一，甚至各班也可不一，而课程则酌量予以简化。(但不碍于程度的维持)

(2) 第二个重要的问题，是减少普通中学增加职业学校，而职业学校则与生产相结合，逐步实现工读制，譬如浙江的农业中学应该大大增加，而农业学校并要设农民班。

这办法的好处是同样的经费，吸收更多人学习，学与用密切能够结合起来，对改造中国的落后，有更大的作用。并且教育也能更切实地为工农服务，一改被有钱者所独占的利弊。

这办法的困难是：要增加设备，与当前财政状况相矛盾。

所以我们只能按实际情形逐步〈退〉推进之，但却当作我们教育的一个根本方针，直至中国产业大发展后，还可能是一个重要方针的。

(3) 第三个很重要的问题是：我们教育工作者的思想和工作态度问题。

第一，是教育工作者应有高度的为国家与人民服务的精神，即献身于其事业的精神。政府则将以尽量保证其生活与工作条件而努力。下半年〈只〉即使学生减少，我们亦不想减少教员，使他们少教些课多研究一些问题，尤其教育问题，这是只有好处的。

我们的教育工作者中，一般地都是好的，〈只〉至少主观上他们是有这诚意的。但不瞒大家说，有一些比较差的，有的差不多，只看作是混碗饭吃的，他只要占教育工作者的名誉，而不想把事情做好，有的甚至今日还有怀着敌意，想搞些什么鬼名堂的，自然这样的人并不多，但我们有耐心，等待他们改变的。即给他们一定的时期，来改变他自己。而所希望于他们的是自己能够利用些机会来检讨与改变自己。

第二，随着社会条件的改变，教育工作者应有他自身的创造性，使教育来适应新社会的要求，而不必死守成规。我们应该把效能看成第一，制度看成其次。尤其是当新的教育制度未定型之前，大家更有研究发挥自己作用的余地。

我们对任何建设性的教育改革方案，都将加以认真的研究，而并将组织全省教育工作者对此的研究，如最有人觉得自己被埋没，则我们希望他在今后中国教育问题上，首先发现他的才能。而能够认识他。

（4）最后我想提一提，这就是学校中的团结问题。解放以后，浙江学校里有这样的一些问题，即：

① 师生的关系问题。学生有过左的幼稚行为，不想读书，太强调校外活动，或对先生不恭〈谨〉敬的现象。尤其在解放之初是严重一些的，现在渐渐较好起来了。但有时还有毛病，而另一方面有些先生也太落后些，教课不负责有之，视教师以家长自居者有之。这是两代的距离与旧时的隔阂。果然大家程度提高了，这问题是会消减的。我们要提倡的师生间的敬爱与团结。大家负责来搞好他。

② 新旧人员间的隔阂问题。此问题我觉得毛病出于大家都太强调自己的优点，不尊重对方。自然这里也有小派别问题在内。小派别在新社会里不需要的，且是无效的。我们是只讲工作品质，不讲势力与私人关系的。小派别弄得不好反会增加自己的困难的（被别人所用）而新旧人员是应相互学习与帮助的。背此而行都是错的。我们应该服从理性，而大家把教育来办好，因此我提议学校中应多开会检讨，而检讨最好是自我检讨开始，如果这样做不到，则大家拟多谈谈也是好的。总之，这问题应该解决，应该团结好。

（文件编号：F98）

饶漱石关于知识分子思想改造问题的报告

1951年底

Ⅰ. インチリ[①]思想改造问题的性质：

(1) 是人民内部问题，即用民主的、自我教育自我改造来处理其中错误以至于反动思想问题。

(2) 人民为建设国家，必须有新的思想及认识作为其目标，因此必须去掉旧的。

(3) 是从旧社会到新社会中，人人必补的一课。

Ⅱ. インチリ的特点：

(1) 革命的组织与建设离开了インチリ就不成的，インチリ是文化技术的遗产。

(2) インチリ有三种：革命与反革命的外，还有中间的一种，其思想很复杂，有好坏二面。这是由于中国社会复杂性和革命形势所产生的(インチリ来自各种阶级的)，他们如能改造就可成革命インチリ。

所以他是革命中不可缺少的力量，但不是依靠的力量，更不能是革命的领导力量(共产党中的知识分子干部，不是インチリ，而是プロ的革命职业家了)

今天要改造思想的，既不是反动的インチリ，也不是革命的インチリ，而是这中间的インチリ，中间インチリ有五个特点：

① 他们不满于帝国主义压迫，因此是反帝反封建的，但他们有自大，劳心治人思想，脱离了群众，因此也就只有革命要求而没有革命力量，而到革命起来时则〈有〉又怕群众、怕革命，他们的革命是叶公好龙。

② 有一定的文化及技术，所谓一定，是因其技术及知识是书本上得来的，有的是从外国书中得来的，因此多是学而不能用或学而非[所]用，使理论与实际脱节，且自满于书本知识及书本。

③ 不了解劳动创造世界，书本只是劳动的结论，因此是抽象的，且常是〈偏〉片面部份的，而知识分子却脱离劳动，如此自满，且自以为优越，结果是知

---

① 指知识分子，下同，不另注。

识无力，只剩自己空洞无力。

④ インチリ既满足于书本，脱离了劳动，而又自满，则因此又创造了超阶级、超政治的理论来安慰自己，而反动派又提倡这点的。有的想革命而怕死，则以此理论而来躲[避]革命，却自称为革命；有的以学者的身份，待估自己身价，实际上是政客；有的只看局部，不管全体，而产生个人主义、本位主义、宗派主义、自由主义（从个人好恶出发，就是产生自由主义）。而在民族问题上则又变成狭隘的民族主义，这一切都是以个人为中心的极端民主化思想。

Ⅲ. インチリ不改造是否能为人民服务？

自然科学者多以为不必改造自己就能为人民服务，那恐不然，原子能的发明，不能为人民服务就是一例。为谁服务是思想问题，有些科学家是为自己服务的，而出卖了自己。医生只为生活过得好，而就不能很好为人民服务。因此每个インチリ必需改造，而改造之〈结果〉法是：

① 与人民及劳动相结合，将能生动与创造。

② 要明确为人民服务。

③ 要向人民学习，有虚心态度，真正知识来自实践，知识是实践中发展的。

④ 要顾大体、大局，要团结互助，应在整体大局下来照顾个人。

Ⅳ. 划清思想界线，树立为人民服务思想，是思想改造的目的。

要使自己知识为人民服务，就要懂得社会发展目标，即要有共产主义思想。而现在尤应学毛泽东选集，有文化的人，读此书是容易的；但要用就很困难，学而不能懂、不能用，则只是装饰自己门面，只有坏处。

因此要理解毛主席思想应注意如下几点：

① 必需确立共产主义必在中国实现，并为此实现而奋斗。只有确立这样思想，毛的思想才能学进去，才能懂得，学好，才能了解我们的政策（如三反），才能了解以工人阶级为领导，依靠工人阶级。

② 必需是理论与实际接合。〈不〉在インチリ中即应[当]反教条主义（理论是经济的上升），学习毛思想的第一步即言行一致，不能言行一致，则学而无用，装装门面，没有好处（如工商界学马列主义然）。

③ 必需是群众观点，走群众路线。毛的思想就是代表群众利益，依靠群众，将群众经验加以提高（以马列主义的理论标准来加以批判与提高）。

④ 必需有批评与自我批评。科学的试验，就是批评自己，改进其不对的，这是〈作〉做事的科学的态度。要改变实践的人就必有错，错则要改；以为自己没错的，就是不想改变实践，不争取进步，因此要进步就必需批评与自我批评。自己不以为错的只有 pig(猪——整理者注)。

Ⅴ. 批评与自我批评是学好的关节，而要解开此关节则有二个阻碍：

一是面子，即要批评自己，下不了面子。而这面子他以为是光荣，实则是没有面子的面子。

二是架子，放不下架子。我比别人身价高，这架子只是〈架〉枷锁，人民所要的是真实学问，而不是无用的学问，这架子不丢掉自己就不会进步，不能为人民服务。

在真理面前低头这是真理，也是进步，只有这样才能学到毛的思想。

（文件编号：R136）

浙江大学关于教授情况的汇报

1951 年底

浙江大学汇报关于教授的情况的记录

○：有地位、中左；＋：进步

＋杨大林（化学）；＋程开甲（物理）；＋王仲侨（医）（解剖）；＋丁振麟（农艺）；＋王得玮（生物）；＋王懋鋆（电机）；

○陈建功（数学）；○杨耀德（电机）；○赵仲敏（机械）；○高琪（土木）；

胡济民；

农学院：

萧辅（农艺）；吴耕民（园艺）；陈鸿远（植病）；朱祖祥（农化）；熊伯衡（农经）；吴载德（蚕桑）；邵均（森林）；虞振镛（兽医、畜牧）；

理学院：

数：卢庆骏；

生物：江希明、何增禄 ；地理 李青芬；

化：吴征铠；药学 刘宝善；

工学院：

电机：杨保；化工 李寿恒；土木 陈崇礼；机械 程李刚

航空：梁守……①

浙江大学思想改造学习委员会名单：

孟加；王国松；

卢婉（党员）（政治）；胡济民（党员）； 李文镇（党员）；王柴娟（党员）；董大年（党员）（机械助）

○苏步青；○李寿恒；○淡家桢；○蔡邦华；○张树森（土木）；

○杨耀德；（电机）；○程李刚；○梁守筑（航空）；○范绪英；

吴征铠（化学）；杨士林（化学副教授）；程开甲（物理系副教授）；王曰玮（生

① 原文如此。

物系教授);陈建功(数学教授);王懋鋆(电机系教授);赵仲敏(机械系副教授);朱葆琳(化工系副教授);丁振麟(农筑系教授);严支英(植病系教授);沈学年(园筑系教授);黄会芳(化工讲师);朱祖祥(农化系教授);

交大来二人 ,沙文汉注

主任:王国松;副主任:孟加 31 人

常委:王国松;苏步青;范绪英(工);丁振麟(农);李文镇(理);胡济民(理);王荣娟(农);孟加;杨士林(理);沙文谦;王懋鋆(工);

主任:王国松;副主委:孟加　11 人

(文件编号:R136)

在浙江教育界的一次讲话

1951 年底

一、三反是建国的一个要着，是社会民主改革的一部份，为国家建设打基础做好墙脚。

（一）三年来一联串的民主改革，已使新中国社会秩序安定起来。经济上恢复到战前水准（今年可能超过），国家的安全性亦大大加强了，人民对祖国的信心亦大大提高了。这说明了我们不但在国内已有开始建设的条件，并且国家也开始有保障这建设的安全条件了。

如果说这安全条件还不够，则这就更应从加强国家的建设等工业化中去增强它。因此三反不仅是为建国，〈则〉也是为着抗美援朝。

（二）但这里遇到了一个凶狠的敌人，这敌人就是旧社会所遗留给我们的积毒——贪污浪费和纵容的官僚主义。而这个遗毒今天更被资产阶级所信奉着，来败坏国家。如果这个敌人不予以彻底打倒，建国是建不好的（像中国这样穷的国家能以 10—15％财政收入去投到建设，那已不得了了的，但这只够抵贪污浪费的数目）。

贪污浪费是既深且广的旧社会遗毒，要把它彻底清除掉，非是全数人民运动起来，共同努力，把他当〈做〉作死敌来打，是不行的。

二、学校不是经济机关，不是政府机关，是清苦的地方。教师、学生更不是工商业者，为什么也要进行三反运动呢？这是因为：

（1）学校是各种干部人才养成之所，明天新中国的管理者和建设者大部份都在这里，因此他们如果对新社会没有很好的认识，对旧社会这种遗毒，和ブル的本质没有足够的痛恶，而予以绝缘，那是不行的。

（2）学校既是旧社会遗留下来的，其受旧社会毒害的影响是不可避免的，浪费和公私不分有之，而贪污和官僚主义也还有之，其程度也是超过一般想象的。从各方面的经验和迹象上去看，我们有权肯定这句话。

（3）不错，多数的老师与学生，都是教书领薪金，纳费读书，没有贪污行为。这固然是不错的，但有些部份贪污也严重地存在着，而浪费和官僚主义，他和其他机关，也差不多是一样的。

因此学校的特点，并不能说就不要进行三反运动，而只能说在那里三反运动有其一定的特点罢了。这特点就是：

a. 除了一样要进行三反，即肃清贪污，停止浪费，划清公、私界限，建立新的制度和办法，以消除官僚主义外，尤应着重在思想上划清新旧社会的界线，充分认识贪污浪费和官僚主义的毒害，和它的阶级根源，敌视与鄙视它，从而建立起个人为着社会，局部服从整体的最基本的工人阶级思想。

b. 第二就是因为手脚清爽的人是多数，正气比较容易发扬，三反的力量容易组成，这对运动的进行是比较有利的，但另一方面，也正因为如此，一般地思想就容易麻木，容易认为三反与己无关。这是不利的一面，而应该迅速予以克服的。

希望大家，尤其是不管行政的先生和学生们，应该更好地负起改造社会，和建国的责任来，投向三反斗争！

三、我们的政策

（一）三反既是为着清除旧社会的毒，是国家走向建设的重要步骤之一，因此，我们的敌人是很明白的，即贪污、浪费和官僚主义。

贪污，凡国家或公共机构的工作人员，利用职权侵吞、盗窃，套取或骗取国家财物，和索取他人财物，收受贿赂及假公济私，非法取利的行为均谓之贪污。

任何的贪污，浪费，和官僚主义，我们必须予以彻底剔除与清算，而不能有丝毫的保留。我们不仅应在行动上清算他，并还在思想上清算它。在这个是非界限的前面，无论谁是共产党员或非共产党员，谁有什么地位负什么责任，应该都是没有区别的，是非一定要明显，原则一定要严肃。

（二）对于曾经犯有错误的人，我们希望他自己能够坦白检讨，而有贪污行为的人，则更希望他向国家向人民忠诚老实地交代清楚。对没犯错误的人，则希望他能担负起人民的责任，帮助别人改进错误，向别人提意见，并积极地来检举别人的贪污。凡有贪污行为的人，如自动彻底坦白，国家必从宽处理，而检举别人立功者，以功折罪。

（三）除了贪污，只有大小之分，偶犯与〈积〉累犯之分外，其界限极为明显，人人自明，而浪费和官僚主义，则其中有些部份究竟如何，常不易分辨，对于这方面，我们应提倡大家 公议，群众的公议常会得到最合理的结论。

（四）群众的检举和评议是三反运动能否彻底胜利完[成的]根本条件，因此我们不仅要尽力去发动群众，共[同]来努力，并且还应严格的反对与禁止压制民主和阻止别人的检举，有人怕作风不正派者捉弄，其实众目〈恢恢〉睽睽，不必怕的。是非一定会弄清楚的。有人说，光由行政上来搞三反不好吗？如果这样好的，那为何以前不反掉，难道谁愿自己学校有贪污浪费的吗？

四、三反运动的步骤

（一）这次代表会是高教界（大专学校）三反运动的开始，这会有二个目的：

第一，显然大家对三反运动的意义，有更完整的认识，并且和自己的责任联系起来。

第二，是要把学校中进行三反运动的责任一大部份都交给各位代表，使开过这会议后，大家都能负起责来，到自己的学校里，在学校当局领导下，去进行三反运动，务求这个运动能取得彻底的胜利。

（二）大会结束后，三反运动就移到学校里去展开，每校的校委会和学委会可自己讨论定出各校进行三反运动的步骤与计划。一般说来步骤大体如此：

1. 发动。先向校中全体师生职工进行动员。动员人在动员时应自己作三反检讨，这才有力。使全体人员都能懂得这是具体的爱国行担负起这个革命的任务来。

2. 学习。经简短（一定时期）学习讨论后，即可进行提意见与检举，同时展开三反的初步行动，或此二者可以同时进行。

3. 行动。随着，应由学校各部份负责人，层层带头检讨，使运动深入，凡在三反范围内别人有意见的都应有检讨，如此自己方能更好进步，正气亦更可发扬。检讨则可用小组与大组诸种形式。

4. 结束。凡校中，贪污浪费与官僚主义查清后，应予以总结，转到订立新制度建立新作风，与思想学习方面来。

（三）为使大家到学校中去，能把三反运动领导与推进得更好，我希望大家除对三反运动本身可加以讨论外，并能更好地讨论一下大家回到学校中如何去展开与进行三反运动问题，（包括自己学校，自己的院系或某人有些什么问题，而又应如何解决与帮助其解决等等。）

五、总之，当作一个培养国家的管理与建设人才的高等教育机关里，在国家积极准备大建设，全国展开三反，清除这旧社会所遗下来的余毒的时候，希望大家加倍担负起自己的责任来，勇敢地展开对贪污浪费和官僚主义的斗争，务必把他清除掉。首先使我们自己的学校，变成与贪污浪费和官僚主义绝缘的学校。

（文件编号：F100）

关于1951年工作的总结和1952年工作的安排的讲话提纲[1]

1952年初

一、形势任务和方针

（一）对于过去成就的估计应该从共同纲领第一条为准则去估计，三年半来，特别是这一年来我们应该认为成就是很大的，我们的人民民主专政在贯〈澈〉彻三反中向独立、民主、和平、统一宗旨的新中国大目标上大大前进了一步。以今年更好的发展基础，只要我们贯〈澈〉彻我们的方针，1952年将是更伟大的成就的一年。

（二）1951年的特点是

1. 基本上阻住了帝国主义的侵略凶焰，大大增强了国家的安全性，并给世界和平以很大的贡献，虽尚未抑制美帝侵略野心，但帝国主义已受到重大教训，侵略布置已遇到极大的困难，今后局势虽紧张，但大侵略的发动的可能性已大为减少。

2. 因为民主改革的结果，反动残余势力继续被摧毁，社会秩序已根本上安定起来，民主政权已大为巩固，人民的政治觉悟与生产积极性也大大提高，经济文化上，大体恢复战前水准，部份已有所发展，即内部基本上已稳定起来，走向发展。

3. 今后的形势是：对外还须继续大力加强国防，争取和平。对内还须继续贯彻民主改革和发展生产。

（1）这就是说在已取得的相对稳定的基础上，继续加强国家的安全性并开始来准备解决我们国家的穷困和落后问题；

（2）过去的努力，所争取到的成绩已使我们今天可开始〈作〉做这样的企图，进一步来实现独立、民主、和平、统一和富强的新中国；

（3）因此1952年是一个中国革命中新的关键，我们努力得好就可过渡到大规模的建设时期去。

---

① 此标题系根据内容由编者改拟。

（三）在这形势和任务下，我们的总方针是毛主席所说的，“增加生产，厉行节约，以支持人民志愿军”。

三部份的相互关系，具体的说来就是以抗美援朝、增产节约和思想改造新的三大运动来代替旧的三大运动，而以新的三大运动为中心来完〈了〉成旧的三大运动的未了事情，加强新的三大运动，支持他顺利开展。

二、1952 年我们的工作问题

（一）继续加强抗美援朝

1. 加强爱国主义教育：

（1）使人民更深刻地认识到个人与国家的密切关系；

（2）前线与后方的密切关系；

（3）中国与世界和平的关系，加强人民保家卫国，努力从本位工作中来爱国，反侵略的观念，有尖刻敏锐的反帝爱国观念，不因务内而忘外，顾前而忘远，形成政治上的麻木。优抚工作也从这里去解决。

2. 开展爱国增产节约运动

在认识上：

（1）一面是支援反帝卫国的要着，一面是克服中国穷困落后的根本关键；

（2）建设资金的来源依靠生产积累与节约，这是唯一正确可行的道路，因此这里不但要改进与提高生产，并须〈力〉厉行节约。

（3）改进与提高生产，主要工作是：

① 工厂中：

a. 创造与推广先进工作法；

b. 民主改革，依靠〈人〉工〈工〉人（我们老板和工程师中对此总觉很有问题）；

c. 合理经营提高现有设备的利用与资金周转。（私厂增产利益的处理问题）。

② 农业中：

a. 创造与推进先进工作法；

b. 加强与自然的斗争；

c. 合作互助和示范农场改良工具，中心问题就是求得单位产量的增加；

d. 手工业和小城市民主改革

（4）厉行节约方面：

① 整编机关团体；

② 严格制度合理开支，合理经营。

（5）展开反贪污、反浪费、反官僚主义运动（贪污浪费和官僚主义的不同和相互关系）

① 这是建国与支援人民志愿军的最危险的敌人；

② 这是移风易俗，最根本的民主改革的一环，并且他在性质上实是“蒋介石杜鲁门的余党”；

③ 人民政府肯定不会腐化，但肯定有腐化分子，因此必须坚决的与之斗争，但这是一个复杂艰苦的斗争，因为他有很强的社会根源，不过人民政府与共产党必能战胜他。

3. 开展思想改造运动

（1）二年半来，各方面思想上都有很大的进步，且大家都迫切要求进步，这是好的一面，但另一面是思想进步[缺]少组织与领导，因之进步不快、不大，而许多方面旧思想还很严重，既不合于共同纲领也不能适应这个国家社会进步的需要，因之他就成了国家社会进步的牵制。

① 在知识分子的思想中，承认共同纲领是抽象的，许多地方在阻碍与破坏共同纲领。（尤其是第四十一条、四十二条、四十四条、四十六条）

a. 国家需要大批建国人才，我们学校反对院系调整，用旧方法教育，满足于培养少数的人才，独善其身，不是为人民服务，不是学用合一的。

b. 文化上的武训传也是如此，活的新现象不去描写却去描写死了的一无可取的奴才教育，行〈吃〉乞办学是今日教育路线吗？假如描写与歌颂一部反革命分子顽强的片子是否对呢？这些都说明了我们知识界思想的提高是不够的，旧思想尚支配着我们的知识界。

② 在工商业界方面，思想进步也有的，尤其是对共产党的认识和中国发展的可能是有进步了，但还存在着：

a. 对工人阶级及国营经济的领导问题，四个阶段和公私经济平等来看，总以为不然就没前途，这根本上是独优思想不是平等思想；

b. 生产尤其是扩大生产是不够积极的，反正社会主义，享用掉算了；

c. 逃避经济计划性，要求无计划，行贿，这是很不爱国的暴利思想。

由此可知要中国继续进步与发展，这种思想都须加以改造的，而所谓思想改造实质上就是要大家纳到共同纲领上来行动，以保证国家的建设。即在我们脑中划清民族界线和人民界线(共产党内都是要划清阶级界线，这并不等于我们要在今日政策中反资本主义)。

(2) 1952 年将开始组织毛泽东思想学习运动，在华东总会下浙江将组分会。

4. 在上述三项中心运动外，我们尚须：

(1) 完成未了的土改；

(2) 镇压残余的反革命分子，巩固边防；

(3) 推行婚姻法(三八的中心)；

(4) 加强政权的建设，健全人民政权(人代会与区乡建政)；

(5) 共产党还要整党，各方面包括民主党派在内，应在思想改造运动中和反贪污浪费和官僚主义运动中与共产党一道来加强与整顿自己的队伍。

这一切都是为着支持卫国和建国斗争的中心任务的。

(文件编号：Q22)

关于知识分子思想改造问题的讲话提纲

1952年初

一、什么是思想改造，为什么要改造

（一）这个问题，是从社会变革中产生的，社会从旧的帝国主义封建主义与官僚资本主义领导下的殖民地半殖民地社会一变成为以工人阶级为领导联合农民，小资产阶级和民族资产阶级的新民主主义社会，这种变动，从思想上说来，就是以社会主义思想代替了个人主义思想领导了这个国家或社会。因此这是人人必补的一课，尤其是公教人员。

（二）但又为何现在急于要补课呢？主要是为着我们国家就要进行大规模的建设，知识分子科学家在这里有他伟大的任务，知识分子的知识与技术，本是旧社会所遗留下来的宝贵遗产，但由于这样的变动，他使我们从旧社会中所养成的思想，〈障〉阻碍了我们技术与学问，在新社会里不能很好地发挥他的功用，这不但对国家来说是损失，并且也痛苦了自己。（觉得处处不入眼，处处不痛快）

（三）因此所谓思想改造，就是要改造我们在旧社会里所养成的不适合于现社会的思想，也即是来划清社会主义即工人阶级的思想，与非社会主义的（封建买办法西斯和资产阶级思想即个人主义）思想界线，以后前者能代替后者而为我们的主导思想。使我们能更好地为人民服务，在新时代能更好地起我们的作用。担负起我们对国家，对人民，对自己应有的责任。

（四）知识分子尤其学科学技术的，以其社会的阶级特征来说，是有二面的，一面他的学问技术是有社会性的，他的工作岗位也是社会性的，但他的思想则是被非社会性的个人主义所支配的，因此他和工人阶级之间有许多方面是一致的，他不但可以同样的爱国爱人民，而且也决没有反对社会主义前途的必要（这点和资产阶级有严格的区别）但以其支配的思想是个人主义则又在前述的一致中，处处与工人阶级相矛盾。（譬如办学的规格方面，明显妨碍了他的科学与人民的创造相结合问题等等）因此，这说明所谓的思想改造就是要改造掉这矛盾的部份，使大家能成为真实的朋友，在人民与建设上坚固地团结起来，大家发挥各人的所长和其作用。

因此,这也就是说,思想改造对个人来说是求进步,发展自己的运动。对国家与社会来说,是加强人民团结,发挥知识力量的运动。

应该是公私都有利的运动,因此,我以为凡是自己真有将自己的学问来为社会或人类服务的心愿的真正科学家,真正的学者,应该是欢迎自己思想改造的,否则只说明其心愿是假的,不真实的。

(五) 这就是什么是思想改造及为何要思想改造的说明。由此可知,

1. 思想改造是人民内部的自我改造运动,而不是对敌斗争。

2. 改造是为着能够真正巩固地团结,办好我们的学校,在建国中,发挥我们应有的作用。

二、思想改造的范围,程度,和以什么为标准来改造。

(一) 根据前述的说明,就可知思想改造的范围,就是以能够办好我们学校,科学技术知识能真正为人民服务为界限,不及于此者不在改造范围之内,譬如男女关系问题,生活的爱好和宗教信仰等问题,都是不在改造范围之内的,这是属于个人自由问题,而要改造的,则是:

1. 个人主义的人生观,人生哲学,由封建买办法西斯和资产阶级思想而形成的,以及由此而产生的;

2. 脱离人民与实际的学术观点,包括为学问而学问,为自己而学问;

3. 不正确的,政治社会思想。

(二) 至于思想改造所要求的程度,则可分两方面说:

1. 在整个(全部)的要求上,是要求将前述思想能够根本解决并使大家能够做到言行一致,但这需大家长期学习,短时期不易办到的。

2. 因此,在目前思想改道时期,我们应以如下的要求为限,即就前述三项内容中,能够做到大家都能把是非分明,联系到自己的是非分明,确立自己改造的决心,作为以后自我改造的基础,在经常的学习中可以逐步地来改正。在短时期中打下这样一个基础是必要的并且也是可能的。长期学习,个人自悟自觉论是不对的。

(三) 以什么为标准来改造呢? 这是大家都知道的以毛泽东思想为标准来改造。而作为毛泽东思想最主要的特点针对着我们的需要来说,则是:

1. 工人阶级的社会主义的思想:即从整体的发展中来发展自己。整体(社会)的发展之下,自己才[能]亦发展,而自己的发展,则是为着社会(整体),

即先管大局，再管自己，自己的一切以大局为出发，而后自己亦得发展。

2. 而个人主义的思想，却[恰]好是与此相反的，这在社会学上来说是弱肉强食的理论，决非真理，更不是正义。

3. 为什么说这是工人阶级的思想呢？大家很不服[务]气“工人阶级”四个字，其理很简单，工人，产业工人，生活的基本特点就是发展整体中，发展自己，不是个人主义的，有人以为工人也自己自利，这有对的一面，我们的回答是：

（1）在整体的发展中发展自己，是正当的，不是自私自己，工人向资本家要求增加工资这不是自私自己，而是正当的享受自己劳动的成果。

（2）工人也有偷窃，贪污，这在本质上不是工人阶级本性的行为，而是旧社会中传染给他们的。是旧社会个人利己主义的思想还没肃清，还有很大的势力。作为工人阶级思想的本质仍是社会主义的。

4. 毛泽东思想第二个特点是理论与实际相〈接〉结合和言行一致。它有坚韧不拔的社会主义革命思想，而这思想是密切地结合中国社会的实际的。既非空理论，又不因中国社会实际条件的不同而[损]其社会主义思想的毫末，在这里就产生他生动的创造性，就使一切能够说到做到，言行完全一致，决不被旧的教条所限制，（限制了就做不到，言行也不能一致）我们研究学问也都是这样的，因为任何理论，不管是社会的或自然科学的，都不过是实际的提高，从中际中抽象出来的内在的规律。如果没实际，则理论〈在〉也就不存在。

5. 从理论与实践相结合的前〈题〉提下产生了毛泽东思想的第三个特点，这就是群众路线，所谓群众路线就是：

（1）代表群众利益，一切出发点是为群众服务；

（2）将群众的经验，以马列主义理论标准来加以批判与提高；

（3）同时其实现则又依靠群众；

这在自然科学中同样也是适用的。

自然，毛泽东思想还有其他的许多特点，但我认为这几点是最主要的，同时作为我们思想改造的标准来说也是最主要的。如果我们思想与此三个标准相结合[他]是很好的，而有不合，则就有了毛病，不能使我们的技术知识很好为人民服务了。

三、我们浙大存在着一些什么不正确的思想需要改造的。

就全体的情形来看，我们要求把学校办好，使科学更好地为人民服务，自己对社会的贡献能够多些，并要求我们国家富强繁荣，不受外国侵略，心安地建设自己和平的生活，这些要求是我们绝对大部份的人都有的，而且也是真实的。但当问题接触到具体的某一项事情，则就往往不是这样，许多人常常都有意见了。

听到工人阶级领导大家都怪不舒服。工人阶级领导问题。

一面倒就说共产党与国民党有什么不同，美国坏苏联好的问题。

听到赞扬苏联，觉得刺耳的。

抗美援朝，恐怕不行吧，自找祸水。

土地改革，说的是好，残酷是残酷的，试问地主何罪，等等。

这是政治思想方面的。再则在我们自己的工作及学习思想方面，听到校制，课程要改革，总觉得不合规格，不成体统，蒙古人进中原乱搞一通，科学与实际相结合，学与用相结合，科学与群众相接合，科学与政治相结合，总觉得有些乱搞，不尊重科学，（实质上说，有些人的思想是不尊〈从〉重我）认为我们不要理论科学，秀才碰到兵了。至[于]听到思想落后，要虚心一些，知识分子至是、半知识分子总觉得太伤尊严，有些污辱人。很想抱残守缺。

此外有些人在教学中，抱着造成自己个人势力的目的，而对同事别的课系，则亦以派系本位的观点去看（重点建设费问题）。甚至有以学我这门功课将来生活有出路，公家不用，自己也可赚钱的那种思想来教导学生，作为他学习的出发点，而听到个人主义思想是错误的，他们就很刺耳，并且反问说，哪个人不是自私，不自私是违背天性的，事实上没有的。

再则，我们有些先生，对教学是不大负责的，有敷衍搪塞的，有的只能讲外国东西，用外国语文，不大能讲中国东西的，好像学出来的准备到外国去用似的。对教授来说是为着便利，但也有风头思想，而从民族来说则文化无独立。

而有些先生则很不满意于我们学校的设备和中国的技术条件，处处称赞外国，并以自己有外国朋友自豪，认为自己到外国比在中国有办法，这说明个人主义到[了]自己国家都将没有了。再则在经济问题上，有些也是不干净的。

诸如此类，显然是与我们建国、办学的方针不合，更不合于新民主主义中国的学习与政治思想和工人阶级思想的，但我们学校里都随处都存在着。

这就是我们所存在的思想问题的具体内容，把这些内容从其表现形式上来加以分类，则可分为四种，即：

1. 是买办、封建、崇美、反苏思想；

2. 是单纯技术观点，科学超政治思想；

3. 是宗派本位思想；

4. 是自私自利，唯利是图思想。

从其性质上来说，则根本上是以个人主义为主导的，或者表现于人生哲学方面，或者表现于政治思想方面，或者表现于学术思想和教学方针方面的。

这说明什么呢？这说明了我们在抽象上意志是一致的，但接触到实际的问题就有许多是很不一致的，而我们的思想改造就是要从思想上来清理这些问题，使认识一致起来，然后加以改进，而使具体的事情和我们总的目的共同的要求相一致起来。

因为不然，则抽象的意志上的一致是空的，学校办不好的，大家的科学知识不能很好地为人民服务的。

四、如何来进行思想改造（思想改造的办法）

从三反运动检查贪污阶段，即转到思想改造，大家都未免有一种过份紧张的情绪，一种是觉得自己思想毛病大的，他们准备挨打，上斗争台。一种觉得自己思想毛病少的，他们准备使用威力作战，打人家。

这二种情绪都是不正常的，应该加以改变。

我们要对第一种人说明，如果觉得自己思想旧了毛病多了，那就很好，现在你们所需要的是虚心冷静地用研究科学的精神来分析自己的思想，多和人家交换意见，只要自己有改造的决心，把自己思想研究清楚，是非弄明，那就得了，不会挨打，也不必准备挨打。

同时我们又要对第二种人说明，思想的改变基本上是依靠自觉的，而自觉则又以自愿为基础，因此改造思想与检查贪污有个原则的不同，贪污可强迫检查他，而思想改造基本上只能以与人为善治病救人的态度，向人家提意见，去帮助人家。

再则我更应说明，思想毛病，几乎是每一人都有的，在思想改造中，不能有谁专事改造别人，谁专被改造的事情，而是大家在自觉的基础上相互帮助，这里只有思想特点的不同程[度]，与错误大小程度上的不同，而不会有你有我无的情形。

在我们思想改造之初今天这种不正常的紧张情形与对立形势，是应该把它加以改变的。

第一，那么我们将怎样来改造呢？我以为：大家可以前述毛泽东思想的三个基本特点为标准，从人生观、政治思想、学术、办学思想方面来检查一下自己，并虚心地，充分地征求人家的意见，再加以分析，分析不通，再可请教别人，然后写成书面检讨，再交小组会讨论，征求小组中各人的意见，小组同意认为没有问题了，那就好了，如果还有意见，可以提给本人再去考虑。

如所提意见，没有原则上的不同意，则只交本人参考再考虑一下就够了，若有原则上的不同，小组中可以进行讨论，讨论有平等发言权，可以相互辩驳，一次讨论不了，可要当事人再加考虑，经准备后再来讨论，这是我们的基本制度和基本办法。

为什么要经过小组的报告与讨论呢？这就可使小组里的人来帮助自己个人所思虑的不及。因为事情常常是当局者昏旁观者清，我们共产党也用这办法的。

第二，为更好地得到互助学习，小组中，可再分成几个互助组，每组以四五人为度，太多了不便。

第三，在特殊情形下，如果人思想硬弄不通，可由分会或学习委会决定，由学委会委员和他互助，或把他的问题，征求有关的其他人的意见，对他进行帮助，并在其本人愿意下亦可进行大组讨论（即辩论会），再则如某人在某一思想问题上检讨得很好，学委会认为对大家有教育意义者，则在其本人愿意的条件下，可召集大会作典型示范报告。

第四，以上工作大体上希望能在七月半之前完成之。为使工作能够顺利地进行，如下的几个问题必须加以注意与说明。

1. 学委会及分会必需随时组织小组与分会汇报，并及时检查小组的工作，如工作上发现有毛病，须及时改正之，同时学委会并可将工作人员分配到各组，去了解情况，他们的任务是了解情况，整理材料研究问题，与向学委会提意见，而不在小组参加讨论。

2. 小组中参加学生代表这是必要的，青年人的思想常比老年人尖锐，这会有助于先生的思想改造，但青年人提意见[要]十分注意态度与方式，既不可侮辱也不可戴大帽子，且尽量不要他做结论，应以平时先生教学生，这次学生帮先生的态度处之。

3. 壁报可以交流情况、意见和经验，因此还是要的，但须掌握在分会手中，便于领导，不使混乱。

4. 思想改造的一切工作[领导]为学委会。其他系统，党，团，民主党派，学生会，工会，以及学校的行政系统只能了解与研究情况，不得单独布置工作。自己会务除外，如要布置工作须经学委会同意或由学委会委托才能进行之。以保证领导〈通〉统一，但同时学委须给这些系统有向学委会的充份发言权。并虚心考虑其意见。

总之，前述的办法制度，根本上是要求一面充份发挥批评与自我批评的作用，一面又要防止不乱，手段与目的不相违背，有人以为把思想交群众讨论，是不好的，就会乱，我觉得有领导的就不会乱。

为使思想改造不太妨碍功课，小组讨论时间基本上只在规定时间内进行之，各小组及互助，如有需要可在不妨碍功课的原则下，自己安排时间来集会。

五、关于几个有关的问题的说明

(一) 思想改造中的讳〈病〉疾忌医，戴帽子过关思想，与不虚心的架子尊严思想，这是对公对己都不对的。

又：挖苦、报复和自由主义思想也是一样的，这都是个人主义。以个人主义的思想出发，来改造个人主义思想显然是不成的。

(二) 思想改造是我们建设新中国的一个步骤，为的是要把我们知识分子的力量，他的学习的力量充分发挥出来，因此我们得认真的来做。任何一个工作人员和参加学习的都须担负起这责任，就是只能搞好不能搞坏。为了保证这点，除按上述的办法与制度来做外，我更希望，大家在了〈成〉诚恳的心境下，充份运用批评与自我批评的武器，来相互学习，如此我们预期的目的是必能〈收〉达到的。

(文件编号：F111)

杭州五反运动中五种商户的统计

1952 年初

总户数	16 657	100%		
守法户	124	0.74		
基本守法户	9 343	56.12		56.86%（守法户、基本守法户）
半守法户	6 402	38.4	95.26%（守法户至半守法户）	
严重违法户	630	3.8		
完全违法户	158	0.95	4.75%（严重违法户、完全违法户）	

依现价共有 3 千 5 百亿，可能到 4 千亿，依现价得三分之二。

Ⅰ. 守法户太少，应增加包庇一部分，使达 15%—20%。

Ⅱ. 第四五类数量太多，应减至 3—4%。

五十万以下的 26%（在区小业 30 万以下）　守法户

五百万以下的 64.2%（包括五十万以下）　基本守法户及守法户

行业 50 万以下地区小业 30 以下	占 18% 守法户	
五百万以下五十三十万以上	占 46% 基本守法户	69—70%
加半守法户下降 5—6%	计 51—52%	
一亿以下的	31.26% 半守法户	
加严重违法户下降	1—1.5%	计 26—27%
减降为基本守法户	5—6%	

（文件编号：R136）

关于工商业检查的情况

1952 年初

一般资本家有三种现象

① 不进货；② 进冷货；③ 大减价，有减价 80%的。

经释放后，被释放者很高兴，尤其对当时折价认为很公道，资本家中开始有笑容，但未释放的则很感恐慌。但在工人中有觉得我们太宽的，而多数工人都要求生产与怕失业的，但怕积极分子批评不敢讲。

高级职员绝大部分都争取过来，全市只有一千几百个高级职员未争取过来。

现在问题是要集中去检查重点户，同时开始布置生产，重点户(尚未检查的有 600 户)拟分两批打，准备十天解决，大部可以俘虏，因此拟利用现在条件与 600 户资本家开谈判，要他最后自动坦白，宣布不然就进兵。

工商业生产中，一部份生产下去无问题，另一种则生产很清淡，如酒楼等很困难，而另一种则需要关的，如营造业等，但公家马上还不能代[替]他。

各业严重违法的比例：

长途汽车	62%	粮食加工	55%；
汽车材料	33%	轮胎翻修	35%；
新药	32%	五金	27%；
木行	26%	盐高	25%；
糖	32%	电气材料	12%；
转运	16%	图书文具	15%；
油脂	15%	洋纸	14%；
卷烟	12%	布	11%；
百货	10%	钟表眼镜	10%；
营造	16%		

共一百三十八家(旁批：拟整垮三至四十户是否太多了?)

一、已解放的三类应作一次检查，内容是：

(一) 有否不合理。

(二) 有否漏掉轻处。

(三) 有否空白。

同时更应了解一下:

(一) 工人是否满意。

(二) 资本家是否规矩守法,积极生产了。

二、迅速注意,搞好生产,恢复市面。

三、准备与研究调整工商联同业公会及工会的组织。

四、对重点户检查要求快,速战速决,检查与处理相〈接〉结合,以求十天中都检查好并处理好一半,再五天就可全部处理好。

五、又几件事情必须做好:

(一) 政治排队,省市府委员,协商委员,民主党派负责人,工商联负责人。

(二) 行业打击目标及程度,〈作〉做好计划。

(三) 罚、关、杀处理方案要搞好。

(四) 经济预算(收入)搞出来。

六、重点检户前开一次协商会议:

(一) 报告五反情形及政策。

(二) 讨论经济问题。

此会开过后再开 600 户资本家会。

政治排队共 153 人,内省市政府及协商委员 15 人

重点户　共 600 户

已查清的　125 户,占重点户 20+%

现在检查　140+户

下次计划搞空,包括俘虏。

(文件编号:R136)

关于三反情况汇报的记录

1952年1月底

1月26日以前

一亿以上大虎9只
一千万以上中虎35只 } 占总虎数4%

以后的问题：

① 一般复查，重点包围，捉擒大老虎限十天完成任务。

② 老虎捉不尽以后又发现，主〈官〉管要负责，不是作战不力，就有包庇[嫌]疑。

③ 第一步计划还要捉十五只大老虎，凡大宗金钱，物资进出后要去搜查，在接管移交中要去搜索。凡掌握重要机密及操生杀之权的地方，也常是有虎之处。

④ 凡属思想意识上有问题，要自我鉴定和工作暂停，调出力量去探虎穴，捉老虎。

一千万以下的犯贪污者，应解放之。即要处徒刑者处一年以下徒刑，而只给行政处分者要他们去戴罪立功，给他将功折罪，以增加剿虎力量。

凡经手十亿以上而说贪污百万者，其话不一定可信，应要他彻底坦白，不则将来重处。

省组织部增援工业厅，农委增援合作社，人事厅增援银行，民政厅及公安增援商业厅，宣传部援助卫生厅。

⑤ 行政领导人自己到现在还不能检讨好的，即[刻]检讨[的]，否则应即停职，严重处分。

各部门主要工作应由大会检举转到组织搜查队。

一号(日)报告

五号(日)三反前准备

三反十天时间问题

中小学三反问题

各校成立组织，定学习计划，座谈报告要点(学习态度)

二月四日为止　大虎 23 只　有线索 76

中小虎　　　　110 条　　有线索 271

任务：		
工(除工厂)	30(大虎)	中小虎
商	30	三倍
财	10	
农	12	
交	10	
合总	5	
银行	10	
财委	5	
铁路	20	
文卫	10	
政法	2	
共	145 条	450 条

机关外有关老虎，约等机关内大虎二三倍约 300 条。

(沙文汉旁注：是否各业必须公会先交待，炮弹只要一少部，用作重点突破。)

营造业同业公会尚未交待，手中无炮弹，工人尚受ブル影响，因此十号出击有困难。五反中 UF 发展过程是团结、斗争、团结，斗争团结的过程，不能是依靠他。

工商联 94 人学习中，不交代的 28 人，[暴]露问题 39 人，坏的不暴露问题的 27 人。

杭州检查力量	260
工会	200
市机关	50
党校	500
[小计]	963
材料及工会	100
工会干校	270
[总计]	1 333 人

浙校
省政府 }

先号召交待是需要的，但等待则不行。

① 群众及政府的压力

② 充分运用其矛盾，由小到大，由弱到强，交了攻未交

③ ……[①]

省府办公厅包打：营造厂王炳记、汽车修理厂亨利、比山印刷所

卫生厅[包打]：蕙尔康药房、华美药房、新昌营造厂；梁祖记纱布行

交通厅[包打]：大同汽车材料行、大萍汽车材料行、鸿源五金行、三星翻胎行、万利制鞋厂、南洋鞋店、杭兰轮船公司；陈记营造厂、吴记营造厂、郭根生营造厂；乔雨兴营造厂、中国大陆营造厂、朱顺新铁工厂、新通铁工厂

工业厅[包打]：精洗麻厂、杭州第一联运所、又第八联运所、三星轮胎行

文教厅[包打]：金明电影院

民政厅[包打]：徐道龙营造厂

商业厅[包打]：姚顺甫、沈九如——协进运输公司、海成棉织厂

银行[包打]：金润泉

合作社[包打]：聂新记白铁

由财厅派人参加，杭州[包打]：加工厂、麻袋厂、木材、纸业

报社[包打]：浙江广告公司、端象油墨厂

[总计]154 户，特重 40 户(内缺西药)

资本家坦白，群众检举，检查队检查，三路齐下，而这一战以检查队为中心，成败系于此点。

打虎经验：(华东)

① 找虎窝与线索制定计划，分工包打。

a. 先排除与公家来往多少，资本家本身和交易的政府机关有无私人关系。

b. 根据已有材料。

如此排队后，制定计划，分工包打。

② 对虎窝应集中力量猛攻，找弱点先攻，力求初战大胜，以镇军威，而

---

① 原缺。

〈慑〉摄虎胆。(突破一点，推动全局)

弱点是：a. 有材料、有内线或事情露头；b. 胆小；c. 新虎，问题不顶严重。

③ 要查账，翻案，结合群众检举，争取会计等人，来找弱点。

查账，查货色规格，及交货期限，与群众检举相结合，可找出线索进攻门路。

④ 对老虎奸商进行监视封锁，加上个别谈，小会挤大会压。

家属劝，使老虎无喘息、通气、招架的机会。

⑤ 充分利用大小奸商的矛盾，和老虎奸商间的相互恐惧，以虎攻虎，瓦解其攻守同盟，从一点展开，解决一批，大老虎多是成批成窝，极少单干的。

⑥ 研究偷、减、舞弊规律。

⑦ 奸商老虎，一般都没有一次交清的，要仔细审核、查算。

交代有些避重就轻，反复动员讲明道理。

小组里主要交有问题的，对有问题的找[得]谈与教后些……[①]

学生先学文件，是否可以初步进行检查：

① 对情况进步的估计；

② 今后工作注意问题：继续交代，讲清道理；有计划提意见；了解问题所在的情况。

③ 时间问题。

三反是城市土改，变相没收财产。

不是ブル进攻而是政府进攻ブル。

是干部贪污，主要是生活太困难。

偷漏是工商家生存之道，因不能与工人竞争。

对ブル手段太毒辣。

高干难道没贪污，对干部宽，对商人严。

贪污犯为何要杀，而不劳动改造？

① 移转到外线攻击问题：

内部只要〈钉〉盯住，主力转〈遗〉移外线：a. 查账、翻案；b. 与杭州配合。

② 内部顶牛，已渐有逼〈攻〉供〈审〉信现象。

---

① 原缺。

老虎坦白，查清一个捉一个是不好的。

全省捉虎数，到二月十一日为止：[1]

十一日	746	大 135	小 611
十二日	900	168	732
总　数	985	179	806

锦成祥绸厂 28 台机子，余福昌（总经理人）。

① 掌握材料研究情况，配备力量，〈作〉做成计划。

② 进入阵地，展开检查，发动群众，发现问题，跟踪追击。

宣传，查对，研究，追击（四个方面，不一定是四个组）。

③ 总结情况，初步定案，扩大影响，继续出击。

总结成绩后，拟〈大〉在群众大会上公布其罪状。

要他立功检举（说明是不顶严重的）：坦白同业情形及其内部关系；不要暴露材料；以一厂开始，定出第二〈部〉步计划。

力量组织：

以检查组为核心，充分运用职工的积极〈心〉性，再配以同业协助人员（注意不是不可靠的）。

每组工作分三方面：

① 检查，查清问题。

② 发动教育与提高工人。

③ 分化瓦解资本家及其周围的人员。

（沙文汉旁注：工友在公地种菜，教授兼课，均为公私不分。）

① 觉得学校存在三反问题。

② 接触思想，谈到个人主义、宗派主义，及个人关系。

A. 小问题，交清了就算了。

B. 无问题的应鼓励，在三反中去带头。

C. 三反的思想准备要提高。

a. 学校开支情况排账。

---

① 原文如此，总数相加不符。表格上面划去了一行数字："总 706，大 123，小 583"。

b. 交代接收中账目、物资账清楚否。

小行业何时解放(主要俘虏的时间是在大虎打击后)

第二阶段的三个时期问题:

① 十天,宣传动员,组织检查,个别突破重点。

② 坦白检举高潮,结合搞重点户及重点行业(80户)(九天)。

③ 打虎(十天)。

一个阶段过后二个时期(无界〈线〉限),反复三—四个战役,大批俘虏中小户。

坦白大会的典型问题:

a. 司令部,与情报材料组织。

b. 排队,作战计划与经验。

准备与出击问题,是出击中的准备。

商景才(宣传部,回杭州)

工作条件

工人条件困难,内部牵系大,政治情况复杂,生财不多容易逃跑,弊病极大。

① 营业排队划好圈子,及分圈子。

② 工程检查排队。

③ 工程师、监工人员排队。

② 发动工人,争取一部份职员,和分化一部份包[工]头、业户,取得一部分确实的材料,定期〈会〉汇报(一星期)。

③ 根据材料,确定范围及具体对象。如工人及检举者有密件,先召集坦白检举会,必要时一举逮捕之。不然先逮捕,再召集检举会。

在侦查搜集材料中,或把检查组分与各部,由各部统一领导;或各部力量检查组统一领导,布置之。

④ 有问题工程师及监工人员集中训练有关重大嫌疑人员(时间确定)。

今日问题:分工包打与力量配备问题。

① 工人方面的工作:

现有多少材料,多少积极分子(2人)及可用的(包括成员),要捕的约有多少人?

② 大小包头及资本家的分化瓦解工作(资本家中工作人员是怎样的人)。

用不到一个月战斗。

又：

① 三月五号前中小行业坦白检举初步告一段落。

② 重点行业用天津经验进行。

（文件编号：R136）

薄一波关于三反五反的报告

1952年2月底

（一）毛对三反基本精神的指示：

自去年十二月始，三反初以反浪费为中心，三反对反贪污尚未深刻体会到。其后从华北开始，尤其是刘青山等案发生后（东北亦发现贪污问题），毛主席即现在明确地找到了整党的具体道路，中央开了整党会议，八条大家都承认了，但贪污浪费一样地贪污浪费。土改、镇反和抗美援朝，在我们党内是一致的。镇反的报告来自地委的第一个最好的报告是刘青山，但到了三反，〈三〉反对资产阶级的时候，刘青山们就和党不一致，对立了。所以三反就是党内同ブル划清界线，同这部份人分〈烈〉裂开来，以前的斗争都是新民主主义的内容，而三反则是带社会主义性[质]的斗争，即以毛主席为首的领导走向社会主义的道路上去，而贪污分子则要带向资本主义的道路，所以这斗争是很尖锐很残酷的。在这斗争中，毛主席说要把每个党员的皮都剥开来看一看。看他究竟是共产主义者还是资本主义思想者，列宁在十月革命前从未提过谁战胜谁的问题，但却在十月革命后，就提出了谁战胜谁的问题（ブル与ブロ间），来清理党内，这点和现在中国情况是一样的。因此我们的三反运动实质上就是清党运动，就是要把党清洗干净。过去整风与三整三查中都整不到他们，说起来没有功劳亦有苦劳，他们且骄气十足，有的弄得很不成样子。有副专员化装女人与婊子一道拍照的；有〈化〉花了二十桶汽油洗房子的（赵曼之）；而有的党员则不出席党会；有的以秘书来开会。这些统[统]要借此机会狠狠的整一次，把党内的骄气完全打下去。如果不打下去，我们就要亡党亡军（在我们党内与军队内骄气是很盛的）。因此不管是什么人，他的地位多高，也决不宽恕。另一方面，留用人员在解放初期，由于我们不熟悉，人手缺乏，和对分化敌人的影响等，只要包下来，不能惩[治]他们。现在也要在此机会中惩[治]他们，必须惩倒他们。一部份人清洗掉，一部份人找了他小辫子，征服他，使他们的骄气打掉，以后能老老实实地工作。至于新招收来的知识分子，其中一部份亦很龌龊的，亦要借此机会来彻底整理改造，而把拖小辫子的统统惩掉。

所以这是严格的清党与改造队伍运动，有些人过去在战场上，在法庭上是

〈劲〉经得起考验的，现在在资产阶级方面是〈劲〉经不起考验，这种人应坚决把他惩掉。许多ブル及地主子女，过去到了根据地，现在回到都市里都和ブル的关系接上了，有兵团司令，听老婆命令，下令给后勤部调车皮，供老婆走私的。因此老婆亦必须整，这是谁融化谁的问题，是ブル化了我们干部，还是我们化了ブル的思想问题，因此党要求每个共产党员与ブル的关系完全割断。

过去三年中，在1950年上半年，我们党内开始了一个自发的社会主义的斗争。在财政统一后，把ブル整得到处都哇哇叫，这在当时是不大妥当的。因此在三中全会前，有四面出击，向ブル全面进攻的姿态，因此三中全会批判了此种形势。但这并不是说，反ブル是不对的，而是那时还不是时候，因为那时正要准备打台湾，大陆土匪尚未解决，土改未解决，反革命也没镇压。在那时，反ブル是不利的，因此当时三中全会确定了一统一调、劳资两利的方针，以缓和此关系。本来，以后是想整他们的，但即来了抗美援朝运动，又不好整他。这以后ブル就折[腾]开了，做了委员和毛主席握了手，就胆也大了，为非作歹与野心也大了。

在我们党内，起初对ブル也是警惕的，但从五一年后反开始对资本家的生活羡慕起来了，模糊了，因此到现在我们也必须借此机会狠狠的来惩[治]一下资产阶级。毛主席在元旦团拜中还和ブル大员握了手，第二天就宣布反攻ブル的猖狂进攻，使ブル也很吃惊，但其后形势就转过来了。毛主席三年来要找机会惩[治]一下ブル，现在〈总〉终于找到这机会了，现在必须把资本家打下去。

所以这次三反运动就是整党运动，是打下党内的骄气，清除那批堕落腐化分子，而在党外也必需把ブル整他一下。

三反运动是步步发展与摸索中丰富起来的，起初并没有这么完整的一套，那么明确的认识的。现在我们已明确的认识这一套了，因此我们党内每年应来这么一次，使每个人要讲的话都讲出来，他要反什么就让他反什么。群众对我们的要求是两条：一要领导上听话，即民主；二要不听话，即话不对的，必需去说服与教育他改进其错误。

总财委以反官僚主义运动开始进行三反后，就在许多地方发生阻碍力。毛主席的主张是把阻碍摧毁，要撤的撤，要办的办，同时并进行点名和限期。这样一来，总财委的运动才搞开的。有问题的人，把他弄得〈一〉个把礼拜睡不着，这才是运动搞好的现象。

现在估计起来全国老虎约有五十万。

最后毛主席说，几年来没找到整党的道路，现在已找到了，我们全国有五百万党员，其中有放高利贷做生意的；高级干部中有对元宝、金条很有兴趣的。这种党员若不惩掉，党就要完蛋。所谓铁托，就是受了美国资本主义收买的家伙，刘青山也就是铁托，美国就是希望我们有铁托。章士钊曾说，资本家可以不必急，中国社会是可以融掉共产党的。所以毛主席总结起来说，浪费规模很大，贪污性质严重，党就非整不可。

（二）中央一级三反的情况：

三反五反开展是在一月份，第一阶段是一号至十号，即一次坦白限期、发动群众等四点办法的实施开始，我们最大的法宝是撤职与开除党籍，许多人都为保持职位与党籍而斗争，群众发动后，实质上是民主改革性质的。第二个阶段是反浪费贪污的开始，因指挥员被人家提了意见，运动劲头不大，指挥不力，于是即在浪费问题上解放了高级干部的包袱，再则解放了一般的小贪污，使许多人也放下了许多群众的包袱，才能运动有力。

第三阶段是打虎，劲头很大，到了二月十日，小虎打了一千七百，大虎打了……，而有些单位因打不下虎，产生逼供信现象，因此提出了用正确的办法问题，所谓很难攻破的老虎凡有三种：a. 是有政治问题的；b. 是很大的贪污犯；c. 是老干部。

运动到此阶段，则即要求搞清大中小的老虎，在这中间因一般脑子都搞热了，休息一个星期整理材料与研究问题，并发指示给部下，这很重要的，使脑子可以清醒起来。中央一级大约在三月五号打虎可以结束，第四阶段是清理积案，并且每一党员都要交代一次与ブル的关系，并划清ブル的思想界线。

（三）对上海三反问题

毛对华东军区三反很满意，对华东局亦满意，对上海则很不满意，上海可能是脱裤不干净，下楼衣冠不整，以后尚须回楼补课。

（毛主席现在是一看报告，二看检举信，三找右派谈话，并准备联系工厂，以增加感性知识。）

毛要求在三月二十号前内部三反结束，以后以全国力量围剿上海，然后再四面开花搞各处小城市。

（四）五反问题

1. 五反来源：起初有的是四反，有的是五反，而后由毛主席归纳起来的。

2. 五反方针：就是抓住ブル小辫子，痛〈征〉惩他一番，要把他〈征〉惩臭，使工人及店员与他划清界线，〈征〉惩不臭不休兵。

凡在机关中有勾结或在社会上借公家力量发公家横财的，一定要严惩；对投机商人一定要搞得彻底。我们应不怕打击进攻他，几个月后，他们仍会叫共产党万岁的。这进攻的性质是削弱ブル的力量，不是消灭ブル。因此要抓紧时机痛打他，大概一月到四月是打的阶段，过后也还要拉他一把，现在必须痛骂痛打他。

现在应用此时机发动群众，没有五反不能发动群众，群众发动到与ブル界线划清后，才休兵回朝。一定要使ブル感到痛，吃不下饭，将来能够老老实实，只有这样国家才可建设。

3. 五反斗争要有策略：

a. 要得人心，不但是指一般人民，而且是指资本家中的大多数。

b. 要市场繁荣，偷窃的繁荣搞掉不要怕。

c. 要税收有望，不可把鸡吃掉，换言之即要有利有理有节。

有节是对资本家，分成三种类型：

a. 守法的资本家，这是比较清的，叫做我们包庇一部份，我们应有意识扩大这一部份。

b. 半守法半违法的，这是多数。

c. 违法资本家，按北京经验，约占5%。

因此我们在五反运动中，要争取95%[的]资本家赞成及中立，而对5%的资本家分别以杀、关、退、罚四字狠狠打他。

京津的五反情况，北京有五万户工商业已有四万户交代，若不及时处理，他们要反对我们的。杀的标准是：a. 违法；b. 抗拒；c. 不得人心；d. 不妨碍生产。

关[键]是，有关有罚有退，这以愈少愈好，关了判〈型〉刑则应少。

总之，我们政策是：大部退，重点罚，少数关，极少杀。小城市杀关的应比北京比例更少，罚要分类型。有的要罚垮的，有的是罚而不垮的，有的罚了之后还应贷款的。

总之，空气要严重使得他感觉得要杀头，而结果罚了罚还觉得感恩戴德。

对守法户应放得快，对小额回扣及送小礼不应作行贿论。

半守法的一般应退而不罚，或退而不抓。

先把前面守法半守法先〈与〉予释放，再来分别处理违法户。

至上海的五反

上海五反，若内部三反未搞好，是搞不好的，因此须推后，先把外〈埠〉部稳一稳，争取时间来搞好内部。五反的策略是利用矛盾，分化资本家。

对李烛尘与盛丕华等，不管怎样都要帮他过关。而对过去对我帮助有功，今日有大问题的，亦要帮助他，分别处理。

对民主人士应分四类处理：

第一类是坚决保护过关（天津有三个人）。

第二类一般保护，政治地位不变，但要退还是退。

第三类要退，政治上亦降〈底〉低他，但不要抓。

第四类是坚决的打他（天津是十五个人）。

据华东汇报，山东、安徽、苏北等地三反在县里已展开，而我们则把县控制了。这控制是好的，必要的。经验证明放得开的，则偏差就较多，逼供信相当发展，死的人也不少，而且有许多假老虎。

（文件编号：R136）

薄一波在华东会议上的总结

1952年2月底

（Ⅰ）薄的总结：

原来在北京估计，各地运动与中央约相差近半个月到二十天，但听了报告后，则华东情形只与中央差七天到十天光景。华东三反是有决心的，发展大体是平衡的，除少数地区外（主要是上海），一般地都合乎毛主席的指导原则，进行比较好的，现在上海情形亦已改变过来了。

在这〈此〉次运动中，主动的恐只有毛主席，而全党差不多都是突然袭击，被动的。对ブル亦是如此，事先多不知其龙在爬，都是摸索中前进的。一月一号中央指示各地都搞不开，而经毛主席四条办法指示后，运动才改观。在这时上压下攻，因此大家就被动了，而这是需要的，因为不然不能搞开运动。

在另一方面对资本家也是突然袭击，但这已由被动而转入主动了，由被动转入主动主要的关节是领导，是否理解毛主席精神，是否坚决，凡能层层带头下水洗澡者就取得主动。若将华东与中央的运动相比，则劲头似没有中央来得大。

全国的运动大体的平衡的，华东也[是]好的，领导是有决心的，但缺点是劲头还不〈过〉够大，毛主席[的]方法是抓到小辫子，要你限期坦白，否则就撤职与开除。这就是三反运动的主要经验，即决心要大。主席说这是革命高潮（内部说是民主高潮），把所有人肚中要说的话都说出来了，连最弱的人也勇敢起来了，使过去的“统治者”也无法照旧生活与统治下去了。

运动至现在应把时间及布置规定一下。

运动要到何时结束，搞到怎样结束，现在已可以大体确定了，任务的追加到一定程度后就不可再加了，否则就要产生逼供信，而是要实事求是去进行了。每个运动开始都是很猛、很狠的，这不会出偏向的，但在结尾则就容易出毛病，因此我们结尾就要结得好。否则不能保持运动的健康的，现在看来，三反运动已发展到接近摸到底了，各省及大市，大体都应在三月内求得结束，不可再拖了。这中间应包括以一星期至十天时间来〈作〉做清理积案，交代关系划清思想界线在内。

在三反中，党员同志必须注意，凡党内的老虎是一定不要了。这些坏分子、资本主义者一定要开除出去，主席说五百八十万党员若开除八十万，我们还是世界上最大的党。这样党内清理交代后，还要用一星期（恐不够）时间，来清理其中的政治问题，因为贪污集团，90%都有反动政治堡垒，这一点领导上都要十分清楚。

在春耕紧张时期，县的三反一律不搞，我们必须做到除了有不可抗拒特殊灾害之外，必须继续争取丰收，这是一个战略问题。县之所以不搞是因为县没有经验，同时又无省、地 委可帮他。小城镇的五反一律暂时不搞，因为这会把工商业搞掉，造成更多的乱。浙江只批准搞杭州，宁波、温州只能当典型搞，但要经华东批准。而杭州亦是当典型搞的，杭州要在三月二十号搞好。搞好后调志愿军去上海，上海搞好后，则再回来四面开花。

三反，到四五月间，看清楚在县区乡展开三反，而在秋收前则要把他结束，不可再迟（即搞到九月中必须搞好）。因为这是战略步骤，否则无时间来作建设具体准备。

对贪污分子的处理，中央惩治条件的基本精神是从宽的。但以后似还可能再宽些，但一般说一亿以上可判徒刑与死刑。这里有个基本精神，对老虎的处理是要狠要严，主席觉得北京没有杀一个，一千万的小虎有缺点，准备下次判一个。主席总的精神是要对老虎采取严肃的态度，而在严肃态度确立下，则再“包庇”一批，如坦白了的，立了功的或偶尔失足的等等。

在有些地方如在三野现在应提出反对逼供信了，起初不提是对的。

运动虽有如上的时间限制，但一定要搞彻底，一面不能把逼供信错误，一面则必需要搞彻底，〈澈〉彻底是我们的目的。至对于假老虎必需说服干部很好地解决，必需告诉干部逼供信必然要搞错〈上〉的，这表示是我们领导上无能，打了假老虎，反而把真老虎放松了。因此我们应释放假虎，只来打真虎，只有这样才能捉尽老虎，我们在领导上是允许大胆怀疑，怀疑错，但不准打错，更不准办错。因此现在的斗争就要提高，不能再是大会压小会挤，而必须是攻心斗智，要找材料证据了。

老虎的计算，应以千万及亿为界线，而六条办法则应视[作]是处理时的依据，而不应作计算时的标准。

为使运动能搞彻底，领导上应不惜搬掉石头，不惜搞垮机关，对市场不可避免地损失也不要怕，只■[是]工业生产不可停止。只有在打垮了的旧市场之上建设起来的繁荣才是真的繁荣。

自然各地所提改组调整机构提拔干部等办法都好的，都可研究，现在是非常时期，应用非常时期的办法（甚至可采取以积极分子为主而老虎服务的办法）。总之，同志们都要好好抓取革命高潮的机会来解决三反问题，而不要有所怕和种种顾虑。骂资产阶级，征资产阶级亦是如此。因为这样的机会以后就不大会有的。即对资产阶级的技术家也应骂倒他——能力很〈底〉低，技术不高，立场错误。他要找我们上面负责人，就不要见他，要他去听下面同志的意见，使其骄气完全打下去。

同样我们党和军队的骄气亦同样应打下去，并彻底[划清]与ブル划清思想界线，以打下今后十至十五年中与ブル同居的思想基础。

今后我们还要长期和ブル合作，但这合作是与过去合作不同的，对待工业资本家与商业资本家应有所不同。

再则有些具体问题应加以注意的：

① 三反，省与地委级，恐怕有些单位还不能完全搞清楚。从总的来说，这斗争可能是持久的，因此经济生活就应该加以注意。即我们方针是贯彻三反，维持经济，其方法是要抽出三分之一，至少是 1/4 的力量来维持生产。机关生产，现已名誉扫地，但其中生产是对的，错的则是在关系。因此生产仍应继续维持，所有的机器都应把他动起来，商品仍要不断地交流。总财委准备搬三万亿来搞加工订货与收购土产。若三反实在来不及，可分批搞，有的可“准”他再贪污一个月将来再反。

至[于]农业生产则必需搞好，不可放过季节。总之生产不可停，必需搞好。

② 三反到一定程度后，要用中央方法用一星期时间来清理总结一下，实事求是做出计划，继续来搞贪污，不是专打大虎，而是搜山，大中小贪污都要搞清他。（此时不可追加任务）

③ 退赃，原则上必需退，这一是为着严肃性，一是为着了解问题的真实性，但在具体运用是则要分别情况分别处理，有的全退，有的减退，有的分批退，而〈的〉得打欠条，只有个别的可以免。

（Ⅱ）五反

五反是解放以来对ブル的一次严重进攻。这进攻的主要火力是打击投机商人，以及利用抗美援朝及国家建设来盗窃国家资财的资本家。

在策略上在解放时，因为未进行土改与镇反等，我们是团结整个的ブル，以便集中力量打击主要的敌人。在抗美援朝时亦如此。现在则主要是团结守法的资本家（其实没有守法的），争取半守法、半违法的ブル，或至少使其中立，或者再分起来说是团结工业资本家，打击投机资本家，特别是利用抗美援朝及国家建设发国家财的。

这个运动应从发动正式开始到一星期内，就应形成一个ブル中的五反统一战线。UF 如何形成呢？即把ブル先行排队（大小排队及与公家关系排除），而来确定打击那些部份，团结那些部份，杀那几个，关那几个。据此排队则可以区为单位，迅速做出结论。分批解放其半违法的，这些人主要是漏税问题，有的可免交，减交或缓交，分期交。但这里仍应保持严肃性，应认为他们都是犯了法的（虽非五毒俱全）。凡犯法的都要得，在这样条件下再来作如上的分别的宽大处理使其能感恩戴德。大体上一个礼拜能解放 95%。

对抗拒五反者，则我们有权抓他杀他，而另外则可只罚不关，而其中又有的是重罚有的是轻罚，再则一部份则只关起来，不判刑，而只退罚的。

总之，重点在于罚，罚必须罚得好。

一是罚垮的，北京罚了 250 户准备把他罚垮的，包括木材建筑西药等。但要罚垮他的也要看：a. 我们自己有多大能力，能否接办他；b. 对生产无影响。

二是罚而不垮的，这主要是对生产有关系的，为对生产有利，甚至罚了后还可贷款给他。

为何要搞五反呢？这是因为：

一、明年大规模建设就要开始了，因此须借此机会给ブル以严重打击，使ブル的生产从明年起，能听我们的话，按我们生产计划来做事。

二、是要明确划分ブル和ブロ的思想界线，使ブル孤立起来，提高工人的阶级觉悟，消除资本家对他们的影响。

主席说这运动研究搞到如何程度，则就要看前述两个目的有否达到，不达目的则不休止。（天津组织了一万人的工人店员战斗小组，这经验应学习。）若没有五反，城市的工人运动是搞不起来的，觉悟是不易提高的。天津的经验是好的。

如何查ブル毛病：

a. 是突然发财的。

b. 门面小流水大。

c. 门面大流水小(表示其有地下活动)。

d. 与国营机关干部来往甚密,形同一家。

e. 过去对工人店员不好,现在突然增加工资。

f. 五反以后神色不定。

(文件编号:R136)

谭启龙同志关于三反五反运动的报告[①]

1952 年 2 月底

一、各地运动一般都健康，没有大偏差，但劲头都不够大，大家都有怕搞垮，怕搞掉老干部，没有人工作的思想是相当严重的。而没有充份认识到不搞掉贪污分子，党就要被瘟疫搞掉的危险，是你死我活的斗争。

再则我们运动发展的情况还是不平衡的，尤其是对问题拖得长了。

因此今天必须劲头加点，按华东所规定的时间完成工作，可早不可迟，否则我们整个工作部署将陷入被动。

二、省的工作，应以贯彻三反、五反为中心，搞好工业及农业生产，作为省全年的方针，其他一切应以此为中心来进行。

三、因此我们具体的部署是：

（一）省一级在下月十五日前（除个别单位经批准可延至二十日外），一定要结束打虎。

（二）地委一级机关，要争取在三月底结束，一般应在十五号至二十日间结束打虎，留十天作处理阶段。

四、具体办法：

（一）应把现在打虎停两天，总结过去经验，审查打虎队，有石头坚决搬掉，然后传达此会议精神，重新组织力量，以布置工作，以布置工作（传达至县级干部为止）。

（二）集中力量去解决主要单位中的重点，其他单位则可分一小部份力量去解决，先捉到虎，人力不足重点分前后打，没打的可准备材料。

（三）经验很多，主要是把虎分四类来解决：

1. 有材料的打。

2. 有材料硬不承认者，关起来审。

3. 有线索者用群众压。

4. 可疑而无材料者集训。

---

① 本文序号数字经编者重新编排。

五、市一级原则上已进入打虎部门，都可采取地委的办法争取三月底结束，但须清楚力量与敌情，对未动手的部门，则大体上可在四五六三个月中分成三批解决之。

六、县的搞法，已进行三反运动的，凡地委有力量能搞又不妨碍农业生产者，可继续搞下去，否则坚决停下来，作休整准备材料，俟地委搞好后再动手。县可进行三反的条件是：

（一）地委可拿出手来。

（二）不违农时。

（三）保证不做夹生饭。

（四）严禁逼供信。

在这样条件下争取在“四五六”三个月内分批进行之，县中可先搞党政及公安部门，再搞财经部门等，视力量而定之。但县的〈公〉工作务求“四五六”三个月中能解决，各地委可先搞一个县作典型试验。

七、区乡村原则上除温州外，争取在秋收前搞完之，这应视为发动群众的又一个民主改革，以达到三个目的：

（一）划清界线，纯洁队伍。

（二）民主建政。

（三）建党。

到四月份地委可搞一个乡作典型，而不可由县搞。

八、小城镇，在县委未解放前不搞三反，有力量的则亦只搞民主改革。

九、全省打虎预算：

省地二级的数字

县级的数字

区乡镇村的数字

总数约在一万七千只

十、五反的部署问题（几个主要市的）

三月份只搞杭州及金华、丽水三处，其他在三月份都不搞，三月里只搞如下数事：

（一）彻底揭发资本家，造成人人痛恶他，到处都要骂倒他。

（二）店员工作中要把初步界线划清，调整干部。

（三）把工商家排队分类等都弄好，拟好打击计划。

（四）市委负责人要学习各处五反经验，使将来工作一开始七天能解放95％工商户。

（五）准备与组织力量。

凡要动手，须有文字报告（准备）及计划，经省委批准。

十一、生产及市场经济生活问题

（一）工业生产及城市经济生活：

1. 凡工业生产，包括手工业在内，必须要继续维持其生产，全国生产只有不够，而不是太多。

2. 地委机关必须抽三分之一的人，维持经济业务，尤其是先搞交流土特产及肥料等解决农民迫切要求。

3. 与群众生活有关，已订立的购货合同应请华东同意尽量不取消。

4. 税收必收者必须收（如屠宰税、货物税、行商税、交易税和印花税），其他逃不了的可预收一部分或〈退〉推后收。

（二）农业生产：

1. 县以下的干部一定要把他们情绪安定起来，专心从事搞生产。

2. 度春荒要抓紧，应及时主动掌握情况，做好准备，否则要处罚，并须了解为何有春荒的原因，若因减免掌握不好，则应帮其解决困难，即重点的退或救济与贷款。

对农业税重则应向农民说明是因为① 抗美援朝捐献② 土地证二事增加上去了，以解除农民对生产的顾虑。

3. 积极帮助解决土特产，土特产会可以开。

4. 抓住时间搞水利工作，尤以防旱为中心。

5. 搞好春耕准备工作，种肥、牛、工具等。

十二、组织问题

（1）坚决贯彻三反不可怕打掉干部。

（2）补充调度干部。其法为：

① 身兼数职；② 强迫老虎[在]工作中立功赎罪。

这是非常办法，正常办法应考虑有些组织可合并精简，包括地委专署走向督察机关（四月份就应开始），温州的地市合并，不改为督察机关。

再则要大胆提拔，大批训练干部。

打垮旧的，建立新的，打垮是资本主义，新建的是社会主义，因此我们应有极大决心，不要怕困难。

（文件编号：R136）

谭启龙传达华东会议精神

1952年3月8日

Ⅰ. 三反问题，总的是健康的，但小毛病也不少，主要是小打大了和逼供信，华东68万人，贪污分子占33.3%，老虎连部队在内近十万人，小贪污分子打成老虎，福建有30%，浙江大约10—15%。这是难免的，但处理时千万不可再弄错。华东[打]老虎最好，但大贪污集团查出不多，这是美中不足。

三反是全党最深刻的教育，不然，我们会连亡党亡头如何亡法都不知道，但以现在情形看，党主要骨干（地县以上）的干部贪污还是个别的，主要是科长以上的分子，三中全会后，党对其决议的理解是不够的，在这〈此〉次三反中，才充分〈理〉体会到，这说明我们以后应更仔细来〈理〉体会中央的指示。

现在的问题是在已得的胜利的基础上如何把他巩固起来，因此对追赃定案决不可动摇，追赃、定案是三反彻底胜利的最重要一着。部份地方虽有搞乱搞错的，但不能因此动摇松动，运动要搞好，收尾一定也要收好，不能虎头蛇尾。

（1）追赃定案是巩固三反胜利的关键，因此应确定追赃定案作为一个大规模的群众运动来搞，四月份全月来做好追赃定案，搜山扫荡和分别处理三事，使运动有很好收尾。定案的主要方法是打通思想，交清政策，分性质，判断去路，因此需广泛的搜集材料，并加以仔细判断与研究。并在这过程可以发现新问题，经此则老虎应重新排队，干部应交清政策，而要定案须打四关，即：

a. 打通干部思想

b. 打通虎关

c. 家属关

d. 群众关

这就是整个的艰苦的群众工作。

再则是组织示范会议，而这示范应与处理〈接〉结合起来，其中有宽有严，但杀不能超过1/1 000，且还说大了一次。

在还赃处理中，应着重自动、〈着〉酌情、尽量、追交四种，至[于]其投入工商界的赃款，一概应在五反中处理之，不要直接去追，免把社会搞乱。其投资在房产、土地、股票及金银者，因无不影响生产，则应一概退回。至其贪污，实在生活困难而贪污用之于生活者，则可酌情少退。但属于供浪费性的贪污则需追，至少要打欠条。对医生、科学技术人员，则经济上有困难的应少退或不退，有些则应考虑其降职增薪。

再则追赃中要保证不弄错一个人，但亦要在搜山中不漏一个人，而同时要把大贪污集团很好清理出来。

（2）关于双皮老虎问题，双皮老虎在政治上，是指镇反中五种反革命分子为标准，其中特别重要[在]于隐藏的反革命分子及经济间谍，对此问题决不可马虎，须有意识地去揭发暴露他。

公安机关及机关中可靠党员，应组织力量来搜集研究此类老虎，使在一般老虎处理后集中力量来处理他（但现行犯除外），公安工作在三反中应做好如下三事：

① 清理三反中双皮老虎。

② 中潮的准备工作。

③ 清理如自己队伍，使在秋后再来一次镇反。

（3）第四阶段的工作，第四阶段是运动收获的主要成果，最重要是每一个党员的回楼补课，三反实质上就是整党，也是党内民主改革，不能让一切人混过去。有人等着运动将结束要纠偏，而来反攻，这种要坚决打击他（自然要根据事实）。三反五反是伟大的阶级斗争，也正因如此，所以必会反应到党内来，而党对这种情况处理得好坏则是胜败的关键，苏区的肃反就是处理得不好的例子，抗日时对资本家的斗争也反映到党内来，毛主席处理得好，反掉了教条主义，保证了抗日战争的胜利。现在对资本家的斗争中也必反映到党内来的，因此对此处理得好否也是我们革命的关键，三反能否得到好结果，即决定于此。因此在党内应划清这样三类人：

① 即头脑清醒，有前进性（党内守法户）。

② 脑子也不清楚，失去进步性，不管事，被白蚁吃掉了的菩萨。

③ 有不用心，不求前进，而位子又高，对于这种人应告诉他：

a. 不要骄傲；b. 要他让位，或同他说明你甘心做傀儡；c. 品质恶劣及反革命分子，这种人应洗刷掉或受处份。

回楼补课是整党的很好条件，党内斗争是残酷无情的斗争，是党内分裂，不要怕这痛苦，这是我们这次与资本家斗争中，最后的一战，是走向社会主义还是资本主义的决定关键，不应可惜被去掉的，这是自然的新陈代谢的规律。党内必需打破资格的规格，不要怕老干部减少，事情无人做，整党在思想上主要是应解决与彻底清算资本主义思想，而不可拉得太宽（地主思想不是主要危险）。

在三反中曾说应为保持党籍与职位而努力，但在整党中则就不能那么说，而整党清算思想中，重点又应放在县委书记以上的干部（即老干部蜕化问题），使他们都懂得种种行为中资本主义的实质，党内必须解决同床异梦的情形。而这里要解决问题，清算思想则必须加强思想教育，方法立，行动起来，则应归结于三点，即查思想，查立场与查关系，而每一个人尤应找到一个主要思想（以觉悟为主），从其突出的问题来清查他。但补课不一定机械地都要在群众中讨论，尤其是未准备好的不要到群众中去。

县以下的除了品质极坏的外主要是团结改造，所谓品质坏是指买田起屋，搞富农开工厂等，这种人都要开除。这些人是硬在走资本主义路线，有发财思想者，今天你不惩[治]他，明天他就要惩[治]你，这点应十分严肃，党内必须对ブル的警惕性提得十分高。星[期]四座谈会实质上就是过去俄国的产业党。

在第四阶段中，必须划清ブル思想界线。

调整组织，对干部要破格提拔，要合并的坚决合并，坚决反对自成系统及本位主义。

建立制度，主要是建立财经制度，尤其是问题最多的单位要严格起来。

建立的方法应有步骤，并应提高薪金（尤其技术人员）。

要健全党的组织生活，各地都要建立统一的党委会，对军队的特权思想和骄气，应把他惩掉，今后拟每三个月来一次民主检查，开党代会议。

有权的人，尤其是在财经方面的，资本主义思想要好好惩[治]他，财经部门的人无论如何不能做生意，政府人员无论如何不准兼营工商等，共产党员，经商与放高利贷是严重犯法的，以为资产阶级思想不以为然的思想必须彻底改变过来。

（4）县区乡的三反，县三反基本上与现在三反是相同的，所不同的是：

a. 三反必须与业务生产相接合。

b. 要分批逐步地展开，经济〈支〉主抓机关应以县为单位集中来调训。

c.〈应〉因不同的情况作不同处理，一般要边打边清的办法。

d. 领导上要严格控制，必须经领导上批准。

区乡三反基本上有别于现在三反，搞得不好很易乱，因此应以如下方法来进行，集中在县里来搞，一面集中，一面以工作组在其原地搜集材料发动群众检举，如此搞好后，再要干部回去向群众去作检讨，要处理的就处理掉。

区乡三反以教育改造提高觉悟为主，只有这三种人处理之，即：

a. 阶级异己分子

b. 地主狗腿子

c. 大贪污敲诈分子及新恶霸分子

区乡三反应按如下工作：

a. 不妨碍生产。

b.〈接〉结合土改所未了的事情把他处理好。

c. 与民主建政结合，乡村中主要的民主建政不是投票形式，而是财经公开。

d. 一人一职制。

再次就是要结合整党建党，时间上要争取秋前搞好，而以后也实行三个月民主检查一次制度。

(5) 学校、医院中的三反，方针是点面结合，分批前进，先公后私，先大后中(大学及中学)。学校三反重点是在职员和行政人员，而思想改造重点则是教授和学生，教授中贪污问题是以自觉交代保护过关方针，学生则是自觉交代。

对教授保护过关则应分五类排队

a. 积极进步，人缘又好，约占25%。

b. 思想中间偏左，作风不大好，约占35%。

c. 思想落后问题较大的，20—25%。

d. 思想反动作风恶劣，10—15%。

e. 思想反动，有恶霸行为，政治上有严重问题，不学无术，人缘不好。

前二类应坚决保护过关，第三类，在全校学生中自觉进行交代而不斗争，即一般保护过关，第四类则需在群众中反复检讨中让他过关，最后一种则要处理的。工作步骤：

a. 动员报告应由主要负责同志出面把它做好。

b. 检查贪污浪费。

c. 反大贪污分子。

d. 个人思想改造。

e. 全面自觉交代，组织清理。

以上要求在暑假前做好，七项暑假中进行。

换言之在文化机关中三反应与思想改造相结合

至于在中小学校中（华东有 1 571 所中学，小学有 121 143 所），三反方法上一种则以校为单位分批进行，一种则以暑假集中训练，要求今年暑假中搞一批，冬季中搞完

医院华东有 336[所]公立医院，三反重点是对药房、库房、号房、伙食房、账房等五房，不能以行政职务来分，方法要比学校还要宽，宁缓毋急，五房着重反贪污，医生则进行思想教育，医生贪污问题，一般不要退赃（自动交可以，不可追），不要搞〈还〉坏大家感情，医院未搞的暂不要搞。

在学校及医院中，ブル、地主和殖民地思想是很严重的，我们应思想严，处理宽，总的要达到团结争取的目的。学校调整，浙江不办财政学院

学生的三反主要是思想改造，划清思想界线，使能站在人民立场上反对ブル，在思想改造基础上再作自觉交代，清理其有问题者。文艺界根本问题是整风，整他ブル影响，脱离群众，与脱离党的闹宗派。

（6）工厂三反，上海国营工厂 158 个，共计工人十三万人。

三反的步骤是：

民主检查领导，发现派去干部中有严重问题者，且有新恶霸，和被ブル拉去的，其原因为工厂中原来少民主生活。党与行政原来是二条线管的，区委根本不能领导，而干[部]方面又是行政强过于党，所以民主检查一开始暴露出问题很多，工作搞得很紧张。这里我们不必怕发动群众，而反革命分子利用这机会来搞我们，只要我们坚决依靠群众，向群众尤其是老工人讲清政策，反革命分子一定是孤立的。

民主检查由领导上先做检讨，检讨应有准备，三反锋〈忙〉芒不可对工人，而工人中则应进行诉苦，而领导上应有意识地将其根源归于社会上去，对工人之成老虎者应归类为[向]职员在学习，至[于]其中把头亦以此处理。

到了反贪污阶段，基本上与机关相同，先排队再打虎，而其不同点则是贪污更严重，人更多，贪污数更大，贪污盗窃集团，[借]贷化公为私集团更多。

此外三反打虎必需与生产相〈接〉结合，领导上应有生产指挥部与打虎指挥部的分工，而工作人员则应随打随补，至于技术人员绝大部分都是有问题的，但我们还是必要用他，因此我们在处理时就应该宽（同时我们自己应该开始注意有计划来培养自己的技术人员），至在要害部份则处理就要十分注意，如电厂就不可轻易去动。

反贪污后，则进行一次全面的交代运动（交代历史及关系）来清理组织，这里要做一次动员，进行排队，分批交代分批解放，而把有问题的放在后面，〈在〉再让通过训[练]去集中，如此三反搞好，民主改革也即搞好。此后就是搞先进工作法与随即要搞的工资改革了。再则所有国公营工厂都要搞三反，私营搞五反，公私合营的看其公私股本大小比例搞，三反或五反。

Ⅱ．五反问题

（1）排队是决定政策策略的，有决定意义的，上海有十六多万户，工人四十二万，店员二万，大资本家一万二千户，占 7.4%，但工人则占 72%，而家庭工商及独立手工业者，有六万多数，工人只有二万人，中等工商户有八万三千户，工人为十七万。

这里就产生什么是多数与少数问题，多数少数一方面是户数问题，但在经济力量、工人数量及其社会影响以及政治地位上来说，则大资本家是多数，而应特别予以注意的。

因此这里有一个问题就是 UF 的合作究竟以大ブル为对象呢，还是以中小ブル为对象呢？应该是以上海三百零五户大ブル为基本对象的。

ブル盗窃资财的程度，上海七十四户中等户中，计有 3 400 亿，每户平均搞 350 亿。

上海资本家之手中利润有九万亿，以今日现在已查的中等户来计算上海ブル盗窃了十八万亿，可拿回来的应有十万亿，上海ブル有动产不动产六十万亿，如此ブル就要打给我们卖身契了，准备在三年中收回之。

（2）五反的经验，在上海第一战役主要成绩是：

a. 查到了三千五百万亿。

b. 得到十条经验。

c. 训练了一万干部。

d. 俘虏一百个资本家,他给我们来打虎了。

上海经验是控制得严,一切准备好了再动手(排队、组织及思想政策),变成了雷声小雨点大,对生产没有什么很大影响,前面生产后面检查。

这样搞资本家固然打得很痛(每天死十个人),而工人也确实充份发动了。现在的问题是如何把斗争适可而〈至〉止,如何〈把〉对ブル斗争,以后怎样和他们团结与合作。因此应注意到不要过分的和ブル伤感情,因为这对以后生产是不利的。在上海的情形是:

a. 七十二户的检查惩得很凶,ブル已谈虎色变。

b. 全国骂ブル和五反的空气很紧张。

c. 全国各地都要到上海去找人。

d. 自杀已二百多人,每天尚要死十个人,这使空气亦很紧张。

因此为使不过份与ブル伤感情,应充份利用这些条件,尽量多利用不战而胜的方法解决他,并把三百零五户中,将三百零三户中坚决保护过关。荣毅仁非法所得 1 800 亿,还只退其财而给以守法户的名义,而且只在负责人中间搞他。

上海 UF 之所以形成这样快,政务院法令起了很大的作用,同时他也看到我们维持生产的决心,他们感到自己还有路。同时各种群众发动得好,与盛丕华、李烛尘出国对ブル亦有影响,所以 UF 形成得很快。

事情收尾时,应做结论:

a. 定案要资本家签字。

b. 而工人表明态度,工人可训他几句。

c. 检查者表示态度,鼓励生产。

总之,上海五反斗争在干部及工人中曾有各种的看法,有人主张反暴利,也有人主张要反腐化,也有人要实现社会主义。作为群众来说,有这些思想是好的,但作为干部、党员来说,则此主张则是错的。目前中国革命的主要矛盾还是中国人民与美帝国主义间的矛盾,自然在土改重整了封建势力,但反动势力也还未全搞清,因此在五反中之反ブル,是应服从于反美帝的利益的,因此这斗争就应有利有理有节,而要把资本家整好,服从于工人的领导,而不是和他分家,消灭他。所以就要反得稳、准、狠,不可乱搞。

上海是ブル最集[中]地方，是对内(对ブル)斗争的中心，也实质上是对外(帝[国]主[义])斗争的一部，所以应小心，不争先不轻动，这是好的。

有人主张以中小ブル来代替大ブル作为统战主要对象，这是错的。但反过来有人若不敢讲要走向社会主义，这也是不对的，我们要创造社会主义的条件，而不是今天要实现社会主义。

今天我们经济上还不能不要充份利用私人经济，我们政治上与经济上还不相称的。

今天我们要向ブル作斗争是大家知道的，把ブル打下来也容易做到的，但最易被忽视的则是提高与教育工人问题，因此党应很好团结与教育工人及其积极分子，坚决依靠工人。我们过去只注意工人的〈强〉长期利益，这是不对的，也应适当注意工人的眼前利益，五反目标应分一部给工人做福利，这是需要的。

我们在斗争中，一般只爱听自己干部的意见，而不注意敌人的动态与敌人的意见，这是不对的。对美斗争，必需要看美国的反映，对ブル斗争，在这条件下自不能杀鸡取蛋而只能割韭菜的。我们同志只知道正面斗争而不会作侧面斗争，为什么ブル会打糖衣炮弹，拉我们过去，我们不能以此来对他呢?

再则在上海五反中，发现了城市组织问题是不曾解决的。过去上海都强调了垂直系统，区不能解决问题，这是不对的，垂直是要的，但区的作用则必需强调起来，否则工作就深入不下去。

又先搞三反，后搞五反这是对的，而每搞那一反主要力量都集中起来，那是完全必要的。又：每个城市五反都应搞一下，以使摸清工商业的底子，上海的做法给各地搞五反以很好的依据，上海是以五十人以上的厂店为大ブル，十至五人为中ブル，下其为小ブル，在整个五反中：

a. 要排队。

b. 要掌握生产。

c. 要掌握统一战线这里不应只以户数来计算而要注意生产作用。

工商联及同业公会的委员，多数是后两类，因此就要垮，所以必需保护他们过关(一般只能搞掉 1/3 不可太多)，否则□〈公〉工商联就只有小户而无作用了(自然，愈到下面愈是可以紧一些的)。

要惩垮的，主要是：① 控制人民生活的；② 是盗窃贪污分子开的工商业；

③ 人民生活上必需统制的行业如新药、营造等；④ 专来对付与破坏国家经济的；⑤ 投机奸商卖空买空 如地下钱庄等。再则要搞垮他的又必需依我们能代替的能力来〈作〉做具体决定。

Ⅲ. 财经问题

纵令美朝战[争]不结束，中国的建设是肯定地可以进行的，“苏[联]三次大战也可以说已打过了，也可以说尚未打过。”这说明帝国主义困难甚多，不容易打起来。

在第一[个]五年计划中，我们投资可以投二百万到三百万亿，其数略[等]与苏联第一[个]五年计划(苏为 250 万亿)，其内容主要为工业、农业、交通、水利四方面，今年关外已进入建设，而关内则要学习建设。三反及五反这是建设的有力准备，但三反与五反也带给我们困难，即把我们组织打乱、打垮了，使其余干部顾虑起来，经验证明，有技术还不能建设，而必须有强力的政治领导，因此我们现在必须把机构建立起来，同时再加上有力的政治领导。

五年计划，农业税要 59 亿，税收要 20.4—22 亿，收购二季度大米一亿四千万，杂粮二千万，棉 28 000 担，蔬菜 28 万担，茶 39 万担，菜子 135 万担，■子 52 万担，下面应做成计划，统计上报，上面给钱。七月一号就要做好五年计划(各省自治区华东)，华东预定主要几项是：

a. 工业：由 60 万 KW，现发挥的只 28%，计划由现在基础上发挥到 60%，新建 15 万 KW。

钢铁加工力现有力量为 20 万〈Ton〉吨，拟建设炼钢到 20—30 万〈Ton〉吨以就华东自给。

煤 710 万吨 ，五年中达到 2 000 万吨。

水泥，现产量 52 万吨，拟增至 110 万吨。

木材，现产量 130 万立方米，拟产 330 万立方米。

机器生产，现产量值 2 000 亿，拟达到 6 000 亿。

肥料、拖拉机厂，纱厂现 330 万锭，基本上是充分发挥其运用率，其产量可增一倍以上。

纸烟不发展，布亦只发挥现有生产力。

b. 农业：开荒五百万亩，主要在苏北产棉，使产棉达 800—1 100 万担。

粮食去年 677 亿，今年计划 713 亿，拟增至 990 亿，即增 30%。

麻织机今年只有六套，明年增至十一套不再发展。

国营农场，〈只〉至少每省一个，现有土地全华中 35 000 亩耕地，拟集体化 1%，皖北旱田改水田 2 000 万亩。

鱼由 70 万吨 发展至 100 万吨

盐 3 100 万担，增至 4 000 万担。

糖 8 万吨　，拟增至 28 万吨(需要粮为 28 万吨)

畜牧增 40%。

c. 交通铁路五年内完成〈闵〉闽赣铁路。

三月份税收各地只完成一半(上海 80%)，应加[速]完[成]此工作。

我们工业建设计划，应注意：

a. 注意战争情况，不要搞 200 工人以上的工厂。

b. 要注意农业，各省主要应投到农业上去。

c. 从工业来说应以发挥现有工业为中心，只在田家巷及衢州拟建为新的工业城市。

目前财经工作的重点必需放在农业的丰收，抓到土特产的推销，四月份要调整与加强财经机构与领导，加强收购及加工〈定〉订货，计划机构必需成立起来。

Ⅳ. 防疫：

a. 反美帝细菌战为抗美援朝的新内容

b. 组织防疫机构

c. 春夏二次进行防疫运动

d. 掌握疫情

(文件编号：R136)

浙江省政府高干会议记录

1952 年 3 月 10 日

打虎中对情况应有准确的估计

① 对虎底已摸得差不多时，不可再猜测，而是要确实去摸清底子，实事求是地来进行。

② 两个多月来，已查出一般的达 30%以上，最多的有 70—80%的，老虎的比例大概在 1/10 左右。

现在我们省级机关打虎已近 90%，其余 10%就应很小心了。因此各处剩下来的堡垒，各单位到十五日都应实事求是地做一个统计报告，以便作我们工作的可靠根据。

③ 今后工作应该是普查搜洞，消灭定点及死角，严禁逼供信，以保证老虎打光，不出偏向，不冤枉人。

④ 打虎运动是健康的，虽有局部逼供信，但还不成偏向，而打倒的亦是真虎，假虎恐只是个别的，而剩下来的只有虎之大小的确实问题。

⑤ 健全的运动必须健全结束，因此现在应提出防乱的口号(虽则在个别单位与个别组还要防备)。因为：

a. 现在剩下来的虎是最顽固的，我们的一套，他都大体知道，且常常背后有政治问题，或有很大集团，还有反动分子有意识来混乱我们的。

b. 过去常开大会，是要发动群众，恨贪污分子与宣传政策，而现在这一点已做到了，群众公愤已起，我们就要用得小心。

c. 老虎已懂得我政策，不是三条路不懂，而是因为问题太大，他怕讲了要死，而要说明他走活路还来得及，还可坦白或立功。在绝路中给他生路，断崖中给他梯子。

⑥ 因此今日打虎已打光了的，就应大胆做结论，休兵。

至[于]基本上已打光了的，则应清查整理后，大部就做结论，而对未了的〈作〉做成计划，或调查，或以少数人〈作〉做专案处理，至[于]尚在高潮中的则应加速打虎，争取提前完成。

至[于]落后部份，刚动的，则确定其落后部份，按其布置帮助他前进。

⑦ 在总的要求上，在 20 日之前应有 80％的单位转〈告〉到第四阶段。
划清思想，交代关系，回楼补课，做出结论，整编组织。

（文件编号：R136）

农村情形汇报

1952年3月11日

① 杭县一个区乡以下干部调查。

共56人，贪污的24人（内老虎一人）。

贪污性质，捐献，地主收买，农会会费，斗争果实，摊派，敲诈（强借）。

群众火力很强，有一种想分果实的思想，因此三反中要很好教育农民不可自私自利，个人发财。

② 水利工作劲头很大，但水利工作合〈利〉理负担问题并未解决（如浦阳江）。官僚主义派工，农民积极性不高，造成工程严重的未能按期完成，民怨鼎沸，坏分子造谣说："赤练蛇当家，朝中无人。"

③ 春荒情况。镇海死四人，慈溪死三人，宁波专区较准的调查，断炊为十二万户占3%，为全省最严重地区，因宁波去年减产。

但主要原因（全省）是土产交流的停止，有二千五百亿到三千亿土产停着。

同时农民负担亦相当重，据镇海调查平均非生产负担达30%。

（文件编号：R136）

浙江省委常委会议记录

1952 年 3 月 12 日

（Ⅰ）对中央处理浪费、贪污问题的若干规定应作如下理解，即：

① 贪污、浪费是有他历史性的，而这一次三反是第一遭。

② 贪污浪费牵涉面很广，带着群众性的。

③ 有许多技术人员，少了他还是不行的（不能对外说）。

④ 惩办太多，社会人心也会有些问题的。

但在这理解中，应防止对处理问题马虎的思想，即：一要说服同志过左不肯宽恕，二要防止泄气与马虎，三要注意与老虎斗法（虎会依法申辩），四要注意宽大处理贪污分子，仍应经过反贪污的人的手。

（Ⅱ）所谓性质恶劣，情形严重应有统一的解释。

应根据，贪污数量、性质、方法、及坦白态度四条来决定，但总数不可超过贪污中 5%。

（Ⅲ）退赃程度当作处理轻重的条件之一，应强调。

（Ⅳ）执行部署地委以上除个别部门外，打虎都应结束，而在结束与处理之间应抽出几天，来清理老虎，进行退赃交证（拟三月廿日至月底止），使不弄错一人。

至[于]一百万之下的小贪污，应在三月廿日前免掉贪污帽子，并处理一部[分]免于刑事处[理]问题的中贪污分子，及个别大贪污分子。

四月份则搞交代，划清思想界线，处理浪费及全部贪污分子，〈接〉结合搞好整编组织，县则准备三级材料，到五月开始动手，但要地委注意先搞清县委委员，以上在四月里先搞好。

临安五反情况

共[有]工商 210 户，店员 261，摊贩 250＋户。

守法 58 户已解放。

半违法 136 户，大部已搞清解放。

顽固对抗，问题大的 16 户已解决一半。

总漏税 15 亿 9 920 万元，可能到 20 亿。

一千万以上 31 户，共 6 亿 4 千万，最多八千多万。

一百万以上 136 户，9 亿 3 千万。

一百万以下 43 户，2 千 2 百万元。

二次坦白检举大会共捕四人，限期坦白三户，宽大处理的 35 户。

劳资见面会是以行业为单位开的，主要对中等户。

五反后，发现好多户有隐瞒敌产的，而有两户曾津贴反革命活动。

工人要求较高，将守法户划成半守法户，半守法户划成违法户。

资本家逃避资金很严重，而加高厂则不够赔偿税失，工人生活困难，而茶行则全部无法赔偿。反革命财产查出十九户，有些全部是伪财产，有十几户（对抗的）已不进货。

临平镇

人口 9 262（除机关人口），2 372 户，其中工商户 444 户，小贩六七百家，职工店员 1 209 人，三反自一月始，三月十日开始打虎，中间因干部未准备即交代而未做好，走过弯路，事实上是二月十日到三月十日干部交代才完毕。（工作人员干部 184 人，多是经济机关）

前任镇委书记是老虎，将没收财产，与反革命奸商勾结合办碾米厂，加工中有大毛病，已停职反省。因政策没有法表现，贪污分子怕赔钱，坐牢，交代得很慢。后开了一次坦白大会，表现了政策但劲头不大。到打虎时至，贪污在 50 万以上者有六十余人，比例尚小，打虎开始后已打了一只大虎，另一只大虎尚未打死。另有二人有大老虎嫌疑（小事情有大毛病，大事情都说没有），有一条则〈反〉翻供，另搞了一只小虎，而镇工会的文教委员则贪污达九千万，主要是拿老板商股。工会里面干部好几个有商股，被资本家收买，合作社九十余中有三十几个是商人（包括行商），占 1/3。税务所十一人中，多是伪人员，也有商人，所长已肯定是老虎，其余尚有六人已露虎形，老虎准备 24 只分三批打。

五反，工人已动起来，商人只交了浮面的坦白书，大体上内心很恐慌担忧。工人开了训练班（140 余人），检举信已有一万余件，高级成员训练班也有一百余人搞了六天，训练后大部已动起来，检举了一些，但劲头不大。工人中最大顾虑，怕关门失业，同时情面亦有关 系，资本家已带老工人去杭州玩了二十多天的，也有带工人看戏的，也有召集工人开会，摸工人的底，也有送店员礼的。

五反准备三反打第二批虎时，要ブル定期坦白交代，在限期结束时准备开坦白检举大会。

各业中与公家最有关系的是布麻业及加工业(粮食和油)。

干部在五反中[有]情绪,有想把ブル抓一批,杀一批的企图。

(文件编号:R136)

关于杭州五反运动情况的汇报

1952 年 3 月 16 日

（沙文汉旁注：偷税漏税、偷工减料、欺诈、盗窃、窃取经济情报。）

各种户数的划分及处理问题。

工人有问五反何时可结束，下面觉得上面主意多变。

工人有怕老板补税关门，而对账外资金回账则很有兴趣。

店员有看到处罚条例，觉得老板要垮，罚不起的，不搞老板了。

酱、酒业对政策皆拥护，但对有些小店及独立户补不起税，而要补[就]倒，则主张从宽与照顾，而对逃贷则均主张回店。又干部觉得上面主张多变，事情不好做，税局干部对多数从宽认为公家吃亏太大。

各区都有几户斗僵了的，问题是严重的，但店也小，老板不肯承认了。

绸缎业有许多消极怠工不开工，企图报复工人，并说我不开工，看工人饭碗在那里，再则绸子生产积压很多，与经丝缺货，经济上滞呆亦有关系。工人有向我们来叫苦的（失业已有多人），我们动员工人去搞劳资谈判以及反怠工斗争会。

工人失业威胁，及今日吃饭问题，尤其营造业，急须解决。

（文件编号：R136）

关于苏展问题的看法

1952 年 3 月 18 日

苏展：个人有否贪污再定。

① 三反中检讨勉强。

② 处理船及破汽车违反制度。

③ 挥霍性的浪费，扣救济款利息作机关生产是大错的。

地委对苏问题是右的。

救济款作生产经费，陈伟达也要负责。

替苏展穿裤子太早，陈伟达未执行好。

苏展问题应及时处理，其错误是：

① 将救济金扣留不发，并拨一部[份]为机关生产，供挥霍浪费，未能及时救济，当时严重灾荒，这是严重的。

② 对国家资财破汽车及沉船的态度是严重的错误，不把他当作国家有用资财，而与私商合买，给私商赚了大钱，只顾小公家而无大公家观念。

③ 本人对机关生产的方针与省委和省府的方针相违背的，不是统一为大家改善生活，而拿一部[分]为小金库，变成为少数人服务，并借钱给报馆而得了照相机。

④ 在三反中对党的态度是不老实的，采取了各种方法来掩盖自己的真实面目，对省委态度也不真实的。

⑤ 有严重的贪污嫌疑(将钱交私人秘书管理而不交应管理者管理)。

这些事情表示，苏展同志地主资产阶级的思想还没得到很好改造，在革命中的思想是不纯的，因此苏展问题应及时处理：

a. 本职各级撤级。

b. 撤职后反省，将来视其反省程度再作处理。

宁波地委对苏展这种错误未能及时制止，且通过了将救济款作机关生产，陈伟达同志亦应负责任，且因为〈沾〉占了其浪费的便宜，思想上亦有模糊之处，因之宁波地委事前对苏未能制止，事后处理亦不坚决，不能与群众在一道，应负助长苏错误的责任，应作检讨。陈伟达之去甬处理苏及宁波三反问题，在总的方面是好的，但有两个缺点：

a. 见到情况已变化（群众不满），未要苏先彻底脱裤子，而机械地执行了省委的指示。

b. 对苏展情况，尤其是思想本质上的严重性认识不足。

c. 同时，对地委小组不满，处理情况对省委反映亦不够，（即地委小组并非对中央方针不满，而是不满苏当作浪费处理），因此，陈伟达应对以前在甬有关苏展问题应作书面检讨。

（文件编号：R136）

浙江省委关于三反五反运动的汇报

1952年3月中旬

一、如何加速打虎，按预定计划完成。

（一）休整中，六查：1. 有否假虎；2. 有否逼供信；3. 打虎队纯洁否；4. 再来排队作计划；5. 重新组织力量；6. 有否一般贪污漏网。

（二）专人专案解决之，尤其是对负责干部，杭［州］市应有决心搬石头。（龙郭唐苏）

（三）追赃问题，根据中央指示，作专门研究。

（四）召集老虎开会，说明死活与徒刑的道路，给以充份政策性的教育，要他补充交代与供赃。

（五）三反第四阶段的工作应即准备，使领导上不走弯路。

1. 打虎告一段落后，搞一时间〈作〉做从上而下从下而上的校对，有否漏网分子。

2. 领导上总结三反运动，传达华东会议整党的精神，作一次思想及工作检查的动员，以划清思想界线交清关系。

3. 所有一切犯错误者，不论是否老虎，贪污或浪费和大小，应加以结论或处份。

4. 定制度，包括那人可用与不可用在内，使四月份可调整组织及干部。

二、对于经济问题，问题是严重起来了，但程度还难确定。

（一）加速完成三反五反，五反要根［据］办法增加速度解放守法及半守法户，争取十号前完成解放95％。

（二）由省到地，坚决抽条1/3人员维持业务，尤以当前人民生活迫切需要者为中心，指定人来负责。

（三）县里除露头老虎调地委集训外，一概不搞三反，凡过去有毛病，而现在不犯，工作中立功者，将来三反中减免。

（四）摊子搞垮者，可会合，可兼之，但须书面〈作〉做成计划。

三、加紧工厂三反工作。

（一）二四六办公必须汇报工厂三反。

（二）电厂以五反为中心来搞，同时联系搞三反。

杭州五反转入打虎前的情况（三月十日）

工商总户	违法户	占%	已打开	占违法户数	战果（打开户）
16.607	648	3.9%	76	11.7%	1.705亿5千5百万

陈汇报：

① 上城区释放资本家粗糙，工人不满，泄气，事先亦未与工人开会说明。

② 资本家释放后有反攻、反讯工人现象（在地区小行业中都有）。

工人要求：

a. 打服反攻的资本家。

b. 反封建压迫要求民主改革，解决工人自己问题。

c. 大厂工人要求反工会的官僚主义及高级职员。

d. 大厂工人要求解决劳保问题，及恢复工资。

大小工厂工人都要求抓紧生产，担心自己生活，重点户工人要求狠狠打重点户。

③ 因此打重点户工作中应：

a. 狠狠打重点户及反攻户。

b. 对半守法户数者处理要紧些。

c. 有重点试验民主改革（先择五个点在二十日前得到结果）。

d. 对专案要有意识注意，但不要强求迅速解决。

e. 下一阶段前先事休整，整理与总结。

（沙文汉旁注：估计多少行业垮掉，有力接收否）

谭（启龙）：

一、在领导运动中有为着上海抽干部而使运动造成夹生的倾向，而不在从运动中新生的力量条件及工作方法上的改进去求快。

二、对前一阶段的工作应〈作〉做基本估计。

（一）工人群众发动及其觉悟的程度，因此要去分别召集工人座谈会，问一问工人觉得目的达到了没有，同时告诉他们以后要搞民主改革的问题，以加强对他们策略教育。

（二）已放的资本家是否真正老实了，是否对工人低头了，对国家感服了，这在工人中可以了解的，对不老实的要狠狠补惩。

（三）违法户虽已孤立，但我们材料掌握到什么程度并整理好否。

（四）要把打76户的经验加以总结与批评，使大家有经验。

这四件事情办好，就可以转入打虎，不然就打不好（十五日之前要做好）。

三、打虎要：

（一）排队问题

1. 排好648户的队及800的名单。

其中：

（1）分严重违法及完全违法的。

（2）把协商委员政府委员划出来。

（3）工商联同业工会的主要划出来。

2. 整垮的行业及户数，杀头者何人，退罚关者何户，其他的是那些户。

3. 委员及民主人士中那些准备〈作〉做如何处理的亦应排好。

（二）组织队伍问题

1. 冲锋队，主要关键在解决高级成员，应用各种各样的会集中做高级成员工作，使其进一步依靠我们，训练后分给打虎队，当作我们打虎队的向导。

2. 工人战斗组，某厂某店要多少战斗组，人数，要配那些人，应建立的指挥机构，每单位及每区都应有指挥骨干，每组亦应有骨干，各组出发中要有重点配备。

3. ブル的子弟家属[工][作]应做好，组织攻心。

4. 要所有打虎队对对象具体研究，熟识虎情。

四、战斗动作，应写成战术，要全。

如工人会师，约法三章，及查账。打虎队应有纪律，不可逼供信。

五、对工人骨干要进行策略教育：为什么先搞五反，后搞民主改革之类，要他们准备材料，拟在四月里进行民主改革，同时可先选二三个单位作民主改革的典型试验。

（文件编号：R136）

浙江省委常委会议记录

1952 年 3 月 21 日

金华断粮户 3—5%，最严重处 8%，而宁波最严重达 10%。

其原因是：

a. 部份地区欠收。

b. 土特产停滞。

c. 负担过重，税率对基本群众比去年高，而未掌握减免。

d. 农民正税负担外负担太多，基层财政混乱。通常农民负担在 30%，而严重地方有达 40%。

宁波曾发生吃大户四次，有卖田（每亩三万元）卖子典青苗，拆房子卖的，主要地[区是]慈溪、镇海、三门等处。

工业生产的减产情况亦很严重，尤其是加工方面多停了。

土特产现急需解决的约一千八百亿，我们可即投下三千亿去，可无问题。

（文件编号：R136）

浙江省府行政会议记录

1952 年 3 月 22 日

工厂学校外参加三反的有一万八千五百多人，一百万大小贪污人数 40%。

（文件编号：R136）

关于临平三反运动情况的汇报

1952年3月24日

① 到廿二日为止，虎已有三十八条，估计当有二十七条，占学习186干部中1/3。总共已捕了五人，镇海领导上已全部蜕化。

② 经济方面，银行存款疑有显著变化，税收到三月有下降倾向（三月也是淡季），土产中甘蔗（近二十亿）推销不出。

（文件编号：R136）

关于财经问题的工作汇报

1952 年 3 月 25 日

Ⅰ. 关于财经问题

（甲）五二年基本建设

必成的：

1. 麻纺厂　增二套机器　三千五百锭　1 500 亿
2. 黄壇口　650 亿
3. 铁工厂　143 亿
4. 建新化工（松香）厂　79 亿
5. 麻仓（厂矿联营处）　71 亿
6. 皮纸一厂　17 亿

以上共计　2 460 亿

筹建的：

1. 建筑公司 115 亿（已拨）嘉善砖瓦厂、肖山砖瓦厂、嶂山轧石厂
2. 印染厂　5 亿 8 千万

可建可缓的：

1. 纺织公司　1 亿 2 千万
2. 钻探机 20 亿

训练试验：

1. 训练 94 亿（温州高，浙大工专等）
2. 专门试验　39 亿
3. 综合试验费（麻脱胶）29 亿

共 164 亿

地方工业补助：

1. 五十精洗麻厂（每厂二百人）99 亿
2. 吴兴电灯　37 亿
3. 改善地方工业设备预备费 100 亿

以上合计　　3 003 亿元

（乙）流动资金，共 1 024 亿

两项合计 4 027 亿，内华东可补助黄壇口经费 400 亿，地方要解决 3 627 亿。

内工业厅工业利润 2 267 亿（内麻纺厂 1 507 亿），折旧上缴 102 亿。

共 2 369 亿，其他由财政厅供给 1 300 亿。

（丙）地方财政力量：

税收与中央 2、8 分，地方二成中央八成。

去年地方征粮 400 亿 ⎫ 计 1 200 亿尚余赤字 100 亿

今年公粮超征 800 亿 ⎭ 实质可能有 600 亿赤字（如麻袋跌价）

若地方附加稻谷以三亿斤为政法文教费（内小学经费为 7 000 万斤），则可有四亿斤投入工业，小城镇税收可以扣 150 亿至 200 亿，如此可以弄到 600 亿，而没有问题的。

Ⅱ. 教育

现有中学生 75 000 人，最高收容量到 10 000[0]人，今年高小毕业生有 10 000 人。

小学增一班初中一年生，中学改二部制，及都市夜中学可增 3 000 中学生，成年人冬学发展到长年，民校全省计有 120 万人

（文件编号：R136）

关于飞机场修建与党的工作笔记二则

1952 年 3 月 26 日

飞机场修建问题：

① 每人分配到的工作应视为自己的中心工作，不得有其他借口。

② 各单位更不可有发财赚利观念，这是具体的保家卫国工作。

机关党委会的问题：

组织处：

① 分工中宣传部副部长问题，统战部问题及团工委。

② 分党委及总支需有专〈级〉职干部。

计分党委及总支十四个单位，以行政负责人为书记设专职干部为副，并吸收人事负责人为委员。外地的支部由二重领导，基本上由当地领导。

任务

保证行政任务的完成表现于：

① 党组织工作，党员模范带头作用。

② 宣传教育工作。

③ 团结群众与统战工作。

④ 对青年团及工会的领导。

——和行政很好配合中实现之。

目前工作：

目前工作十日前为着追赃打虎完成三反。

十日后进入第四阶段交代、回楼补课、思想检查与整党。

〈应〉因此：

① 需准备好几种排队，党员类型的排队，建党积极分子排队。

② 对干[部]思想情况的了解与教育。

③ 掌握典型先走一步，三个：a. 省委行政处；b. 报社编辑部；c. 民政厅。

④ 小贪污分子的处理。

⑤ 对干部的调整与提拔。

省级机关干部：专县级级占一半，县级占 1/4，区级 1/7，其他 1/7。有团员 2 700＋人，十省委 330＋人。

⑥ 建立党的经常健康的生活制度问题。

（文件编号：R136）

浙江省各地五反运动情况的汇报

1952 年 3 月 28 日

宁波，最初以 24 人搞六个行业后增至一百几十人，搞了 22 个主要行业。

现 22 个主要行业，已经过群众诉苦，发动了群众重点材料已基本搞清，一般户的材料也已搞起，但尚未整理好，又 32 行业亦已开始发动了群众，材料已亦开始在搞，群众已发动到 80%，各业中派出了六十几个检察组。

资本家方面开始时有停火停薪的现象，我们亦未及时处理，工人中发生了自发斗争，拿回了一些逃资，因是自发，其斗争方式则各种都有，办法有些野蛮，资本家自杀了十一人，未遂者又有三人，其中有些资本家确是短少资金与货物滞销的缘故，现失业与半失业者约有五千人，其中主要是建筑工人（一千余）与手工业工人，对于高级职员则强调了斗争（干部的观点也过左），因此自杀了二人，有六七人被停职反省。

工作布置，108 个行业 7 770 户（其中行商八百多户，转行劳动者亦在内，摊贩七千多户未计算在内），已有十几万份材料，资金总有 1 700+亿。

① 排队：守法户　　20—25%（一千五六万户）⎫
　　　　基本守法户　45—50%　　　　　　　⎭65—75%

以上以四百万以为界线

半守法户　27%

严重违法户　2.2—2.4%（20 户已有材料）

完全违法户　0.6—8%（46—65 户，已有 50+户有材料）

② 工作进程

a. 准备工作在四月二十日即可准备好，同时拟再抽一批干部，同时，做好五金业典型。

b. 4 月 20 日至 5 月 20 日是行动阶段，拟分三批进行。

c. 5 月 20 日至 6 月 5—10 日，准备最后处理完毕。

温州情况汇报

工人已开始自发斗争，起初温[州]市曾开办了千人训练班，资本家学习会，扫盲青年等训练班，后又奉命停下来集中心力去搞三反，在这时老板也有破坏活动。而温市经济由各地三反及淡季影响，经济情况亦不好，一二月份中棉织业二十余家全停工，另二十一家半停工，建筑工人全部失业，搬运工人前一时期亦全部失业，近稍好些，机器手工业铁工已全部停（工人 200 多人），碾米亦如此，一般手工业失业均很严重，总数达万余人（经常失业的是三千多人）。

而ブル方面叫嚣很厉害，到处造谣，许多都停工停火。

因此温[州]市经济情形很严重，工人自发斗争就以追逃资的形式出现，形成一定的无领导与混乱现象。对此情形，温州拟：

a. 对最坏的ブル杀惩[redacted]。

b. 对资金营业确实困难的……①

总之是保存工人斗争情绪，加强其领导，使有计划来进行。

失业工人问题拟：

a. 修公路解决 600 人，但需七亿资金。

b. 开[redacted]片厂解决 300 人。

c. 烟厂开工解决 80 人。

又温州工会中发现组织严重的不纯，而一般工人经济观念很重，政治觉悟则较差，今日的问题，工人需要领导他。

中央五反政策颁布后，ブル中亦有分化，小户安心了些。

计划温[州]市五反拟先搞营造及西药二业，四月十日拟抽八十人来搞，到二十日再抽一批，共拟组织五百人来进行五反，但因工作经验不足，要省委帮助。

温[州]市工商户共 7 070 户（行商摊贩不在内），资金总数八百多亿。

〈加〉嘉兴

① 工商户 1 857 户，包括民船 300 户在内，除大工厂外全市资金有 300 亿，一亿以上的 58 户，一千万以上的 381 户，以下的 1 436 户（占 75%）。

据现在材料，排队是

守法户　　81 户　　3.01%；

---

① 原文如此。

基本守法户	1 458 户	70.6%；
半违法户	426 户	20+%；
严重违法户	85 户	4+%；
完全违法户	14 户	0.68%

——计 2 063 户，包括其中有些是分店。

② 已开了两次店员训练班(开了 3—8 天)，会议中工人进行检举已有三千多件，〈又〉有三十二个重点行业 364 人曾开了训练班，在班中互相检举与交代，交代的有 200 多亿，其中一亿以上的 35 户(一部[份]材料是店员检举)。

③ 嘉兴工人已发动起来，一停了后，工人与店员有自动干的现象，后又设法再停才停下来，发生了一个店员被ブル收买者自杀了，又一个自杀未遂，已逮捕的ブル有三个，扣押的有六人。

④ 嘉兴的基本情况已掌握起来，但搞五反的力量还抽不出来，大约要到四月下半月才能腾出手来去搞五反。

〈吴〉湖州

工商业户，2 746 户(包括船户)，资金 278+亿，后查出的 55 亿(共 3 340 亿)，其中工业 92 户，资金 89+亿，手工业 767 户，资金共 40+亿，商业 1 279 户，资金共 149+亿。

已坦白的违法总数有 68 亿余，显然很不彻底。

逃税行贿最多的是酿酒业，偷工等最严重的是纺织业、粮食加工，棉织业。

五种分户排队尚未排起来。

资本家中有停工，停工必进货等行为，曾有资本家假自杀过。

拟抽 150 多干部再加工人来搞五反，准备在四月二十日开始进行。

绍兴

工商户共 4 264 户，此外还有将近 100 户未登记，又摊贩 5 696 户，工业有 14 户，占总户数 0.328%。

手工业 1 424 户　29.198%(多锡箔业)

商业 3 005 户　74.474%

资金 562 亿 9 389 万，其中工业资金，54+亿，占 9.65%

手工业	123+亿	21.93%
商业	385+亿	68.4%

据他们自己说酒与锡箔逃税约占一半，即与交税额相等。

在三反追赃中有两个ブル自杀。绍兴失业有三千余人，尤其建筑及搬运工人失业最严重，其中最近失业的有一千余人。

4 月 20 后拟开始典型试验，到 5 月开始进行五反，五反中可抽 500 人左右的工作队。

杭州汇报

参加运动的工人店员七万余人，涌现出来的积极分子一万九千多人。

杭州运动开初准备是不够的

① 在思想上

a. 对五反的复杂性及严重性认识是不够的，他有他的规律，只就配合三反来看是不够的。

b. 对生产的关系与影响的估计不明确，而把运动时间拖得太长。

c. 把我们政策思想变成群众思想的准备与体会也不够。

② 在组织上

a. 对指挥部的建立，没有注意到。

b. 各界人民参加运动不够，尤其上层及各阶级，没有有意识去用他们，在这过程去教育他们。

c. 城市的各种行政机构因三反没有配合上去，如工商局及税务局等。

国营企业因三反也没参加五反，私[营]经济问题上的困难更多。

d. 工会的组织形式，及没有区的组织，暴露出很不适应，同时也暴露了工会的组织很不纯，而我们事先没有加以整理。

③ 材料及准备上不够

a. 材料事先没排队。

b. 没有先搞典型。

④ 因为前述准备不够，我们一开始就是全面展开的办法而造成了若干的混乱，而重点检查一开始七十多户也太多，实质上是全面展开了，开始前材料准备亦不够，而释放半守法户以下的一般也太急，十天时间是不可能的，结果弄得粗糙了，再补十天，而在补中，因反右倾思想，后〈有〉又左了一些。

⑤ 五反运动整个可分三期

第一时期发动群众，主要是反资本家破坏，为此颁布了八项措施及三十万人的宣传攻势。

第二时期，坦白检举时期，中心问题是坦白与反抗拒问题，是斗争最猛，威势最大时期，是工人优势真[正]确立时期，五反工作真正建立时期，我们全市性坦白大会后，各地区各行业都开了坦白检举大会，而在会上打出了全〈讨〉套政策标准。

这时重点检查是必要的，但是为着支持坦白，但这作用是很大的，检查开了，老板就真恐惧了。再则是过三关过五关，处理半守法户以下的，形成五反统一战线。

第三时期是打虎与恢复生产，进行组织建设阶段，这里要反停工，纺织业开了大会，大部都继续生产了，在这里工人情绪亦很高。

"总结说五反应一个月到四十天就可解决，如准备得好，干部有力量，坦白与打虎可以同时进行"。

⑥ 具体经验

甲：排队问题：

a. 资本额、营业额、加工定货额。

b. 违法程度排队。

c. 政治情况排队。

杭州资金总额 3 800＋余[亿]，投资额 7 000 亿，加工定货 7 000 亿，二年半全部税收 5 100 亿，整个违法所得已知的 3 900 亿(股金未算)。

其中基本守法户	200 亿，	4 0 亿	每户平均 200 万
半守法户违法户	500 亿	能收回 270 亿	每户平均 1 800 万
严重违法户	2 000 亿		每户平均四亿＋
完全违法户	600＋	能收回 400＋亿	每户平均五亿＋

五类排队

守法户，3 718 户(行业五十万以下，地区三十万以下)，占 22.81％

基本守法户 9 766 户(五百万以下的)占 58.3％—81.1％

半守法户 2 668 户(五百万以上的)占 15.94％

严重违法户(一亿以下的)—96％

金华

工商户　2 197 户

完全违法 14 户　[0].64%}
严重违法 51 户　2.36%}3%

半违法 403 户,18.28%}
基本守法 854 户,38.92%}97%
守法户 875 户,39.8%}

一部将成基本守法户

10 亿以上 4 户 5—10 亿 10 户 3—5 亿 14 户　1—3 亿 59 户

5 千万到 1 亿 55 户,1—5 千万 194 户 共计违法的 287 亿

逃资很严重,约计到资金总额的一倍。

临安

工商户共计 353,包括手工业,小包头及行商及医院协会等,共计资金十亿,违法总额十八亿。

守法户　19 户　5%;

基本守法户　262 户　74.9%;

半违法户　63 户　18%;

——内有二十来户是 51 年偷漏在 600 万的,内有二十户资金不够补税的。

严重违法户,7 户　2%;

完全为法户,2 户　0.6%

——2.6%;

桐庐有五反风声一传,坏分子先下手威胁工人及积极分子,结果杀了三人。

谭启龙:

省委开始时对五反严重和复杂性以及其目的了解都是不够的,而只是从配合三反出发,没有看成是对资本家的严重进攻,严重的社会改造,在城市里发动工人建立优势,划清界线,为国家建设打下基础,而是以后逐渐明确起来的。

到今天来说,除一部份同志已有正确认识外,全党大部份的同志还是不大明确的,就因如此,所以宁波及温州就搞得有些乱,同时,同志们对五反的一套〈作〉做法,自更没有基础,因此今日在党内搞清楚对五反的认识是保证我们五反能否搞好的基础。

五反运动基本上有三个阶段。

一、为准备阶段，他是全部运动搞得好坏的关键，准备阶段要作的事是：

（一）组织队伍教育干部。

组织队伍是

（二）组织五反司令部，调集参加五反的干部，组织工作队。

司令部的组织(1) 须有材料排队机构，由司令部贯彻到各区并需主要负责人集中力量来亲自动手(材料组、宣传组、检查组)。(2) 作战机构，又是[分]区又是[分]行业是不好的，应以区或以行业为单位。

1. 整理工人队伍(全中是以工人中先搞三反，再去搞五反的，即先搞工人队伍先作初步整理，并对五反给以一定的教育)。

2. 调查研究，分类排队，工商户数，等级性质分类，资金营业总额，税收及公家投数总额，以确定搞回数字。

3. 工商界上层分子，及其政治、经济上的情形进行排队，行业排队，及守法违法的五类排队。

（三）工作动手前有一个战斗的行动计划及时间表。动手后两星期必须[按]解放前形成的工作[方法做]，而在一个月时间中全部战斗行动均应完结，不可拖长，主观力量不够，可分批搞。

（四）展开宣传攻势，造成舆论。

（五）试验一个典型(在较大的城市)。

二、行动战斗阶段。

（一）运动一开始，要开增产节约委员会扩大会议，宣布进入五反开始，然后发动群众检举与示威。

（二）运动开始后三四天内应进行坦白检举大会，限期交代，坦白大会一般开二次就行。

（三）工人开检举会进行诉苦，并争取高级职员。

（四）检查组有重点的下去，包打包开，这很重要，一般中小虎在此威力下大体可以吓倒。

（五）一般交待清楚，与有些重点搞开发，即开始对前三种资本家做结论，随后再处理使五反统一战线正式形成。

（六）大部解放后，再围攻严重违法户及完全违法户，动手前休整准备一下。

（七）最后一着是组织人员法庭分批判决（事先应排好，那些准备整垮他的）——杭州准备整垮 50 户，约占 0.3%。

三、建设阶段，即搞好生产，整理组织，以巩固胜利成果。

（一）在复查基础上，普遍订守法公约。

（二）适当调整劳资关系，建立正确的劳资关系，搞好生产，要使工人懂得大道理，继续提高一步，努力生产。

（三）监督生产，不能普遍搞，只能典型试验，监督内容为：

1. 保证税收以监视其资金。

2. 保证生产经常搞好。

3. 保证胜利。

（四）对无法继续营业（如菜馆等）应使其改行，生产有困难者应帮助。

（五）整理与巩固工会，使打下基础，与对独立劳动者则应组织独立劳动者协会。

独立商店则仍入同业公会，改造与整顿工商联及同业公会。（以如下三人组成之：a. 五反中考验过的规矩商户（1/3），积极分子，包括国营经济的负责人（1/3）；b. 右派分子（1/3），使积极分子及我们的人势力有一半。）

（六）工厂中应选择积极分子进行教育，准备建党，店员中亦可建立党的组织。

第三阶段工作应在一星期至半个月中完成之（各地可完成其准备）。

全省五反可分三批来搞：

① 是地委所在地，应在四月十日—二十日前做好准备，准备好后带材料来省委汇报，批准后再行动，使五月前搞好这一批。

② 此外的重要城镇，如湖州、南浔、兰溪，海门、硖石、余姚、瑞安、丽水、塘楼、肖山等作为第二批在四月中作准备，等三反完了腾出手来，争取在六月底之前分批完成之，动手前须经地委批准。

③ 一般城市，争取在秋前搞好，具体时间由各地定之，总之，三反搞好后即动手来搞。

（文件编号：R136）

关于大专院校思想改造问题的汇报

1952年3月31日

Ⅰ. 医学院

老虎,大七(二个未下)小十(三[个]未打下),计已打下的12人。

大小贪污分子包括100以下的共85人,内教授中当虎打的一人。

帮助通关的四人,有贪污行为的十九(包括老虎)(医生兼科的不算)。

师院有正副教授42人,在校的4人,现要打的[老]虎教授4人及保管组、会计组尚未动手,保管及会计计五人。

在思想上,医学院中宗派很严重,有落后保守分子,连教书也教不好,只卖资格,靠宗派势力,有洋买办思想的,也有纯技术观点的。

Ⅱ. 师范学院,贪污共171人,百万以内132人,教授、助教共10人,职员14人,工友、同学41人,100—1 000万的22人,先生3人,职员3人,工友10人,同学5人。一千—五千万,11人,内先生4,职员2,工友4,同学一。

54万—1亿,内教授一,职员四,一亿以上的一人(职员),有已打下虎18只,正在打的,教授一,又三人有虎嫌疑尚未进行。

在思想上,师院的资本主义分子很多,许多人都有股票,学生多资本家子弟。

昨日会计系主任卢某家里,藏了苏北的反革命分子(还乡团杀人放火的凶手)。

又,师院教授中美国留学生很多,美国思想很重,也有开学店卖老的典型(倪惠元)。

Ⅲ. 浙大,已打的老虎76人(内教授8,副教授2,讲师3,助教2,职29,工友32)。

据研究,先生有问题者34人(包括解放前的),现尚〈未〉有21人还未解决问题,大部只交代了一部份,小部尚未搞。

(文件编号:R136)

关于杭州五反运动的检查汇报

1952 年 3 月

一、五金业（五金业共五十八户）

五反经过，工人积极分子由初期 30%增至 60%，有工人断绝与资本家女儿的关系的，高级职员亦争取过来，只有发现两个店员与资本家的关系尚不能坚决断开。

工人认为 58 户，老虎中有八户不老实，"坦白态度不好"，未发现资本家解放后对工人报复的行为。

资本家方面，小户资本家要求改组同业公会，他们提议联营、联购、同业〈仪〉议价，并反映说上海为何不五反，上海各五金行价钱不一，使我们很难有定价，觉得上海不如杭州，有许多五金行逃资回来的都超过一倍以上。

二、布及百货业（百货 219 户，布 122 户）

	守法户	基本守法	半守法	严重违法	完全违法
百货	30	130	53	11	3
布	7	58	51	3	3

工人斗争情绪是好的，且亦发动起来了。有一资本家偷漏 490 万，但态度很坏，本评他是基本守法户，工人硬不肯（工人评他是严重违法户），结果以半违法户了事。

工人有二个问题：

1. 划分守法与否等要求参加资本家态度的条件。

2. 要求逃资归店。

在百货中分户时，ブル[逃]资的是以二百万为分界，而我们设以五百万分界处理之。ブル大为感激，而有一户违法数字本是一亿，领导上准备以半守法户处理，交与工人评，结果工人一斗斗出五亿多。

又：干部有机械掌握分户的杠子（不是中级以上干部的掌握，而是将比例分配下去），而有些户划为基本守法户〈使〉是ブル与工人都不同意的事情。

ブル要求五反后工人的战斗情绪减少些，说这两天连老板娘烧饭都困难，若菜好了，恐工人说她是糖衣炮弹。

丝织厂工人的积极分子要求：

（一）违法退回的款最好在厂里生产，当做公股，而把私厂变成公私合营或公家接过来管，认为老板没用处。

（二）要求工厂里有党，个把青年团员不管劲。

（三）老板没多事，应要他们学习，省得以后多违法（对老板有些顾忌）。

（文件编号：R136）

关于三反五反和思想改造的情况

1952 年 4 月 3 日

四月三日 统战部会议，巩固三反及五反成果问题。

四月五日（清明）思想改造委员会

思想改造的准备工作

a. 划清思想

b. 交清政策（尤其是对学生）

依靠群众是决定的，依靠学生是为着教授。

排队，研究好典型，交清政策，动员划清界线，准备好报告及揭发检讨，总结打虎，进入思想建设。

（文件编号：R136）

政法委员会第一次会议的致词

1952年4月16日

一、政治委员会的成立，将大大有助于今后浙江政法工作的加强，这里我对政法委员会的工作有一个很大的期待。

二、政法委员会是我们省政[府]在政治和法律方面的决策机关，直接对省府委员会和主席负责的，而对我们政法部门的各厅、院、署是一个政策的指导机关。省府在这方面工作的好坏固然决定于各厅院署的工作，也决定于政法委员会对全省政法情况的研究和对各厅院署的指导如何。因此他的责任是很大的。

三、新民主义的中国革命的成败，决定于内政方面的。

（一）是建设，经济与文化的建设。

（二）是改革，保障与造成建设成败的各种社会条件，进行种种必要的改革，政法工作就是这里的主要负责者。

因此他的任务，不仅是保持与巩固现有的条件，并且是要创造新民主义发展走向社会主义的各种社会条件。在这个意义上来说他是进行最尖锐的社会阶级斗争的机构，也即是阶级斗争的先锋队，希望大家重视这个责任。

四、为使我们政法工作能够加强起来，很好地担负起前述的任务，这里我希望：

（一）政法委员会建立起自己的办公机构来：

1. 经常来研究全省的政治情况与阶级动态

2. 据此来确定我们有关政法方面的施政方针

3. 以便加强对政法各厅署院的指导

（二）在目前第一件要做的事情，就是集中力量来搞好人民法庭，以便迅速而公正地来处理贪污分子。

五、对于贪污分子的处理中央已有明确规定，这里不拟重说，因此只想说一说，若干具体的工作问题，即：

（一）人民法院，拟各部门组织一个。贪污分子少的要几个单位合组一个，由原来无贪污行为的政治上可靠的行政负责人及三反中积极分子组成之，并尽量吸收非共产党员的公正人士及普通工作人员参加之。

（二）政法委员会，应组织审核机构与审查小组，来审查与督促各人民法庭的工作，以保证还不弄错一个人，即不放过一个，不冤枉一个，因此人民法庭中受刑事处分者，尤其是处重刑者，我们审核机构必需尽量仔细地加以审查。

这里我们更大胆地勇担负责，既不怕人家说麻烦，也不怕人家说"左倾"与右倾，我们应替政策与法律负责。在追赃定案中可能产生的"左倾"与右倾两种倾向（① 逼供信和混咬乱追；② 对贪污分子的狡猾与〈吃〉乞怜束手无策的转化）必需坚决贯彻斗争。

（三）在处理方针上是坦白从宽、退赃从宽、初犯从宽、过去从宽、反之从严，技术人员及学者应格外小心，处死刑者应上报批准，少开除，多劳动改造。

此项工作已应即着手进行，希望能当作政法委员会目前的中心任务来处理。

华北：

党的贪污论处不予行政处分者 72％

免于刑事处分只受行政处分者 20％

受刑事处[分]8％

死刑（包括刑事 2％的数字内）0.15％

（文件编号：Q20）

关于五反情况笔记一则

1952 年 4 月 21 日

金华五反

完全违法 12 户，补退罚，接收的五户。

严重违法 48 户（其中退二年的 19 户——内二户罚——退一年半的 29 户）。

（4 月 21 日）

（Ⅰ）分类征求，限时处理

① 结案：已结束的案子。

② 定案：正在对证核实的案子。

③ 消案：已确定弄错了的案子，或全无证〈举〉据，根本上不可靠的案子。

④ 悬案：无法确定，也无法否定的案子。

⑤ 专案[①]

⑥ 转案：双皮虎及毒犯的贪污分子。

（Ⅱ）退赃处理

① 退财，交证。

② 存放在他处的，打起来，不能有〈价〉假。

③ 已用掉的开账，经群众讨论，评定免除。

④ 挥霍掉的打欠条。

（Ⅲ）对〈反〉翻案

① 弄错的，改正，承认其〈反〉翻案，即“平反”。

② 通常贪污分子打成老虎的核改。

③ 定案反攻，坚决阻止。

④ 老虎不变但大小变了，则应核实。

（文件编号：R136）

---

① 原文缺失。

关于干部问题的讨论

1952 年 4 月 28 日

省府干部情况：

省府干部总数

9 708 人，其中党员 1 435 人，团员 1 589 人

政治 1 131 人，其中党员 448 人，团员 289 人

财政 6 831 人，其中党员 669 人，团员 848 人

文卫 1 746 人，其中党员 323 人，团员 452 人

三反中打垮的 1 232 人，有名单 1 220 人

政法打垮	101 人，	占 8.2%
财政	962 人，	占 78.1%
文卫	169 人，	占 13.7%
合计		100%

内党员 135 人，占党员总数 9.4%，团员 58 人，占团员总数 3.6%。

农林厅：

打垮的占到干部总数 13%，但由于其大胆提拔干部，自力更生，而只向组织部要了三个干部，大体上已恢复经常状态。其中由机构合并与合理化节省干部近 200 人。

提拔了 39 人为区级干部，以抵补 40＋人的被打垮的区级干部。

在提拔干部时遇到资格浅[无论]业务不熟识等反对意见，而均加以克服。其提拔的条件为：

a. 政治上无问题。

b. 三反中基本上无大毛病。

c. 有若干业务知识，而可提高的。

谭启龙：

① 组织方针基本上是对的，但工作中有些缺点：

a. 没有把工作重点放在方针贯彻上，掌握其中的主要环节，及干部使用的数字和计划。

b. 管的干部太多，而变成事务机构。

c. 没有〈作〉做解决，培养解决干部问题与党问题的典型与了解实际情况。

② 解决当前的干部紧张状态：

a. 合〈利〉理使用现在控制的一千个干部。

b. 整编中攒出干部来。

c. 大胆越级提拔。

d. 各单位建立党委制。

③ 组织部与人事厅管理制应加以研究改变。

④ 对于工农业及文化五年计划，如何保证干部的供给，作出培养计划。

上海重点户的处理排队：

守法户——30％

基本守法户——35％

半守法户——20％

严重违法户——1.4％

完全违法户——1％

三反中党员处分条件：

① 错误的情形与性质。

② 本人一贯的表现。

③ 是否合乎八个条件。

④ 对错误的认识。

（文件编号：R136）

浙江省委常委会传达华东五反问题的结论

1952 年 4 月 29 日

① 五反的工商业户分类应先分大中小三种再就每种分成五类，在这样的安排中始可使五反适合于对资本家的统一战线和继续生产繁荣市场，税收有望的原则。

因此在工作上第一应抓住大户，第二应掌握多数，而所谓违法与否，基本上不是只按其违法情形，而主要的应按我们的需要来决定。

② 杭州五反最后处理的变更是好的，这变更中有三个关节：

a. 打通干部积极分子及工人的思想，因为干部及工人已只会打而不会合作。

b. 是开好教育委员会，政府委员会，大胆的向资本家宣布处理意见。

c. 强调搞好工人福利事业。

在今后处理中固然仍要贯彻这个转变的精神，但同时也要注意到随便宽大、做人情而使处理失去严肃性，变成是“右”的。

陈冰传达华东宣传部会议

学校工作几个问题：

① 思想改造。

② 组织清理。

③ 建立与发展政治工作。

④ 发展党及团。

⑤ 坚决改造学生成份。

⑥ 院系调整。

⑦ 课程改革。

⑧ 培养师资。

⑨ 思想改造。

其目的是：基本上肃清贪污浪费，克服官僚主义，彻底肃清封建买办和法西斯思想。

中央规定第一二类应在 80％以上，而第四类则不得超过 2％，而第一二应在一星期中过关,否则对我不利,无论如何不能使他们觉得我们在和他们为难。

排队原则是以政治、经济、学习、人缘四个,而以政治为主。

临平:

打出的46虎中是虎的17——定了三人

可能是4——

打重了16——定了三人

打错了的9——全部已定 占20%

临平工商户除行商摊贩外共442户

一至三个职工143户

四个以上的 52户 合计175户

独立手工业 81户

家庭商业 165户 合计246户

(文件编号:R136)

农村情况笔记一则

1952 年 5 月 2 日

Ⅰ. 鄞县望春区月塘乡(靠海边)1 094 户 4 123 口人，断粮 503 户，2 338 口人，即占 50%以上。其原因为：

① 受风灾虫灾，咸潮及旱灾，使全乡平均产粮只每亩 26 斤半，即全部收入 154＋万斤，而公粮征额定产为 365 斤。

② 群众负担公粮等各项收 143 万 547 万斤，即连续产粮 83%，按定产量算亦达 32.3%，群众有出〈买〉卖耕牛，卖农具，卖孩子等事情，全乡 92 条牛出卖了 42 条。

Ⅱ. 象山县岙理村，村中有 108 户，除两户外出，两户富农外，有 103 户都是困难户。

Ⅲ. 慈溪陆家乡一个乡因台风全乡减产 70%。

（文件编号：R136）

陈穆传达华东三反五反及财经情况的报告

1952 年 5 月 5 日

三反开始后，国营经济停了一个时期，对整个经济有影响。

三反五反对以后经济打下了很好的基础，但同时暂时的经济损失也是很大的，光是华东合作总社本机关就损失了二百亿。

上海曾在五反中投放了八千多亿的加工〈停〉订货，但结果是国家的仓库满了，工人失业只会增多，多到比“二六”轰炸时还多（总数达十一万人）。因此这里说明光加工订货解决不了问题，而要打开这经济萧条局面，则必需打开城乡交流的。但要开始城乡交流，必需解决如下几个问题：

① 充实各级机关的干部问题。

② 解决干部不敢负责的问题。

彭真同志认为五反结束后有两个问题：

① 是退补罚款问题，稍搞得不好就会影响整个经济问题。上海五反退款拟：a. 退从宽，算从严；b. 退款、生产两不误。

② 是劳资关系：a. 退款后须保证资本家利润能积累；b. 只可少退不可多退。

彭认为资本家有四权：a. 有利润可图；b. 经营权；c. 用人权；d. 经营转移权。

因此工人监督生产只能监督不犯五毒，否则会变成全面监督。工人过左，与模糊工人阶级意识，而追账外资财。少奇同志认为愈追愈不易拿出。毛主席认为资本家保持私财是属于财产权，应是合法的。华东决定不追账外资财，否则工人很易过左。

上海补退，准备按所得税增一倍，而最长的可分五年交清。此点已去请示中央。总之，不可因退款引起：① 工人失业；② 影响生产；③ 资本家不愿生产。

陈（毅）军长觉得，补退不当作一个战役部署，而应视为正确结束五反的部署来处理。

曾山同志认为要保证资本家的纯利润，并使之不低于银行一年存款的利润(即每月 24%)。华东准备五六七八四个月不退补,退补到九月开始。

华东财委要求补退前须仔细查一查,而同时要五反工作同志懂得经济及算账,不要只会攻资本家。

凡必要的货物积压损失,及偏僻地货物运输贵,应酌情由财政开支来负担。

关于所得税,华东认为资本家认利在营业额 17%至 21%之间。又抗美援朝捐款不应抽所得税,而所得税期限各地应注意,否则每天要罚 10%,那是一件严重事情。

(文件编号:R136)

关于大学思想改造运动的汇报

1952 年 5 月 7 日

① 工作条件是在三反以后，关系已相当紧张，群众怕，自觉性少。而又怕我们背后有指导，讲的与做的不一样。群众，尤其学生，条件左的很左，尤其学生，怕的很怕。

② 思想改造的要求目的是什么，内容是什么？

③ 谁来进行思想改造，是自己改造，我们领导，还是我们改造他们？

浙大问题

思想情况：

① 理工学院中宗派思想很浓。

② 崇美思想，反苏思想：

美有自由，学习自由；苏是功利主义，没有学习自由。

③ 纯技术思想，为教学而教育的思想，学习、教学脱离实际思想。

时间与任务，若思想改造须十二小时则同学每星期将工作 67 小时。同学中有 TB(肺病——注)而须休养的占 7%，三反以来，则有显著增加可能达到 10%，积极分子已疲劳得很厉害，又防疫训练须在一个月中，每次搞三个小时。

政治问题：

① 反封建买办、法西斯思想。

五种反革命分子，反苏学美，对人民政权反感，民族主义，包庇地主反革命思想，反对援朝思想。

② 自私自利个人主义的资产阶级思想。

③ 宗派个人主义。

④ 单纯技术观点，科学不管政治。

⑤ 教育不负责。

(沙文汉旁注：是否否定我的“学问”了呢？)

浙大情况

束星北(物理系教授——注)每天吃酒，与老婆吵〈家〉架；苏步青说学生也不理他了，我脱了裤子穿不上来了。有宗教信仰者说是否影响宗教自由，一般地说不。老教授中对抗情绪是比较大的，而且怕。讲师助教中问题少，而学生则想搞先生。

第一类	151 人
二类	129 人
三类	74＋人
四类	5 人
总计	359 人

（文件编号：R136）

关于三反五反运动情况的讨论

1952 年 5 月 9 日

台州

工商户共 1 383 户

守法 303 户	21.9%
基本守法 805 户	58.2%
半守法 238 户	17.2%
严重违法 30 户	2.2%
完全违法 7 户	0.5%

① 土特产约有两千亿未解决，群众有骚动，有的要我们强收土产（富阳土纸生产者），有的请愿（绍兴锡箔工人）。

② 营业额一般都降低了。杭州一、二、三月是逐月下降，今年三月与去年同月相比约减少一半。温州金华与宁波亦如此，而比诸最困难的前年也还要稍低些。至分类来说，国营业企业及合作社则比过去反高，而私人的都大大减低了。而杭[州]市的售米过去高级米占 70%，而现在则只占 40%。而失业工人，旅馆经营业有一千多人，建筑业有九千多人，已超过万余。工业最积压，光是杭州就有 1 000 亿（两纺厂不在内）。

③ 市上银根很紧，银行票据是收入多支出少，四五六月差进将达五六千亿。

临安有一个镇，商人在店门口挂牌子卖小孩，男的 60 万，女的 30 万。商人对所得税意见很多，说不死在钱塘江的大风浪（五反），而要死在水缸（所得税）里。一般所得税都有不管情况多要[的]现象。

④ 而我们的国营企业及合作[社]则是威信增高，任务加大，干部不齐，计划未完成，群众要求迫切，工作被动。而内部陈货积压很多。合作社即有一千多亿，其中很重要的原因之一是干部工作粗糙，收进了许多卖不掉的东西。由于机构不健全，新的浪费亦很厉害。

一般商人有“二等”（即等五反，等没收），二空（即买空，逃空），二抗（对抗五反及所得税)[心理]。而温州商人对三反五反、退赃补税、所得税及生产，谓之“四面楚歌”。而临安五反中则有三狠，即反得狠，算得狠，罚得狠。

而私商关系中，相互的赊销信用亦〈易〉已完全停止。如此造成了城乡交流停滞，人心不安。

因此目前应迅速恢复经济业务，大城[市]搞好城乡交流。

思想酝酿：交代关系划清界线；组织处理；整编组织。

① 交清与资本家关系；

② 划清对资本家的思想界线与教[育]提高问题；

③ 政治上掌握，生活上不计。

(1) 每单位在转入第四阶段时召开全体积极分子会，进行总结三反胜利报告(省由省总党委报告，地由地县总党委报告)，并检查在思想上政治上有否解决，各部门经分党委会或支部据此须写成书面报告，对消极怕负责的思想亦应加以教育改进。

(2) 在这个报告讨论后展开交代，并批判自己的思想，进行自我鉴定，群众提意见，然后组织鉴定(七至十天)，交代只交代与资本家及地主关系，回楼补课只限有问题者，其名单及问题由上而下决定。

(3) 建立制度，调整组织、生活制度、工作制度、经济制度、党生活制度，实行每月参加一次支部会。

采取以上步骤约以一个月时间完成之。

以上方针及各步骤的〈作〉做法须于十五日之前发出指示。

陈冰：

Ⅰ. 总结三反动员进入第四阶段，退赃定案宽大处理后，大家有松弛感觉，并对三反运动成果亦有怀疑(对本单位有怀疑)，因此对第四阶段可能更松弛，因此必须动员，并批评此种思想，具体工作：

先须开党代[表]大会总结三反动员第四阶段各工作，然后各单位自己再开会动员。

Ⅱ. 第二步中回楼补课，每人交代资本家关系，〈接〉结合交待自己思想立场作风，这些问题，而回楼补课则还是未通过的都回楼呢，还是有严重问题的才回楼。

Ⅲ. 总党委在第四阶段工作中，须具体掌握领导，并掌握几个单位。

Ⅳ. 学习的文件问题（给县以下的干部用），同时各分单[位]恐须多作几次报告。

Ⅴ. 对建立制度问题，因有领导。（可否三反单位分分工，研究建立新制度问题）

彭：

交代中有突出的问题须注意组织处理，但处理应由领导上来搞。（沙文汉批注：政治问题？对民主人士，与交代排队）

吕：

要求须明确，在现在情况下要求不可过多，时间亦不能太长，否则与工作矛盾太大，业务无论如何不要再妨碍了。

林：

运动很有可能“虎头蛇尾”，我们工作有把脸孔打肿而思想没打通的情形，但对贪污问题则确实思想亦已打通了。浪费方面，与贪污联系者已通而与官僚主义联系者则尚不够注意，官僚主义问题大部还是没打通的，而我们过去在工作中非社会主义的领导思想是严重的，至人事及教育制度上也有这毛病。再则我们过去工作上则亦缺乏深入检查等制度，这些都是官僚主义的具体内容，而县以上的干部在第四阶段中则应注重在这方面。

为使此工作搞好须开高干会，以便做到三反与业务两不误。

（文件编号：R136）

浙江大学教授座谈会议记录

1952年5月10日

束星北：

前物理系主任何增禄曾不断〈得〉地为改善我们科学试验而努力，这次三反中查他解放后毫无问题。而查解放前的则因一般都是〈胡〉糊〈图〉涂账，则说他贪污嫌疑厉害，自装清高，不配做人民教师。而打他的，则除青年外，就是在校中不负责任的教师。

又职员伍仲英（物理管理员）平时有些手脚不干净，前后共有一百零七万（连公私不分在内）。而以他为大贪污[犯]，受管制两个月，罚跪两次，停职反省又送华[东革命]大[学]，现才出来。问他〈是〉时说：当时实在不能死，否则就成贪污洗不明白。

至于自己，似亦被打目标，而本未被打。[但]程闿甲曾说，不把束的威〈声〉信打下去，运动就展不开。他们平〈是〉时不搞科学，而在此机会则就打击弄科学的人。

又合作社经理女的，石瑞芳，现已证明非贪污分子，而家却被搜过。丁子上（党员）则以刀指着她问：〈他〉她要死还要活？

有些事情我不知道，但当时大家都不敢讲，觉得人人自危。但不讲话的则亦被骂右倾，听说在华大则被打嘴巴的，就很多。

孟加强调运动总有偏差，这是不对的。今日来说，亡羊补牢〈又〉犹未为晚。孟加〈至〉只看到了三反中优点，而未知其所造成的不可补救的损失，使教授都灰心。我觉得错而后改，才是可敬佩的。孟加是不能如此的。

我愿辞职，不再干此工作，我不要威风，但亦不愿与不愿同事的人在一道。

又，对于今后处理，希望不要再弄错人，逼供不能信以为真。但对真正贪污分子则不能宽大，否则他亦与我们一样了。对被打错的人，其被管制则已吃亏了，应宣布其被打错，恢复人家名誉。

杨耀德：

a. 在三反中，对于贪污，以标准提得高些来警惕，这是对的。对于电机系主任杨先生，去年在东北回来，中国石油公司送他软席车费，而他坐硬席[回]来，就以为他们集体贪污。而本人则如不承认贪污就不能通过，这样就只好承认了。

b. 同学对电机系的教授，因他平时不接受同学的意见，同时在考试中分数扣得很紧，同学就批评他思想反动。

c. 在电机系打虎中，亦有要贪污分子跪下来的事情，但后来领导上知道[这]些事就〈较〉矫正了。

d. 在电机系反贪污中工作计划性很不够，粗糙确是有的，但在三反运动中，整个的收获是有的。

e. 对于批判思想方面，我们浙大单纯技术观点是有的，我自己就有。而一般个人英雄主义与自由主义也有的，至买办思想则似并不突出，而本位宗派主义则浙大比他校来的少。

单纯技术观点是有，他历史原因的，过去对苏联了解很少而对英美了解的来得多，因此为克服这些浙大是应改变[提]高一步的。

f. 思想改造，由于一般出身都是ブル小ブル，思想界线是不清楚的，但这要大家帮助中改进之，同时亦不能改造得很急，一下子就改变过来，而是要界线划清后逐步改造的，浙大问题总是不够，但业务水平是好的。在过去是只能如此，而且也有好处，所以对国民党不满而在过去成为其有进步性，因此今天要改造就也不可太急，尤其是大家都有弄业务的习惯。

程孝刚：

对今后思想改造问题

a. 以原来节约检查委员会来进行思想改造，恐怕是不对的，因为他们是打虎的，则对思想问题，亦必当思想老虎打，如此决不能解决思想问题。

b. 根据〈已〉以往经验，“左倾”右倾的名词与说法也有问题，过去反右大家就拼〈名〉命左，因此就出了问题，有人有批评教授有恶霸，我觉得不大对，他们就说是右倾。

c. 又在检讨中，同学与先生一道的，同学是以帮助名义出现，但他们对学校与先生的事则不甚知道，因此有乱提意见，又不容许别人解释。如果在思想改造中亦如此，则决不能解决思想问题，因此我觉得思想改造应允许大家辩论,又思想改造是否亦如三反一样定案呢?我觉得是无法定案的。

对于三反,我感觉到有一面勇于做事的人,有多被打击,因此造成积极者不敢做事,不想做事的倾向。柯元恒的作风是很〈坚〉艰苦的,浙大实验室是他辛苦建立起来的,而这次大概是认为他有思想问题,所以有人找他去谈,乃至出走了。

又,思想改造领导者思想必须清楚,而现在形至有一二三四甲乙丙丁就说不清楚的。

梁承康(土木):

三反运动,他们搞得很机密,似不是当做群众大家的事情,因此我们不敢问,但不问则他们又说我们站在运动之外。

吴耕民(园艺):

三反的收获是有的,在这之前我如做梦一样,而到三反后则尤如梦初醒,觉得规矩正派的露头了。但农学院蒋芸生先生,在校中很好,毫无问题,而党校里则有人咬他贪污款放在他家中(共 3 500 万),而被逼二个月。

又,农学院中,〈又〉有平时工作不负责学校可调他工作的,则这次居然做积极分子,有善做事负责〈人〉任的,则难免有得罪别人之处,在三反中则被整得很厉害,这点应注意。

又,帮助的青年,大家都没有助人的态度,更不懂我们思想,使教授很难受,引起反感,这使三反运动的正作用就被他们这种副作用抵消了。

我们现在看科学书,则只好偷看,〈把〉被他们看见了,则就说科学纯技术观点。

至对于那些思想要批判呢,我觉得应〈改〉该是对办学有关系,而且要紧的事情来加以批判,不要问为何剃光头,穿布鞋等等。

在农学院中,宗派观念是要批判的,又本位〈创〉X 东西与崇美思想及理论与实践不一致等,都应加以批判。

我觉得在思想改造中,决不可使人感觉自卑消极,而在三反中,我自己也是很自卑的,但其实我并没做过坏事,何必自卑,但处身其间者确实是不能不自卑与恐惧的,否则就 会弄得大家痛苦万分,事业一无所成的。因此我希望领导者年龄能大一些，老练一些的 人，并且不要操之过急。

束星北（物理）有时“所谓老虎”，敢于具结，而又许他具结，但等别人具结了则又把他撕掉不算数，教人毫无办法，据说领导上要干部大胆怀疑。

我们觉得他们打虎打得不对，只好不说了，但他们就责问我们为何不参加打虎，不骂老虎，而我查了一次账，认为被打者无问题，则就骂我公开〈保〉包庇贪污，弄得人人自危。黑板报上说何增禄贪污决非一人而是团体，特殊人物亦在其内，其特殊人物则自是指我。

李寿恒：

对于在遵义的肥皂厂账目问题。我觉得对于我的经济问题，我自亦有不够小心，弄得不够清楚之处。大家有意见，这倒没有什么，但后来说我有建筑房子的事情，受贿等等三件事情，则事实上没有，但他们则就狠狠打我，说我无耻狡猾，准备要开斗争会。我当时即〈遭〉找了领导上谈表示愿总结，领导上当时停了。但后来在定案时，又逼我，说我不老实，是肯定的，这就使我觉得有些问题，为什么查了，查不清没有问题的时候，为何还说我不老实呢？恒裕泰是料器店，不是药品的，为何我把药品〈买〉卖给他呢？领导上对事情是否有些主观，请考虑。

对于思想改造问题，我觉得我们旧思想是很多的，资本主义思想也确有的，自私自利的思想是很严重的，应受批判的。

至于思想改造，我觉得年纪大的，思想都是顽固的，非一朝一夕所能改好。我希望，改造时间可以长些，多启发教育我们，而不要用强迫，我希望现在紧张局面把他缓和一些。同时我们业务工作责任很重，又不能集中力来改造思想，希望领导能考虑这点。

卢鹤绂(物理系)：

这次三反中方法与目的似有不合，既不调查研究，态度又不好，但从牺牲小我服从大我的观点来看，自然这偏差是没有大问题的，难免的。但既是偏差，终要愈小愈好，但这一次思想改造却把我排在〈则〉在后面，据说后面的，是思想严重的，我向人家说是因为我崇美思想很严重，我现在还不详细，但思想是要分析研究的，当老虎打是不能解决问题的，操之过急终是解决不了的。

苏步青(数学):

在三反中确受到了教育,但大家思想确有障碍,我觉得像我这样大年龄的人已无用的,我在解放前觉得自己总还有正义感,解放后也做了人民代表,但三反后,我觉得自己无用处了。而说我是向上爬,我起初以为不对,大家不同意,回去想想,似也觉得是向上爬,又说我是个人主义为名为利,我觉得也有对的,但是完全是为着个人呢? 使人有些弄不清楚。

领导上觉得人是可用的,且大胆用了,但群众却说不能用。使人伤了元气,现在思想改造又要来了,大家确是有些怕。因此我希望,在思想改造中不要如打老虎,也不要以青年自己的思想来搞年龄大的。

又在三反中斗过我的同学,而现在还仍以我为敌人,这样使人就很不好做了。

在三反后,研究科学就不敢研究了,我确实也放弃了他,但这是不对的。不过现在都有这样情形,许多人都有,希望领导上能注意,至[于]思想改造固然不能太快,但觉得太慢也不好。

陈建功(数学):

三反成绩是大的,大家资产阶级的思想确有了新认识。但偏差自亦也有,不过不能否定三反成绩。现在思想改造中说我是头,但我决心以后不"巴"那就好了,别人态度不好,则也没有什么。思想改造中,我觉得超政治的思想是严重的,我们研究科学确有不知为谁服务的,其次买办思想应〈改〉该肃清,我们教育中,把洋八股作宝贝是有的,否则新的科学就不易接受。

再则宗派思想,在我们浙大也〈想〉相当严重的,大家从美国或什么国家回来,自己都有一个规格,而对自己不同者就排斥这是有的。

至[于]思想改造的方法,我觉得先要把腐朽思想充分暴露,然后方可找出根源改造。

卢鹤绂(物理):

个人主义的研究思想及买办思想确是应加以改造的。

张树森(土木):

三反运动,使我们认识了在学校中有许多问题,这是很大的成绩,确是移风易俗的，现在开会大家也都来了，以前大家是不来的。但运动中偏差是难免的，尤其大家政治水准都不高，再则老虎的狡猾是难以想像的，这难怪打虎者恼火。

至[于]思想改造是主要的三反反了后，必需思想改造把他巩固起来，思想改造的内容，崇美思想在土木系也是有的，在朝战开始后还有人想到美国去留学的。

老教授中自高自大目空一切的思想很浓，而本位主义几乎每系都有的，再则教授不但学习与现实〈已〉际脱节，而也有对教书都不负责任不用心的。

大家对思想改造确有些人心惶惶的，有些人都抱过关态度，但领导上都已宣布了自觉自愿与不逼不迫，我想这可没有问题了。我希望，领导上政策方法最好能尽[量]先宣布，使一般可安心。对于批评方面则希望能够做到中肯。

向先生：①

王国松（浙大校长——注）：

三反运动是好的，但有偏差，对于这点我在领导上也要负些责任，当三反高潮时，确实是有话不敢讲了。同学助教对先生的帮助是要的，但态度要改变，助教亦有搞教授思想，其中难免有平日私人有些意见，乘此机会搞教授。

对于思想改造的准备，最好能公开搞，背后搞得很紧张，日夜的搞，使大家就很恐怖。

一般教授中都有〈恢〉灰心逃避不敢负责思想。

思想改造中，希望事先能有学习，资料能早些印，并希望开始学习时能停两天课，又希望领导上能多了〈了〉解实际情况，思想要求最好能根据形势发展步步提高。

又三反工作中，领导上抓是抓得很紧，但对工作人员个别照顾则不够。

赵仲敏（机械）：

三反收获是大的，但尚须稳固，三反的副作用是在逐渐发展的，打虎后转

---

① 原文如此，无内容。

入思想改造大家都以为决不会比打虎缓和。批评纯技术观点，常会影响到其对技术学术的研究。

陈锡臣：

五反中有不能解〈估〉雇工人的规定，现在有奶妈，小孩已不必吃奶，而仍不能解〈估〉雇（派出所不允许），因之使要〈估〉雇佣人的人也不敢雇了，怕以后不好辞。

（文件编号：R136）

吴植椽关于华东农业会议内容的汇报

1952年5月12日

I. 时局

① 朝鲜停战，五月份帝国[主义]国家签字了，这样子拖不到六月。

② 杜鲁门不参加竞选，与李奇微调掉，都象征着可以转弯的样子。

③ 日本发生了二十年未有的示威。

④ 在朝鲜战场上，毒气、细菌、原子武器都使用了，但没有结果。

现在美帝这样做，不过是想造成紧张局面，使自己以反动的盟主可以下台，而同时仍保持反动盟主的地位。

⑤ 但国际经济会议，把他人造的紧张方面打破了。这说明美国战略叫〈做〉作装腔作势造成紧张局面，而我们战略则是以退为进，因此有同志以为我们示弱，这是错的，这〈却〉正好是表示敌弱我强。

a. 德国日本问题，美国的政策是把德国及日本当炮灰，变为殖民地，这在日德人民对此看得很清楚，而日本五一示威就是这证明。另一面，我们对德日的政策是一反美国严与紧，而采取“宽”与“松”，而在政治上取得优势。

b. 国际经济会议，世界资本主义面临着经济危机，物价普遍上涨，失业严重，战争威胁，精神紧张，只有我们集团生活改善，这次经济会议我们是一反美帝封锁政策，采取欢迎贸易的态度，而使他们考虑究竟是跟着美帝“封锁”政策走好，还是[与]我们主张和平与贸易好。我们主张援助远东殖民地运动，而美国则是压迫镇压，我们是无条件交易（如对印度），不如美国提条件、要控制，这使东方许多国家中中立势力抬头起来。

c. 因此和平政策不但对我们是需要的，且是有利的，使我们能抓紧和平时间来建设。

II. 五年农业生产计划，以粮食棉花中心口号是四一四零，即1千1百亿粮食11万担棉花，以便从此达到华东粮食的全部充份供应并储备一部份，能援助中央一百亿斤。粮食是今天最好的武器，若我们能拿出七百亿斤粮食，输到世界上去，则我们就可打遍天下无敌手，棉花则基本上是供给华东自己的需要。

水稻——“五年浙江亩平均 395 斤;苏南为亩平均 400 斤”。

棉花——“浙江产量亩皮花 35 斤”。

至于丝茶则要求恢复战前水准,但自然多多益善。

茧:1957 年增出产 —— 11,805,000 担 150%

茶:1957 年增〈处〉出产—— 1,573,000 担,94%

黄麻不扩大,浙江允许种八十万亩,全华东 120 万亩,但要求全区提高单位产量增 50%。

果树则尽量增加,多多益善,总的要求 1975 万担水果,五年内发展果树面积 115 万亩,即增加一倍。

牲畜要大量繁殖,尤其是骏马,以便〈设〉适应新农业工具。

猪原则上要求每户有一头,一只猪可管二至三亩田的肥料,林业有九亿二千万亩大地,有三分之一是山,1/3 是耕田,1/3 是水。

五年中要造林一亿三千九百五十万亩,要把穷山变为富山,平原拟多种竹,沿海则造防风林。

以上是计划,但问题最重要的是如何保证,这里问题是:

① 肥料:主要是积肥与种肥。增产路线主要以增加单位产量,配以增加土地面积,其中包括单季稻改种双季稻在内,全华〈中〉东拟增八千万亩。

② 水利:1952 年前主要是防水,以后转向去利用水,五年中华东要求消灭水灾(洪灾)80%,再则拟灌溉 6,000 万亩。

③ 农具:五年内做到,农民所需的无缺,并改良原有农具,大力推广新式农具。

④ 防止病虫害:华东要求五年中解决主要作物面积的 1/4,即粮食 8 900 万亩,棉麻烟的全部。

⑤ 扩大面积提高土地利用率:〈加〉嘉兴单季稻改为双季,温州改成速种制,又推广先进耕种办法,则是增加产量的最重要办法。

⑥ 推广与繁殖牲畜:多搞畜种场。

⑦ 培养干部技术人员:五年内,包括熟练技工在内要培养九万人,使每乡有一个人,每区有三个人。

⑧ 供销合作社:现有 2 200 万个,3 100 亿资金,计划到 1953 年,发展到饱和些,即占人口 45%,即 6 525 万人,即做个一村一社一乡一站,城市消费合作

社不再发展。1957年做到每区有一个机器农具生产合作社，一个竹木厂的合作社，县以上合作社要增加统计及会计干部，五年中做到凡农民中要统一收购的土产，全部由合作社代收，工业原料的初步加工，亦由合作社来进行，而国家对农民的供应亦由合作社负全部责任。

Ⅲ．合作社经营业务应由县以下合作社来进行，县合作社为其计划机关，而县以上的合作社则是领导及调配机关，自己不搞业务。

互助合作社1,433,278个，老区搞得好的已达人口40%，新区一般的达到15%，江南浙江达20%，内18%为长年互助组。

农业生产合作社全华东为436个，其中真正可称农业生产合作社约只有一半。

计划三年中，各种互助合作社达80%，其中30%为长年互助组，另外占70%。1952年除巩固已有农业生产合作社，争取每区都要有一个，而1953年每乡平均要争取一至二个农业生产合作社。

集体农庄的试办，最好在农业生产合作社巩固后再办，即准备到19〈4〉59年开始试办。

农业生产合作社中今日还尚未完全解决的是生产的方向：[究竟]是资本主义还是社会主义问题，这里常常还出毛病。分社顶好是评产入股，耕牛折价归社或社中公买。

Ⅳ．农村三反

要在秋收前搞完，顶多拖个尾巴，但亦不能拖得太长。

对象以乡级主要干部为主要对象，同时兼顾乡的一般干部及村的主要干部，其方法则采取集训。

做法：以集训为主(分批)结合发动群众，干部经训练后有领导的，自上而下向群众交代问题，问题小的在乡干中交代，较大的则在农代会中交代，只有反革命分子，严重蜕化分子及阶级异己分子则放到群众中去交代，即除极少数坏分子外，一般都保护过关，办法还是忠诚老实自觉交代，过去从宽，今后从严。

力量：明确地把区与乡划开，乡等区以上搞好后再搞，乡是农村三反。

领导问题，统一由党委领导，县以下由县委领导，专区以上则党委建立一个农村三反委员会，作为党委领导农村三反的工作机关。

经费：训练乡村干部及组织乡村工作队，由各省地方经费解决之。

冬季开办速成师资运动（结合民兵整训），要求村乡干部、互助组员、民兵队员全部完全扫除文盲的目的，其要求每人能识两千字。《北京经济》每天两小时学习，两个半月，每人即可识一千六百字。

（文件编号：R136）

杭州汇报

1952 年 5 月 16 日

五反后工人有提早实现社会主义思想，ブル事实上都被管制，出入要登记，有的小厂、小店里有一日一报，一事一报的现象。而有的小厂、小店中，有管理其经济，给ブル工资，或甚至要ブル劳动改造，此情形在中城区有 45%，有雇工的店户是如此，而成衣业有 50%店户是如此，再则许多店员则有自动调整工资现象，而劳动的纪律则亦多松弛，工人多认为没有老板同样可以生产，到现在经几次工人会后，这种混乱现象已开始转变过来。

目前生产比较稳定，而劳资间尚存在若干问题需解决者约占 80%（雇有工人店员的工商户），有少数厂劳资关系已搞得很好，生产力亦大大提高。有一布厂，次布有从 60%减至 3.8%的，老板生产亦非常积极，而大多数厂店老板则正在等待新的劳资关系，而有一小部份则厂应尚在工人店员的管理中。

经五反后老板威风固然打掉，而封建制度亦大体被打掉，民主改革问题，实际上已基本解决。剩下来的问题，大体上亦可用谈判解决之，这是一个新条件，考虑到民主改革的口号可以不用了。

又：现在加工订货方面我们条件很苛刻，公缴打折扣，而〈定〉订了的货则亦有不要的。

一、三反综合情况，贪污分子统计，处理结果分类说明，尚未处理的情况，估计结束时间，决定何时开展第四阶段。

二、下步据此情形与省委指示、决定。

保证加强生产，争取恢复生产之原则下，贯彻三反第四阶段的建设工作。

三、具体做法。

根据东北办法：

首先从总结三反开始，从上而下或从下而上，由总党委召开党代会，两个报告（总的与三反的）。其次传达总结，即贯彻整理思想。

第二步，进行自我交待和自我鉴定，按中央要求，并说明方法。

第三步，总结第四阶段工作。

转入正规建党学习，建立正规的学习制度（分别党内外）。

大谭：

① 所谓定案中一个不冤枉，一个不放过，在实践[中]必然会有些放过，即把他贪污数目减低了，一千万可能减到一百万，但这只是数字变化，而非质的变化，三反运动的质，并未因此数的变化而变化的。

许多人放高利贷、雇长工，他不知道这是剥削，是反共产主义，因此他们的行为是有很大盲目性的，所以教育他是主要的，纪律处理只是对突出的，和不肯改过的。对于这一点应向党内讲明白，否则会产生副作用，许多人工作也会不敢负责，不敢〈作〉做事的，而对浪费问题的看法也是这样的。

② 五反中今日所谈的问题是：

各地物价一律还是不正确的，否则虽付运输费商人还有什么生意可做?

恢复市场供应，收购农产品，加工订货与调整差价，主要要靠组织私商下乡去解决，光是公家收购[是]收购不了的。而且非战略物资，公家即使收得了也不应不许私商收的，合作社只许私商向合作社买货不许到民间去收是不对的。

③ 三反五反后主要的问题是增产节约问题了。

④ 有人觉得个人主义[是]改不掉的，小孩生出就要吃奶。

（文件编号：R136）

浙江省党代会代表团长汇报

1952 年 5 月 28 日

铁路：

① 交代是批评生活享受，与资本主义思想分不开。

② 领导上觉得现在有些缩手缩脚，群众批评官僚主义□很严重——工作不熟悉与官僚主义问题，如制度不能解决具体问题等。

③ 对计划时间不能规定得太机械。

④ 说打虎粗暴二字不好。

⑤ 对要交待的问题，他不交代如何办，交代了又如何办，是否处理呢？

财厅：

① 觉得张报告处理要实事求是讲得少，对逼供信，说老虎狡猾强调多了。

② 对处理普遍感觉得宽，其政治意义未懂，不安心工作，尤其会计，还仍很〈励〉厉害。

③ 虎处理后回机关很孤独，而积极分子仍恨他，觉得〈制〉机关管制与不管制一样，最好做一记号。对反了的老虎及未定打实的（革大（注：革命大学）去的），大家觉得[不知]应如何办。

④ 自觉交待，是否还须要小组里批判。

⑤ 党内与党外分〈起〉开来搞还一起来搞。

⑥ 回楼补课再搞是否一定要到最后才搞。

⑦ 划清思想界线还要说得具体一些。

⑧ 县委书记在机关里是那一级。

⑨ 25 天时间觉得来不及。

⑩ 不安心工作中包括积极分子想提拔提拔。

商业厅：

① 商业厅主要是防止及老虎自行〈消〉销案的倾向。

② 有少数领导干部有麻痺自满思想，以为不会有贪污了。

③ 积极分子对贪污分子是歧视的，有〈消〉销案回原工作而不愿受他领导的，对民主人士技术人员从宽处理，思想不通。

④ 蚕丝公司，过去大部是老虎，打虎队员只有十余人，因此邪气重，老虎〈风〉讽刺打虎队员。

⑤ 打虎队员没有提拔不安心，对财经工作不愿搞。

⑥ 时间觉得太短，搞不过来，至少要一个月。

⑦ 对第四阶段内容觉得不够具体，过去都有第四阶段要解决所有一切问题的想法，排队如何排法？

⑧ 运猪的怕猪瘦，管仓库的怕损耗，将来三反无法交账，因此工作很不安心。

交通厅：

① 技术人员要保护，不可公开说，否则技术人员要骄傲。

② 机关里，两条阵线〈倒〉到处都很清楚，无法团结与教育。

③ 不敢负责，怕犯错误的思想，连相当负责的同志亦是如此。

对第四阶段工作：

a. 时间上来不及，尤其要不[妨]碍业务就更困难，要提高认识则就更加困难，是否只在总结中提高他。

b. 党内党外交待有何区别，统一划组还是分别划组，交通厅觉得讨论可统一分组，交代则应分开。

c. 党外是否要排队，老虎不老实的也应作为思想重点。

银行：

① 党外的人认为共产党在群众中的威信提高了：a. 不分党[内]外一律处理，说到做到；b. 处理很慎重仔细。

② [对]多数群众来说党内外的团结是增进了，机关中工作人员主人负责思想是提高了。

③ 有新的不负责任倾向，有以分清责任的形态出现的，有银行中外勤工作人员有不与资本家来往，不敢放款等情形。

④ 对机[关]管制人员，要求剥夺其发言权的，也有不愿与贪污分子一道吃饭的。

⑤ 时间觉得太短，希望动员传达讨论时间中能打下思想基础，时间要延长些。

文化局：

① 下级新干部有极端民主化现象，领导上要搬房子，都有要求在群众中讨论的，勤杂人员有不倒痰盂，不倒开水，总务工作者不敢批评他。

② 一般[中]打思想老虎的思想很严重。

③ 新闻出版处有潦草处理，随便开除人的现象。

关于第四阶段：

a. 勤杂人员是否不搞第四阶段。

b. 要交代的四个问题，有以为小ブル及农民思想也要搞，有的说只交代ブル关系。

c. 自己的钱是否可以给被管制的父亲，及自己姊妹兄弟

d. 文工团思想问题是否即是搞文艺整风。

e. 交代的自觉究竟如何自觉，是否不要批判了。

f. 党代会如何去传达，请说明。

g. 认识在运动中自始至终是反右，这在后期是否对，彭[真]报告中要求有些不明确。

文教厅：

① 怕负责中，有怕兼职的，怕因此犯官僚主义，又怕负责任中，都是消极的，不是想把事情积极地去搞好。

② 对第四阶段：

a. 对自觉，担心是否自觉得起来，是否会成自流。

b. 对交待范围觉得不明确，思想作风是否搞，贪污有坏的，坏的是否在第四阶段中搞。

c. 不通过内容觉得不详细，如何作鉴定。

省委：

① 在做统战工作中宁左毋右的倾向是明显的。

② 有母亲(地主)来都不敢接见的。

③ 对第四阶段：

a. 对具体要求不明些。

b. 步骤规定觉得机械。

c. 思想酝酿时间太短。

d. 对历史关节交代要求交代得如何，是否要查问。

e. 谭报告批判了青年，没有说其好的一面是否有副作用。

f. 明天大会发言是否有些必要。

卫生厅：

① 运动过火不过火问题要解释，若说不过火，老虎为什么降。

② 政治从严，经济及技术人员从宽的道理大家还不大懂。

③ 贪污分子老虎下降后，对其态度应该如何，应作解释说明。

④ 对第四阶段：

a. 如何是自觉，什么是强迫，否则不如防止。

b. 时间大家觉得太短，各阶段都觉得时间不够。

c. 大会发言有否需要?

政法人事厅：

对第四阶段：

① 交代中如何自觉。

② 党内与党外的要求应明确起来。

③ 时间总的觉得差不多，但具体划得太机械。

对于报告：

① 对逼供信，有些地方如合作社训练班，领导上也要负责的。

② 谭批判青年毛病是对的，但可能使老同志自满是不好的。

③ 青年团员及党外的人，觉得以打虎方法来搞思想是可怕的(青年团中有些传达)。

④ 有以为穿皮鞋，闹恋爱都是资产阶级思想。

⑤ 群众有觉得：三反一过，汽车、纸烟及茶的招待又上市的〈影〉景〈像〉象。

⑥ 做法方面有觉得已交代过，现在只有重复的。

⑦ 对明天发言，大家觉得没多[大]意思，最好是典型发言。

工业厅：

① 肯定了成绩，有对三反缺点看得不够严肃的。

② 打虎队员与老虎，大家都有些不好意思与对立情形。

③ 对第四阶段：

a. 觉得时间太短，尤其第一步。

b. 有觉得自觉连思想斗争也不能开展了。

c. 交代的内容与范围欠明白，党内党外有何区别，对历史关节在镇反中已交代过的是否还要交代。

农业厅：

① 老虎消极，悲观失望，打虎队员则确有骄傲情绪，被打而不是虎的，则有对抗情绪。

② 对第四阶段：

a. 自觉交代觉得交[代]不好的。

b. 时间太短。

c. 有些人因业务要出〈发〉差如何办？

合作社：

① 在三反初期群众中有未通过的二人都是男女关系问题，应如何处理。

② 收茧办事处理工作正忙，是否暂时可以不学习。

革大（革命大学——注）：

① 不安心工作，有打虎结果打得并不对而有怪干部的，觉得在学校中工作不好做。

② 对第四阶段：

a. 革大拟在六月一号学校结束后集中来搞。

b. 明天大会中表明态度意义不大，希望能有典型发言，尤其是有助于思想界线的划清。

c. 报告中只批评了穿衣等是ブル思想，而未提倡艰苦朴素作风问题，交代中可能产生的偏向应在结论中说一说。

三反中的思想问题对于党员来说，最根本的就是：有无剥削与发财思想，如果有，即使只有一些点，则这一些的存在，其本质就是反共产主义的，今天不反党，将来一定会走到反党的。

① 生产照顾不够说明我们无管大家的经验。

② 工作中的偏向，主要原因是运动中没有注意批评ブル思想，他的表现形态是主观主义，感想代替事实，感情代替政策。而其具体表现是在于即工作中不听别人意见，只听积极分子意见，只管群众情绪，从任务数字上看问题，少研究实际情况，工作作风上缺乏深入调查精神。

今年秋收前的任务是：

总结三反五反，迅速活跃城乡交流，搞好农业生产，防止夏荒，完成税收，训练干部，贯彻工厂及学校的三反，解决镇反中潮。

总的口号是增产节约，中心环节是活跃城乡交流，搞好农业生产，保证丰收。

（文件编号：R136）

在省级机关第二次党代会议上的总结

1952年5月29日

一、对于三反运动的估计，成绩和缺[点]问题。

（一）三反运动的成绩是伟大的，运动是健全的，有劲的。

1. 清查了贪污浪费与官僚主义，做到了移风易俗，为今后国家建设，包括政权建设和党的建设打下了良好的基础，几个月中基本上解决了历史上不能解决的问题。

2. 这成绩是毛主席与各级党的领导和我们同志及广大群众积极分子努力而得来的，是依靠决心大劲头大得来的。

3. 但运动中也有不可避免的缺点，这就是逼供信三个法宝，有偏重于依靠用群众压的一方面，但这只是工作中的缺点，决不能否认运动的健全与正确性。

4. 以已处理的贪污分子的下降，作为运动是否正确与健全的标准来衡量这是错误的。下降有三种情形，打错的只是个别的，因此并不能说运动不健全。更不能说运动劲头太大，有什么毛病，正确的与宽大的处理，正证明运动是健全的，正确的。

5. 这里必需与右倾的观点：如不相信有这许多贪污分子和觉得运动来性太猛，见到某些工作缺点和副作用而否定整个运动的正确性的观点分开来，不可混为一谈。

二、工作中有逼供信，偏向于群众压，缺乏实事求是精神，应肯定这是错的，但这错误一般地不能怪（个别的则又作别论）工作人员及积极分子。（领导责任则要大些，尤其中级的）工作人员与积极分子[的]工作精神与对国家人民事业的负责精神是好的，应该受表扬，但当作思想上和能力水准上来提高自己的意义上来说，这种主观主义，感想代替事实，感情代替政策，与怕右而宁左，不敢反映情况，怕〈俟〉挨右倾批评等等，应该指出都是错误的，要不得的。我们应在这里分析是非，来努力提高自己，否则我们就不会进步。把无产阶级与小资产阶级思想[就]分不开来。

三、处理为何宽大，贪污分子邪气十足怎么办。

三反运动是为着改造社会，整顿党与我们队伍，为建设〈作〉做准备。同时贪污浪费与官僚主义都各带有社会性和工作生疏无经验的性质。因此，思想从严、检查从严，这是完全必要的，尤其大家对此很麻木。但也因为如此，处理从宽也是完全必要的，这就叫做社会改造，改造过来了，还要给犯错误者以出路。惩罚只能是少数，这有利于国家与人民，因此若处理亦[应]〈从〉以思想上的标准为标准。十万、二十万亦是贪污，公私不分也是破坏人民利益，统统都要处理，那就不对了。这里首先我们应将思想标准与处理标准划分开来。其次，不应以经济合算，〈化〉花了多少工时来作处理标准。

次之，贪污分子邪气十足怎么办呢？这要实事求是。

1. 是贪污分子而宽大了的，或打得冒尖而降低的，他的“神气”应严予批评，要使他们老老实实，重新做人，党内打冒尖的老干部亦如此，自不能例外。

2. 打错了的，那不是贪污分子。他有不满，则领导上应找他谈，讲明道理原因，使他气和，成见能平下去。

现在有虎与非虎的对立情形，合不拢来，这鸿沟应设法合弄来，主要方法是领导上要对双方做教育工作，只有被管制的是特别有限的，但也不可剥夺其发言权，污辱他与故意为难他们，以便给他更好地改造自新。

为使积极分子与贪污分子间减少隔阂，今后凡贪污分子下降、释放都应经过原检查的群众。这点很重要，处理的决定机关尤要注意。

四、不安心工作，怕负责任与消极情绪，应展开批评与教育。主要是说明道理，今后与现在条件都不同了，自己无问题为什么怕做财经工作，如工作上可能受怀疑，则应积极地建设合理制度来改进他，不是消极的推卸责任与不干。这仍是个人主义，不正确的。表示他思想上尚未提高。

至[于]其中有因，没被提拔的积极分子，不安心工作，则亦应批评教育他，说明这积极分子还要打个括弧。

五、定案处理中，一方面要反对不肯大胆下降与感情用事，随便处理，另一方面也要防止不负责任草率乱放，任其自流，尤其对大贪污分子更不可随便释放，处理方针应依谭政委所指示的原则。

下面是关于第四阶段的问题：

一、第四阶段是三反建设收获的阶段，它的要求是要把三反的成果在思想上、组织上和制度上来提高与巩固化。但由于三反以来许多业务工作都受到很大影响，我们必须迅速恢复起来，搞好它，因此，这第四阶段中，我们基本上是能达到对前进要求中眼前能够做好的一部份。即：

1. 交清关系、行为及历史上的问题。

2. 划清最根本的属于个人的思想界限，工作上、政策上更细微的划清，只能做到一个轮廓，详细的还有待于今后。

3. 制度的改革与改进，只做初步合理化建议。

4. 整党主要地只整与资产阶级的关系方面，不整全部。

要求多了高了，这会大大妨碍当前的工作的，因此除前述外都应放在今后去搞。因此，任意扩大交代范围，提高要求，要彻底解决一切问题这是不对的，不合时宜的。但轻视了这一阶段的工作，以为没什么内容和缺乏严肃性这也不对的，在思想上、工作上来说都是紧张的，尤其是思想上是这样。

有人问什么是资产阶级思想？这里可引薄一波同志的话来回答：即“剥削群众，不劳而食，损人利己，唯利是图，假公济私，投机取巧，铺张浪费，享乐至上。”我们应以此标准与实[际]联系自己，把它划分开来，这就不简单的。[例如]划清界线后，把钱给地主的母亲用是可以的。

在批评ブル思想中，苦行僧修道主义是不正确的，但我们廉洁朴素奉公的作风[是]仍应提倡与保持的。说要衣服整洁并非提倡奢侈，更不违反廉洁朴素的原则的。

二、强调自觉交代，会不会自流？

1. 几个月来，三反运动，大家思想上基本上已很严肃，并且也已提高了的，因此只要做一次好的动员与讨论，就可要大家自觉地进行交代。绝大多数人决不会不交代的，至[于]少数确不肯交的，则让他去背包袱，这只对他不利，反之为了这少数人，要大家都迟交代，这是得不偿失的，何况这种人即多动员亦未必能动员出来。我们可用其他办法去弄清他呢！

2. 强调自觉并非不提他的意见，而只是不可硬替他做结论，硬要人家接受自己意见。因此就不用通过的老办法，大家思想已严肃了，硬要通过，只会多弄错人，无补于思想的提高。〈只〉至少是弊多利少。尤其是今天积极分子情绪很高，但水准不甚高的情况下这样做是正确的。

三、交[待]代中，应力求领导与群众相结合，偏废一面是不对的，因此：

1. 排队是需要的；

2. 回楼补课亦应由领导上掌握，指定其地点内容与范围；

3. 处、局长以上的交代范围内容与地方可由分党委分别确定，经总党委批准进行之，民主人士愿交代，亦如此办。

4. 工人，不在机关内交代，另外搞，勤杂人员可另外组织学习，在学习中交代关系。

5. 党内党外，原则上都在同一组交代，[尤]有特殊情况可由分党委确定。

6. 党外要交代的主要是与ブル，帝国主义、地主和反革命的关系与行为，一般均以资产阶级为主。

而在另一方面，则又要在工作中充分听群众意见，要群众对自己、对人家、对公家动脑筋，以为不开斗争会，不以群众做结论、不要群众动手即不依靠群众，这是不对的。

四、在交[待]代中除应避免要求过宽过高之外，更应反对极端民主化的倾向和准备打思想老虎的情绪。至于交[待]的鉴定，由分党委担任。小组支部对本人可提意见，但不能作结论，而鉴定则是鉴定有关三反的部[份]分，其余只保留其材料。

五、时间不变，仍二十五天，第三步则改为合理化建议。

至于：

1. 已进行第四阶段的单位，则只要酌情补课就够。

2. 因工作忙或工作条件特殊，部[份]分可酌加更动，但须取得总党委同意。

3. 每天学习时间与阶段时间的划分，各分党委可机动。四楼补课的时间亦可穿插。晚上最好不搞，给大家自己预备，早晨办公时间可分一部[份]分学习与交代时间，能这样做就更好。

六、传达，应以各行政单位去传达，内容重点可各不同，但一般的应以此次会议三个报告的精神，结合自己单位的具体情况，由负责人做一个总报告。

七、最后，对于划清思想界线问题上，各单位有什么问题与困难，请尽快搜集一下，交总党委，以便在大家进入交代前，专门来讲一次思想问题。

（文件编号：F50(2)）

思想学习委员会汇报

1952年5月

I. 浙大(思想严肃,空气要松,态度要好哦)

① 一般教授

教授方面有单面强调自觉自愿的;有的则认为自己思想并没什么问题。

有第四类人:对思[想]改[造]表示特别积极的(束星北),有的则觉得自己过去谩骂是不好的(谈家桢),自己思想应改造,年老的则觉得老根不易挖,而表示慢慢来,强调只划清楚就够了。

江西明则说现在中国的〈作〉做法则与过去德国法西斯[是]一样的。

② 积极分子方面觉得要求太低,政策太宽,觉得以后思想改造不能有大收获,并以为自觉自愿,积极分子就无事可做了,有些觉得重不得也轻不得,工作不好做。

③ 干部:大家都缩手缩脚,觉得那些要请示,那些不要请示,范围也不明确。

工作问题:

a. 互助组没有组长怎么办;

b. 学生的学习由谁领导与布置。

(沙文汉旁注:改造结果戴帽子过关固然不好,同时对多数来说,若产生自卑思想,也不好的。思想严肃(空气要松)态度要好。)

(文件编号:R136)

关于各地工商业税收及营业额笔记一则

1952 年 5 月

宁波：

① 调整税收时可否要本业同业公会大家参加讨论。

② 对于劳资关系问题，商人往往觉得没有及时解决，是否可以由工商局劳动者吸收同业工会参加，组织一机构，以便及时来解决。又，此事是否可由协商委员会组织专门委员会来解决。

金华：[①]

慈溪：

① 所得税，自报七百余亿，民主评议结果是一千二百多亿。

② 因为逃资要交税，有资本家逃了，使职工小组不敢作担保，因而银行里借不到钱，造成了交税的困难。

衢州：

橘子等土产推销未做好，营业额自报 735 亿，评定 1 546 亿，多了 114%，全市资本，58 亿多一些(去年年底)。

宁波：

自报营业额 5 700 亿(1951)，民评：9 800 亿，增 71%。重估资金 2 100 亿，最后确定 1 733 亿，内固定资金 1 200＋亿，流动资金 500＋亿。

富阳：

有十五家交不起所得税，而有五家希望政府接收，人代会中提出此问题要求〈作〉做专门研究而未得到结果。

---

① 原文无内容。

台州：

自报营业额不到3百亿，而民评到六百亿多，第一季，自报76亿，而民评达200多亿。

温州：

要求所得税入库时间加以照顾，少数困难户加以照顾。

（沙文汉旁注：① 逃资与分红私产问题。② 标准户不适当，做成营业额估计过高。③ 坦白中逃资偷漏数字过多，致估计营业额超过实际）

宁波个体手工业户中的劳资关系问题最紧张

宁波恢复生产：

① 增资一时不容易；

② 滞销货（包括商业的）是否可以照顾。

华丰的正副厂长想做工程师跑掉，而不愿做资方代理人。

① 青年党员的自傲，不相信领导问题。

② 生活搞好为何不是资产阶级思想（正当的享受与资产阶级思想的分界）

③ 干部工作怕负责性，尤其是不愿做财经工作。

（文件编号：R136）

浙大思想学习第一阶段(思想改造运动)的总结

1952 年春

不能参加昨日总结会议,甚歉。除同意昨日总结外,兹说一说我的意见。

一、三个月思想学习中大家都很辛苦,但这个运动在大家努力之下,始终是健康的,并且成绩也很大。这表现在:

第一,我们的运动是在群众自觉的基础上,以互助学习的精神,大家帮助下进行的。这里不但在运动的进展中陆〈遂〉续消除了各种思想顾虑(起初是恐惧中间主要是被迫改造的顾虑),而[且]随着这顾虑的解除,自觉与认真性也随即增强起来,一般说来,大家对自己思想的分析与批判都很认真(有的人改了五次)。

帮助别人也很认真与诚恳(多的有一人互助十五次的)。

在这么多人的行动中很少有“生硬”或对人对己“不诚意”的现象。

这开了我们学校中人对人的真情实意和各人正视自己的新纪元。给以后大家学习求进步,和相互间团结打下了很好的基础。

第二,是大家经过思想学习后,思想认识上都大大地提高了。是非的界限,已初步划清。虽则是初步,但这却非常重要。因为初步是一切的开始,而这初步划清又是联系到自己的,不是抽象的。

譬如封建买办法西斯,和资产阶级思想是严格地被批判了,大家都清算了个人主义,而这清算是从政治上,人生处世哲学上,教学与工作态度等各种方面全面展开批评中来进行的。

第三,我们在运动中顺便交代自己的政治问题与社会关系,这使大家放下了大大小小的包袱,以后可以安心地专心做事。

第四,最后,我相信,大家对政府对大家的政策和诚意也必能在这运动中了解得更清楚。我们相处是诚恳,是坦白,不是虚伪与狡诈,是工人阶级的作风,不是ブル的作风。

我以为运动始终是健康的,成绩是很大的,主要的内容就是这样。它对我们学校以后的进步与发展,对我们每一个人以后的进步与发展,都会有很大作用的。在新社会里,我们第一期的学习(这以前只是准备学习)是毕业了,成绩是及格的。

二、但是这并非说我们一切都好的,运动没有缺点了。缺点显然是有的,而且在一定意义上来说,我们不应该轻视它。

我以为我们主要的缺点是:

(1) 在思想上暴露比较多,分析提高与沟通究竟比较少,因此使学习有些好像主要是为着批评一顿,而为着学习求真理的气氛的淡了一些,因此使自己新的认识比较起来就要差些。

(2) 大部份人基本上是学得好的,但还有少数的思想进步尚很不够。是非观念还没弄清楚,甚至心中还与学习相对立的。这在运动中固然是免不了的,但总仍是欠缺。

(3) 此外有些人政治问题交得不顶清楚,心中可能有些不安,但这没有影响到成为我们学习运动的显著缺点。

我以为缺点主要是这样,基本上和昨天学委会总结相向的,至于运动中为何存在着这些缺点,我以为主要的是我们领导上,尤其是我个人对各位的帮助不够,对于可能解决的思想,没有更多地给你们及时解决,解释通透。这是要向大家抱歉的。

总而言之,这次运动反映了我们思想受旧社会的影响是很大的,固然大家不可自满,但大家都不必自卑失去信心,都能改变的。还需我们继续努力。

三、为补足这些缺点,我想乘这机会再说明几个问题。

(一) 人的阶级性与立场问题

1. 人不可能没有阶级性,没有阶级性只是自己不觉,实际上是否有的,譬如宗派主义,和名利、名位思想虽都为封建与ブル所共有。但决非工人阶级思想,通常人们的思想最后常是自己的阶级(个人利益与阶级习惯)所支配的,建社会风尚、学派风气都是如此。都只从抽象书本理论学习,以为学问只在书本上,是脱离现实社会生活的。

2. 没有工人阶级的社会主义思想立场是无法站稳的。没有无产阶级思想且亦不能有正确的人民立场和民族立场。

(二) 思想方法问题要格外多注意“虚无”,“偏见”“自以为是”(成见),[这]是自己进步的障碍,旧的一切见解,经验,应一件件重新加以审查。如以为思想改造是与你们为难,显然是不实的。

超然显然是不超然的，它只能使错误或反动而不自觉，实质上是“内以欺于心，外以欺于人”的。

（三）自由与民主问题。

以为思想学习与改造和这种方法就是不自由、不民主，难道养成卫生习惯（要约束的）就可说不自由，教他就是不民主，诚恳坦白交换意见就不自由，真理为不民主。这完全是资产阶级思想，而其本质只是虚伪与不民主。（自己要求独善其是）

对于前述三个问题，若能更好弄清楚，则我想对于这次思想学习以来大家所获的认识基础还可大大提高一步的。

学习的第一期，已至此结束，今后将转为经常的学习，在经常学习中内容与方法将有所改变（主要由认识新的来批评旧的），但互助讨论的方法仍须保持的。

四、最后再谈一谈院系调整的问题。

（一）如果思想改造是为着国家大规模的建设，院系调整也是为了这个，因为现在的学校组织及其制度无法满足国家建设的需要，因此院系调整本身即是建国的重要措施，也是发扬■我人才作用的一个要着。

（二）在这变动下，一般加强，局部可能减弱，但这在以后可以补足的。大家对于学校的旧形态，和个人的旧生活环境都会有些留恋，大家对个人的前途与利害都会有些考虑，自是自然的，但我相信天下是一样的，国家一样地照顾着，在今日思想已经提高的基础上，基本上都不会有什么问题的。（理学院有不服复旦的名字）进出中有个团结问题很重要。

（三）请看重国家的前途，个人的时代责任，服从国家的分配，调出去的愉快地到新岗位上去，留下来的安心地工作，大丈夫四海为家，我们仍旧在教育与学习的同一条战线上，为祖国为人民共同在工作。

（文件编号：F109）

就浙江大学思想改造运动问题的讲话(提纲)

1952年春

一、思想改造的新情况与新问题

(一) 思想改造的进度已到88%以上,运动进展是顺利的。但现在速度减退,其原因主要是碰到了政治问题,群众提出一个新问题,即政治上不讲清楚,是否能很好做人民教师。

(二) 就整个运动来说,在教学与个人和社会关系的批评上是好的,对封建买办思想资本主义思想进行了批判,但政治思想的批判则较小,这是运动的不足。

(三) 这二种情况要我们来考虑解决这个新问题,使运动善始善终不是夹生饭,三脚猫。因此学委会决定,要求大家在政治问题上自觉的进行全面的交代。

就昨天汇报情况和我们对于浙大的了解情形来看,对于政治问题上有这样情形:有政治问题或有过政治关系的人,大部份都已自觉的交代了,这是很好的。但一部份(数量不多的)并没交[代],而交[代]了的人中间还有(相当数目的一部份)是交[代]轻不交[代]重,交[代]形式不交[代]内容的。

所以在这情形下自觉的全面的来交代一次,把问题搞清,补足我们运动中政治思想方面的不足,这是需要的。

二、是否运动变卦了呢?我想这是"是的也不是"

(一) 所谓"不是",那是因为政治是人的一个重要生活方面,也是思想重要的表现点,如果不从这方面来看一下自己思想,则决不会完全的,而要从政治上了[解]一下自己的思想,则不把"政治"性的生活及行动内容说明,那是不可能的。因此这是思想改造范围内应该解决的事情。

(二) 所谓"是",那是因为运动到了现在,决定的关键已移到主要是交清政治的事实问题上来了。而这个问题的解决,同时又解决了另一个问题,即弄清每个人的政治面目,交清每个人的关系,这本来是三反第四阶段中的一个内容,或过去镇反运动中的一部份内容。如问题从这方面去看,则说是有些"变"了,也可以的。其实根本上还是没变。

（三）昨天讨论，我们索性有意识的把三反交清关系，这一内容在思想改造中把它解决了，这是因为事情的发展已经分不开，不解决这一问题，思想改造要成三脚猫，且由于大家思想已经提高的结[果]，多数都自动交[代]了，如此顺水推舟比下次重搞省力得许多。对于有政治问题的人，似乎是重些，紧张些，但对于没政治问题的人或没有什么大政治问题的人来说，总是轻快些。另起炉灶，总是费力的。这样就全体来说我们想只是减轻大家负担的，而不是增加负担的。

但对较有严重的政治问题，同时思想自觉性又差的人来说似乎这一次是负担加重了，但如果把下次另起炉灶来搞的负担加上来，则也不能说是加了他的负担。这里反是一次稍为重些，以后永久轻快，去了负担。我想这样搞也是上算的，尤其是我们是在思想改造中来解决的，根本上是当作思想问题来解决的，这种比单独搞政治问题来得好些。

三、怎样搞法呢?

（一）大家一起交，并用书面交，已交的作补充，未交的盼能交清，一般都交给小组看，只对没交清的进行研究，与必要的互助，打通他的思想（个别不愿在小组交的可以交分会或学委会，但我们希望交与小组）。交的期限希望不超过一个星期，少数觉得要多加考虑的可声明迟几天，使二星期能搞好。

（二）交代的内容是：

1. 职业：在 KMT 机关里的职务，外国人机关的职务

2. 关系：对外国人、国民党、青年党、地主、反动会道门等及资本家的关系，有过职业及工作关系，或共同办过事业的人。

3. 行为：政治社会性活动，与外人有关的一般活动，及违反人民利益，反共、反苏、反人民，请说明实际情况。

4. 证件：东西（有的交，没的说明）。

5. 请提出自己对过去行为的认识。

（三）交代仍本[着]思想改造的一贯原则，自觉交代，不追不逼，对交代不清的只能互助与提问题。

1. 互助须经学委会批准，选择有效的人去互助。

2. 提问题，只给组织、小组，分会或学委会，不提给本人，由组织斟酌交给本人，避免紧张与对立。

3. 为着如此,小组最好并一下,人力能集中些,各级领导的委员要多〈化〉花些脑筋与力气,尤其对要互助的,多加帮助与照顾。

4. 有愿作公开交代,以推动别人的欢迎,但须经学委会同意,否则乱了也不好。

四、若干问题的说明

不可避免的对于交代政治问题大家都会有许多顾虑的,这里想说明几个问题。

(一) 政治问题,迟早总要弄清楚的,公教机关里人的政治面目都不弄清,这是不可想象的,因此早弄清比迟弄清好,何必多背此包袱。学校中自己弄清,在思想改造中弄清,则比政治运动中弄清和公安机关来弄清好。

(二) 再则大家会有三种顾虑,即:政策如何,怕不信任,怕不好意思。兹一一说明之:

1. 政策问题。根本政策是治病救人的改造,使大家能安心做事,国家亦可安心用人。因此只要事情彻底说清,对此有正确的认识,根本问题就解决了。对于过去的,那怕是今天之前的,都一概就此原则处理。如有严重的罪恶行为,只要群众没有意见,基本上都不作法律处理,群众有意见,至少我们也能说服群众减轻处理。坦白从宽、过去从宽、治病救人、与人为善,这是我们根本方针,请大家信任政府。为国者不昭大信于天下的,至没什么严重问题的自更是弄清算了。但为何必须弄清呢?是怕弄错人,明白发生误会,是怕乱被人用你弱点。解除大家的负担。

2. 怕国家不信任。难道交清了,认识了自己,进步了反不信任?我们并没有不重用过去有政治问题,而现在能忠实为人民服务的人。

3. 最后是怕不好意思,即:

(1) 过去不说现在才说,是否不老实呢?

(2) 这样一个人却做过坏事,人貌不称。

应该懂的:

① 在政治斗争那么尖锐的情形下,对政治问题有顾虑这是自然的,尤其是我们并没要大家交[代],大家对我们政策也似懂似不懂,因此过去没说,这完全是很自然的,并不是怪,更不能说是不老实,这样看法是不对的。

② 每人都生长在旧社会里,二种原因,使我们要做违反人民利益的事:

a. 是旧思想支配着我们，使我们做了坏事还自以为对（如以为开化围城还是对的）；

b. 是为着生活为着前途。（旧社会的前途）。

既然大家不是共产党员，共产党又没同大家说，而国民党又说共产党是土匪、杀人魔王、卖国贼，没有人伦、国家观念的，那么这就不能够怪大家了。因为这是社会性的。

4. 再则职员另有一种顾虑，以为教授有技术，政府看重，交了不要紧。职员可不行。是的，技术很重视，但更重视的是在一个人对国家与人民诚实坦白和进步与否的问题。因此，在这个问题上职员与教授并没有什么原则的区别，我们政策还是一样的。

（文件编号：F107）

浙江大学思想学习汇报

1952年6月初

第一分会：

① 经学习，消除了一部份的对抗思想，解除了一部份人对学习的恐惧与顾虑，但今天少部份人的多少顾虑也还是存在的。

也有人觉得自己改造好了，为何要大家一起来讨论。

也有觉得自己思想问题并不大，在学习运动中是做陪客的。

也有以为思想改造是适应环境，不改要淘汰（有对的一面但看他是什么观点）。

也有把思想改造[看][成]是混资格。

有以为大公无私与自私自利是二个极端，做到大公无私是不可能的。

职员中有职员是否要思想改造的疑问。

有以为思想改造很简单，只要把自己臭骂一顿就是了。

也有说我们改造也做这工作，不改造也可做些工作。

有人说我要改掉的是老庄哲学思想，请大家帮我改造这点。

② 现在暴露的有本位主义（多家的），有崇美思想（以为在哈佛大学读书时我一个人住四个房间），有人在家翻译而对教课不用心，理论与实际不接合，有表现于计划单位用外国的，此外有天才教育与收门徒等思想。

③ 所存在问题。

职员学习问题，沙报告中未提到职员改造问题，以为职员不必改造，而有的职员则多有聘用观点，以为自我职位很小，没有什么前途，有自卑思想，因此有希望对职员的思想改造有所指示。

有过关思想，即只关心怎样做思想交代

三反中被处理的职员有些不满，以为对职员重，对教员宽。

对三不谈，大家觉得有些做不到。

充分运用互助组是对的。

④ 分会办公室作用未能很好发挥，不够经常研究情况解决问题，因一分会各种情形不同，都需具体解决问题。

又：同学代表对学习的认识不够，起初对人提意见过高，经说了后，则不发言了。

在一分会经验中学得互助组对暴露思想与提意见的作用最大，但互助组中要避免随便无目的的乱谈。

至[于]小组会讨论，觉得一定要有明确的讨论要求，而讨论提纲与问题则不可太一律，而失去照顾具体需要。

（沙文汉旁注：只有自己努力，可以避免，至少减少偏向；批评错误是不容易的，批评不只是不对的，过份也不好，但此语现在不讲，将来要讲；充分运用互助组是对的。）

第二分会：

一般恐惧挨打的情绪已改变，且大家〈对〉把自己与国家联起来了，但个别的人当有不正确认识：

有人以为改造标准很低，很轻松。

有以为个人主义不可能改造的，孩子生下来就要吃奶。

有以为社会主义社会不见得对每个人都有好处，都适合的。

有以为个人可以改造，用不到集体来交代。

有人以为社会前进中，人自会进步，因此用不到现在改造。

有以为思想改造是为着〈到〉要我们老老实实听话，院系可以顺利调整。

所发现的思想问题：

崇外的思想，以为不管学业如何，只要出国，回来就可做教授了，有以为论文在外国发表才有地位，中国有的东西必须买外国货，认为英国是民主国家，政权民选的，言论是自由的，人民有权利的，又认为美国比英国更好，收税25%，这是限制资本主义，美国只有人类黑白问题没解决。

在宗派问题上认为浙大有中央军、有土八路及杂牌军三派。

本位主义主要在争经费，觉得争不到是没面子，又在招生前都吹自己系的牛，来拉学生，有觉得理学院为工学院服务不服气。

改良主义：以为土改是好的，但太急了，慢慢来才好，打地主打得太狠了。

毛的统一战线，与劳资两利实质上是妥协。

有以为中国不革命也可进入到社会主义的，如英国就是如此。

对教育观点方面：

a. 重理论而轻实际。

b. 很重形式主义，如研究院即如此。

c. 各科有只培养二三人即可，余做〈背〉陪衬的。

d. 有以为只要学好本领，个人自己有出路，缺乏国家建设思想。

e. 单纯技术观点尚未讨论，因此问题大家都有一些。

f. 存在的问题，今后工作觉得很被动，延长学习的通知发得太迟，

有小组提议工友是否要思想改造。

g. 经验方面。

（沙文汉旁注：学习中把个人学习与国家利益联起来是好的。）

第三分会：

工作情况：

有人问为何苏联要在新疆搞煤油公司，又为什么苏联的顾问在中国要拿很多薪金。

不正确学习态度有三种：① 一部份人戴帽过关；② 消极被动等待着自己，也少信心与决心，这种人一般年龄较大，问题较多，有人以为中央训练团中也说得很好，〈终〉总之反正是大吃小的；③ 有保护自己准备斗争的态度，但这种人现在是孤立的，有人认为我改造不好，儿子也大了，死了也不怕。

在同学方面则有提意见太急的情形，使先生不敢暴露思想。

也有同学写好提纲，在小组会中做小报告，不能启发先生思想。

在一定意义上少数人还有打虎的余气。

思想情况：

有人以为国与国之间，没有不利害冲突的，所以不参加中苏友好协会，苏联在东北也拆了中国的机器。

有人以为思想改造[是]要把人改造得没有思想，只听共产党随东随西就是了。

有人说三反中也说得很好，结果还不是很凶，搞过头了你们只要检讨，[吃]亏还是我们。

有人以为既允许资本家存在为何要批评其思想。

有人以为资产阶级也有理论与群众相结合的，群众路线，希特勒也发动群众的。

（沙文汉旁注：同学中要缓些，对不正确思想应善意来处理，多加研究。学习与功课有矛盾。）

第四分会：

对抗思想基本上已不存在

a. 自己要求改造无思想顾虑者占 45%。

b. 有多少顾虑，但能暴露自己的，相当批评自己的约占 45%。

c. 但有些人对思想改造是从个人利益出发的，是有着不学习怕自己落伍，并以为说要为国家，实际上是假的。

d. 本来顾虑大，现初步认识到要改造的，但不敢暴露自己的，占 7%，有先生希望早些过关的，急于交代的。

e. 在三反中有问题的人，他们顾虑很大，怕发言说错，表现很消极的，占 3%。

现存问题：

a. 学习与工作有矛盾。

b. 少数小组长掌握能力较差，讨论问题不能掌握中心，有问题亦不能归纳。

c. 有讨论空洞不解决问题的，有以为思想改造是要抹煞个人的。

d. 许多科学家都没经思想改造，也能为人民服务，然则又何必要思想改造。

e. molgan(摩根——注)学说虽是反动，但其学说仍是有对的，而又没有新的理论能代替他，教我如何办。

f. 工作是社会性，思想是个人主义，这在旧社会中是否存在，抑[或]是现在这矛盾更尖锐了？

g. 工作上各小组进步与步骤很不一致，分会领导上尚未掌握好。

（沙文汉旁注：我们强调自觉自愿，但他不自觉自愿又将如何办，如果他有政治病。）

（文件编号：R136）

关于交代范围、工作分配和农业税的笔记三则

1952年6月初

交代范围内容是否与中央及草案有不同呢?

划清思想的界线(资本家、小资本家与地主)。

1. 交代政治,分现行的与过去的二种,过去的可以一般交代,已交代的不必交代。

2. 民主人士交代〈作〉做计划,除头子外,一般仍可在小组中交代。

3. 资本家作保人及补保是否要退。

4. 宗教是否要交代。

5. 同志与反革命分子老婆谈恋爱(共产党员不行),与资本家女儿谈恋爱问题,看女儿自身如何,反革命分子家属在我们机关中工作。

6. 镇反中有材料,但非向小组交代,而交保卫系统作侦察〈财〉材料。

7. 父亲遗产[转移]"移与不移"问题,(党员不行,非党员可以)。

8. 华东指示小ブル思想要交代的范围,仍是资产阶级性的发财剥削,范围扩大是不好的,对ブル思想提高认识是最重要的。

9. 反革命财产交公家还[是]交机关。

10. 交代关系时间到何为止。

11. 交代地主关系是否要划清地主思想。

12. 铺张浪费及官僚主义方面容易变成生活小问题。县以上干部如无贪污是否也要写材料,浪费公私不分没有,只会交关系,不会批评是否行,鉴定是否要鉴定一般工作不安心等。

13. 有人家有股本,为着养母,家开小店与小土地出租。

14. 银行存息问题,是否剥削,又是否可存私人银行(党员不允许)。

15. 认为资产阶级的进步性现在已不存在了,因为帝国主义、封建已打倒。

16. 是否允许ブル思想存在(当作政府指导思想是不许存在的)。

17. 有些过去自写自传,现在写起来很长,时间来不及。

18. 工作人员兼工厂老板,不允许的。

19. 〈工〉共产党员是否可雇工耕种,不然只好出租土地。

I. 已确定的 1 844 人，内分配工作（包括机关管制）1 020＋51（管制），计 1 071 人

清洗回家 118 人，回家后群众管制 152 人。

法办的 478 人，内劳动改造 403 人，徒刑 75 人。

尚有 120 人，送公安厅审查而未确定。

II. 分配工作的标准及内容（1 020 人）：

一种是伪职位比较高，但罪恶不大，或时间不长；

单纯的意识比较落后，而无何罪行；

特务协从或嫌疑分子，但无甚罪恶，坦白较彻底；

罪恶较大，工作后表现不大好，但解放时立过功；

年龄较大，思想落后只有一般问题，清洗后无家可回；

虽有一定罪恶，但问题不很大，在学习中坦白诚〈肯〉恳的。

III. 清洗标准：

① 年龄已大，身体不好，不能工作的。

② 政治认识能力弱。

③ 品质恶劣，流氓、地痞之类。

④ 长期慢性病不能工作的。

界线划不清，处理无法确定的。

农业税：华东 77 亿斤，农业税必须定产，责任无论如何不能太重，宁可在农村中少办的事情。

税收支出：建设第一，军费第二，政费第三，即主要地方一定要搞好，次要地方一钱不给。

（文件编号：R136）

吴植椽、陈冰、王文启的汇报

1952年6月初

吴植椽汇报金华情况：

全省三十三万处水利，金华占十万处，而金华全部四百七十二亿的滞销货物解决了三百八十三亿占83%，未解决的89亿中本可解决而因主观上有弱点而未解决好的占二十多亿，约1/4。其他都是生产不合规格的与销售的季节未到的。

至[于]解决之法，主要是依靠公家买的（占34亿），而用物资交流的办法解决的则未做好（义乌一县试验，即解决1.6亿），因此公家仓库中都很满，这是春季的。

至于夏季，金华物资交流则未掌握其夏季的特点，夏季主要是解决收买农产品（金华有麦子18 000万斤，大麦11 000万斤，菜籽23万担，茶78 000担）。但我们收购小麦的计划只700万斤，这不能解决市场问题与农民的需要，而大麦拟收680万斤，则亦说不出依何根据。而收购油菜籽其向省报告为其要收15 000担，其实此数只是金华一县的产量，其情况之不懂有如此者。再则关于价格问题，也是很大的，历年来菜籽价是三斤菜籽换一斤油，而今年则规定五斤，甚至六斤换一斤菜油，即乘机剥削农民，使农民大骂。至小麦米麦比价去年是92%（即米九十二斤麦一百斤），这是太高了的，而今年则规定为68到70，这实在太低了，即比上海便宜23%，地区差价亦太大了。至于大米的价格由去年100斤批发起算而增至300斤才能算批发价，这样就等于提高了价，普通农民就不能有批发价待遇了。茶叶收购未能完成则是因为初茶价格太低，而二茶价格又提高（初茶中7 000元一斤，二茶50 000元一斤），使农民不肯〈买〉卖了。现红糖已供不上，我们买进34万而卖出则四十二万，其纯利达二十多%，玉米去年收入每百斤是五万七千，而今年卖出为七万三千元，利润也太高了（现已减 了五千元）。

至[于]国营公司与合作社之互相争利，也〈应〉影响了物资的收购与交流，因合作社与国营公司争价合同未订，小麦收购慢了半月，致小麦在市上三天中由七万元跌至六万三千元。国药畅销后，土产公司则要求，国药由他统购，停止民商购买，而与各公司负责人谈话时则大家说，他们工作① 是为着完成上面的购销数字，与② 完成上交的利润任务，至[于]对为人民为生产则全然不管。

关于生产方面，报上报告的增产一成半，但九个乡的调查结果是：小麦平均减产一成，大麦平均增产二成，油菜籽增减不定，约与去年相同，地委也承认不能说增产一成半。

金华大水，高出防堤三米有余，冲毁水田及旱田 24 000 亩的作物，其他有十五万亩多则被大水所淹，需追肥，否则要减产三成，水利破坏者有三千多数，占新修的 2/1 000，表示我们水利是做得好的。

金华所得税总数 213 亿，以平均纯利润 17.56%〈作〉做计算，金华所得税工作的布置，只是交代了任务与宣布反右倾，而其他政策及计税方法等均未讨论。

据兰溪了解征税是召号工人以“打虎精神”来进行的，要求四十七亿的税四天内完成，有老板被轮番斗争五次而认税的，有老板跑了，老板娘被吊打的，结果死了五个人，而劳资的情况也很紧张了，工人都等着五反，准备社会主义，说现在我不生产了，〈打〉等过两天没收了，变成社会主义后我再生产，现失业工人已有三百人。

(城中)资本家〈做〉作了一首诗说所得税被迫的情形

天明鸡报晓，
连思头昏倒。
诉为何所事，
金银与财富。
我喜亦有之，
手中缺了了。
本是无用物，
相逼何太躁。

所得税有问题的原因主要是：

a. 代表商品算得不好，如布业算印花布，国药业算桂皮(因此其纯利率达 7+%)。

b. 期末存货的作价。

c. 账外资财,全部当账内资产周转计算。

d. 偷漏按比率计算,有一商店有一次偷漏袜子 7%,而即将其全年货物都以偷漏 7%计算。

e. 计算工资税局算得很低,而均依供给制计算,资本家伙食则以大灶标准计算。

(沙文汉旁注:浙江所得税总任务为 3 600 亿元)

台州陈冰汇报:

地专机关中说,三反成绩是伟大的,错误是具体的,这次三反,“诸葛亮挨打(被批评为右倾),张飞立了功”。

临安王文启汇报:

临安县九十几个虎〈消〉销案有七十一个,据说都是听虎招供而打下来的,定案的只有三个,但此情况可能不合实情,这许多银行公司,何至只有三虎。

区干[部]有 20%向农民借钱不还,而乡干[部]有 1/3 强借不还,致[使]农村中贷借大成问题。

临安地区土特产的比重是 102∶100,即主要依靠土特产。

(文件编号:R136)

杭州经济情况汇报

1952 年 6 月 3 日

杭州营业额：四月比三月上升 13%，五月比四月上升 40%(大约)，比去年同季只占 70%(去年五月营业总额之数为 1 800+亿元)。

〈胜〉剩下来尚未能完全恢复的主要原因是整个城乡交流尚呆[滞]，批发没有恢复，再则市场的价格没有解决，广州 51 万一桶洋钉，在杭州也是 51 万，商人无利可图。

(但其中也有无法恢复的行业，计 308 户，有 772 亿资金，主要是我们要罚垮他的。)

小商店的困难尚大，批发差价亦少，共有 1 088 户要求联营。

在五月份中，除纸及火柴之外，私人资本依靠加工订货的占 84%，有 70% 工人是依[靠]加工订货生活的。

对加工订货现在资本家有意见的：

a. 验货太慢，结账不及时。

b. 原料不好(重庆丝)，而检查次货太严，罚得太重。

这些工人对我们也有意见。

又：在五反后，小厂商开始与我们直接打交道，三台机以上的都已经组织起来了，而二台机以下的则多是负〈责〉债超过资产，无法生产，有 800 多工人变成失业，而其中有 500 人可以转到别厂去做夜工。

现有失业工人以救济基金租机器而进行生产自救的，这样可能解决一千多人，在那里，工人把土厂管得很好，生产也很好，但有与国家争利，发生资本主义的思想。

至于劳资关系正常的占 10%+，而问题严重的有 15%，其中是中间的。有 64 家 50 人以上工人的工厂，经工人训练班教育后，绝对大部管理权都交回资本家了，而追逃资金追得很凶的十一家就解决了十家，而经训练后，生产高涨的则有 20 家，如华丰则生产增加了一倍，包烟的一人一天有从 70 条增至 120 条的，丝厂工人中有两人已〈厂〉创造了消灭废丝，而双车机的抽丝量则达 93 两(五反前一般较高的水准为五十几两)。

劳资关系中经调查三千多家中成问题的是：

a. 四权问题 800+家。

b. 追逃资 800+家。

c. 工资问题 800+家。

d. 劳动纪律 50+家，多在封建剥削很重的地方，至[于]在手工业作坊及小店中则较多。

现发现资本家打工人的有二十件，工人打资本家的有七件，都在小工厂与作坊中，主要是生产无办法，使劳资关系很紧张。

现杭州失业与半失业的共有 17 000 人(50 年最高数量 21 000 人以上)，由于救济(救济 8 000 人，家属一万多人，生产自救 1 500 人，以工代赈 4 000 人，又转业介绍了一部份)大体上都已稳定起来了。

现在差价问题，应很好解决，否则批发与城乡交流都会有障碍的，加工订货上，生产规格与利润分配，固然有问题，而生产计划则希望能够及时确定，不要如过去[那样]等了四个月未解决。

（文件编号：R136）

浙江省府行政会议记录

1952 年 6 月 28 日

（沙文汉旁注：61 次）

各机关抽调的技术人员，要求在革大集中审查；法院会议的日期问题。

（文件编号：R136）

关于浙江省各大学思想改造运动的汇报

1952 年 6 月 30 日

浙大：

已交代 160 人，占 33.6%，内有六人未通过。

个人已准备好，互助组中尚在谈的 113，占 23.8%。

互助组中已准备好，182 人，占 38.2%。

未准备好的 5 人（三个是因病、因事，两个是不重视，杜庆光、郑刚华，占 0.3%）

每一个报告，至少修改三次，多至五六次，然后再在小组中作报告，互助组中批评也深刻，一般思想是严肃紧张的。小组中组长及积极分子带头是起了作用的。

但有互助小组 有〈翻〉反复互讨，影响到[跟]随不上小组中讨论的（如此有六七个小组）。

而党团员内部交代，亦有来不及到群众中去讨论的，而有少数小组在交代中尚有搞宗派的，如吴定良。

束星北、石延泽都很紧张，积极找别人提意见，石延泽的问题一追就到政治上去了，清理中层看在何时转过去。

交代的情况过一星期后将开始紧张起来，搞政治面目的人，应很快配备进去，否则来不及了。

农学院：

少数组中间有不够严肃的现象，提问题不明确，而自我检讨中亦有戴帽子过关现象，有政治思想有问题而自己只说工作业务思想的情形，已通过的，则思想上有一些的松弛情绪，在学生中则应要考虑，对先生亦有马虎现象。

领导及布置上，对对象的主导思想的缺乏研究。

对封建法西斯思想的划分与如何肃清问题。许道夫是否将来可大搞他一下。

浙江医学院：

二百人中已交代了四十六人，占讲师以上 60%，占整个人数 23%。

浙医毕业生，都分散在各处医院中，有些去东北，如何统一分配，除药科三人外，余均在外部。对搞清政治问题，拟一气搞下去，并同时结合整顿学校问题亦一道搞。

浙大发生两次偷窃，医学院发生两次，师院发生一次，艺专接到告密性的恐吓信，浙医吃鹅肉，有一半人中毒吐泻。

师院十二日可以进入交代，大约在月底可以交代好，因为整天可以来搞。

陈、吴等带头交代问题。

教职员中有政治问题者 84 人，内一般问题者 46 人。

（文件编号：R136）

关于温州营业额、失业情况、统战问题和桥梁修筑笔记四则

1952 年 6 月

(沙文汉旁注：华东 1952 年上半年物资流转总额应有 110 多万亿，而现在实〈有〉际只有 70 多万亿元，即减少了 36%，使国家税收与利润等收入减少了十万零八千亿元，工人工资收入减少了三万六千亿元。)

温州五月份百货营业额，公家占 90%，私商只占 10%。

而去年同期，公家只占 25+%，私商则占 74+%。

表示到五月份为止，温州私商还没有动起来。

浙江的失业者

烈军属	238 108 户	881 473 人
内烈属	6 506 户	20 435 人
军属	180 525 户	663 988 人
工属	51 077 户	197 050 人

失业知识分子，杭市一个区调查占人口百分之一点二，兰溪县则占百分之三点二，估计全省约有五万人。

全失业工人 25 183 人(缺金华，三个专署统计)

编余人员 勤杂 3 000 人 又半失业者有 16 000+人

干部 1 000 人

清理中层 1 500 人

尼姑和尚道士 15 813 人(去年秋天数字)

妓女、乞丐、小偷等游民约尚有 1 万人(六个城市数)

失业军官 15 932 人，内将级 194 人，校级 2 815 人(镇反前数字)，尉级 11 901人，不明级 1 022 人。

镇反前伪政府职员四万多人(区级以上的连伪军官在内)。

地主无劳动力者已现渐近新游民。

(I) 解决失业工人的办法：

① 总共训练工人转业的为 13 384 人。

② 生产自救 2 046 人(即维持现状不再扩大)。

③ 除小城镇中家有土地可生产者,动员其回家生产外,不动员其他家。

④ 老年工人、老弱残废的,由民政部门〈作〉做社会救济。

⑤ 以工代赈的。

(II) 对于军工烈属问题:

① 在乡村的 206 041 户,占 90.3%。

除极少外都分到了土地与房屋,主要是代耕问题。

② 在城市里 32 067 户,占总数 9.7%。

内有 15 071 户原有职业或进行小买卖的可以生活的。

由政府介绍去工厂机关工作的 1 869 人。(大体以一户介绍一人)

无劳动力而要长期救济的 1904 户。

现在可找职业尚未找到的,有 13 223 人。(多半是解放战士的家属)

(III) 解决和尚道士问题

(IV) 小偷妓女乞丐问题

"抗美援朝",增产节约,思想改造

① 工商工作,省工商联,三省市工商联,五个专署辖市工商联。

② 政权统战问题:

a. 省二届人代会议,现先做好方案计划,九月底前〈作〉做成,搞好省市协商会,协商会应有党组及常委会。

b. 机关内部统战问题。

③ 思想改造与民主党派的建设问题。

④ ……

⑤ 健全统战部机构。

① 嘉兴拟在七月份修补好:

首先要修好桥梁,可调压路机去(从嘉兴到机场共有十一条桥现知有四条桥要修)。

次则房子,将来拟〈住〉驻一师,现共二千五百人 ,七月底先住一团及一大队，共一千五百多人。

② 筧桥，拟九月底完成。

搬家约三百户，坟墓迁移497座；242户（瓦房23间，草房601间）20户

（文件编号：R136）

浙江省增产节约、“三反”、“五反”运动的情况[①]

1952 年春夏

[浙江]省的增产节约在现有水平基础上一年可有 6 000 亿，其中：工业 4 000 亿(工业厅系统 3 000 亿)，交通 240 亿(或 100 亿)，合作社 1 000 亿，农林节约 70 亿；财政[节]约，粮食 200 亿，盐务 50 亿，税务 1—20 亿，全省行政机关 300 亿，文教卫生 100 亿；中央企业增产节约，商业厅 4 000 亿，银行 700 亿，邮电约 300 亿，铁路 300 亿，除铁路外 5 000 亿。

一、节约一来贪污分子恐惧，此事要慎重处理。

(一) 小贪污而坦白者当众说明免于处分。

(二) 凡贪污坦白者从轻处理。

(三) 贪污而不坦白者或重犯者重办。

二、对今后工作的意见：

(一) 口号：

1. 对机关是精简节约，对生产机关是增产节约。

2. 以反污贪浪费及官僚主义的口号来整风。

(二)

1. 开展自我批评与相互批评，要强调自觉。整风结果，自我批评与相互批评后，每人做自我鉴定。

2. 开展合理化建议。

3. 批评检讨内容是：

(1) 领导作风及方法(领导者)；

(2) 工作态度与效力(一般同志)；

(3) 有否贪污浪费及爱护公物。

各单位应根据自己的重点进行某问题的检讨与讨论。

三、

(一) 行政上如何算是重视了。

---

① 此系编者根据内容所拟标题，原文无标题。本文序号数字经编者重新编排。

对重点须做动员组织力量。力量要善于用本单位积极分子。

（二）对轻度贪污要尽快处理，以安人心。

（三）自上而下与自下而上结合，中间实在不通，可考虑越过中间（但须向中间说明）。

（四）报道与案件的处理。

避免找小的偏向。

革命成功，用不到艰苦等思想，贪污浪费思想是向资产阶级看齐思想，最后是走上反共产主义、反党叛国的铁托道路的。

中国ブル力量是小的，但若加上我们内部的ブル力量就大了。

所以，三反本质上是对敌斗争。但在策略上来说则是对内斗争，即主要是杀一儆百的改造。

因此是忠诚实老[实]自觉交待清楚者就从宽处理，不坦白者查出严办，至追查界限则以解放前后为分，有些高级人员还可容许秘密坦白（向负责人）。

工厂内的三反，宜在政治坦白之后。

惩办〈止〉只杀各地的顶子，但思想上都要改造，彻底清算，对大干部先动员事务人员告发，由首长自作检讨。

发动青年检举是搞好工作很重要的环节。

我们打要打大的。

至[于]对资产阶级（党外），自不是反对资本主义思想，而是反对官僚资产阶级思想，这二者的界线就是〈同共〉共同纲领，破坏共同纲领的即是官僚资产阶级。

（页脚处注：去年 135—150 亿，今年 174 亿大米，（浙省国民收入）。即每人 800 斤大米，比去年增 100 斤。440 个厂，500 人以上 24[个]，100 人以上 35[个]，共 59 个。50—100 人，50 人以下 275[个]）

工厂中在三反运动后再搞生产改革，前应先调整与整理组织，把官僚主义去掉，然后：

1. 确定工资制问题，[redacted]，不然则可先确定临时定额。推行先进工作方法运动，包括工具、准备训练干部等在内。

2. 有系统的政治教育（以共产主义、共产党的教育为中心——解决整党建党问题)。

3. 建立各种负责制。

1. 查清发动程度限期发动。

2. 大公化小公,机关生产情形定期报明。

3. 点名坦白:

(1) 选择有事情的。

(2) 事先与本人谈明先礼后兵。

(3) 考虑坦白地方。

光华火柴厂

平联茶厂(其中职员有八个是老板)

杭巍汽车公司,工会主任是职员,开始先反工人偷窃。

四月中开省府会议

1. 报告三反及五反情况。

2. 经济问题。

3. 整编问题。

下星期行政会议

1. 对贪污浪费官僚主义的处理问题。

2. 机关生产清理及处理问题。

3. 农业生产情况的报告。

即开一次生产(生产流通)会议。

省府支部147[个](45个党委会,9个总支,95[个]直属支部),省委支部19[个],共166个。

省府3 147[名]党员,省委393[名]党员,共3 540[名],393+314团员加群众,1 231[人]。

一、

1. 打虎,同学、先生300多,内教授10+人。

2. 少数物资求清理好，管理人有问题不好好验。

3. 总务方面人手太少。

4. 一般教书与学习不专心。

二、

1. 觉得数字这么大是否可靠。

一、五百六十几户处理方针。

二、巩固五反成果，建设阶段的内容。

1. 订立公约，资本家守法公约，工人生产公约。

2. 建立新的劳资关系。

3. 整理与改组工商联。

4. 学习共同纲领改造思想。

受刑事处份的比率：

100—1 000 万的不超过 5%。

1 000—10 000 万不超过 50%。

10 000 万以上不超过 80%。

受刑事处份中在机关管制的应占 50%左右，劳改的应在 35%左右。合计 85%左右。

五年以上的 15%左右。

无期[的]不超过 5/1 000。

死刑[的]不超过 2/1 000。

工人监督生产，其范围应是：

废除后账，营业公开，完全了解企业的原料储备，生产计划，资金运用，收支和盈亏情况等并对国家的加工订货，收购，承包营造工程及应缴的税收，实行监督，必须督促资方正常生产，防止消极怠工，防止五毒的继续发生，而不是剥夺资本家的私有财产权及工厂企业的经营管理权（包括其合法利润的使用权）。

三反运动已获得重大胜利，解决了永久没有解决的贪污问题。

现要解决的问题：

1. 房地产清理与处理。

2. 山上人民的生活问题。

以山养山不能全部解决，而解决则须移出一部分山民，山民分子田，但在山下无住户，山上有十几户是被管制的，这部分更须强其下山。

3. 确定对山区的政策，恐要允许私人来休养。

4. 要有专门管理机构。

(1) 要求电影放映队及娱乐品。

(2) 电灯能解决。

(莫干山区人民 180 户，668 人)

过去依靠管房子、抬轿、建设的杂工而生活。

山上黑房子 197 幢，没收的有六处，可没收的十处。

企业单位所属九进。

私人 169 幢，包括外国人，118 幢是中国人，性质不明的有三幢。

山产则尚未很好清理与了解，180 户中生活全无办法的有 30 户。

1. 小组中如何交代，交到什么程度。

2. 是否分组交代，可以小范围交代是否特别优待，大组交代好还是小组交代好？

3. 有些贪污与浪费(公私不分)界限不清楚。

4. 是非政策界线和思想界线问题，由低到高的过程是运动的过程，对“三反”态度的正确性亦如此。(主要问题是对“三反”认识不够)。

5. 三反运动与办公机构问题。学生的资产阶级思想问题。

1. 五反委员会不组织。

2. 对二十号逮捕者〈作〉做准备以便上报。

3. 对姚顺甫、胡海秋等在检[讨]前，应可嘱其一次交清，如再有问题，需群众斗他。

1. 出击的条件已成熟，但工作是紧张的。

2. 这阶段主要是[打]从进攻中改变局面，但通的一面要照顾，具体工作是细腻的。

3. 今天决定的问题是具体动作。

(1) 材料和排队。

(2) 检查队的组织与教育。

(3) 统一领导，灵活配合，具体分工。

胡：

1. 中蚕公司号召增加生产而到现在〈上〉尚未〈顶〉订约。

2. 中蚕公司只要提高品质，而结果高级产品不多，以A级丝作内销，大大浪费了国家资财，表示工作无计划，有官僚主义。

不攻一阵资产阶级不垮，因此坦白与检查同时开始，我们已有这条件。

战术上，用矛盾，找弱点。

多数统过来，要二三次坦白检查后才能形成的，在压垮中把他统过来。

工作准备上：

1. 商户排队，确定3期检查对象。

2. 检查队编组。

3. 指示统一，以市为中心，省各厅力量配合，厅找谈话亦与此配合，厅内部攻要缓一下。

闫：

1. 怕报复。

2. 逃税与受贿是否同罪。

3. 漏税是否要补，补则店要倒。

绍[兴]：1. 绍兴筑环城马路代表有意见，要求暂缓。2. 捐献已停，其根据爱国公约应如何处理。

金：

1. 贫雇农有以穷为光荣，而中、富农则怕露富。

2. 农民以谷为保值存款，提取时，则不能买同量的谷。

3. 稻子统购后，农民从三斤稻子换一斤桐油而成五斤换一斤。

要争取与团结那些遵守《共同纲领》，服从政府法令，和运用《共同纲领》来公开和我们进行合法斗争的守法的工商业者，孤立与打击那些破坏《共同纲领》；违犯政府政策法令，和抛弃《共同纲领》来秘密向我们进行非法斗争的不法商人。

规规矩矩遵守《共同纲领》和政府法令，并在《共同纲领》的原则下获得合法的存在与发展。

一、

(1) 运动到〈出〉初起一星期中交清，每人限一次。

(2) 领导机关抽出力量去领导与帮助各处。

(3) 以贪污为中心，并发动检举。

二、政策

对重要民主人士要积极帮助其过关，对科学技术人员应采取坚决保护，对行为极不好的民主人士应有计划打一棒，但须注意分寸，适可而止。对资产阶级思想很浓的工程师类，在不伤感情下加以批评但应有分寸。

居民委员会检查年货及水电账单问题。

1. 无产阶级与资产阶级思想的分界线。

2. 什么是铁托，什么是资本主义思想，觉得资本主义思想是犯罪就怕法办。

3. 自己的钱铺张浪费，如何解决。

4. 浪费成了风气，领导机关应负主要责任。

5. 每区交待清楚，应如何在何处交待。

6. 郑守川处罚是对的，但有关别人也要检讨。

7. 贪污与非贪污的界线(因有的机关是贪污而吹毛求疵)。

8. 必要与浪费的界线(有人以为是买了皮鞋穿，就是资产阶级思想)。

前言：听了报告后一致拥护报告精神，觉过去虽已取得若干成绩，但还不够，尤需从共产主义与资本主义斗争来划清思想界线展开斗争，以加强党的队伍，保证培养节约方针的贯彻执行。

因此决议：

1. 划清思想界线

2. 就各岗位发动群众展开自我批评，彻底贯彻三反运动，做到消灭党内资产阶级思想，廉洁人民政府（对外界线）。

3. 执行纪律

最后，会议后去动员勤杂人员检查首长，有否违反制度，浪费铺张等情形。

三、要解决三反必需发动群众，凡有任何阻碍者，就是犯法，严重处罚。

四、会中适当联系到自我批评，暴露若干材料，发扬民主提意见。

五、对党外人士起一个教育示范作用。

把运动深入贯彻与提高一步，使在党内划清无产阶级与资产阶级界线，且每人[自]解放以来，用共产主义思想为标尺来做一次思想检查。

因此，要使每个同志，在会上划清。

一、

(1) 资本主义及小资产阶级思想是敌人，与共产主义不相容的，是非法的。贪污浪费官僚主义就是资产阶级思想。

(2) 党外要求的界线是新民主主义与旧社会的界线，其标准为《共同纲领》。

二、“三反”的政策、教育与惩罚相结合，在这下面要求忠诚老实自我交待清楚，手脚是否干净，凡自白者重者轻办，轻者免议。

初步思想改造的内容为：

“主要是指分清革命与反革命，建立为人民服务的观点，用批评与自我批评的方式进行自我教育和自我改造，抛弃原来反动的或错误的阶级立场等。”

（学习中遇到清理历史，和改革学校课程的目的）

认真贯彻与重视的标准问题。

1. 可能会中对党外人提意见。

2. 工商界怕反贪污的征候。

1. 总结二年对贪污官僚的处理。

2. 搞好节约计划。

3. 今后工作。

工作先抓省及杭州科长以上大会。把已有材料公布，发动由下而上检举，然后在报上发表。

杭州在各代会先讨论增产节约反贪污浪费。

工作展开过程中要惩办一批人，这里应注意党内与党外问题，公布不要只公布党内的，而应注意比例。

1951 年浙江每亩平均产量谷 397 斤，三季最高 1 600 斤，单季稻最高 960 斤。

马叙伦推荐马一浮列席全国委员会第三次会议，华东统战部要马[一]浮“情况和我的意见”，即办。六日晨发。

1. 建设是按新民主主义要求（社会主义前途）和经济的实际情况相〈接〉结合来建设与改造社会，不是就按实际情况不偏任何方面，把他予以提高。

2. 城市工业要以农民需要为方针，是要求城市在加强领导农村（即工人领导和加强与农民的联盟）中走的工业化，而不是牺牲工人（如党员去做群众工作■然的）去为着农民，以有钱可赚为出发的工业建设方针，其缺点是没有注意工农联盟问题。

（文件编号：F193）

关于三反运动的初步总结(提纲)

1952 年春夏

Ⅰ. 三反尚未结束，还不能总结，但大体已告一段落，三反的成果已可作大体的估计。

Ⅱ. 三反的成绩是肯定的，并且很大的。

① 把公私界限严肃地分清了，大部贪污分子亦已检查出来，并充份暴露了在资产阶级思想影响下主义资本主义在经济方面所表现的丑恶状态。

② 暴露了我们学校过去制度上行政治[上]的混乱与不合理状态。这些都对以后办好学校，改正制度和提高大家人民的思想打下了很好的基础。这就是说，三反的目的基本上已达到了。因此这成绩也是肯定的。

Ⅲ. 但是，另一方面，不可否认地三反也有其副作用的一方面，这就是：

1. 一部份人只是小毛病也当贪污分子来检查了，同时由于检查的方式太粗糙，重压力，对上述的人弄得过份而使某种程度上，尤其是负行政职务者、经济关系者人人自危，与不敢说话。

2. 这副作用是不好的，他减弱了三反的成果，但以此认为三反的结果是相反的，那也不对的。

3. 三反所以为有此副作用，其原因是三个：

① 是工作粗糙了，准备不够，仔细措置不够慎重，性子太急，方法上太强调压力。

② 学校里许多制度太乱，而且在这制度下都有许多大大小小的毛病。自不能全怪打虎队员的多疑。

③ 是贪污分子太狡猾，已使人恼火，因此使小手脚不干净者也吃了这个亏。

因此公平的评判，其原因二个是客观的，一个是主观的，而主观上〈为〉有这些毛病：

ⓐ 是工作人员初来校，情形不熟识

ⓑ 是我们领导上督促检查不够。

对于这种主观上的缺点，们今后应加克服的，而不能因为有客观原因而自〈来〉我原谅。

（文件编号：F112）

在浙江大学关于思想改造运动总结性发言

1952年春夏

一、为什么要全面交代

一个多月来学习，大家思想上已有显著的提高，从批判自己的思想暴露自己的错误中表明着大家开始有初步新的立场，用新的观点来看问题，大有“觉今是而昨非”之感。因而使自己与人民与时代靠拢了一步。这靠拢是很重要的，因为他是进步的起点。

由于自己的阶级出身，长期地受旧社会的教育，自己多在反动立场与观点上看问题，和时代，和人民是相差得很远的。因此对问题样样不满，既苦了自己，也对不起人民与国家，更发挥不了自己的作用。暴露出来的各种各样的地主，买办和ブル思想，[redacted]而也是殖民地奴隶思想，实质上说明只有个人或本阶级的利害而没有是非与国家社会利益。在这思想上不管谁是最规矩，也是反动的。现在进了一步，即动步了，但还是初步、很不完整的，这是不可避免的但却应该继续前进，否则会等于没有。

进步的唯一有效方法是自己努力学习分析与全面地、无保留地暴露自己，让大家好研究分析来帮助自己，两者缺一是很难进步的，(因为思想体系及观点的形成是从自己全部的历史及所处的环境中形成的，不把各种的行为和思想全面加以研究是得不出旧思想的来龙去脉和根源的，因此也就不能很好来改造自己使自己进步成为新时代的人。)

在以前的暴露事实中，有这样的情形：

(一) 一般把解放后对种问题的看法，特别是对新中国的主要措施和对资产阶级，与帝国主义、封建买办、法西斯的关系多暴露了，固然但有些人还是有些保留的。

(二) 对自己政治问题，参加政治活动，却很少人说到。然而要我们在这次思想改造学习中，达到基本上解决自己的立场观点，打下了自己成为新时代的成员的基础，使以后自己能不断的前进，那么，就必需继续暴露与批判，尤其是暴露自己的政治问题，否则就不能达到所要求的目的。

这里我建议大家来一个全面交代，把一切都交了。

二、解除顾虑与我们的政策

说全面交待，尤其是特别指出政治问题，未免大家有些吃惊，有人一定会说“最后一手拿出来了，我老早知道的，他们已经是有准备的。”这意思是说，思想问题已经过去，现在动手搞反革命了，这看法是很不健全的，还是“旧观点，从与人民相对立的立场上来看问题。”

第一，应该认识这仍旧是思想问题，政治是思想最突出的表现，不搞清这方面问题不能完全清算自己思想。

第二，当作一个人民的教师，公职人员，自己亦有义务向人民交清他自己的问题，以为可混过去这是天真的想法。

第三，我们的政策是治病救人，对改过求进步者决不阻其去路，但要求有问题者诚恳坦白，表示自己有这决心。如此即有严重罪行，亦必宽大。

ⓐ 过去处理了一些人，并非因为他坦白；而是因为他不肯交代，表示不诚实。

ⓑ 许多人顾虑，怕不信任，怕失业，怕惩办，我以为现在这决定权正是在你们自己手中，诚恳老实，有决心改造自己，就不必怕这些，这里是思想改造，不是镇压反革命，那是公安机关事情，但今天不交清，明天要公安机关来，那就麻烦了。

ⓒ 为什么到公安机关就麻烦了，在学习中就没问题呢？这决定在于国家的“改造”政策，和对象的自己态度。有政治问题的到公安机关去坦白，也一样宽大的。

“我希望大家都打破顾虑，信任我的话，作彻底的交代，这样可以帮助大家思想进步，并顺便放下政治包袱，国家还需要建设，教育亦还需大规模发展，不是多了你们教师而是少了你们能做教师的，我们〈真〉正开始要登记失业知识分子逐步解决失业问题。”

“以为过去未交，今天交了就不坦白，这话是不对的，因为今天交了终究是坦白的，所以大家都不要顾虑。”

三、全面交代中应注意的几个问题

（一）由于政治问题特别暴露得少，全面交待时，特重于政治问题这是很自然的，但若以为只是交[待]政治问题，不补交别的，或不去注意解决思想那是不对的。

（二）但有政治问题，尤其是严重的政治问题的人，无论如何顾虑是要多些的，因为他对现实的看法总是有些不同的，同时从他过去 KMT 时期的经验上来说更觉得说不通的，再觉得既宽大，又何必要我交呢？（因为不然就不能知你诚意）又（只要宽大连交代都不交代，这是说不过去的）所以要对于他们，我希望，我们的工作人员和学员中没有政治问题的人，特别多多帮助他们：因为你们没有这种顾虑，头脑冷些，道理就容易看明白，把你们的见解告诉他，这会对有政治问题者有很[大]帮助的。

（三）但帮助是帮助，不是追逼，解除人家的顾虑与提醒人家的问题这是帮助，武断别人有问题，硬要人家说明或承认这就叫追逼，二者是有明显区别的。前者能帮助交代老的自觉自愿，后者将必会妨碍交代者的自觉性，我们所要的是前者不是后者，换言之，全面交代仍是根据自觉自愿的原则，这原则是不变的。

四、最后希望大家都能很好地认识

（一）如果思想改造是为着使大家能够从一条捷径，由旧时代的人走到新时代里，从而在新时代里，发挥你们的作用，那么这一面是关联着整个国家的利益，建设与进步的快慢，（学生教得好坏）而另一方面，也是关联着每一个人自己的前途的，就是因为如此所以我们郑重其事地要大家来进行思想改造。

（二）如果共产党和人民政府，不是为了爱护我们国家中每一个有用，或可以用的人，则又何必苦苦如此呢？若是为了清理大家的政治面目，怕有反革命分子捣蛋，那显然用不到这样做的，因为：第一，显然现在天下已反不了的，第二，对反革命分子还可用其他简单的办法的。

（三）新中国是在迅速的发展中，今后的发展必将更快，这是没有任何力量可以阻止的，我们过去已做了殖民地半殖民地中萎靡不振的中国人，我想没有人不喜欢做一个，强大而骄傲的新中国的人民的。

但是中国的发展与更加壮大，都有赖于我们每一个人的有健全的思想和共同努力，愿大家解除一切的顾虑，坚决交清自己一切的问题，从而能够划清新旧的思想，和新人旧人的界限，打下自己前进的基础。

（文件编号：F108）

浙江省统战部会议记录

1952 年 7 月 21 日

以共同纲领和工人阶级思想为准备来学习问题。

a. 党员同志觉得再参加民主党派时间忙不过来，应如何解决？又几个党员参加民主党派如何统一起来，是否可成立党组？

b. 思想改选上，市拟成立学习委员会，是否需要？

c. 民主党派自己的活动时[间]问题。

d. 李部长报告是否要总结一下？

省工商联问题：

① 什么时候成立，拟以代表会产生筹委会，代表会议在九月底开。

② 筹备代表会及筹委会要达到什么任务？

a. 组织上成立省工商联。

b. 在全国工商联会议后继续政治上来拉一把，克服他们混乱思想，经济上扶一扶。

c. 其中应注意扶一扶中小城市及资本家。

③ 筹备工作问题。

成立一个党内专门工作组(由叶遐修负责)，作准备工作，使在八月初自成立公开筹备处，要筹备如何成立，拟以协商委员会名义开一次有关工商界座谈会，来成立筹备处。

筹备处的名单问题要决定：

代表名额，照顾地区及大中小的比例。

④ 开筹委会的会议准备(在筹备处成立后提出，请协商会批准之)。

(文件编号：R136)

任一力关于财政收支的报告

1952年7月

（沙文汉旁注：一定的厂店必须有账，账簿可否公发。）

财政收入：

① 原要交18 200亿（工商税），现改为20 600亿，上半年已征到8 500亿，约占40%强，若市场活起来，年成不坏则很可能搞到。但工业生产上烟税将减少，酒税亦可能减少，锡箔税亦已大部垮了，又由于公营企业直接到消费者手中，营业税亦可能减少，又〈应〉因三反干部变动大，生手增加亦可能使有些税收不到。

② 农业税，浙江为19亿3 000万斤谷（四千六百万亩，肖山地拆田为三千六百万亩内水稻二千五百多万亩），今年以一百二十一亿五千万斤为产量，现在依税率布置十九亿八千万斤，但若有减免则就成问题。

③ 公营企业利润收入，去年是1 200亿，今年三月间决定为2 850亿，但现在麻袋跌价，就要减少七百亿，而手工业改进所，经三反后都收摊了，因此亦减少了六百亿，只剩了一千七百亿。但另有三百多家小厂（公营的）尚可弄二百亿，因此今年将是一千九百亿。其他专区等则有二百四十七亿，保险收入四百十一亿，盐税二千六百亿。

支出方面：

补贴增二百五十亿，政府机关薪资每人拟增六万光景，但以中央标准事实上只能增6%，现尚在研究，又未决犯人（二万五千多人），增加了一百多亿已可以应付。

干部医药费，供给薪水都每人加到二万元，尚须解决二百人疗养床位费。

1952年全年开支约一万另五十亿，尚少一千来亿。

地方附加连去年节余700亿可收5 200亿，计划中开支3 600亿，余二千多亿，拟以一千五百亿投工业，五百亿作其他补贴，现此方案改变为：

教育经费要包，共需1 400亿（但实际需要按文教厅计算要1 500亿）。

社会教育及冬学不包。

文化事业费，文化馆及收音站要包，但数字要控制。

学校办公费每年每班六十万（平均），要包的。

问题：

有工农业余教育七八千人的教员的经费；冬学费；师范速成班，一千一〈千〉百多人，华东只供 47%。以上三项经费无法解决。

乡干经费问题：每人每月 65 工资分，约值 120 斤米。

乡办公费，每乡 70 一年（即每月六万元）。村办公费每月一万元。

以上都要包，预算〈已〉以七千乡每乡三个干部计算（现在实有五千三百个乡）。

民兵费要包，一百五十亿元，除办公、油灯、奖励、集中训练及开会之外，禁止装备。

社会救济，包括：

① 军烈属救济优待；② 孤儿养老院费；③ 临时灾害救济。

军烈属救济 5—8%，孤儿养老金全包但不扩大，临时救灾费给省控制。

农林水利（除大水利外）救急等，四百万斤粮食，小水利农民自搞。

农场建设资金，近一百亿已开支，明年可列预算。如此地方附加须开支四千亿左右，只能余一千亿了。

1953 年预算问题。

预算要全面预算变成立法，八月中旬要搞好。

这里有困难的是

① 财[政]厅管理不容易，因此恐须用下面三法：

a. 钱由财[政]厅全部控制。

b. 钱存银行，由银行控制。

c. 用钱做报告（预算范围内自己调度）。

② 作正确预算的困难，各部门发展计划不知道，因此须先框定这点，同时临时紧急费用则须有预备金。明年大约有四千四百亿元可以分属地方使用。

（文件编号：R136）

关于运输和税收问题的笔记二则

1952 年 7 月

用十九万方方石方，要四十万吨的运输，60 工作天。

宁波地区要解决 130 450 方，250 000 吨，40 工作天（十月底完成可用）。

但水泥干了可运，须 28 天，如此得在九月底完成施工。

交通工具：汽车 220 辆（浙江解决），榻车 600 辆（华东供应），船 11 000 吨（内华东 4 000 吨，船务局 4 000 吨，宁波台州 3 000 吨）。

码头与路线，工程师已去，有两个工程连及宁波劳工队在工作、组织与管理，路面上每天要过一千次左右，因此路必需很好，船只装或卸只许用四个小时，因此要有很好码头，600 辆每天要运 4 000 吨。因运转要求提得很高，必须组织与管理得很好，否则不成。因此要求 30 县区骨干及 50 一般干部。

（沙文汉旁注：运转，开石，以及工作效力的计算是否有把握?）

医药卫生问题：

光是我们新要的工作人员：装卸 5 000（民工），榻车 2 000，汽车工人 500，船工 3 000，开山打石 8 000——计 18 500 人；又须加机场中工人，约须 20 000 人（内打石 5 000 可用民工），卫生[厅]要解决此问题。

房屋供应问题。

防空问题。

农林厅：

浙江麻原为 38 万亩，去年华东指示要扩大至 120 万亩，十一月核定为 100 万亩，到今年三月二十几号中央紧急电话要缩至五十万亩，虽下种只有十天，只好硬缩至七十万亩，农民大骂。

茶，一年红，一年绿，旗枪、炒青比例也无定，农民置了许多红茶工具，今年无用了，而中央要各种茶的指示到三月才下来，虽采茶只十几天，工作布置不下去了。

财政方面：同一海塘，因情形变化不能调用，五号墩预算不能用于九号墩，使无法应付水势的变化，又预算批得很慢，但月终拿款收回得很快，年度也是如此，便每月、每年有一个无钱时期。

水利施工进度，中央要五天一报，这在偏僻区施工程时是做不〈多〉到的，而棉花也要五天一报，五天可能长一寸，无事可报。

水利年度〈时〉是否仍以八月为期，若以年为度，冬季正时[值]施工期，年关要重报，不胜麻烦。

财政厅：

盐的专买机构，财政任务由 60 亿增至 117 亿后，浙江就不能不从压低收价来解决，我们反映了，上面不同意，而造成盐民生产[困难]，每人只能一年摊 28 万元人民币，无法生活。财政收入的框子，去年变了五次，今年变了七次，而年初指示去年到二月才下来，今年到四月末下来。

所得税底子，中央财委的通报问题。

征茶税，由 40%减至 30%后又增至 40%，而每次变动都要多退少补，使我们很难执行。

对上请示批得很慢，〈又〉有时华东与中央不一致。

商业厅：

价格公布不及时，常因此使土产收购延迟。

盐的价格，查出比收买价多 70%—95%，而盐民生活极苦，对此很有意见，因为税高，无粮很严重。

（文件编号：R136）

浙江大学学习委员会汇报

1952年7月

第一分会：

I. 遇到困难：

① 拒绝帮助，重男轻女，对太太问题；要求提意见者100%的正确性。

② 有人家提什么检查什么，不提什么就不检查。

③ 强调自己好的一面不愿意检讨，或避重就轻。

④ 检讨了就了事，不贯彻于行动，有些情绪开始松弛。

比例如何？

II. 目前进度：

112人已检讨了98人，即88%（先生尚有七人，职员尚有七人尚未检讨）（内教授三人，副教授二人），问题到政治历史上去，有些有拖、应付的情形，或不〈同〉动声色。

有历史问题谈了以后，有些担心。

有人说我是国民党培养起来的，但我不能恨他，只能不理他。

有不愿谈与反动教师的关系，而以为是宗教问题者

同学因自己要检讨，觉得来不及帮助先生。

第二分会：

I. 一般都很好，有个别的强调互助，而少自觉，有个别的以年老而原谅自己，不积极。很少数人有自己过了关就松弛了的，每人互助约在三至五次，多的有在十五次的。

II. 工作进度：

总共135人，已交待的119人，占88.1%。

剩下来有拍桌子的，有表面虚心，实质上〈相〉想避掉，有〈相〉想戴帽子过关的。

III. 现在的问题及现象：

优点：

① 团结加强了，地理系就团结得很好。

② 教书很负责。

③ 大部[分]先生都能积极互助别人，搞好思想。

缺点：运动不平衡。

① 对不正确的政治思想的批评有些是不够的。

② 小组进度不平衡。

宗派主义及不团结，在理学院，大部份还没有很好解决。很个别的先生思想改造自觉性不够，其所得的结果亦不大

IV. 运动发展已达到政治及历史问题，少数人对抗不交，已[造]成群众的不满，提议：

要求先生将政治及历史问题彻底交清，放下全部包袱，便能为人民教师，为国努力。

（沙文汉旁注：① 一般运动是健全的。② 思想改造过程，改变了人与人的关系，新的现象在产生，与人为善，互助和团结努力。③ 问题发展到政治历史上去，大家有恐惧，大家交一次，二星期解决，填好表，不追不迫，照顾身体不好的及年龄大的，政法是思想问题也非全是思想问题，要组合一下。）

第三分会：

参加者 135 人，交代 121 人，占 89.6%。

现历史上有问题者有对抗拒绝情形，有以问到政治是超过思想范围的，对此群众有不满的，如何解决些问题是目前即要解决的问题。

土木系有一个基督教徒，草稿都是神话，说他只能说神要他说。

第四分会：

工作进度：参加者 82 人，已交者 69 人，有十三人从苏北初回来，要到五日后才能开始交，已交待中有八位，历史及思想都很严重，而仍须再交代。

（文件编号：R136）

关于各地受灾和救灾情况的笔记若干

1952 年 7 月

宁波受灾情况，最严重是象山与定海。受影响者 94 万亩，象山新桥区 9 万亩，减产 20%。

其中 2 万亩减 30%，全县二十多万亩平均减产 20%，但比去年还增一成到一成半。又农民发生两次骚动，一处是因为修一条解放桥做泄[洪]门，对小部份田水利上不利，负担又不合理了，而楔尚未修好，器材阻了水流，因有一百多农民扣了我们两个乡干及一个区干，是三个村农会主任领导的。又石浦区有一个乡有六十多农民在大水时开会讨论，要向政府吃饭，是被清洗的乡干煽动的。

定海一般损失二成半(早稻)，但总产量可能比去年好。

奉化江口区，全部十三万亩损失一成，内九千亩最严重损五成。

镇海以柴桥区为最严重，柴桥区十三个乡至十三日水已全退，一个乡至廿四日才退，四个乡未退，大谢等五乡为最严重。百日黄因干纹不倒，被大风吹磨损五成，又 503 稻，不顶严重的风不会倒，但这次倒了，因三反而损失少，约损 15—20%。再则晚早稻，种迟的，因尚在开花，则损到 50%，如此大谢等五个乡早稻约损 30%，而柴桥全区平均损失 17%，但比去年仍可增 5—10%。比水稻严重的反而是旱作，如丝麻蕃菇等多被采到或拔起。

鄞县，大嵩区四个乡水深二丈，二万三千亩，平均损失 30%，天春区淹一万八千亩，二千亩被淹四天，其他都不到四天，姜山区，虽淹而损失不大，约 7%。

又，余姚、慈溪及嵊县三个县大丰收，余姚最好，水稻一亩 780 斤。

(全省因灾死人 368 人，内温州有二百四十多人，房屋一万多间。)

[redacted]区，五洞乡，棉江集体农场共十四户，中农八户，贫农四户，雇农二户，有党员罗祥根一，团员四人，男劳动力十六人，女劳动力十一人，土地 151.2 亩，内国家机动田 74.5[亩]，余为农民己田。每人自己都留一份田外，余都共有。该地沿海有十四万亩田可供机器耕种。

温州 180 万亩早稻被淹 77%，平均损失 1.5%，收割后平均每亩收 230—250 斤，尚比去年增 22%。

(沙文汉旁注：14＋24＝38 人 ① 国特；② 美特(反革命布置者)；③ 血债(严重者)；④ 反动组织(道会门)。

一分会 四类一人 三类七人

二分会 四类四人 三类七人

三分会 四类二人 三类五人

四分会 四类七人 三类五人(43％有问题)

急救进行如何：

水利问题，决定的问题是与自然灾害作斗争。

肥料问题。

医药问题。

表示工作上的若干缺点：

a. 防旱与防洪问题。

b. 防海塘与防内涝问题。

c. 盲目开荒。

① 看灾情，争取丰收是正确的(包括一般的灾区)。

② 今后决定的问题是：

a. 急救，详查核实，调济急救粮。

b. 争取丰收的思想基本上已解决。

c. 剩下来是肥料(贷款)与水利与医药问题。

③ 救灾有力者分别查明，予以表扬(不论干部人民)，救人淹死者抚慰。

今日的方针是：继续争取丰收，做好重灾区的救济。

这次灾害考验中说明：干部负责精神是好的，但工作上有缺点：

防海塘不防内涝；盲目开荒；抗旱多防汛少。

(文件编号：R136)

浙江大学学习委员会的汇报

1952 年 8 月 6 日

医院：

190＋人中，过去只知 72，现又增了 34 人。

助教以上 173 人，有政治问题者 72＋22 人共 94 人，占 54.5％(后增至 57.4％)。

还有二至十人有问题，而尚未暴露。内有严重问题九人，又二人与外国医学组织有关系。

浙大：

极大部份已解决，有 20％的人尚未解决。

有政治问题的占 34.5％(后增至 36％)。

束星北在小组会上已争论，出了黑板报。

填表后再搞思想总结。

学生中交代先由团干部开始，团内在九号交代好，农学院还来不及，拟九日展开全面交代，动员助教参加帮助。

农学院：

拟在十五日以后动手。

农学院贪污案要处理；院系调整即须动手；防疫训练班要开——这样就没有暑假，学生有十余人开小差。

师院：

学习的 188 人，有问题的共 33 人，内七人问题较大，学生有十余人，不服从分配，内有流氓学生，现增至(有问题的)69 人，占 37％。

医学院：

学生中有政治问题的最高 58％，最低 20％，平均 31％，年级愈高问题愈多。

已劳改犯人 43 836 人,年底可能有犯人 60 000 人。

又:五年之内尚要搞 100 000 人,游民及反革命,社会基础。

已开荒四万多亩,水田一万七千多亩,旱田二万七千多亩,其中高产农场有九千八百。

浙大:思想[改造]结束的学习问题。

农学院团负责人撤下来问题。

院系调整与暴露问题。

对有问题的教授处理问题。

下一阶段的工作问题。

合理化建议。

经常学习制度建立问题。

院系调整。

改选组织工会及学校及团。

(文件编号:R136)

关于肖山县人民代表选举的笔记一则

1952 年 8 月

肖山县人民代表的选举：

① 选代表时没有〈接〉结合讨论提案。

② 干部还有解释不清人民当家作主的，好的乡，人民有 60＋％知道要选县长。

③ 县府委员中党员代表占 60％。

（文件编号：R136）

关于意大利选举的情况[①]

1952年8月17日

据意大利党中央委员卡彼林尼说，在今年5月地方选举中意共得选票占全国总数40%。

意大利党的主要口号是，保卫和平，保卫自由与保卫劳动。

意大利失业工人有250万半失业工人有300万。

意共党在妇女、知识分子及青年学生中力量不大。

意大利党员210万人，工会会员500万，青年团员50万。

（文件编号：E26(1)）

① 原文无标题，此标题为编者根据内容判断自拟。

关于选举工作的情况[①]

1952 年 8 月中旬

1. 根本上是为着进一步加强政权，提高人民的积极性以适应明年开始的国家经济建设的需要。

2. 代表名额增多是：① 区域代表。
② 英模及工人。 } 主要是为此
③ 政府代表。

3. 工作执行得好坏有很大出入。

或者是认真去做，达到人民主人翁（从选举与提案）的思想建立起来[的目的]，积极性和热情大大提高，并改变了有些干部强迫命令的作风，使政府与人民更密切；或者是草草了事形式主义的情形，其效果自不大，这[种]可能虽不大，但很可能有介乎其间的形式出现的。

因此决定的工作如认真准备好代表外，主要是教育干部，普遍与深入的发动群众，教育群众。

文件编号：E26(1)

---

① 原文无标题，此标题为编者根据内容判断自拟。

省委会议关于税收和征粮等问题的讨论[①]

1952 年 8 月 19 日

省委例会讨论税收问题。

迷〈心〉信商品，占全省货物税 16.5%；烟酒[占]40%。

1. 上半年收 8 527 亿，占全年税收(20 620[亿])[的]41.3%，比去年同期收入增 29.58%，比 50 年同期增 172.89%。

若去掉棉纱统销及所得税二项与去年同期相比，则其余税只占去年同 36.92%，即不到往常上(半年)四下(半年)六的常规，而其实数与去年同期相比则只增 7.57%，(任务实数则比去年增加 20%。)。

大城市税收绝对数虽增加，但在全省比例数则只会逐年减少，其原因是：① 小城镇税源容易抓到，大城市逃税多；② 经济有变化，农民购买力增高。

2. 下半年税收上的问题：

总的经济情况是有利的，三反五反亦增加了收税的条件。国营经济的领导作用加强亦可使逃税减少。如杭州能完成任务基本上可无问题，至[于]税项中最困难的是营业税，以后须逐月增加 12%才能完成任务，有些地方已有征得太高的情形。

国营上半年营业额比去年同期增 67.41%，公私合〈理〉营 79.6%，合作社 351.87%，私营降下，(—)26.70%。

又今年上半年与去年同期各种经济的比重是，公营由 28.66%增至 44.28[%]；公私合营由 2.40[%]增至 3.91[%]；合作社 2.16[%]增至 6.94[%]；私营由 66.78[%]减至 44.74[%]。

今年经济情形从税收上看，商业是减少的，而工业则由一月的 100 增至 134.22。

营业税是在[倾向]着减少。加工订货，及联购代购的增加和国营商业的增加减少了商品周转次数，都使营业税减少。

货物税则在逐年递增中，但〈应〉因浙江工业不多，货物税增的也不多，且

---

① 原文无标题，此标题为编者根据内容判断自拟。

迷信品在减少中，卷烟亦如此。

全省工商户共 191 529 户。

内查账征收 4 039 户，占 2.11%(内私营 476 户)。

民办户 96 695 户，占 50.49%。

定期定额户 90 793 户占 47.4%。

征粮问题：

① 全省产粮 120 亿 26 000 万，今年计划征粮产量 122 亿，其中一亿七作减免要保证十九亿三千万，是否以此为基数，应决定。

② 定产额所谓常年产量研究如何定法，以何为标准。

③ 定产，同等土地不可超过二十斤，片的大小调整，经济作物的折合，合理化。

④ 先减免，后征收。

⑤ 贯彻征粮，重点在复查调产。

文件编号：E26(1)

省府行政会议记录

1952 年 8 月下旬

关于教育问题的讨论①

1952 年 8 月 23 日

全国教育预算已占总预[算]的第二位,比去年增 185%。

小学拟自今年开始实现五年一贯制,而全国小教有 75%只有高师程度,故〈学〉欲实现此制,则尚须同时提高教师的水平。

小学校包与不包问题。包仍许民办,全国已包者继续包下去;未包者,包其大部,今后宜达 80%,使民办不超过 20%,但他仍将长期存在的,我们对之应加强领导检查其是否真正为群众自愿与需要所办的。

关于中等教育,今天大大不够,因此大学的发展亦成困难,故需大大发展。

中央要求师资与学生的比率是:中学 1∶25,师范及技术学校 1∶20。

浙江除技术学校还只 1∶16 外,余都已达到中央要求。

全国中学校,准备二年中都国家办,今年先接办 32%(首先接办外资津贴者,与私立学校中办得坏的和经费困难的)。

至于私立小学(除民办者外)准备三年中接办完成之。

扫盲问题。速成识〈是〉字法是仓颉第二,部队今年已可扫盲完毕,中央已下决心进行全国扫盲并拟成立总指挥部,要求各地如此■一样也成立指挥部,拟在 52 年作为准备阶段,53 年展开,达到干部文盲全部解决,到 54 年中解决产业工人,至 55 年解决农村中的青壮年劳动者。

又全国失业知识分子的就业问题,中央拟在二年内完成全国三十万失业知识分子就业,解决办法主要是转为师资就业,训练的经费由中央负责。

在教育上除要解决数量问题外,尤需注意提高现有教师的质量,组织其学习,否则教师就要大成问题。

---

① 此标题系编者自拟。

关于单阿木事件的调查报告(监察委员会汇报)

1952 年 8 月 28 日

① 单阿木并非因工负伤拖延不治身死,而是重肺病身死。

② 报上发表联运公司拱桥办事处负责人柳大鸿并非共产党员,而是旧人员 KMT。

③ 联运公司平时对工人福利不关心,对单阿木亦未有认真〈的〉地照顾是事实。

④ 工人 50 多人将单阿木抬来要公司出钱治疗时,公司拒绝,使工人很反感,这在公司方面有错误的,病人抬来抬去后又死了,给我们影响很坏。

⑤ 公司负责人不了解情况,反向总公司说单在工人疗养院疗养半年,这是不对的。

⑥ 处理意见:

办事处主任柳大鸿撤职处分,(柳在"三反"中,一月份已撤职了)。

联运公司不虚心和工人有意气问题。

对工人阶级的思想问题和官僚主义。

据云《浙江日报》的稿[纸]子[是]由市总工会布置的,且经市总劳保部长看过(此事须查明)。

禁毒,已捕 7 案 27 件,根据第一次破案有重大嫌疑者。

集训一千多人,供出了 1 200+件材料。

从宣传中收到检举材料有五千多件,内四千多件是杭州的。

定产征粮问题

① 常年产量以何为标准。

② 是如先匡面,定最高与最低产量,今年先定田荡稻棉,明年再定山。

③ 评定产量要各地党委负责来搞,群众须全面发动。

口号是复查调产以求合理。

转业〈会〉汇报

一、现在浙江地区的第二期准备转业军人共 6 492 人,又要接收外地来的约 6 500 人。

二、以前已接受安插 37 229 人，极大部份已安插下去，内有少数安顿的不妥当，一部份尚未安顿下去外，余多很好。

存在的问题：

1. 乱搞女人，教育与主动解决。

2. 各地城市都有少数人未安插下去，有的安插不好，到合作社里只给他吃饭，许多地方有不愿意接受现象，表示各地对转业军人大胆管理和认真负责不够，有怕麻烦情绪。

工作分：安置，教育，管理三部份。

我们转业到民兵的有多少人？

转业的比例（各[行]业）如何？

1. 地方上对安插转业军人认识不够。

只视作义务，而不是积极的工作，增加有过教育，锻炼好的成份和加强国防。因此不认真负责而问题更多，愈怕愈麻烦。

2. 对转业的教育不够或甚至有错误。

教育需解决：① 反娇气，从鼓励其怎样作模范、好人民。

② 给以转业的教育使有准备。

3. 工作安排应注意：

① 是否适合，尤其对几个突出的人要弄的好。

② 与接受的单位，作很好的教育与说明。并责成他们搞好，有专人负责来做并注意其生活。

4. 婚姻问题要教育[下]主动的照顾。

5. 机构干部不够。

（页脚处）省委、省府对此应发个指示，对坏的典型通报一下或加以检查。

萧山代行人民代表大会职权的人代会汇报

① 经这次人代会后，一般思想都重视了，但县级干部（科长之类）仍重视不够，开会中迟到早退。

② 代表中 80%是各种模范，但各国营公司负责人则多不是代表。

整党内容(重点整农村党):

① 提高觉悟。

② 清除坏分子。

③ 反对剥削。

④ 整顿作风,反对强迫命令。

时间争取在明年夏季完成。

建党发〈建〉展计划〈退〉推迟到1954年夏季完成。

发展方向是:工人。

新区农村。

中等以上学校。

店员。

下面干部中应反对强迫命令上面干部中应贯彻反官僚主义,这是三反中未解决的问题。

预算问题:

现预算特点是建设性的预算,其性质是全面恢复重点建设。去年预算是相当赤字的,今年则可有余。在收入方面现在已是税收第一,工业第二,农业第三了。再过二年,工业收入可达第一。支出方面,建设费用则占51%,军事占2%,行政则占第三位,这情形也是中国历来没有的。

第一个计划,钢铁为500万吨,第二个拟1 200万吨,第三个计划则拟2 000万吨。

至于预算缺点:

A. 是对潜在力估计不足而偏低。

B. 用钱方面则监督不严,有给钱不用的,有不给乱用的,有要统一不统一打埋伏的。

农业定量不要宣布时间三或五年。

小学不能包,还要民办公助。

城市政权组织问题:

1. 城市政权组织问题,组织形式与条文块块的关系。

2. 政权民主化，各界代表会议问题。

3. 居民委员会成份不纯。

1. 由派出所代替基层政权，到区政府的政群不分，然后到政群分开。

2. 城市组织形式问题。

甲种市有市政府的，其组织形式：

市——区(下设办事处)领导居民委员会、区，实行一人一职制(区下再设镇或街政府不好)(居民委员会须一个脱产干部)。

丙种(三四万人口的县城及大镇设区，由区领导居民委员会)。

乙种城市，(人口四万以上到六七万者)不能成市者仿丙种，能成立市者仿甲种。

区的机构宜小，不宜大。

政权，党与群众，党群的组织，渐与政权组织的划分配合，便将来政群可分开，党能领导。

3. 条条与块块关系及分层领导问题。

① 五大公司除甲种市外，应属专署或县管，城市不单设独立的公司，但公司系统对下指示除业务性的外即有政策性，群众性的，须同时告诉当地地方组织。

② 中学校、医院、县以上机关管，小学校，市或区管。

(居民委员会给一个脱产干部)

杭州：

城市税收问题尚很严重，ブル偷税亦仍很厉害，应设法用群众搞情报，惩戒几个ブル，使收税工作与群众相结合。

杭市城市工作是同时[平]并近的二条线：

① 民主建政，劳动就业、整理基层组织以达到初步的社会民主改革。

② 工业改造、物资交流、税收。

温州：

物资交流会，要求不限定时间。

红旗竞赛运动，商业系统与地方上的矛盾，商业系统要求很急，地方觉得要有步骤。

宁波：

虽尚未搞“五反”，但私人工厂民主改革还必须搞① 在工作上有此需要；② 群众的政治觉悟也已提高了的(思想界限)工业改造，明年六月底完成觉得很吃力。

五大部份(主要是中粮公司，花纱布土产及交通公司)与地方不协调，究竟应归地委领导还归市委领导，又是组织问题，还是工作作风与态度问题。(具体关系问题)。

嘉兴：

要求分组讨论多一天。

台州：

县以下干部，对过去工作多任务重干部少，有被压干的感觉，而同上级精神上有些对立的。

黄岩开会群众有 40%提案要求文化教育而同时有 30 多件提案是对乡干作风有意见，这说明我们的工作是落后在群众的要求。

工作部署上，台州拟分二类：

1. 中稻地区，九至十月半，为界线分前后二期。

2. 晚稻地区，十至十一月半以前后期。

前期作总结评比调产秋征，后期以整党及民主建政为中心。

红旗竞赛是为着：

① 物资交流相互配合。

② 改造贸易机构及制度，整好思想做到[合]核算制。

① 训练干部，打通思想，收集材料，创造典型。

② 发动群众，解决问题。

③ 做好总结。

台州镇反主要是道会门。

镇反中要解决的思想问题。

① 加强党的领导，提高党的领导水平问题要解决（是否每乡都需要支部？）。

② 解决了民主建设的发动群众问题。

复查调整固定产量。

文件编号：E26(1)

第三次省行政会议讨论多组的汇报

1952 年 9 月 14 日—16 日

关于复查调整固定产量的讨论

1952 年 9 月 14 日

一、宁波：

1. 觉得下半年任务很重而解决关键在于领导布置方法。

2. 征粮。

① 在山区等有些田产量恐还不好固定，因田亩大小差得太多。

② 征粮还是在〈归〉规定任务，因 1950 年产量研究多少现在也无定数，但在宁波合理征收，有 60%田应提高。

二、衢州：

今年是 25 年来大丰收，这丰收是个工作的大动力，但同时也有副作用，即大家满足目前看不到今后的方向的前途。

又：对下半年工作很多大家有些畏难。

工作步骤上：

拟(一)总结丰收，布置明年生产；

(二) 调产征粮；

(三) 民主建政。

觉得以 1950 年为准的产量是太低了，拟改以 50 年产量基础上，结合 51 年调整产量。

民主建政问题：主要是开通干部思想问题，农民政治民主要求又很高应认识这点，又民主建政是组织与巩固积极分子的办法。

再则民主建政是解决干部作风的一要着。

三、诸暨：

区乡干部有怕民主建政，群众征他们的。

临安：[1]

温州：[2]

讨论注意：

一、解决思想。

（一）明年建设准备的认识。

（二）下对上任务太多的认识问题。

（三）党领导在群众之前还是之后问题。

二、工作问题。

各县工作的中心环节是什么？

总结生产，保证完成征粮。

解决民主建政，整党建党。

掌握物资交流，及对城镇手工业领导。

三、政策。

如征粮定产政策。

城市对ブル政策。

物资交流中的贷款问题。以现货为主。

四、领导问题。

（一）如何领导。

（二）组织建设建全问题。不能用者如何处理，城市组织形式问题。

（三）县长如何领导问题。

五、城市问题。

（一）物资交流及税收问题。

（二）工业改革。

（三）政权组织。

（四）对ブル的政策。

燕明：

---

① 原文缺。

② 原文缺。

① 民主建设乡组织形式问题，村组织取消觉有困难。（以乡为基层政权，并非取消村组织而只是改变村组织的形式与性质）。

② 农会的取消以其他生产互助组织及乡区会议等代之而以，不理逐次取消之。

杨源时：

① 征粮调产的标准。

② 卫生运动的深入巩固和坚持，消灭落后区和雨过天〈青〉晴现象应在民主建政中解决之。

③ 技术的指导与群众的创造问题。在现有基础上提高一步。

工业检查队汇报

1952 年 9 月 16 日

曾章（中央卫生部科长）：

运动的缺点：

不平衡，村不如乡，机关工厂，不如居民。组织工作先紧后松，具体工作上如灭蚊就不够注意，至工作上突击性重，平时注意则不够。

今后意见：

1. 须有计划

2. 克服松〈劲〉紧现象，大中小学放假未利用搞卫生运动。

3. 传染病的预防指导有感不够。

4. 对食品摊贩的管理需加强，应检查身体再发营业证。

5. 对冬季工作的意见。

加强教育训练（对群众的，如工农青妇）。

6. 对乡村的饮水问题，觉得尚须解决。

城里吃自来水只有 30%，应扩大自来水的供给。

张（辽西）

（1）主要是蚊子问题注意不够。

（2）建议机关最好不养猪。

天津地方上对爱国卫生工作的经费支持似应加强。

对脑炎应特别注意。

交通口的检疫应加注意。

各位意见都很宝贵，给我们以后工作会有很多帮助。

1. 在中央领导下卫生运动是[取]得了一些成绩。但比疾病减少与捕虫除垃圾的成就更大的是对人民的教育，提高了卫生的知识，培养了初步的卫生习惯，对以后〈造成〉打下有利基础，因为前者是粗枝大叶的，后者是有利以后进一步解决问题的。

2. 今后问题，基本上是巩固与提高问题。

① 须有计划，按今日情形提出要求与计划步骤，如明年解决苍蝇问题。

② 为消灭落后与松动，拟在民主建政中解决之。

③ 加强技术指导与群众创造以提高与推广卫生运动。

④ 克服薄弱的环节。(加强冬季教育，训练干部)。

如都市的食堂 饮水等事。

3. 对新疆所要的干部，中央来调，我们是愿意供给的，本来我们浙江是当做人才出口的地区之一的。请新疆同志代向赛福鼎同志问好。

(新登都是中稻)(内 80 亩是千斤亩，700 斤一亩的生产量 107 户)。

新登城岭区稻每亩平均 554 斤(干谷)。

解放前平均 280 斤。

抗日前平均 327 斤。

城岭全区生产组织起来的人民，占农业人口 99%。(合作社 2.5%，长年互助组 92%，[另]临时互助组 5.5%)。

城岭区中农由 15%升到 84%。

贫农由 78%减至 2.5%(即无劳力的或因疾病未上升，此外是个别懒汉)。

城岭区经验：

1. 不断克服左右(强迫编组，不实行等价交换要地主服役)倾向，贯彻党的领导。

2. 一贯围绕着互助合作并以此为中心来解决一切工作。

3. 掌握典型(区乡村及每个干部都有典型)不断的提高与普及，而各组间一切都进行评比。

城岭区有党员73人，团员333人，劳动模范有2人，专区的1人，县模范17人，区模范37人，其他评选出来的模范447人。

要保证城岭区的健康发展：

1. 今年主要是总给经验稳步推广，使明年准备为后年大发展的基础。

加强补足文化与政治上的弱点，以保证以后的发展，五年内完全合作化。

2. 加强政治领导。

① 加强区委，首先书记五年内不调，同时区委要变成健全的委员会，委员由当地提拔，保证不向资本主义剥削发展。

② 省委直接与城岭区联系。

③ 城岭区成立办公室。

④ 区委县委所有干部要防止骄傲自满，要不断〈的〉地总结经验。

3. 要努力改善与提高经营与管理，[经]今年总结定出管理制度。

4. 加强技术指导，派技术指导组常〈住〉驻[天]城岭区指导，如有房子杭州农校搬到新登去训练学生及新干部。

5. 改善经济文化生活。

① 供销合作工作要搞好，计划全区人民生活需要及商品农作物。

② 合作社应设多少部份应即研究。

② 文化生活首先解决扫盲。

④ 组织文娱生活。

⑤ 建立一定的医药治疗等，解决干部需要及托儿接生。

6. 调查地主坏分子等，研究如何改造，并限时注意阶级变化，而对非农业人口如何改造转业，鳏寡孤独如何解决，副业出路是什么。

① 支部日常工作是什么。

② 批评与自我批评。

③ 学习的内容及领导。

④ 对团领导。

文件编号：E26(1)

在工会国庆纪念会上的讲话提纲

1952年10月

Ⅰ. 三年来新中国的伟大成就

三年来在毛主席的领导下，在全国人民团结一致的共同努力之下，新中国已成为完全独立、统一、欣欣向荣，迅速发展着的国家了，被世界看作是东方落后的、衰弱可欺侮的、殖民地半殖民地状态已根本改变过来了。

要把这三年来新中国的成就和变化作详细的说明，在时间上是不允许的，并择要作如下的简单叙说：

1. 首先是在推翻国民党的反动统治之后，三年来加上了一联串的措施，我们把帝国主义在中国的势力驱逐掉，他的特权都被取消。而另一方面，由于各项民族政策正确的实施，国内各民族的团结已大大加强，民族间的隔阂基础已经消除掉，由于这些结果，他使中国成了完全独立的和统一的国家，这是中国历史上空前未有的。

2. 其次，就是我们社会，在三年来经过一联串的改革之后，如土地改革、镇反运动、三反、五反和思想改造等等，他把几千年来障碍社会发展的地主打倒了。

他把破坏社会安宁和新生，为非作歹的反革命分子大部都肃清了，全国光是土匪消灭了二百多万。

他把旧社会所遗留下来的，根本没有整个国家与人民观念的营私舞弊，贪污堕落，损公肥私等恶习和阻碍新社会发展的反动落伍思想大大地加以整顿。

由于这些改革，他把障碍着社会新生与前进的旧社会所遗留下来的垃圾，像搞清洁卫生运动一样，统统清除掉，这不但铲除了新中国社会发展的障碍，并且也大大地提高了人民的政治觉悟，大大地发扬了人民的正气，正确地改变了各阶级人民之间的关系，从而使各阶级的人民也能团结得更巩固。给我们政权的民主发展以更大、更结实的基础。

3. 在铲除帝国主义在华势力，增进各民族的关系和一联串的社会改革同时，我们又把国家的经济从衰落混乱中稳定与恢复过来，并开始走向新的建设与发展。

(1) 物价稳定国家收支已经平衡,农业已恢复战前三年来增 50.5%,水利投资比国民党统治的最多一年增 52 倍,土改与互助组织都起极大作用。工业今年可达战前最高量 126%,已从国民经济总产的 10%增至将近 30%,其因是工人生产积极,工厂新增,而国内交通亦有大发展,铁路修了一万四千八十九公里,新建了一千二百六十七公里(成渝、天兰和来(宾)睦(南关)路)。

(2) 在这情形下,国内贸易额 1951 比 1950 年也增了 30%,今年比 1951 年可增 70%,人民购买力三年来约增 25%,全国有二百二十多万工人及知识分子就业。

4. 至[于]在文教方面,也是一样的发展了。

高等学校现有学生[有]十七万五千余人,增 135%

中等学校　　学生有二百零五万人,增 137%

小学校　　学生有四千三百万人,增 179%

医药卫生分配亦很大增加。

5. 以上形势说明了新中国已由改革走向建设,已由恢复走向发展。我们国家大规模建设的国内条件成熟了。

6. 在对国际的关系上来说:

(1) 首先,我们与苏联和所有新民主主义国家建立了坚固民主和平阵营,而在这里我们是东方的主角;

(2) 我们已争取了抗美援朝的基本胜利,这说明世界和平力量是天下无敌的。打垮和打乱了美帝国主义的阴谋与整个侵略计划。我们对世界和平事业已有极大的贡献,从而使中国的声誉亦为之大增;

(3) 自然同帝国主义斗争是长期的,但只要我们自己不麻痹不松弛,我们也决没有什么可怕。

Ⅱ. 从上面情形来看,新中国实是无限伟大,他的前途是无限光明的,他是一个奇迹,三年来改变与发展得那么快是史无前例的。

他之所以能够如此,是由于党的毛主席的领导,是由于新民主主义社会与国家制度的优越性,是由于全国人民各阶级各民族的团结和积极的努力[有以]所致的。

Ⅲ. 今后的中国,大家都知道是要开始大规模建设了,这建设是革命的终极的目的,克服我们中国的穷困与落后,而走向人类最快乐的社会主义和共产主义的社会里去，同时也是积极发展我们和平力量，对帝国主义进行决定的斗争！

Ⅳ. 同志们在新中国的胜利中都是尽了自己的努力，也可以说都是有功的，希望今后大家继续努力，更加努力在毛主席领导下来建设新中国。

有人问私人工厂中工作是否没有意思，我以为私人工厂也是新中国的生产，也是新中国的力量，在私营工厂中做工，与公营工厂中做工是一样光荣，一样在替国家替人民努力的。

私营工厂与公营工厂，只有所有制经营利润分配上的不同，而工人为国家与人民所必需的生产是一样的。伟大的祖国，要开始大规模的建设了，这是我们中国最重要的关头，最伟大的时代，愿大家在毛主席和共产党的号召下努力前进，整顿工人阶级的队伍，自觉交代，阻止极少数坏分子捣蛋，其余人不要顾虑。有人不关心交代的重要〈心〉性，只有交代清楚才能更好生产，在这国庆三周纪念，我祝贺华东全体工友的成功，愿大家共来高呼：新中国的胜利万岁！毛主席万岁！

（文件编号：F139）

萧山代行人代大会职权问题

1952 年秋

一、代行所得的结果：

① 从为人民服务的政府变成又是人民的政府，大大改变了人民与政府的关系，巩固了政权。代表不要开会费了(?)人民提了要选谁，做何事。

② 最广泛最有力地动员了人民，从而使许多工作，都在自觉的热情中完成或加强了。

③ 增加了许多积极分子(代表与准备竞选者)且加以评定与组织。

从肖山的经验中说明了：

① 人代会之动员群众，提高群众的自愿，积极性有比开干部扩大会来得强的地方。

②是工作深入与了解情况的最好方法，也是改变干部作风与观念，了解干部的重要条件。

二、工作上的几个问题：

1. 充份的内部准备工作。

① 反复打通思想(干部思想)。

② 代表与委员等比例与人选的准备。

2. 广泛的通俗的宣传，与准备提案，选举代表相结合，并开展工作竞赛，而与当前工作任务密切结合起来。

把宣传，选举与讨论提案分开三个阶段做是不对的，把建政与当前工作分开搞也不对的。

3. 有领导的充份的协商和民主选举，与必要的隆重的仪式。

4. 今后的巩固问题。

① 对代表的鼓励(以后工作中作模范)，会议的待遇和在乡民主建政中的运用。

② 常务委员会与代表的联系和了解，吸收下面情况。

③ 迅速处理提案。

④ 保护代表与培养代表。

三、新形势任务下代表成份的改变与照顾。

是为国家建设作准备，代表应以基本群众中各种工作模范为基础，这是对的。但不可忽视别方面的作用（可能发挥的作用如小教）以减少我们前进的阻力。

（文件编号：J90）

沙文汉自传

1952年11月(于外交部)

一九〇八年我出生于浙江省鄞县东乡，邻近奉化县的一个山区农村里。父亲沙孝能是做中医的，家中有田三四十亩，山畿处楼房四间，平屋三间。平时雇有一位长工，自家种田约二十亩，余都出租，在村里算是较好的一户人家。但我家大小有十余口人，父亲体弱多病，在我八岁时就去世，靠母亲当家，她是一个很慈祥的女人。在父亲去世前，我家已负了不少债，所以自我稍识人事以来，家中已是每年只会亏欠，依靠借债卖田度日了。

我有兄弟五人，我的排行是第三。大兄自小文弱落拓，好读古书。二兄则甚刚强，多奇想，我的幼年与少年时代受二兄的影响最大。二兄一九二八年夏在广州 CY[①] 市委任内被捕牺牲。其余二个弟弟，一是史永，即沙文盛，现在南京市委任统战部副部长；一是沙季同，即陈正煦，抗日战争时在西北牺牲。当时他们尚小，对我影响不大。当时我们乡间，一面因受帝国主义经济侵略和商品经济迅速发展的影响，整个农村都是在急剧地衰落过程中；而另一面社会上的封建意识和封建诸关系还差不多是原封未动，这使我们生活在破落的小地主家中，自己颇有一些“好人家儿子”的优越感的兄弟，对当时社会的各种现实都有着莫明其妙的，但却相当强烈的反感。

这反感首先表现在不安于自己的生活方式。本来我在十一岁的时候已开始下田务农了的。当时觉得家里太穷，母亲太苦，我觉得我应当好好种田，使家里可以过得好一些。但到了十六岁的时候，觉得这样下去实在太无出息，无论怎样对自己的种田生活都忍耐不下去了。在二兄的鼓励与策划，和大兄的帮助之下，终于在那年夏天到宁波去考中学了。

起初进的是浙江省立第四师范学校。在这之前我对城里人、读书人有幻想，以为一定多豪杰明智之士。但一到学校里，所看到的不但不是如此，反觉他们多很势利滑头，比乡下人可鄙，于是转为看他们不起。因此常和同学打架，乃至被人侮称为盗。在第四师范只读了一年，就被学校暗退。这当时对我

① 指社会主义青年团，下同，不另注。

是一个很大的打击，但也因此增加了我对社会的不满，和觉得自己戆而无用。第二年考入宁波高级商业学校去读书后，自己就拼命抑住自己的火气，总算读到一九二六年夏天，在该校毕业。

由于在城里读书，知道帝国主义侵略中国和军阀的卖国殃民，更由于平时受二兄的影响，知道世界上还有一个共产党，主张革命，反对现社会，反对帝国主义和军阀，并主张“共产”。我自是赞成的。所以在一九二五年春天，自己在反对一个气势凌人的教员，闷闷不乐的时候，有个同学倪毓水向我来征求加入共产党，我就欣然参加了。（倪在大革命失败后已离党）

当时组织上又要我去参加国民党，一直到一九二七年国民党清党时被通缉为止才脱离国民党。我参加共产党后不久就〈暴〉爆发五卅运动。当时我虽然是共产党员，极力主张反帝，但由于自己看不起学生和城里人，觉得他们人格不够，开会演讲都是好出风头，因此自己虽也参加了学生运动，并把学生会从别人的手中（主要是国家主义派）夺到我们手中来，但开会做代表却不积极。一直到一九二六年夏天在学校毕业后，回家到家乡去继承二兄所搞的农民协会的时候，才把自己的生活完全投到群众中去。

在一九二六年夏到一九二八年初的农民工作中，我曾经历了军阀孙传芳的搜捕、国民党“四一二”的清党和其后组织奉化暴动中国民党的追捕与悬赏通缉。而我的工作也由鄞奉区的党委组织部升为鄞奉中心县委书记。

奉化暴动失败后，我在浙江已无法站脚，被迫只好到上海。此后就调到上海共产主义青年团中工作，直到一九三三年二月去日本之前为止。其间一九二九年六月间曾被派为上海青年反帝同盟的代表，去出席柏林国际反帝会议。过莫斯科时，即留在苏共国际学院学习，至一九三〇年夏回上海后，起初负责CY法南区书记，不久调到CY江苏省委去担任工人部长，并兼上海总工会党团的青工部。一九三〇年底四中全会时，我适卧病在医院里，到一九三一年初从医院里出来，组织都已改组过，我被认为是立三路线者，组织不要我了。经写报告提要求，并经袁炳辉证明（袁是四中全会前的团江苏省委书记，当时的省委委员，后为叛徒），我曾对立三时代的工作方针有争论，乃仍许接上组织关系，并派我到沪东区去作干事，来恢复团的组织基础。当时组织上虽未作明白宣布，但省委中有人告我，是要在实际工作中去考察我，因为我是立三时代提拔起来的干部。

以后我虽在实际工作中好好给组织考验，但对当时宗派性的对待干部，在很长时期内确实是存着相当疑惧和小心翼翼的情绪。

我在上海各区（主要是沪东及沪西区）工厂里大约搞了一年多的时间，一直到了一九三二年初夏，总算过了考察期。当时省委要调我到组织部去做干事，但我身体因经常的饥饿与过度的工作，造成了严重的贫血而躺倒了。因为生活无着，经组织部长胡南生同志的允许只好到南京大兄处去养病（当时大兄在伪中央大学做秘书）。

在南京养病时，我和组织的联系在南京看病时是在上海李平江同志家里（李后来脱党）。但到八九月间，平江来信暗示我组织遭破坏，自己亦匆匆搬家，我接此消息后即赶回上海找组织，但找了好久总找不着。这时偶遇陈修良同志，她也失去了组织关系，于是二人分头再找，但都无结果。后知汪孝达同志在日本有组织关系，乃于一九三三年一月间与陈修良同志去日本，其后即在日本接上组织做情报工作。但到了一九三五年初夏，组织又遭破坏（即怪西人事情），而失掉和组织的联系。当时我们自己还不知道，直到夏末秋初的时候，与我们直接发生关系的陆久之同志（此人后来脱党）回中国来后，才正式告诉我们。于是我们和陆久之于九十月间回上海找组织，结果无着。陆后回日本，我和陈修良乃留在上海，以写文章度日。不久遇到了季步飞同志（即季明同志，山东公安厅长，三反中受处罚），又接上了组织关系，乃在上海做情报工作（这回是我们党的特科系统）。这大约是一九三六年暮春初夏之间的事情。到了同年初冬，救国会的形势很危急，接着七君子又被捕，组织上乃调我到救国会里去工作，改变救国会的工作和组织，以挽回当时的危机。也因为工作上这样一调，我的组织关系又转到地方上来。当时我们党在上海只有一些零碎的残余组织，需要加以整理，乃于一九三七年初夏成立上海临时工作委员会，我为该委员会三个委员之一，并兼群众工作委员会的书记（群委会主要是救国会方面的工作），着手整顿上海的党组织。到同年十一月（抗日战争发生，上海沦陷〈直〉之后），党正式成立江苏省委（起初名曰江浙省委），我担任省委宣传部长，主要负责上海的学生、文化工作和外县的农村工作，后又兼任统战部长，管理上海的上层分子工作。

1942 年十月省委搬到华中根据地，次年二月华中局派我去布置浙南游击区的工作。五月回华中后，即调我到华中党校去搞整风工作（我任教务处长）。

到一九四四年二月华中局及新四军军部直属队成立整风队，又调我到那里去任副主任。一九四四年七月整风队工作结束后，我被调去淮南区党委搞宣传部长及城工部长。一九四五年八月日寇投降时，派我任南下先遣队政治委员，率部队及干部队渡江至南京东面的山区，一面打残敌开展郊区及农村工作；一面布置南京工作。十月间形势恶化，奉命撤回江北。华中分局成立时，调我去搞城工部长。一九四六年七月国民党全面进攻开始，十月我军退至苏北、山东一线，因城工部所负工作是在国民党统治地区，乃将城工部搬至国民党统治区，我自己亦转到上海。一九四七年秋（?）①党在国民党地区成立上海局，乃将华中分局城工部并入上海局，我任该局的宣传部及统战部长，并负责领导京沪线一带的城市工作，一直到一九四九年五月上海解放为止。

上海解放后，我调至浙江省委任宣传部长。至次年三月，华东局调我去搞台湾工作委员会的书记。至一九五一年九月，又调回浙江去搞省政府工作，直至现在调来北京为止。

前面是我简单的历史。在我的历史中可以看出我的特点，这就是长时期都是搞地下工作的，缺乏公开政权与公正政权下群众工作的实际经验。虽则这在解放后是学了一些，但还很不足。再则由于我工作的调动比较多，且往往调查去搞新的缺乏现成经验的工作，因此使自己的发展上缺乏专长，有些三百六十行的样子。这是我的主要缺点。

至于其他方面，据过去同道工作同志的意见和我自己的了解，大体上是这样：

在理论与认识水准上一般算是还好的，且比较肯考虑问题，……。②

（文件编号：Q41）

① 原文如此。
② 原文缺。

关于杨思一同志到嘉兴去的情况座谈

1952年12月初

林乎加同志：

嘉兴地委的问题：① 地委领导思想的问题，因是一重点，各方面都想跑在前面，但没有根据客观情况，衢州也是如此。② 地委领导作风粗糙急躁，布置工作时胆很大，但政策没有交待清。③ 不作细致的检查工作。④ 不大愿意听反面意见。

霍士廉同志：

① 今后工作，布[置]今后工作，解决问题。② 过去的工作有那些对今后不利，应改进。了解一下县委同志的思想如何，和他们谈谈过去的工作。集体领导问题，看看他们的看法。我看省委的布置意见基本上是对的。他们回去没有收摊子，省委对下面执行政策的自觉性考虑不够，落后乡问题上，地委是主要的。

沙[文汉]：

基本上为了搞好冬季工作的精神是对的，去也是以此为前提。关键问题，作风政策要改变，如果还是原来的办法要搞乱的。冬季工作能不能很好的完成关键在于政策作风是否改变。地县委接受程度如何，可能有些对立情绪，但一般的还不会有直接的对抗，至少打捆肯定是不对的，这一点思想容易取得一致。党的领导作风[作]、集体领导等问题，是否能在很短的时间中结束，大家再很好研究一下。一般是〈件条〉条件好可解决多些，条件[不]好可暂少解决些。但总的要求得基本上解决。去了后如何搞法，先和地委同志研究商量一下，如何搞法。搞的不好，冬季工作放松了，转向对内了。党内问题应逐步地在贯彻工作中解决，基本问题一定要解决。

杨[思一]：

搞好工作：① 党与群众的关系。② 过去存在的问题，党内关系问题。

(沙：9 000 多合作社如何巩固是一大问题，不要使他们有这印象，嘉兴工作坏了，工作还是好的，但有它的毛病)

中央电话，要本省成立七个办公室。

政法，文教，商、粮、工、商，财、银。

霍：

我们拟成立六个，政法、文教、工、农。

工业生产(吴宪)

1952 年 12 月 2 日

一、指标：

① 指标保守，95%以[上]。

② 指标不全面，抓了大的丢了小的。

③ 指标，实行的措施缺少具体。

抓关键问题，普遍浪费现象严重。如棉纱，一月可扫地脚棉三万斤(六支纱)

徐长虹父亲，自动送煤的问题要来试验一下。

二、工业生产中看出〈先进〉生产建设工作需解决。

1. 生产管理适合厂中具体情况。

2. 上边任务和小组基础不一致，口径要一致。

3. 管理工作心中无数。

4. 生产管理的技术指导问题。

(如电厂中 700 多人，技工 50%，其中大专学生 10%，但党支部不知如何领导发挥作用，不了解，党员 15%，技术人员中只一个。)

① 老技术人员，高级的，老东西不太适用了，新东西没法装，苦闷。

② 中等的，不问政治，专技术。

③ 小孩子新手、积极。

如何把这些人员领导起来发挥作用是一大问题

三、劳动竞赛，技术革新的问题。

开始盲目搞，批判后不搞了。现在是继续发动群众搞劳动竞赛(现纱厂中搞水玻璃浆纱）劳动竞赛结合技改：主要解决关键问题。不同产业不同条件搞，解决一个共同问题，不要大轰隆，分产业性质。

四、党政工团步调问题。

1. 行政上缺乏依靠党来实现计划完成任务的思想。厂长的群[众]观点差，依靠党、群，管好企业差。

2. 党的政治工作思想不明确。如麻纺厂党委书记不安心，没有〈个〉顾方面。有的政治工作很软弱，缺乏领导经验。同过工会研究讨论，很少。

五、当前工业生产中的领导问题。

1. 各党委对工业生产不很重视，如嘉兴，地委会上从没讨论这一问题。萧山我们有八厂，县府上一付科长管理，县委有个工业部的。

2. 私营工业的领导，私 56%，8 000 亿产值 100 多厂。明年比重变了，现私[营]工厂没有管，因此加工订货很大浪费，达不到国家要求。

3. 改造和生产的统一安排问题，工业部门只强调了生产，没有很好注意改造，统战部门只强调改造。

因此领导应适应地方生产，采取过渡办法，停留原地不行，又不能采取最先进的方法。① 加强专业管理，强调条条，纺织。电业（100 多，像样的七个）以地域说。强块块管。② 地县委没有人管工业和财经工作。很多工业业品不能下乡，村产品上不来，工厂政治教员调去搞五金的 100 多，地县委需要一专门付主管，特别是重点的。省需要设一私营工业管理局。非工业性的领导问题，问题很多，很复杂，全省二万多亿。a. 政治上清理。b. 表面的工作问题。③ 非工业系统和个体工业的关系键问题，〈离〉生产任务[的]安排问题。

今后搞法：

一、继续贯彻增节运动，完成和超额完成生产计划，继续做好明年准备工作。

〈缯〉增产节约运动三类：

1. 第一类较好的，主要是提高质量，节约为中心。

2. 群众发动了，但不深不透。抓指标，关键。

3. 落后厂，20 多个，运动风吹不到，重新动员，增节运动强调起来。

情况看，有些厂可提前完成，有些厂可提前，而不能让它提前，售销不平衡。

二、做好明年的生产准备工作，去年提出今年第一季度不减低[于]去年第四季度。但质量不高。今年主要提高质量问题，第一季有两个[旧]年节，影响很大，艰苦的思想工作。① 机器检修，主要在放假时搞，技工要在放假时间搞。② 讨论计划，现在未经群众讨论，要实现计划，事先要组织群众讨论。(清资定股，四马分肥——沙页眉旁注)

三、增产节约长期的如何坚持，没解决。

解决经常化的竞赛问题，提高指标问题。

四、继续检查，主要检查质量，检查出问题就要解决。

五、工业上的整编组织工作，如何把 1 000 多个小厂组织起来生产，小的可考虑组织合作社。几个大厂合起来。小绸厂并几点。现私人厂：a. 真正私私合营。b. 名义合营，实分散。c. 工厂合并。我们主要是丝织，轻工业。① 棉纺 50 000 [万]多绽。② 丝纺，比江苏大。③ 麻纺，原料不足。计划生产 170 万担，现只 140 万担。

(沙：青桐麻让他们试验一下)，桑树互助合作中四边上的除掉一部分，战前 90 多万担，现〈在〉是 54 万担。丝纺一系列的问题。

今年浙工业产值，89 000 亿，手工业 45 000 亿，明年，92 000 亿，手工业 50 000 亿。

商业问题(吴宪)

1952 年 12 月 3 日

一、基本情况：从第三季开始，比第二季提高 10%左右，县里情况反映不上来。农村比城市好，三季度，农村四县上升 20%，七个市上升 12%。因接近农村，市场活跃，中级市场慢慢失掉作用，有很多东西不经杭州直到县，影响 1/5。小城市到杭州没有，布减少 20%。总的是供求矛盾继续发展，因工农业生产赶不上，长期的。① 城乡关系，工业品下乡和农产品收购问题，今年人民购买力增 9.7%。供应紧张，主要产品，粮棉统销后压力最大的是〈副〉辅助品，如绒线，〈背〉被单等。② 内销外销，浙增加 80%。③ 军需民用矛盾，主要是副食品，衢州大饼油条都排队，很紧张。内销外销，民用服从军用，工业品首先满足农村。

(页眉注：城市工作会议　① 工业增产节约。② 商业，市场问题。③ 统战政策,资本主义改造。④ 党对经济工作领导。万历年以后开。人数几个市办及地委管城市工作的。)

二、收购问题:7 万亿

总的数字可能超过一点,麻任务 170,完成 140,烟 14 只收 7 万担,茧 50 万担未完成。

1. 党委对收购未很好认识。

2. 重大轻小,粮〈布〉棉注意,牛皮、毛等到基层合作社摆不上位置。

3. 方法单一化,没有把小商贩组织起来。

三、供应任务:任务 67 亿,完成 93%。货源供应不上,百货,土产脱销,平常 1 600 万库存百货公司,现只 100 万,农民向城市冲击,另一方面产地外卖少了。

四、市场安排,改造问题:

浙江比全国:私 43%,我们 30%,差 7%。明年根据全国总的"踏步",维持吃饭。

① 大小户不平衡,大户很好。最困难户照顾,大小户资金借一下,雇工多的调一下,小户联营代销,自愿门当户对。② 淡旺季不平衡,有的城市旺季扣得很死,淡季贴钱,一般淡旺季 4∶6,现增加到 55∶45,下面 35∶65,解决部分问题。③ 地区不平衡,很严重。街道不同,城市不同,如何调剂,涉及整个商业的问题,需研究。④ 行业的不平衡,新药、百货、颜料较好。有的难维持,货源,资金。

改造问题,布统销,成衣减 20%—30%,影响 20 多行业。对批发商职工处理问题,主要全部包下来的方针,杭州全部包下来。资本家转业问题,能处理批发商,杭州近 200 户,400 多人,65 亿资金。

强调自愿,能自己转的自己转,手工业、副行业、牧畜业(转到这方面)。现将资本家以市为单位集中,研究安排。明年改造比重不能太快,今年尾巴很大,杭州猪肉商业系统①加强政治工作和思想工作。A. 进行全面的政策教育,阶级观点教育,现在些宁左勿右的教育。B. 全局观念很差,现国营和合作社打架很严重。国营掌握货源,合作社掌握机构(合作社可商办领导)。商业和工业打架,缺乏整体观念。(沙:商业有三个问题,国家计划,人民服务,赚钱。)

对商业的政治意义不了解,合作社干部贪污问题很严重,×县 80%比。

② 经营方针应以批发为主，兼营〈另〉零售，现在有重抓〈另〉零售的思想。

③ 经营方法上提高多样化，商业指导销售，宣传工作。

④ 商业工作必需和改造结合。商业纪律要规定。

（文件编号：F192）

外交部学习期间关于国际形势、政治经济问题笔记

1952年底—1953年春

帝国主义与帝国主义之间，一致是相对的矛盾是绝对的

一、战后英国及法国帝国主义之依附美帝国主义，其原因为：

（一）战后的穷困、资金不足，原料和生活资料，尤其是前者的入输大感困难、无法维持生产。

（二）为阻止革命力量的发展（国内外社会主义革命势力的强化与殖民地民族革命的昂扬，尤其是后者更直接威胁其生存）与保持其对殖民地半殖民地的剥削，而感到自己力量之不足（这力量在战后是大大削弱了尤其在政治方面的）。

（三）幻想着以毁灭人民的世界，来打开资本主义的世界市场，消除革命运动对于帝国主义的威胁：对英法来说，在现实情况下，第三点不是他们顶“关切”的。

二、英、法帝国主义与美帝国主义的矛盾

在美帝国主义的势力迅速伸张之下，英法原在殖民地和世界各处的势力不但遭美帝国主义的严重侵蚀，由主人逐渐变成“经理”，且有根本上被排挤掉的危险。同时，美帝更积极企图把英法变成为他的附属体，把英法生命操在自己手中。

美帝国主义向英法的这种进攻，不仅是为着经济目的，并且也要求在政治上把英法变成。

附属并抢夺其殖民地，欧洲联合国的北大西洋公约和澳新美联防，排除英国就是其表现。

但在一定的时间内，即资本主义世界基于其本身的国内运动，即大破坏后上升一步的可能虽则其程度已大大缩小，但可能并未消灭。条件还起作用的时候，在美帝势力迅速的扩张中，英法的经济也还是能〈漫〉慢〈漫〉慢的恢复和局部的提高。由于这种条件的存在，因之使英法与美国之间的矛盾还没有“爆炸”。但这种上升的可能条件，在第二次世界大战后由于统一的无所不包的世

界市场已经消逝的条件下，包括经济军事化所能起的作用在内，其程度也已经大大缩小[了的]。被用光时，那这矛盾就将起质变，即顾不得“抽象”的社会主义世界对他的威胁而资本主义自身间的矛盾就会上升，成了他们的主要矛盾，而这矛盾就可能会“爆炸”起来，（自然还要看当时的许多现实条件）现在的形势似已接近这矛盾变位的边缘了。（资本主义的生产似已发展到顶了）

矛盾变位（即帝国主义间的矛盾由次要的矛盾变成主要矛盾）的主要标〈帜〉志是资本主义的生产绝对量的减少和经济恐慌的爆发。

三、帝国主义间的战争，可能由英法联合抵抗美帝的高压而发生，即可能从美帝掠夺英法的殖民地而爆发，也可能由英法对抗西德的发展而发生，也可能由德日挣脱美帝的压迫而发生。但是，由于世界上存在着强大的社会主义民主力量和资本主义世界体系中强大革命势力，这影响到帝国主义，尤其是在保守的英、法方面来说是决不会轻易地用武力来解决[其]矛盾的，这就是说，世界的革命势力的强大，[他]对于帝国主义战争是起着相当大的阻碍与延缓作用的。（自然不能说有“阻止”作用，—注—）。

但在这种情形下，即殖民地半殖民地的独立运动。当这个运动是在资产阶级控制之下，不是以极广大的群众性的革命斗争形态出现，因而革命的要求也是不彻底的时候（如当前埃及的独立运动后）那么这种运动的发展将不会是阻碍帝国主义间矛盾的发展，而是相反地会促进其发展的，即可能导成帝国主义间的战争的。

注：如果在西欧主要资本主义国家，如法、意、德等国无产阶级革命势力迅速的发展来推翻，或要推翻这类国家资本主义的统治的时候，即在那里革命的发展超过帝国主义间矛盾的发展速度时，那革命在一定时间与空间中（时间与空间的大小，决定于革命的胜败和其规模的大小）也会“阻止”帝国主义间的战争的，但是这种形势，就现在的实际情形来说，可能性是不大的。

四、国民经济的军事化与军事生产加强是被主要资本主义国家当作扩大市场，以增加生产的一个重要手段来看待的，在一定限度内他也确实是高效力的，但因为：

1. 军火是不生产的耗资，〈他〉不能无限度地扩大，因之当他生产到国民收入所能负担的限度以上〈是〉时，就不能扩大（除非战争）或甚至不能不减少这时他反将造成人造生产力过大状态。

2. 由于军火是不生产的耗费，因此这种耗资的规模愈大，速度愈强，则国民的消费结果必愈被缩小，（当国民的经济力量对于军火的不生产消耗的负担，还没有达到一定的饱和点之前，军火生产不但因军火的收买是增加了市场，并且因生产军火的支付，也增大了普通的市场，所以他能使市场[有]活气。这种活气，可以说是市场人工的"撑大"。但当军火生产愈弄愈增加，超过国民经济所能担负的最高限度，使国民经济失掉最低限度的均衡状态之后，他就要变成消费品生产的缩小与国民购买力的严重缩减，因之使市场的人为的"撑大"，又归于收缩。）随即造成因军火生产而减缩了供应的普通市场上的商品的大量过剩。

因此在疯狂般地军火生产下，所造成的资本主义的经济恐慌，他不是普通的经济恐慌，而是工业生产力人为地过大，消费市场特别缩小了的资本主义生产与消费在程度严重的条件之下，所产生的经济恐慌。

3. 政治经济学的法则，过了一定的历史时期就让位给新的法则，但原来的法则并不是被消灭（而是由于出现了新的经济条件而失去效力退出舞台，退位〈的〉给新的法则）而新的法则也不是由人们意志创造出来，而是在新的经济条件的基础上产生的，又"可以限制这些或那些经济法则发生作用的范围，可以防止它们发生的破坏作用，（当然，如果有的话）但是不能'改造'或'消灭'法则"。

"正如价值法则一样，价值是[同]商品生产的存在相关联的一种历史范畴。商品生产一消灭，价值连同它的各种形式以及价值法则，也都要随之消失。"

一、生产力是生产中最活[动]跃的、最革命的力量（他是走在生产关系的前面的），但生产力的本身并不决定这个社会是什么性质，也不决定某种经济的基本法则。生产力在这方面显然是没有关系的。因之，决定某种社会中最基本的经济法则并不是生产力，而是这种生产是为着怎么样的目的与任务。譬如，是为着利润，还是为着人们经济和文化上的需要等，只有从生产，它的目的与任务为出发点去理解经济时，我们才能理解他的社会特性，即是资本主义的或是社会主义的，等等，从而也可解释他的生产关系和生产力的运动与制度等为什么是这样的。由此可知，为着什么目的或怎么样任务来生产，也就是各种经济最基本的经济法则了。

阿留申柯的错误是在于[以]企业的一般的推动社会发展最活跃的动力（生产力）直接来说明作为各种社会经济上各不相同[的]基本法则，这就弄的牛头不对马面了。

二、那么以生产的目的和任务来决定某种经济的基本法则，这是否唯心论呢？

生产是为着一定人的目的，这并不唯心，这是社会中客观存在的事实，社会上并没有为生产而生产的事情。否认了这点也就不可能有生产，这正是机械的唯物论。

人们合乎客观社会规律的目的，正是社会法则自身的反映，因之，以一定的在当时社会中起决定作用的人们的目的来生产，这目的或任务也正是社会法则自身经济的基本法则的特征了。

但如在这里以为经济法则的发展和运动是和人的目的一定相一致的，或以为社会的运动是随着人的目的转移，由人的目的来决定的，那就成了唯心论了。这里却是相反的，人的目的正是由社会自身的运动，由社会法则生产力与生产关系的状态来决定的。

Ⅰ. 如果民主力量能阻住帝国主义的侵略冒险，资本主义只能从重新分割殖民地与势力范围来解决其自身的困难。

Ⅱ. 民主世界由于其自身力量的强大，由于民主各国间相互的团结，现实力量上已大于帝国主义。本身又不会进行侵略和其力量迅速发展的可能，再加上资本主义世界的矛盾，显然有可能阻止帝国主义大规模的军事冒险的。

Ⅲ. 行将到来的资本主义的恐慌，虽则〈他〉也加强了帝国主义对民主世界的矛盾，但他的主要意义将会是资本主义世界内部矛盾剧烈到在现实的意义上（实践上）比对民主世界的矛盾更为剧烈的基础。

关于主要矛盾与次要矛盾和某一矛盾更为剧烈的问题

一、讨论中有将资本主义世界自身间战争的不可避免性[夸大的倾向]，而因此忽略了社会主义与资本主义的矛盾，以及这矛盾之间的严重斗争（这是现在世界的主要矛盾），这是错误的而且危险[的]。同时更有以为，理论上更为剧烈的矛盾，如果在实践上并不这样，则这“理论”也就没有实际意义，或至少不能称为主要矛盾，这也是不对的。

价值及价值法则是可分为两面的：

1. 是决定价值及价值法则基础的是一定的社会劳动量和人与人之间劳

动的交换。

2. 是价值的具体形态(表现于货币的价格等)和其在商品生产中所起的法则作用(如生产的调节作用)。

前者是在社会主义社会中也存在的,而后者则不存在了,直接被生产所需要的劳动量和社会的需要所代替了。因之既是商品生产被消灭了,在现实的社会中价值及其法则也就没有了。但这没有了,并不是说在商品生产条件下有价值及价值法则的这回事情,即这个法则的本身被消灭,而只是在现实社会上被其他法则所代替而消失了罢了。一如洪水被水利措施所运用消失了泛滥,但如没水利工程泛滥还会存在的。

二、资本主义基本的经济法则是剩余价值的法则与利润的法则,社会主义基本的经济法则是社会需要的法则,这是否意味着各种社会中基本的经济法则不是客观存在的东西而是主观的,即决定于人们的愿望与意志的。果然如此,则是否和唯物论的基本概念和“法则是不以人们的意志为转移的过程的规律性”相矛盾的?

剩余价值和利润,固然是资本家主观所追求的愿望,但经济上之有利润是客观社会里的东西,同时剩余价值法则(或利润的法则是客观的东西,而不是任何人,自然也包括资本家的意志所能转移的。满足不断增长的社会需要固然是人们的主观要求,但社会经济以满足不断长着的社会需要为法则,则是客观的社会法则,二者不可混同。人们必需生活,并要求不断改善其生活,这不是任何人的主观意志所能转移的社会的法则,在人类历史上的各种社会阶段中,这个满足需要的法则固然也是起作用的,但他从来没有条件能直接的以自己的真面目来出现来起作用,反而是被附带着实现的)。一直到社会主义的历史阶段,他才能够如此(即以自己的真面目出现来起作用)。

因此这里可以看出,人们主观上要求不断满足〈它〉他的生活需要,这是任何社会里都有的,但他[自]原始共产社会以后,一直到社会主义社会之前,在客观社会都并没有这样的基本经济法则[存][在]过。由此可以知道当我们说社会主义社会中基本的经济法则就是满足不断增长着的社会需要的时候,这就是说客观的法则在那时(在那种的社会经济条件下)与人们主观的愿望和目的相一致了。(他是从原始共产主义社会崩溃时开始与人们的愿望相离开的),而并不能说是人们主观的愿望决定客观社会。斯大林把苏联各个年度的计划与五年计划，是跟国民经济有计划发展按比例发展区分开来的，认为前者是主观的东西，而后者是客观的经济法则，即客观的东西，这会帮助我们增强[对]事情的理解。

三、当客观的法则与主观相一致的时候，人们总常常只看到主观而忽略了客观。因为那时人们主观的能动性来得特别强大，这客观都被主观所掩盖起来了，雅罗申科的错误基本上基因于此的。

矛盾的转移与转化问题

（一）“任何过程如果有多数矛盾存在的话，其中必定有一种是主要的，起着领导的决定的作用，其他则处于次要和服从的地位”但随着条件的变化，即“矛盾的地位起了变化”主要矛盾也会从这个移到另一个，如抗战胜利后，主要矛盾由民族矛盾移到阶级矛盾等等，这种变化应该叫做转移，这种转移是形势条件变化的结果。

（二）无论什么矛盾，无论在什么时候，矛盾的诸方面其发展是不平衡的，有时候似乎势均力敌，然而这只是暂时的和相对的情形，基本的形态则是不平衡，矛盾着的两方面中，还有一方面是主要的，[其]他方面是次要的。其主要的方面，即所谓矛盾起主导作用的方面。事物的性质，主要地是由取得支配地位的矛盾的主要方面所规定的。“然而这种情形不是固定的，矛盾的主要和非主要的方面互相转化着”的。

取得支配地位的矛盾的主要方面起了变化（即转化），事物的性质也就随着起变化（质变）。

（三）经济法则或没有客观的法则了。

关于新民主义经济的若干问题

一、新民主义经济他的自身并不是像资本主义、社会主义等那样单独的一种经济。

范畴，它是社会主义经济占优势的起主导作用的，和资本主义及其他经济，同时混着的而发展到社会主义去的一种〈覆〉复合的过渡性的经济体。

二、这种经济是产生于世界上资本主义已经走向凋亡，社会主义已经兴起的人类之历史转〈形〉型期中的落后国家里，即在这种国家里，资本主义独立发展的康庄道路既已丧失，而他的经济发展的程度还仍很落后，不能实行社会主义，所以只能走新民主主义的道路。

三、新民主义经济中几种成份是决不平衡的，其所以必定要走向社会主义不是资本主义，只是因为在那里存在着这样的三个条件，即：

（一）社会主义经济是占优势的，这种优势还不完全，因为数量上的，并且还表现在它所处地位的优越性，如银行，矿山，交通，主要的工业，以及主要商品的交换等的经济命脉都是社会主义性的经济。

（二）社会主义经济的优越性，无论在工业、商业和农业等等方面，社会主义经营都比资本主义的经营来的优越，即有更好的效能与成绩。阻碍生产力发展的生产关系消除，新的生产关系建立起来之后，生产力就有极大的发展可能了。但在那里，不但社会主义经济有发展的可能，资本主义也有发展的可能，然而由于社会主义经济比资本主义有这样的优越性，它就造成了社会主义比资本主义一定发展得更快。

再则，在资本主义在世界上已经发展的枯衰凋亡的条件下，人们对于资本主义前途上的危害性都已看得非常之明白，而同时，又由于苏联社会主义建设的成功，人们对社会主义的好处也都能够看清楚了，在这样的条件下，资本主义就更加使人们不喜欢它，这就使社会主义对资本主义造成更大的优越性。

（三）新的生产关系是社会主义为主导的，即政权是工人阶级领导的。人们多喜欢社会主义，〈使〉是在那里，资本主义一方面虽然是社会主义的对立物，给社会主义以一定破坏与阻碍作用，但另一方面是当作社会主义的伙伴与朋友而存在的，即可使资本主义能担负一部份社会主义经济上还担负不了的责任，而更有利于社会主义的发展——这有三个方面，即：1. 要资本主义维持现〈局〉状，不使在生产与商业活动降低；2. 无害于国计民生的生产发展，对国家社会都是有利的（缓和穷困），因而也有利于社会主义的顺利发展；3. 抽他的税，以有利于社会主义的发展——这种有利的作用，一直将持续到社会主义经济发展到基本上能够担负起全国的经济生活的〈是〉时候为止。虽则[资本主义经济]是慢慢减少的，到后来主要只是阻碍作用的。

四、价值法则在新民主主义社会里的作用。

由于中国社会主义性的经济机关所生产的产品，现在还仅是相当小的一部份（约百分之十或稍多些，同时，这产品中还只有一小部份（生产资料部份）

是分配到国营机构里去，其余部份还是作为商品在市场上出〈买〉卖的），在产品中商品是占很大优势的（自然应扣除小农生产自用的部份），市场买卖还是交换的主要方式。因之，价值法则还是在相当大的范围中起作用，而且它还是资本主义的价值法则，价格在一定幅度内波动和在某些生产中的调节作用还是存在的，这显然和苏联的情形有不同的。

但由于：① 在新的生产关系下，生产力有极大发展的可能和大部[分]的经济是根据这种可能按着有计划有步骤在发展与进行；② 商业中的主要部份（主要物资的批发）是由国营机构进行的，因而使我们有可能去按〈则〉照价值法则大体上来控制物价，这就使价值法则所起的作用受到很大限制。换言之，即价格变动的幅度是大大缩小了，大幅度的变动已很困难，将近不可能了。它对生产的调节作用和劳动的分配作用已只限在某些次要商品的生产中（不是全部商品，因为有很大部份商品的生产数量和其价格，已受国家计划的控制）。这又是和资本主义经济中不相同的。

因此，在中国新民主主义经济中价值法则的作用，包括价格的变动、生产的调节等作用，固然仍旧是存在的，但由于社会主义性[质]经济法则的作用所影响，和这种作用在经济上起主导作用的关系，其范围已大大缩小了（这缩小的程度是要比商品生产在经济上所占的比例来得多多）。领导权，即对经济影响的决定作用，已被社会主义经济法则所代替了。因之，它像在资本主义社会中这种[扮]演着经济繁荣与恐慌的作用，也就消失了。

因此，我们应该说，在新民主义经济中的经济法则是：

（一）社会主义的经济法则按着社会的需要与有计划性是起主导作用的，但同时资本主义式的价值法则（在价格影响与生产调节作用）的作用也还是存在的，虽然它不是主导的，但其作用，尤其在价格方面还是相当大的。如果我们措施有着不得当（即不合于它的法则）它仍有可能“潜龙出洞”的。

（二）因此，在新民主义经济中，我们对于价值法则，是在社会主义法则的主导的影响下，依着价值法则的自身规律，有意识地去领导与运用它，使其能很好为整个经济（尤其交换上）服务，补社会主义经济作用之不足（如增减物价可以增减生产），而不起破坏作用。发展社会主义经济因素，逐渐缩小他的作用，以至达到他不能起破坏作用[的程度]。（一部分作用还要遗留到社会主义时代去的，所以在新民主主义经济中不是扬弃它的问题）

价值法则在现在的中国经济中应该认为：不但在商品交换方面，并且在生产方面也起着相当广泛的调节作用的。这种作用，在农业生产和资本主义的工商业中固然存在着，并且在一些次要的国营工业中（主要是地方工业）也还存在的。有些地方小工业因不得利而衰落，有些则〈应〉因获利多而发展。

自然他的作用受到国营经济日益增大的限制而大大缩小，并且还将随着社会主义经济的发展而继续缩小，但如否认他的存在，或以为现在他只在很小的范围内存在，对中国经济上已没有什么大作用了，（即其〈作〉用已无足轻重了）这是不合事实的。

在现在中国的情况之下，价值法则是被[占据]领导[地位]的社会主义经济所限制着（限制其破坏作用而对国民经济有利），即有控制地用来担负着社会主义经济还不能担负的任务，并且就大体上来说，我们也控制得住了。但若因此以为价值法则在那种情形之下，对生产主要地已只有影响作用即基本已失掉他的调节作用那是不对的。我们只能说像资本主义经济中发生经济恐慌那样的调节作用是没有的，但日常状态的调节作用虽则也受到限制而缩小了，但大体上仍是存在的。

价值在生产上的〈条〉调节作用是产生在无政府状态（盲目性）的条件之下，不是人们的意志所能转移，即不是人支配着他，而是他支配着人的东西，这是不错的。但因此以为在中国现状下，由于我们的经济基本上都有了计划，并且我们大体上也已能够控制着运用价值法则，因而即以为价值法则基本上已受人的意志支配了，因此也就失去它生产上的调节作用，而主要的只是对生产的影响作用了，这也是不对的。

首先，价值法则既是客观的法则，只要他在现实社会上存在一天，他总是不受人们的意志所支配的，在各种不同历史阶段的商品经济中的价值法则，只有其作用大少与形态等等的不同，而没有能被人们意志支配与不能支配的不同。虽使其作用已小到只有影响作用，这作用仍是不以人们的意志为转移的。

次之，在现实的情况下，我们的经济计划，就整个国民经济来说还是大体上的经济计划，而这计划，一部分固然以按着社会主义的经济法则（社会需要）来进行的（如工业建设），而有些部分则是通过价值法则对生产的调节作用来实现计划的。（具体表现一部分是从价格入手，通过市场来调整生产），一部分是预先宣布价格，不先通过市场来进行调节的，因此这正好说明着价值对生产的调节作用是相当广泛在存在着的，其[未与]一般资本主义社会中不同 ，不过是我们给它以一定的限制，并有意识地去利用他，在实现形态上不是和资本主义那么被动与狂暴罢了。

应该注意，我们的计划性对市场非社会主义(一部分是预先宣布价格，不先通过市场来进行调节的)的生产，所以能够控制那么好，使大体上能够按计划地进行，这里不仅因为有社会主义经济的领导，从而使对非资本主义的生产和商品市场能起控制的作用。自然这是主要的。并且也因为旧的生产关系被消灭后，生产力有极大发展的可能，在那里起作用。以及计划在许多方面是通过价值法则来实现的。如果没有了第二点和忽视了第三点，那事情就不能是这样的。

所谓价值对生产只有影响作用而没有调节作用，这意思即是说他的作用已经很小。对生产上即失去其调节作用，而这调节作用〈以〉已被“不断增强的社会需要”所代替了。那应在怎样的经济条件之下才能产生这种情形呢？只有在生产上私人所有制已经不存在，生产完全按着社会需要来进行的时候，才能实现。换言之，只有在生产都社会主义化了的条件之下才能出现。(价值法则是随着商品生产而产生的，从有这法则开始的一天起它都起着对生产的调节作用，而到了社会主义时代，生产社会主义化了，即私人的生产消灭了之后，才失去其对生产的调节作用的)。因之，在中国现在的情况下即资本主义和小农个体经济还存在的条件下，说价值法则已经没有对生产的调节作用，只有影响作用了，这是不对的。我们只能说在商品生产的经济部分价值法则在生产上仍有他的调节作用，而只是这作用受社会主义经济因素及其领导作用的影响而其〈足〉作用被缩小了。

关于艾森豪威尔总统就职的笔记

1953 年 1 月 23 日

艾森豪威尔的就职演讲意味着：

1. 美帝国主义的侵略决心更加坚决更疯狂了，更露骨地强调侵略世界是独占资本唯一的出路，他已公开号召，要求他的本国和其喽啰国家的人民生活服从于他的反苏、反共计划(〈只〉尽管他又是他们的掠夺者)而开始作这种总动员。

2. 在策略行动上和反苏反共的侵略步骤加紧，态度更加死硬，行动更加军事化(经济问题亦已当作军事问题来处理了)的同时，将更着重于运用各国自己的形态和更大的欺骗性的方式来进行(自然这是他的主观要求，但我们都不能忽视。)(这点上艾森豪威尔要比杜勒斯强些)

3. 这个演讲在另一方面也明显地反映了美帝侵略计划实施进程中已开始遇到了正在增长的内部阻力和外部压力(如人民的反战和资本主义各国资产阶级对美帝的离心倾向即开始表露等。)这里有个问题即是否可以说："美帝国主义的世界侵略计划在政治条件上已过了抛物线的顶点，即今后阻力的发展要比他的推进力来的快了些"。

4. 由此可知艾森豪威尔与杜鲁门之间，方针上根本是一样的，但其具体措施作法，以至侧重于那些办法等，则会有所不同。步骤更紧更军事化，这或者是与艾森豪威尔的性格有关，但基本上仍是客观事实的反映：① 即美国独占资本侵略要求愈来愈急与侵略计划进程上的困难愈来愈大的矛盾；② 困难虽然愈来愈大，但现在还没有发展到美帝这种侵略计划"前进"的可能性基本上已消失掉的程度。

美帝对朝鲜和远东政策的动向

1. 朝鲜战争，对美帝来说无论是在国内(不但人民不赞成连资产阶级都愈来愈多的不赞成了，代价太大，不但政治上不利，在世界战略准备上也不利)和在国外即和他国的关系上(尤其英国)来说，政治上是很被动的。(虽则朝鲜战争对于美帝维持紧张战争准备和国民经济军事化独占资本的利益有好处的，但这不是必需的，非这样不可的。)这个条件确定了美帝如果没有确实的胜利把握是不敢调动强大的兵力来扩大与加剧战争的。

2. 朝鲜战争，美帝国主义在军事上无论如何是得不到胜利的，至少从美帝的眼光看来，胜利的机会太少，而代价与危险是太大了。加剧战争的结果对美帝来说，显然是出现比现在更坏的情况，大大地大过于改善现况的可能，因此在基本上说，把战争扩大到中国大陆，不但是不可能的，而且在朝鲜扩大战争采取两栖登陆作战争也是很困难，可能性并不是很大。

3. 估计起来，美帝国最可能的政策是：① 维持朝战现状，即把朝战拖着等机会。有利时作进一步考虑，太不利时只好"和"。同时，② 在另一方面(看来是主要方面)，则加紧来动员与武装他在远东的喽啰，(包括类似大西洋公约之类的措施)。争取与收买印度、巴基斯坦与印尼等国以加强其力量，再则，③援助法英等帝国主义，加紧对越南和马来西亚革命的镇压。

即基本上将是以②为中心的和我们作长期斗争的方针。在这下面加紧在朝鲜战场上作战(如两栖作战之类)可能性是存在的，但不很大。至[于]扩大战争到朝鲜之外，则基本上是不可能的。因此，在我们方面，作为军事方面的考虑，固然应对两栖作战，蒋匪趋势和海上封锁必需有所准备以策安全。而在外交方面，应该充分考虑到在亚洲，尤其是在印度、巴基斯坦和印尼和美帝斗争的加剧。至[于]越南与马来西亚人民，则应考虑到美帝援助法英加强的新情况。(主要是敌人飞机炮火的增加)

美帝所处的国际政治环境

1953 年 1 月 29 日

1. 朝鲜战争陷入僵局，在政治上(无论是在国内和在国外的)是愈来愈被动了。这使他在远东进行类似大西洋公约的计划也愈来愈困难了。

2. 武装西欧和欧洲军的计划，遭遇到愈来愈多而且也愈大的困难，(西欧各国财政经济能力的限制和各国对欧洲军的顾虑与恐惧)使计划有延缓与后退的现象。

3. 社会主义民主世界团结加强与力量迅速的发展。

4. 世界和平运动的发展和其力量的壮大，使资本主义世界各国人民的反战情绪亦大大提高。(也包括渐次增加的资产阶级分子)

5. 殖民地半殖民地民族运动的发展，加强了帝国主义国家的困难与矛盾(英法困难增强，因而在武装西欧上无法按美国的计划做事，而殖民地的民族运动也便利了美帝抢夺，因而也会增加了其与英法等国的矛盾。)

6. 资本主义世界生产发展“到顶”(至少已是停滞现象)，市场关系愈来愈紧张，矛盾渐次尖锐起来。(逐日在侵蚀主要资本主义国家间的“团结”)

上述各项，说明二点：

1. 无论是经济的，政治的，以至和所谓“心理”的条件来说，对于美帝国主义现在所推行的世界政策是更加不利了。(虽则这些条件发展的程度到现在为止对美帝来说，还在 TB(指肺病菌——整理者注)状态中，即还没有发展到

“肺炎”状态。)

2. 美帝国在整个侵略计划实施过程中,其中最重要的二〈着〉招(朝战和大西洋公约)都遇到了〈格〉根本性的困难。

因此,我们可以估计:艾森豪威尔政府的外交政策,侵略将更加强、(用更大的决心与力量)更疯狂(自然有些部分也会缓和一些的。)但其本质上都是更转弱了,从而使其努力的“效果”,也必更可怜。

这里是否会有一种可能,美帝在他侵略计划遇到愈来愈多的困难下,制造一些有局限性的紧张军事局面(如朝鲜战争之类)来刺激其“集体防御”之类的侵略政策的施行?(虽然这是一种下策)。

美英法三帝国主义者在远东把力量集中起来,以便逐一解决朝鲜越南与马来西亚的战争,这种作法,可能实现的程度怎样?(看来基本上是很困难的,而且要这样做,现在的条件是比过去更困难的了。)

北大西洋公约及欧洲军问题

各公约国的统治者都是反苏反共的,并都要求增强自己的武装力量,这点是与美一致的。[①]

近东英美石油采掘量的变化

(见中央公论 1953 新年号 131 页)

	1937 年	1951 年
英	85%	39%
美	13%	58%

由于资本主义世界市场的狭隘化,所以产生战后资本主义各国间的“协力复兴”,欧洲主要资本主义国家的商业国家化和大规模的国家投资。

关于当前世界政治形势与主要和次要矛盾问题

1953 年 2 月 8 日

一、应不应该弄明主要矛盾与次要矛盾呢?

① 下无。

（一）又如果我们同志今日和平民主与战争侵略[即]两个阵营的斗争是世界四个基本矛盾纠合在一道的集中的现实(或表现)。如果我们同意和平或战争的本身并不是社会构成的本质,(如阶级及其复杂化了的表现形式民族或国家等)然而是这社会构成的本质在一定条件下的要求或主张,那意〈为〉味着研究我们的任务与方针,在每一时期中找出那个是主要矛盾,那是必要的。《矛盾论》里对这问题已说得很明白。

（二）当几个矛盾同时存在,并且在起作用,我们不去分析这矛盾的具体情形,找出那个是主要矛盾,那些是从属的,或今天还是次要的(〈只〉即使将来会是主要的),来定我们的任务与方针,这是不科学的,因为任务与方针是我们主观的要求,而他只有根据客观的事实来确定的,否则他就没有根据,这在斯大林《论社会主义经济问题》里已说得很明白的。

（三）今日世界政治上四个基本矛盾,其可直接爆发成为世界大战的,也即是说在影响今日世界政治作用最大的,最重要的矛盾则是两个,即社会民主[阵营与]世界与帝国主义世界的矛盾,和帝国主义与帝国主义之间的矛盾。其他资本主义国内阶级矛盾和殖民地半殖民地与帝国主义的民族矛盾,他们的本身是并不直接成为世界大战的,(虽会在许多条件下也可导致世界大战)因而在今日谈这世界政治上最严重的问题,即世界大战问题上,他们也不是最重要的,所以无论是斯大林和周总理在讨论当前国际形势时,只提社会主义与资本主义,和帝国主义与帝国主义的两个矛盾,因此我们要讨论有否主要矛盾与次要矛盾问题,也就是从这二个矛盾中来确定那一个。

二、当前的事实上究竟那个是主要矛盾呢?

（一）作为当前世界政治形势上最重要的特征,我的理解是:

1. 以美国为首的世界独占资本,不仅是在口头上,而且是在实际行动上加紧采取两种步骤(如马林柯夫所说的,① 组织侵略集团;② 各处设立军事基地;③ 加强武装尤其是重整西德及日本的武装和④ 局部的热战——尤其在朝鲜,此外还可加上周(恩来)所说的政治党课与瓦解我们步骤)来侵略社会主义民主世界,企图赖此来解决他们的危机(世界分裂成为两个以后,[有]更严重的资本主义的总危机)。但在这里却遇到了优势的以苏联为首的社会主义民主世界坚强而有效的抗拒,已造成帝国主义者严重的困难。

2. 美帝在号召与组织资本主义国家共同向社会主义民主世界进行侵略

的掩护下，侵略其他资本主义国家与掠夺殖民地，企图掣肘这些国家的命脉，在经济政治和军事上成为他的附属体。由于美帝国这种侵略的步骤逐日加强，他已使其他资本主义国家一天天惶急起来，同时更由于二次世界大战后资本主义世界本来就没有稳定过的，虽则在大战停止后经常性的贸易在缩小了的基础上恢复和军事生产的加强，使主要资本主义各国，在生产上都有一定的增长，因之也可以说情况有若干改善，但是这种好处是极不牢固的(根本上都是临时性的或局部性的)，由于资本主义世界市场大大地缩小，使生产力“过大”的臃肿状态(即消费与生产的矛盾)益加严重；再加上在这基础上国民经济军事更加强了这个矛盾的结果，资本主义世界不但市场关系上已经紧张并且已使生产也停滞了，他们停滞已经是普遍性的，而且今后的情形根本上是只会愈弄愈坏的，恐慌的征象已愈来愈明显。

在这样的情况下，显然资本主义各国间是已展开了一连串的剧烈的斗争的，这种斗争不仅以后会愈来愈剧烈，(尤其在恐慌爆发后更会如此)而且今天已使帝国主义之间，以及他和国内人民与殖民地半殖民地的矛盾益加尖锐而渐次表面化起来了。

3. 殖民地半殖民地的民族运动，此起彼伏，时高时低地继续在发展，而资本主义国家内的工人斗争，尤其是和平势力还以壮阔的步调在发展。

(二) 从这三条情形来看，我的理解是在当前的世界政治形势上来说：

1. 这几种斗争，或者矛盾[中]最显著、最突出，并且也是决定当前形势上最主要的是一种，即两个世界间的破坏与侵略，社会主义民主世界和阻止与击败这种侵略的斗争。在这里，第三点的斗争，即民族斗争和资本主义各国的阶级斗争或平和斗争，是处于从属于这个斗争的地位。(这两个世界间的矛盾，没有问题的是社会主义与资本主义的矛盾)

而资本主义(帝国主义)之间的矛盾是发展得很快的，但从其发展的程度上来说则还只是开始普遍尖锐起来，即带着初期性的紧张性质。

2. 但从事实发展的形势上来看，两个世界的矛盾，今天虽则严重，但优势是在我们这面，同时帝国主义的进攻是基本上被阻住了的，所以这矛盾虽尖锐而走向大战的可能却不大，而帝国主义之间的矛盾，今天程度上[能]还没有尖锐到如两个世界之间的矛盾那样，但发展却来得快，这使他将来(我想不是很远的将来)一定要成为世界政治上决定事变进程的主要矛盾的，所以在这样的情形下只要我们能使帝国主义在社会主义民主世界中找不到出路，那么他只好在他们相互间去找出路。

（三）如果前面的理解是对的，那么：

1. 我们才可说我们的根本任务就是堵住或者击垮帝国主义向社会主义民主世界的侵略。一切应围绕这个中心来做，否则这任务没有事实根据，而只有主观的愿望根据。

2. 堵住了帝国主义向我们的侵略，就会促进世界形势的变化，即势必使帝国主义只好在他们自己之间去找出路。

3. 由此我们可以了解到和平反侵略的口号，在将来他的中心内容会有变更的，即今日中心是堵住他对社会主义民主世界的侵略，（一切都围绕着这个中心的）而将来的中心内容可能会是反对帝国主义间的战争与掠夺和进攻殖民地半殖民地之类、换言之。

（四）事实上，周总理对这点说得很明白的，他肯定地说现在社会主义与资本主义的矛盾是更尖锐的。既是规模最大而又是更尖锐的矛盾，显然就是主要矛盾。

三、斯大林原文，虽未提到这个问题，但他却在反面暗示了的。

表面上闪现着的现象，可以作两种解释：

1. 即根本是假象，或不重要的事情。

2. 是从整个过程上说来只是暂时的不重要的事情。我以为斯（大林）的话应作后者解释，因为：下面随着说决定事变进程的重要的东西，资本主义间的矛盾，暂时还没有明显地发生作用，而只“终究”即要到“将来”会发生作用，可知今天是那些“表面上闪现着的外表现象”在起主要作用。（对帝国战争可避免的主张显然是错了）

陈（毅）的意见

一、社会主义阵营与和平民主阵营问题（所谓广义与狭义）他的相同和不同处及其间的关系，和平民主与侵略战争两个阵营间有三种性质的矛盾，而社会主义与资本主义两个阵营的矛盾应只有一种（战争与和平），所以不能相等。

二、什么矛盾是当前世界政治上主要矛盾问题。

（一）社会主义阵营与资本主义阵营之间（据[陆]定一同志文章）今天不

是主要矛盾。

(二) 美帝企图用尽阴谋诡计造成社会主义阵营与资本主义阵营为实际政治中的主要矛盾,若朝鲜战争扩大到朝鲜之外,这就有可能的,但他注定要失败的。

(三) 所以注定要失败是因为:1. 社会主义阵营统一、强大、有力量;2. 在实际政治中,资本主阵营的内部矛盾,带有比资本主义阵营与社会主义之间的矛盾更为剧烈的客观因素。

三、认为和平民主阵营与战争侵略阵营间的矛盾是由:

(一) 和平与战争之间的矛盾;(二) 民主自由与反民主自由间的矛盾;(三) 民族独立与反民族独立间的矛盾。三者交织起来成为全世界反帝国主义和平民主阵营与帝国主义阵营间的主要矛盾。

但不能因为这是"摆在全世界人民面前的主要矛盾,就从而在实际政治中断定社会主义与资本主义阵营之间的矛盾是目前世界范围内各种矛盾关系中的主要矛盾。"

(文件编号:Q13)

对于 XX 同志意见的意见

一、XX 同志,在说明社会主义阵营与和平民主阵营之间的关系和今日世界的矛盾问题中,有些地方概念是不清楚的。

和平民主阵营自与社会主义阵营有所不同。社会主义阵营在一般的概念上人们总常是指社会主义势力所组成的力量而言,即它的内容常是指苏联与各人民民主主义国家的力量或再加上其他国家无产阶级的革命力量。而说和平民主阵营时,则除了上述这些力量之外,还有资本主义世界里其他一切反战的与要求民族独立和民主自由的力量。

和平民主阵营是反战、反侵略的统一战线组织,其范围和社会基础要比我们通常概念中的社会主义势力来的大。这是从阵营组成的内容上来说,二者有所不同的;在斗争的任务上,两者也是有所不同的,社会主义的阵营的斗争任务,在原则上说固然也可以是直接为着实现社会主义,但也可以只是为着一般的民主任务,即暂时不直接实现社会主义,(如保卫和平之类,)而和平民主阵营则只能是为着保卫世界和平，保卫民主自由与民族独立。（自然中心是保卫和平）而不能有其他。（形势再往前发展，提出更进一步的任务，就不是它的事情了。）

这是人们通常概念上社会主义阵营与和平民主阵营的区别。在这方面XX同志的意见是对的。但他却把另一方面，这二个阵营间的联系性忽略掉了。

应该说清楚和平民主阵营这个统一战线的组织，虽则它的组织成份是包括社会主义的与非社会主义的成份，并且他有他自己的斗争目标或要求，但他不但是以苏联为领导，以社会主义世界和其他世界无产阶级革命力量为基础的，并且是反对当前帝国主义的行为与其主要制度，是为世界无产阶级革命当前的事业来服务的。因此毫无疑义地，它是属于社会主义范畴的（即属于世界无产阶级革命的范畴的）东西，而不是完全独立的。

不说明这点，我们就会把社会主义阵营与和平民主阵营，以及和平民主运动与世界无产阶级革命运动之间的各个关系完全割裂开来，完全脱节掉，这自然是不应该的。

在某某同志的意见中，这个概念是不明确的，甚至是没有的。这样他把和平民主阵营和他的事业，就孤立起来了。

二、其次，XX同志认为和平主义阵营与侵略阵营之间的矛盾，是现在“摆在全世界人民面前的主要矛盾”（他用反帝国主义和平民主阵营与帝国主义阵营的名词，为着顺口起见我们把他改为和平民主阵营与侵略阵营，这在本质上是一样的）这是对的。但他还为这个矛盾是由和平与战争之间的矛盾、民主自由与反民主自由之间的矛盾以及民族独立与反民族独立之前的矛盾，三者交织起来而成的。我们觉得这样说法基本上虽然不错，但也不够完善。因为他会使人认为：

（一）这三种矛盾在实际政治上是一样的，有同等地位的。

（二）和平与战争的矛盾，只是在社会主义世界和资本主义世界之间，而不是同时也是资本主义世界内部之间。（把XX同志的意见，第一部份与第三部份联系起来看更使人会有这样的感觉。）

自然我们并不反对一般地说和平民主阵营是为着保卫世界和平，保卫民主自由与民主独立而斗争。即其斗争内容有三种，但在专门分析和平民主阵营与侵略阵营之间的矛盾内容时，只把这三者举出来而不把这三者的关系或地位加以说明，这就会使人对事实的认识模糊不清，甚至可能会弄错的。因为和平民主阵营与侵略阵营之间的矛盾，固然有各种各样的内容，基本上也如XX同志所说的那样，但其中战争与反战争的矛盾是最重要、最中心，贯穿在其他各种矛盾或斗争之中共通的总的东西。它是驾乎一切之上的最突出的东西。而其余的，无论是争取民主自由（反法西斯化）也好，争取民族自由也好，在整个形势上说来，都是处在从属地位的。它们只能当斗争在某个地区或某一时间内具体化时，才有它的主要意义，或主要位置；而在整个世界斗争中，它不是和“战争与反战争”处在同等地位的。

也正因为是这样，所以我们斗争的总口号是保卫和平，反对战争。而不是三者并列，也不是其他。

三、再则，在目前和平民主阵营与侵略阵营之间的矛盾，我们觉得其中最主要最中心的部分是在两个世界之间，即一面以美帝国主义为首的侵略阵营正在用一切的办法，组织各种力量来破坏我们社会主义与人民民主主义国家的世界，它企图在我们的身上来找出路；而另一方面是我们用一切的办法，动员与组织各种力量和它斗争，使帝国主义碰我们不动，完全归于失败。这个矛盾，也就是这个斗争，显然是当前世界政治中和平民主阵营与侵略阵营的斗争中最突出最尖锐的，驾乎一切之上的东西。其他的矛盾或斗争，如反法西斯化，和争取民族独立等，同前面这个矛盾比较起来，显然是次要的，或者用周总理的话来说，“今天还是局部的”。（自然它们对主要斗争是起帮助作用的）。

在复杂的多种矛盾中，把其中在目前最突出最重要的中心环节提出来，这对形势的了解与斗争的指导是完全必要的。而XX同志的意见中，不但没有提到这点，而且在其解释是社会主义阵营与资本主义阵营之间的矛盾或不是这之间的矛盾时，（第二段意见）由于他把陆定一同志的文章作机械的演译，而在实际上是把前述这个当前矛盾的主要点否定了。他只认为美帝国主义想这样干，但由于我们力量的强大和资本主义内部矛盾的严重是达不到目的的。自然，这在形势发展的前途上来说固然是不错的，但今天美帝国主义正是这样在干，我们也集中力量在反对他这样干，这总是事实。这个事实，正是今天的主要矛盾，也就是说，今天斗争的焦点，它是不能因为将来帝国主义者注定要失败，将来形势一定要改变而否定掉的。某某同志在社会主义阵营、不社会主义阵营的思想束缚下，把这么重要的事实否定了，这必然是不对的。按他这样说法，那么今天我们在世界政治斗争上最中心的任务是要使帝国主义者碰我们不动，这就成为没有事实根据的无的放矢了。

在这个问题上，XX 同志以为只有帝国主义者向我们作更进一步或更大规模进行军事侵略时，才形成二个世界之间的矛盾，成为世界的主要矛盾，这种观点也是不正确的。主要不主要是相对的，由矛盾的意义与发展的程度来决定的，不是由某种形式来决定的，形式只有代表矛盾的意义与程度时，才能说主要与不主要。因此我们就不能说只有大打起来，才叫做主要矛盾，没有大打就不叫做主要矛盾。如果按这样的说法天下没有大打是否就没有主要矛盾了呢？这显然是不对的。

关于现在国际政治上的几个基本问题

一、如果说世界资本主义的总危机是从第一次世界大战和十月革命开始的，从那时起，人类的历史在事实上就开始从资本主义到社会主义的过渡。而第二次世界大战以及其后几年中形势的发展，特别是中国和欧洲各人民民主国家人民的胜利，是更加深与更加速了资本主义的总危机和人类这种过渡的过程。它不仅使资本主义世界比第二次世界大战前大大地缩小，社会主义世界已大大扩大，也不仅使世界资本主义的经济社会与政治基础已大大削弱。明显地呈着瓦解与崩溃状态，相对的稳定都不可能了。而社会主义世界却正在朝气蓬勃的发展与壮大着，并且更使社会主义的世界在现实各种条件的总和下，它的力量已一般地大过资本主义的世界了。换句话说，作为当前世界社会主义与资本主义这个最根本的矛盾或斗争中，矛盾的主导方面不仅从社会发展的意义上，即新的代替旧的意义上来说是在社会主义世界方面。并且在现实的力量上来说也已掌握在社会主义方面了。

二、世界的形势发展到第二次世界大战以后，我们可以更明显地看到人类从资本主义转变到社会主义的过程途中，基本上存在着如下的二种形式：

第一种形式，即由社会主义世界与资本主义世界进行两个世界间的大战，即由现在对立着的两个阵营交战。把资本主义世界打败，造成了那种许多国家人民革命的有利条件。从而起来推翻资本主义的反动统治，基本上结束资本主义的世界，这是一种形式。

第二种形式，就是不经过新旧二个世界营垒的战争，而是由于资本主义世界中内部矛盾发展的结束自己爆炸而导致死亡。这种资本主义世界内部矛盾爆炸，在原则上，是有三种可能形态的，一即资本主义国家工人阶级起来革命，推翻资本主的反动统治；二即殖民地人民起来革命推翻帝国主义的统治；三即帝国主义国家之间进行战争，造成帝国主义国家工人阶级与殖民地人民革命的有利条件而取得革命的胜利。这三种形态，在整个世界政治意义上（包括现实的可能性）来说显然最主要的第三种，即帝国主义国家间的战争，而其余二种尤其是第一种恐怕是在资本主义国家间的战争爆发之后才能起决定世界政治的主要作用的。在这之前，它们基本上将只能有次要的作用。

前面二种形式，是资本主义过渡到社会主义过程中事态的二种基本的可能形式，自然，在一定的条件下也还有这一二种复合起来的形态，如第二次世界大战中所表现的那样。但这在本质上仍是前述一二两种的形态，同时在现在的实际条件下，这种复合形态的战争出现的可能性是不很大的。

三、那么这二种社会转变形态现实的可能性，究竟是那一种大呢？在一般条件上来说，由于矛盾的主导方面是我们社会主义世界，也由于我们的方针是力争避免新旧二个世界来决战的道路，同时资本主义世界内部的矛盾根本上又是无法调和的，那么在下面三个条件之下，第一种形式，即新旧两个世界决战的形式。基本上是可以避免掉的。这三个条件即：① 社会主义世界的力量的强大，它现在已大于资本主义世界，而且还正在飞速的增大与发展中。② 社会主义世界各国间亲密地团结一致，尤其对帝国主义斗争的方针是一致的，这种团结继续在巩固中。③ 有正确的和平政策，即既无任何侵略别国的野心，愿意和任何国家通商，和平共处，而又有坚决的回击帝国主义者任何侵略冒险的力量与决心。

反之，由于资本主义世界内部的三个基本矛盾，根本上是无法调和的，特别是帝国主义与帝国主义国家之间的矛盾，在第二次世界大战后，由于市场范围的缩小和生产力空前的膨大，生产发展不平衡的加剧（美国发展了一倍，但已停滞，西德及日本却还在发展，都超过了战前水准 30%—46%）这个矛盾是特别来得严重了，因此由资本主义内部矛盾的爆炸实现社会转型，第二种形式的道路反而在实际上它的可能性是要大的多。

所以就世界整个的形势和其发展的前途上来说，新旧二个世界间反可和平共处(即不发生大规模的决战)而资本主义世界内部矛盾的爆炸,反而是无法避免这种形势,基本上是已经确定了的。

四、但所谓基本上已经确定了,却不能了解为已完完全全确定的了。因为现实的政治条件,既如前述的根本形势(大势)更为复杂,而最后决定某种形式的转变成为可能或不可能的具体条件,还有待于将来形成,即今天还没有完全具备的。

确定形势在现实条件下那一种事变的形态已成为不可能,或那一种形态已成为肯定的可避免了,基本上是决定于如下二点:

一是两个世界力量对比的消长,(包括绝对力量的对比与形势条件变化下的消长)

二是资本主义世界内部矛盾发展的程度。

就第一点来说,我们的力量是已大于资本主义世界现实可以对付我们的力量,而且可说在程度上大过于资本主义现实可以对付我们的力量,已很明显。即不只是有时各种条件凑合下稍微大一些,而已是在各种条件经常的变化下,都要比资本主义世界现实的可以对付我们的力量来得大。因此,除了我们自己犯严重错误之外,(比如丢弃和平政策或自己闹不团结之类的,自然这是不会的)在与资本主义世界的斗争中我们的力量终是大于资本主义世界的。尤其从发展前途上去看,我们的绝对力量(如经济文化的建设政治上的巩固和提高等)明天更会强大。这种优势是不断增加的。使帝国主义者根本不敢来侵犯我们的。这在将来是肯定可能达到的,但今这是已经可以肯定了的。但这里必须说明,如果我们把明天我们社会主义世界可能发展的力量暂时不说,只就今天已有的力量对比上来说(与资本主义世界力量的对比)则我们力量的大于资本主义世界,在一定意义上来说还是“相对”的。即还没有达到这样“绝对”的程度。却还没有达到这种程度。美帝在朝鲜之所以敢于动手就说明了这点,虽然朝战的结果已更证明了我们力量的强大,使帝国主义受到了事实的教训,以后要动手不能不更慎重,因此我们在这里也就应该认识,帝国主义向社会主义世界进行侵略的冒险的可能,今天还没有完全消除掉,(经朝鲜战争及这种可能,已大大地降低了)从而也就是说,社会主义与资本主义两个世界力量大战的可能性,今天还是存在的。虽然这可能性已不大了。但可能究竟还并没有消灭。

次之，再就第二点来说，资本主义世界内部的矛盾，在第二次世界大战以后本质上是空前严重化了的。而且事实上也在严重，这是没有问题的。无论是在经济上（市场的缩小与生产力过大）、社会上（人民的失业与穷困的有增无减）、政治上（社会主义世界影响扩大，人民政治觉悟提高，尤其是殖民地制度的动摇）它都没有很好地带有全面性的和长期性的稳定过（如第一次世界大战后相对的稳定那样）。有之，则只有一些暂时的表面的局部的小康状态，而这小康状态也还是人为地扩大与加深矛盾的基础上得到的，例如国民经济军事化虽增加了各主要资本主义国家的生产，推进了经济恐慌的爆发，但却更加深了市场与生产的矛盾，使明天恐慌爆发起来时不可避免地将带着更严重的性质。在骨子里，它的矛盾是更严重化了的。

但若因此以为资本主义世界内部的矛盾，今天已经到了不可终日，即这个矛盾今天已发展到了比他与社会主义世界的矛盾更加尖锐了，因而使两个世界间的战争，在今天实际条件下已肯定地可以避免了，那也不然的。〈只〉尽管在事态发展的前途上，终究一定会是这样的，但在今天现实的情形下，应该说，还没有发展到这样的程度。

应该说明，在社会主义世界发展得如此强大，它的影响一天天只会扩大的今天，如果资本主义世界的矛盾，不是发展到主要资本主义国家经济上走到绝路，使他的现状根本无法坚持下去，或者某些或某个有力的资本国家经济发展得特别顺利特别快，而受到其他资本主义势力严重的阻碍时，即资本主义发展严重的不平衡，那么资本主义国家间的矛盾，总是不会在现实政治上驾乎其对社会主义世界的矛盾之上而成为主要矛盾的。

自然这是就资本主义世界矛盾中，帝国主义国家与帝国主义国家间的矛盾来说的，但若从资本主义国家内部阶级与资产阶级的矛盾，和殖民地半殖民地人民与帝国主义的矛盾来说，则自有所不同，尤其是殖民地与半殖民地的人民帝国主义的矛盾，现在可说已经达到非常尖锐的程度的了。它有可能在帝国主义与帝国主义国家的矛盾达到极度严重之前而发展成为爆炸性的矛盾的，但是由于它的规模（在没有世界战争的前提下），基本上只能是地区性的，因此他在现在（眼前）世界政治上来说还是次要的。

那么，现在我们是否可以说，主要资本主义的经济已经走到绝路。而他的现状无法维持下去呢？（总的走到绝路——即发展的顶点，那是在第一次世界大战时已经这样的，这里我们所说的当前现实条件上的绝路）显然那还不是这样。它还只是接近与开始碰到绝路，（生产的停滞）还没有到现状无法维持下去的地步。最明显的事实就是经济恐慌还没有到来，（虽则看来是很快就要到来的），这使他们还有挣扎的余地。从而使他们在最主要的问题上，（对工人阶级与殖民地的统治和维持独占资本高额的利润）大体上还能维持现状，或作局部的调整与缓和。

再则，在资本主义世界中，发展的不平衡，固然是相当严重的，这里最突出的是美国发展得出乎寻常的庞大，但由于他已经在资本主义世界里获得了很优越的权利，还基本上能够用"和平扩张"来解决他眼前大体上的需要，因此当他的"和平扩张"（用反苏反共为旗帜来掩盖着的）还没有遇到坚强的抵抗而不能伸张，或由于他自己经济规律的发展，要求这种扩张的速度大大增加的时候（譬如经济恐慌一来就会是这样的），美国与资本主义世界的矛盾，虽则只会逐日加紧，但还不至于爆炸的。矛盾的程度确实已很严重了的，甚至可以说是空前的，但美国的对手短时期还缺乏坚强抵抗与回手的力量，所以当他们自己还没看到现状维持严重地不下去的时候，这矛盾在表面上仍缓和着。

至于西德与日本，在发展上也是比较快的，但在现况下，虽令他们的发展遭到了严重的阻碍，但自己还没有用经济及政治手段以外冲破这阻碍的力量，那是很明显的。

由此可知道，资本主义世界内部的矛盾，确实是很严重的，但其程度还没有到不可终日，非拼个你死我活的地步，则是很显的。而且从全局看来，纵令经济恐慌很快爆发，也还有一段比较长的进程，才会达到这种地步。因此就国际形势的现局来看，我们还只能说从资本主义转型到社会主义去的二种可能形式，他的总体条件今天还没有完全确定，还有待于今后的斗争与形势的变化，虽然就大势与主要可能条件上说，两个世界间的决战形式是可以避免的，而终究决定事变进程的，将是资本主义与资本主义国家间的矛盾的爆发。

五、在社会中，客观的规律总是通[过]个人的努力与当时具体的各种条件来完成的，当我们认识资本主义转型到社会主义在今天现实的条件下，有前述这样两种可能的时候，那要我们进一步去研究了，当前国际政治上各种条件，认出哪一种的可能更大些，并且在眼前现实条件上，已经可以确定到那种程度，还有那些可能到来的条件而来定出我们的方针，并顺着这[个]方针来进行努力与斗争，那就有特别重大的意义了。

从前述种种的分析，和今天国际政治上各种的情形来看，一切的事情都归结到一点，这就是要使帝国主义者无法向我们社会主义的世界进行侵略。即如周总理所说的使他“碰不动”。如果我们做到了这一点，那么资本主义内部矛盾的发展，就可被我们更充分更有利地运用。同时，二个世界间决战的道路也就可以避免掉，而使世界从资本主义转型到社会主义去，会在对我们更有利的，并且在速度上也将是更快的形态即资本主义世界自己爆炸的形态来出现。如果我们今天的工作是复杂的、多样的，即如对外斗争上来说，有抗美援朝，搞和平运动和争取“恢复”世界市场等，但一切都是围绕着这个中心目的的。（我们国内的建设，在国际政治意义上也是这样）忘掉了这一点，就会把自己工作堕入云里雾中。

六、有人曾问，若按照这样说法，则我们的口号似应提保卫社会主义和人民民主世界，一如过去提保卫苏联似的，而不应是保卫和平，反对战争了。这说法是不对的。

保卫和平，反对战争，这是长时期地总的战略口号，是根据帝国主义者一定要用战争来进行侵略（并且事实上也正在这样地积极进行准备与局部的动手）的总形势出发的。而一切为使帝国主义者碰我们不动，则是根据这个总形势下当前形势的特点来决定的。因此一切为使帝国主义者碰我们不动，是保卫和平反对战争总口号当前的中心内容（不是唯一的内容）而不是另外一个东西。譬如说，如果帝国主义者碰我们不动，明天他们自己干起来了，那么我们的总口号还仍为是保卫和平反对战争，但在那时它的中心内容为移到反对帝国主义相互间的战争上去了。须知保卫和平反对战争，这个总的战略口号，是包括多种的实际内容的，因为时间，地点与矛盾条件的变化，他的中心内容都会有变化的。

再则口号总是带着最广泛的动员性的，而在一个时期，或某一地区斗争的中心内容则其范围总是比较狭的，从策略观点上来说，如果今天斗争的中心内容是要使帝国主义碰我们社会主义与人民民主世界不动，而只提保卫社会主义与人民民主世界的口号，那等于是把这个斗争在今日世界其他一切反战争取和平，争取民主自由和民族独立的广泛的基础上割裂开来，孤立起来。天下总也不应有这样笨的人为这样来做的。当年苏联提出保卫苏联的口号，那时因为资本主义世界是在相对的稳定时期，世界上没有其他的矛盾，所以用来支持苏联这个斗争，而只好以保卫社会主义祖国——苏联，来召集世界无产阶级的支持的缘故。这是在当年条件相当困难时的口号，今天条件大大有利于我们，资本主义世界里广泛地存在着严重的矛盾，我们为什么不用更能动员全世界广大人民的口号呢?！这就在策略上说，也是不对的。

七、自然，要使帝国主义碰我们不动，形势发展更有利于我们，这决不是简单的孤立的抵御与等待资本主义世界内部矛盾的发展所能成的。而必须经过斗争，而且是极其复杂的，激烈的，几乎是广布在世界每个角落，用种种的斗争方式，经过长时期连续的斗争才能达到的。

（沙文汉旁注：斯大林同志，让我们在工作上更多的努力，来悼念你吧！——一九五三年三月五日）

关于艾森豪威尔（一九五三年）四月十六日
在美国报纸编辑协会上的演说

一、经三个月恐吓与冒险企图失败后，在我和平呼吁下被迫来耍和平花枪。

他的第一个企图是提出单是有利于其侵略和其冷战所不能达到的侵略目的为条件，希望我们拒绝，而作为他重新鼓动侵略，加强其侵略步骤的政治条件。

第二个企图是前述目的达不到时，则赖此策缓和他自己的孤立，在长期和平扯衡的花枪下，来缓和资本主义国家以及间的矛盾，为侵略作更好的准备。

二、在这样情况下，我们应进一步提议两个阵营间的进行和平会谈，（自然对艾演说应有严格的批评与揭露。把艾演说的侵略本质相当揭露后，再提议是更好些）首先消灭第一个企图的实现。迫使他只好进行和平谈判，把他的屁股绑在和平的凳子上，并在这谈判下，揭露其假和平的真面目，使他愈弄愈不利，而只好一步一步地就范。

自然要美帝国主义放弃侵略企图是不可能的，但迫使他事实上只好后退，侵略战争无法实现是可能的。因为和平谈判一开始并且继续下去，他会使世界和平空气大大地浓烈起来，而这必然会使：

1. 世界人民的和平运动大大地高涨。

2. 资本主义各国间政治上及经济上的矛盾与困难大大增加：如① 在军火生产威胁国民经济生活的主要资本主义国家军事化劲是会松弛下来，并且各国间的不一致性亦会增大。② 资本主义各国间经济的〈竟〉竞争加强，经济危机亦有提早爆发的可能。

三、今日的形势说明美帝国主义已被迫处于不利地位了，虽然今后斗争将会更加复杂化（尤其在外交方面）。但以我们真正的要求和平来对抗帝国主义者的和平花枪，无疑地是不难击败他的。如果局势的发展是以和平谈判为中心来进行斗争了，那么就我们方面来说，工作好坏基本上决定于如下四点：

1. 能否充分宣传我们的和平诚意与揭露帝国主义的花枪。

2. 大力展开世界人民的和平民主运动。

3. 能否在“和平斗争”过程中分散帝国主义之间的联系与争取动摇者的中立与和我们友好。

4. 以高度的警惕性注视与防止帝国主义对我们的冒险阴谋。

四月十六日以后美帝国主义政策的动向

四月十六日艾森豪威尔对编辑者协会的演说，以及其后汉弗莱等所表示的意见，与杜勒斯对于外交政策的种种说明相对照，说明着美帝国主义在整个政策上存在着一定的分歧意见，即艾尔索普兄弟所说的平衡预算第一呢，还是“国防”第一，美帝国主义面临着冷酷的事实是：

1. 碰即碰我们不动，（发动大规模侵略更无希望）而我们却坚持主张和平，全世界人民是一天天倾向于我们方面，使他在国内外愈来愈孤立。

2. 今天的侵略政策，即以激进的准备战争为其根本特点的侵略政策，不但使其仆从国家连拖带推都还跟随不上，弄的怨言载道，离心力渐渐增大，并且美帝主义自己的财政力量也已感觉担负不了，形将威胁到整个国民经济。

在这样情形之下，如果美帝国主义者按现行政策原封不动地继续下去，不但会本钱愈花愈大，收获愈来愈少，而且可能发生虚脱，因精力耗尽而跨下去，（侵略阵营的分崩离析和经济危机）这种情形不但汉弗莱与艾森豪威尔是看到的，就是杜勒斯也是看到的，但对于后果的严重性的估计可能在他们之间是有所不同。而尤其在一面要维持侵略世界的根本方针，一面又要避免这种可能发生的危险的方法上，可能有所不同。以为汉弗莱，尤其是艾森豪威尔，对于他们今天侵略世界的根本方针为有什么改变，那是不可想象的。他不过是现行办法碰壁，免得自己碰更伤，而想把侵略步骤放缓些，使得

（1）和他的财政力量能相适应；

（2）使主要仆从国家基本上能跟得住帝国主义阵营，不致分崩离析；

（3）用和平幌子，更好地掩盖自己侵略面目，以扩大他的政治本钱罢了，而其以反共为旗帜来侵略世界的根本方针是决不会变的。

如果这种新主张在美国的统治营中获胜，世界的紧张空气是能够缓和些的，某些争执的问题，尤其是对帝国主义者来说最不利的问题。如朝鲜战争，获得一定的解决是可能的，但以为美帝在许多问题上，如大西洋防御集团，以至于德国、日本和台湾问题等都将作原则上的退让，放弃一贯政策，这是不可能的，至少现在是没有这样的条件。

但是纵令如此，它对我们仍是有利的，因为：

（1）世界和平空气会浓起来，世界和平运动也会更大规模地高涨。

（2）帝国主义人为地造成的对我们关系的紧张性会松弛下来，而在其经济矛盾的发展下，不可避免地使他们的注意力合移转到资本主义世界的内部矛盾中去。

这样情形之下，如果我们继续正确的作和平努力，随着这种客观形势的发展，松弛与分散帝国主义的阵线，一步一步地迫使帝国主义所处的形势愈来愈不利，只好向我们让步，〈只〉即此而解决某些问题，这些是可能的。但问题的重要性，倒不在乎能解决多少问题，而反在于造成帝国主义者更大不利，更加孤立，其间的矛盾更尖锐，而最后只好分崩离析。（若把艾森豪威尔与杜鲁门来比，在战略上是艾来得稳，但在行动上则艾则比杜粗鲁。）

这就是说今天的形势，是意味着形势已向前推进了一步，即从资本主义与社会主义的矛盾成为现实世界的主要矛盾的基本形势，而推向资本主义与资本主义间矛盾，成为现实世界的主要矛盾的新形势迫近了一步。

（文件编号：F130）

第一章　印度尼西亚的土地问题

印尼的面积190万平方公里，合一万万九千万公顷，1940年的统计，耕地面积约在一千五百万公顷至一千六百万公顷之间，占全印尼面积10%多。

印尼是由大小三千四百多个岛屿组成的群岛之国，各岛上的发展极不平衡，土地制度及占有情况也大不相同。

印尼主要的大岛为爪哇、马都拉岛，其面积为十三万平方公里。此外，各岛统称为外岛，其中以苏门答腊（面积四十七万平方公里）、加里曼丹（旧称婆罗州，北部属英国，面积五十三万平方公里）、西里伯斯（面积五万平方公里）、西伊里安（旧称新几内亚，面积四十万平方公里）及摩洛哥群岛为主。

各岛上开发的程度极不一致，以爪哇为最发达，其人口亦以爪哇为最集中，据一般估计，目前全印尼人口约七千五百万人，居住爪哇者约五千万人，爪哇人口密度向[来]称世界第一，平均每平方公里三百六十六人，苏门答腊比爪哇大三倍，但人口迄今约有一千万人，平均每平方公里二十人，而如西伊里安等地平均每平方公里只有二人，故相差极大。因此，对土地的开发也以爪哇为最多。爪哇、马都拉耕地面积约在九百万公顷上下，占全印尼耕地面积百分之六十。故存留在爪哇原始森林面积仅为全岛面积百分之二十，而存留在苏门答腊、加里曼丹等岛的原始森林面积则为各岛面积的百分之六十至七十。

爪哇历史上历来便是印尼民族经济政治文化的中心，其次则为苏门答腊。

第一节　印尼的土地制度及其沿革

一、荷兰资本主义未侵入印尼时的情况（注一）

在爪哇及苏门答腊北部亚齐及南部巨港，早自七八世纪时代开始便先后有各个封建王朝的建立，当时土地属封建主（称拉加及苏丹）及他们赠封土地的王侯贵族所有。在封建主及王侯贵族之下，有两种使用土地方式。其一为农民以“佃农”身份（MaRO）替封建主耕种土地，一般说来，当时〈盈〉盛行“对分制”，即收获所得一半交封建主，一半归农民自己。但在封建主赠封的土地上，封土领主自己往往不住在乡间，而用村长或收租人代为收租，给以收入五分之一为薪俸，封土领主得其余的五分之四，表面上农民并无损失，但收租人往往形成中间的剥削层，实际上使农民更痛苦。这类封地在日惹梭罗区最多，而在巴支美斯（Banjumas）、克都（Kedu）、特马克（Demak）、普禾达弟

(Puzwodadi)、巴底(PaTi)、连旺(Remlang)、茉莉芬(Madiun)一带有许多爪哇封建主封给他认为有功绩或忠诚的臣子的封地,并名之曰"圣地"(tanah mutiban)。封建主对土地有世袭权,并且对居住其上的农民有完全支配权。这些地区农民往往在重重剥削下无以为生,转业为木匠,金饰匠,缝衣匠等手工艺者。

其二便是在封建主领土内有的地区不直接属封建主统辖,而是普遍的存在着农村公社(desa)的土地村有制。农民耕种公社土地,缴租给村长,整个公社作为一个单位向封建主纳贡。公社的土地又分为下列各种:

(一) 分授田(tanah sanggan)凡居住在公社中农民,在正在土地上耕种者,都分得一块土地,面积大小不一,随公社大小、人口多少而变化。使用分授田的农民对土地没有出卖、典押或世袭的权利。只有其嫡亲子孙在全公社共同同意之下,可继续使用该土地。因此,有的农民很久以来便在同一块土地上耕种,有的经常更换土地使用。

(二) 村吏俸给地(tanah lungguh)凡公社中官吏,都得到一块土地作为薪俸,土地面积大小按公社选举村长时讨论决定。

(三) 社仓地(tanah kas desa)即为公社中共有的一块土地,其收获所得存到公社仓库中,有时这块土地在公社中拍卖,公社仓库只存钱财物资,这样土地容易落到富裕农民之手,所以有的公社为照顾贫苦农民而出租社仓地,农民得收获的三分之二,公社仓库得三分之一。

(四) 村吏养老地(tanah pituwas)是对公社中有显著功绩的村社官吏,作为表扬而奖给的土地。本人死去后,土地再归还公社。也有时因其本人嫡亲子孙多,而尚未得到分授田者,也将此土地分予其子孙为分授田使用。

(五) 寺庙地(tanah wakaf)这是按习惯与宗教的需要而划出的一块土地,如建筑回教教堂,墓地等等,土地来源往往是全公社共同捐献,聚集钱财,买一块土地并建造这类建筑。

(六) 神地(tanah hakullah)这是指河流湖泊等改道后产生的新土地,少地或无地的农民可请求给予开垦。

这样的土地制度是原始农业公社转变为在封建主统治下的农业公社,因之生产的基本方式已不是过去的共同耕种,共同分配的方式,而是变为土地分领、个体经营的方式了。但村中生活方式和某些生产场合,还保持着农村共同社会的残余。例如苏门答腊东部马达卡罗(Batak earo)乡村中,一村有五六个或更多的家族聚居一处,村的四周围以竹墙,村的出入口有大门一,边门二。居民从边门出入,大节日时才开大门。村中有值更巡哨的人。有村民会议和长老会议等等。马达族的封建主拉迦,管辖若干村庄,征收一定的租税及处理地方司法,但此外事务各村都是各自为政的。又如迄今尚流行在印尼的哥东乐耘(GoTongRojong)制度,正如中国过去农村的变工互助方式一样,盛行于播种收获的时候,这是以个体农民为主的共同劳动方式。

就全印尼来说,爪哇的这种农村公社制,一直到1821年英国的莱佛士(Raffles)总督时才遭到破坏,苏门答腊东海岸则到1909年前还保持着,尤其是在马达民族居住区。到日里(DeLi)农园开辟时,棉兰(Medan)成为一个大都市,货币经济伸入到马达山一带,农村公社才解体,但其他落后地区,如加里曼丹的达耶克(Daijak)民族居住区等地,尚有农村公社的残余。

这便是荷兰资本主义未侵入印尼前印尼各地土地制度的概况。总之,在个别地区集中的封建统治建立起来农民为封建主的对分制的佃户;但在广大的地区,仍存在着封建主间接统治的农村公社的共同社会,但其剥削的关系也是封建的了。当时的生产方式是自给自足的自然经济形态,农民普遍的种稻,爪哇已有相当完善的灌溉制度。古时的爪哇是以稻稷得名的,可见其农业的发达。与农业相适应的便是家庭手工业的发展。这就构成爪哇封建社会的经济基础。

二、荷兰资本主义侵入后的情况

荷兰侵入印尼开始于1600年荷印东印度公司的建立。东印度公司一方面进行着对印尼的商品掠夺(香料,胡椒,金子等),另一方面进行着武力侵略。自1798年东印度公司结束后,中间经过法国侵占荷兰本土,英国驻〈英〉印度副总督莱佛士占领印尼约五年;到1816年荷英签订协定,把印尼归为荷兰殖民地,荷兰委派了总督,波许(Boch)正式统治爪哇马都拉,对其他外岛则成立土王自治区。这期间,荷兰不断的进行着征服各地人民的殖民战争,直到1904年亚齐战争结束后,荷兰才算最后的以武力征服了印尼各岛。

荷兰资本主义的侵入,首先便将爪哇等地的自给自足的自然经济打破,而随着荷兰的武力侵略爪哇,部份的封建主统治也遭破坏,但是对农民的封建剥削却未摧毁。相反的,封建剥削更加深重了。因为荷兰资本主义勾结封建势力为工具，通过投降的封建主及村长等搜刮土产，更加强了这些封建阶级的势力。但对于印尼土地制度的改变，却是开始在东印度公司倒闭时期。

这时资本主义已自商品掠夺的阶段发展到工业资本时期，为了更多的掠夺殖民地原料，直接开发农园、工厂、矿山，于是逐步掠夺大块土地。印尼土地制度也因此经历了几次变革。

首先，在东印度公司结束前后，将其占领下的若干土地连同其上的居民一村一县的出卖给欧洲人，主要为荷兰人，英国人，及荷籍华侨，这样来搜刮钱财，估计这类出卖土地的面积在一百余万公顷上下，最多的位于西爪哇巴马努岸（Pamanukan）芝亚森（Tjiasem）直葛瓦路（TegalwaRu）格拉朴（KRawang）地区，出卖土地名称为私领地（tanah Partikulier），外国地主对土地及其上农民有完全支配权，俨然自成一个小王国。私领地上农民沦为外国地主的农奴，每年每公顷地租交到百分之四十，另外，每年无偿劳役六十日，也有地租改为劳力地租者，即每耕一公顷土地，须另垦四分之一公顷荒地，这部份垦地及收成全归地主。外国地主之下，又有工头村长等层层剥削，农民没有任何权利，地主工头可以任意驱逐农民离开土地，流落死亡。

私领地一直到 1910 年才开始由荷印政府颁布有代价的收归国有，并宣布取消地主特权。但实际上特权丝毫未改，至一九三〇年为止，荷印政府已收回私领地在六十四万公顷，每公顷地价一百二十八盾，还存[有]约五十万公顷私领地。印尼共和政府曾宣称于 1951 年内计划全部收回，但尚未见实现。

第二个土地制度的改变是英国占领印尼期间（1798—1816），总督佛莱士废除了对分制佃农及强迫劳役，代替以货币地租并把封建领主势力取消，爪哇〈把〉被分为十六州，每州设爪哇人州长，并派欧洲人的官吏监督。这便是爪哇农村公社的瓦解，小农私有制的开始。但佛莱士统治时间很短，其改变未能〈澈〉彻底。

第三个土地制度的改革便是 1830 年到 1870 年荷兰实行的强迫种植制。强迫种植制规定了：农民必须在自己耕地的五分之一的面积上种植输出作物，即咖啡、甘蔗、烟草等，或以一年五分之一的时间服劳役；栽培输出作物的村落，免缴地租；外国企业家开办加工工厂，农民必须提供劳动力，每村设村长指挥农民服从强迫种植制，荷兰官吏监督村长。

强迫种植制实行后，爪哇固有的农村公社完全瓦解了，公社中的官吏、村长变为外国资本主义的代理人，公社中农民沦为奴隶一般，农民已不可能在自己的土地上自由耕种。强迫种植制种植输出作物的利润高过于粮食的种植，农民不但以百分之一的耕种地去栽种输出作物，而是完全放弃粮食的耕种，这样使农民被强迫拉进到商品生产中去，而其生产品又受国际市场价格的操纵，农民在不等价的交换过程中(以输出作物出卖换取日常生活必需品)所经过的层层剥削，使农民趋于破产。此外，[农民]又必须服从于修建工厂，道路，城市，资本家及封建主的王宫住宅等等的强迫劳役，如果农民企图离开自己的乡村而逃亡，随时可被处以死刑。

这样残酷的剥削所造成的后果是集体的死亡。1849 年至 1850 年间，爪哇的三宝珑属下的达马克(Demak)和格尔婆根二地遭大饥荒，饿死的人在三十万以上(这是印尼有史以来未有过的天荒)。人口稠密的地区，人口都普遍地减少 1/2 至 1/3。在三宝珑州的迦巴，在 1841 年上半年，死亡流散的人不计其数，最后只剩下村长一人活下来了。(注二)

相反的，荷兰资本主义却在强迫种植制期间获得了九亿盾的利润，荷兰的国债偿清了，并有资本建造了密布荷兰国内的铁路网。“荷兰人的铁路，印尼人的白骨”，就是强迫种植制的写真。

三十年的无情剥削，竭尽了爪哇农民的劳动力，对资本主义进一步的剥削已不可能了，因此注定了强迫种植制的取消，同时资本主义的发展已在进入帝国主义阶段，各个资本主义国家都在找寻资本输出的场所。荷兰本身的能力弱，并且不敢对英法等国家封锁印尼，于是为了适应于资本主义的发展，1870 年废除了强迫种植制，实行“自由政策”。但咖啡的强迫种植直到 1920 年才完全停止。

第四个土地制度的改变便是 1870 年土地法令。这法令最后〈典〉奠定了印尼的土地制度，一直到 1942 年日本侵入印尼，都没有过火的变动。其间只有 1918 年颁布过一项农业改良法令，表面上修饰了一下某些条文，但基本条文未予改变。

1870 年土地法令规定：第一，印尼的土地属于国有，土地不得自由买卖；第二，外国资本家在取得荷印政府同意后，可以租借土地；对世袭的封建主，苏丹贵族等所占有的土地，继续为苏丹贵族所有，在经过荷印政府同意后，也可出租给外国资本家，这样便使印尼的土地在基本上由外国资本家，主要是荷兰与当地的封建苏丹贵族们所占有。第三，村有的土地及农民的土地，虽然该法令规定为“不自由国有地”，总督亦无权出租，但外国资本家在需要时可经由农民租用，因此，在实际上，农民失去了对土地占有和使用的保障。

注一：此段材料取自印尼农民阵线发表的有关土地问题材料及王任叔著“印尼社会发展史”一书。

注二：见日本人井出和太在“荷印资本主义的批判”一书。

第二节　土地占用关系

外国资本家占用的土地[①]

[印尼政治特点][②]

一　印尼的特点(印尼ブル政治的特点)。

二　印尼我们工作的条件。

三　印尼情形的可能变化。

四　にきやうに対しての革命问题。

从增强其中立性，相机拉过来。恐慌中帝国主义侵略与压迫的增加，战争威胁加强中不安的增加。

外交のげんむとしは(外交的任务)。

1. 使对手国有利于自国的建设和安全。

2. 对手国のかくめいに有利せしめ(有利于该国的革命)。

搞好关系，加强其中立性的四个手段。

① 加强对我外交政策的认识，消除误解。

② 加强贸易增进关系以扩大对帝的矛盾。

③ 展开交际活动。

④ 展开祖国文化宣传，以增进民族情感。

主要依靠点是：我们的政治影响与他们和帝国主义矛盾的本质。

殖民地半殖民地的大资产阶级和封建势力。

---

① 以下无内容。

② 此标题是编者添加的。

其对帝国主义的驯服性是与帝国主义在其本国的势力(经济的及政治的)的大〈少〉小成正比例的，和人民革命的觉悟程度和革命运动也是成正比例的。

印度尼西亚上层分子的特点是缺乏民族工业力量，而其所谓民族资产阶级是带着中小工业和商业性。(?)这造成了印尼资产阶级的一些特点(这些特点尤其是在平常的时候)即：

① 政治上的软弱性(对帝国主义及封建势力)。

② 表面上也敢唱唱“社会主义”而实质上仍是十足的资本主义。

由于印尼经济殖民地生产的根本特征其依存于世界市场的程度的严重，资本主义世界经济恐慌所给予他的影响也就特别严重，这将产生如下的各种可能现象。

① 人民革命势力的高涨，主要是反帝国主义及做帝国主义的尾巴，但在这中间，反动派可能策动反华侨的“排外”运动。

② 向社会民主世界找贸易的出路，首先是向中国。

③ 一部份上层分子进一步乞援、依附帝国主义(财政上以至军事上——当革命运动相对高涨的时候)；另一部份倾向于反帝国主义(中小ブル性的)——上层分子中发生这样分化的可能。

未来的经济恐慌，不但程度上会空前严重，且将是空前长期的，除直接触发战争外，经济上更高的军事化也将不可能了。

④ 在那时候印尼革命力量能发展到如何程度，主要将决定于印尼党的〈建〉健全性，但在世界别处没有战争或革命能大部吸引住美帝国主义[的]力量的话，全国胜利似很困难的(就今天印尼党的力量来看)。

① 中国的解散独立和经济文化等成就，对于喘息在帝国主义侵略下东方人的政治思想上的影响。

② 东方殖民地半殖民地国家与帝国主义的矛盾。

③ 经济的困难一部分可和我们贸易取得解决。

④ 彼我民族间的关系是密切的(在当地势相当大)(尤其有许多在当地势力相当大的华侨)更无侵略的威胁。

① 印尼孤悬在海中与中国不接界(经济上亦不能根本解决其困难)。

② 帝国主义者有极大势力，有条件能加强控制或威胁。

③ 华侨和当地人民亦有一定矛盾。

几个基本矛盾间，选出主要矛盾是必要的。

（文件编号：E26(1)）

在干部学校的讲话提纲

1952 年

一、二个月的学习，使大家思想有一个更全面的新概念，而提高了一步。

这是你们第一课，也是献身于革命而成[为]一个革命干部的最重要的应解决的问题。

今天我们应把〈已〉以往二个月所学的总结一下，而使之能提高一步，这就是使所学的与自己切实结合起来，而变成为自己的东西。

为什么要这样呢？因为：

1. 通常的学习甚至把词句也背出来，还是一半是人家的。

2. 任何的理论思想与经验不能与自己贯通，总还是人家的。

二、那么怎样与自己结合起来而变成是自己的呢？

这就是根据对理论的认识为标准(即抽象的思想)来检讨自己的思想意识(具体的思想)，使理论与实际相结合。这就是说，我们应根据新的认识来审查一下过去。

1. 对社会、国家、人民与劳动的观念如何

2. 自己的人生观以及做人的态度如何

3. 自己能够把握与占有真理的能力如何

如果你们好好地去检讨一下，你们一定会发现自己许多进步的因素、正义的芽苞，与走向进步的基础，但同时你们也一定会发现许多进步的障碍，弱点，以至于糊涂，错误。假如你们很好地这样做了，那么不但你们认识多少真理，便能占有多少真理，并且，你们更有把握地可以安排自己，使自己怎样进步。

定出那些应该发扬或保持，那些应该禁戒和克服等等。

三、但是要这样检讨自己那是一件很不容易的事情，这困难主要的表现是二方面：

1. 是对自己不甚了解，或原谅自己夸大自己。

2. 是缺乏客观地、虚心地、诚实地检讨自己的习惯，勇气与决心。

没有经过很好锻炼的人，通常都有这二大困难的，因为旧社会所给我们的传统习惯是自私、个人主义、爱面子，与无原则的好胜。那么现在一下子变成

了正视自己了，这自然是有很大困难的。

四、经常检讨自己，这本是一个人进步的二大基本要素之一。（德与才的相互为用，犹如火车之轨与发动机），因此也不[是]一下子能干得了的，（它要干一辈子）。但由于你们过去没有与缺乏这种习惯，今天把他来打个基础，这都非常之重要的。否则你们进步不但会迟缓并且会停滞。

五、那么怎样克服这检讨中的困难呢？我以为：

1. 一般检讨外，应多看重对自己作典型研究，探究出思想的根基。

2. 自己觉得有需要，可以自由讨教别人，（不形成制度）。而别人须以与人为善的态度〈出〉处之。

3. 安置自己于研究的客观对象的地位，不受主观作用阻挠。

4. 培养自己占有真理与加强自己进步基础的勇气，也就是对自己的诚实。

六、你们应该把这一课看成是顶重要的一课，过去是灌输你们新思想，现在是要发动你们去占有这新思想，而把自己推上进步的轨道上去。

以你们青年的纯洁与热情，我想你们一定鼓得起足够的勇气来这样做的。我相信后一代青年并不弱于前一代，而其进步的速度必能强过于前一代的。

你们是以此来保持进步的，我们是以此来保持锐气，使人将衰而思想不衰。

（文件编号：F177）

关于文教工作中宗派主义问题的讲话提纲

1952 年

全省来说：一、贯彻无力；二、很不平衡。

一、宗派主义来自三方面（总的是我们对人的工作和态度问题）

（一）是对文教工作及知识分子劳动和其进步的估价问题，实质上是对社会主义建设的认识问题（科学家开始有人注意了）。

（二）是生活的隔阂，工作内容的不熟识。

（三）是狭隘的阶级观点与个人不健康的意识作祟。

1. 总的表现是工人阶级对他们具体领导能力和领导风度问题。“上好下糟”、“党不能领导文化”之类就是由此产生的。

2. 从知识分子问题会议之后，由于实际上改进太少，对我们的意见在总的缓和下，具体工作方面，不满是在增加的（我们实际工作跟不上形势的发展）。

3. 存在这些情况工作上的原因是：党和政府缺乏对全体的教育和对文教部门缺乏有系统的领导。

二、搞好我们工作

从总的来说是要加强教育全体干部及同志，贯彻党对知识分子政策。

从具体工作上说主要应抓如下几点：

1. 工作上信任支持人家，给人家权来办事情，发挥群众力量（是非与过失问题亦可结合解决）

2. 以调整工资为中心，改善他们的生活福利，减少过多的劳动，结合作个别使用不合理的，调整其工作。

3. 加强正面思想政治教育（不仅理论，而且时事），[在]团结多数下来建党与肃反问题。

4. 学术研究上放手，停止粗暴的干涉，积极给人家支援。

5. 停止校外粗暴行为，及干涉文教工作。

具体作法上，须从两面来努力：

（1）在杭各大学及各厅局直属机构，开会、检查、贯彻，各部门得有专人负责，党内进行全面的教育。

(2) 各地放慢一步，明春再开一次文教工作及知识分子会议。

① 小学戴中学帽子 214

② 失业知识分子三千余人

③ 知识分子办公室要不要？

④ 好的情况与坏的情况平均数

⑤ 对高级知识分子解决科学进修及研究的条件

⑥ 工作上的信任问题

三、党内外关系问题

（一）

1. 内外不亲近，相互回避，婆媳关系。

2. 打击党外人士，给人家难堪，派出所。

3. 福利党员照顾好，群众不大管。

4. 怕党员汇报，下情不能上达。

（二）有职无权，主要在行政领导上，尤其是评薪提级问题，党越过行政上布置工作。

工程技术人员，应对劳动成果不注意，对研究支持不够。

（三）政治及学习，对入党问题。

1. 太少了

2. 多吸收年轻的

3. 工程技术人员劳动待遇不好

（四）几个运动的尾巴。

（文件编号：F110）

在浙江省学联代表会开幕式上的讲话提纲

1952 年

一、三年来我们解决了：

（一）解决了反革命残余势力（地主及反革命分子）与内部民主改革问题，巩固地联合了各阶级的人民，大大加强了工人阶级的领导作用（三反五反和思想改造把这问题更提高了一步）

（二）稳定了货币，克服了经济的衰落与混乱，且很快全面恢复起来了，走向发展。给人民生活以基本保障。

（三）解决了少数民族的历史纠纷，做到全国空前未有的统一。

（四）联合了世界进步的力量，争取了抗美援朝的胜利，巩固了国防与国家的安全性，且给世界人民，世界和平运动以极大的〈供〉贡献。

总结起来说，他把中国面目本已根本改变了。

1. 不但是说明中国走到空前的团结统一，与生气蓬勃，并且已屹立在世界，成为一个庞然的大物，人民和平进步的大势力，这势力且是在迅速的发展中。

2. 也就是在这样条件之下，我们国家进行大规模建设的内外条件已基本上成熟了。而这建设的成功，不但将使中国从落后与穷困走向富裕和文明，并且他是世界人民和平进步势力的大发展，是对帝国主义的严重打击。

3. 我们国家三年来取得这样的成绩，这是古今中外历史上所没有的，它完全证明毛主席领导的英明，新民主主义社会制度的优越性，也证明了毛泽东思想的正确性。

二、个人与社会

社会是整个变动了，这变动除上面所说之外还有一个根本变动，这就是以社会主义作为主导思想，个人与社会的关系，也开始起根本变化了。个人是当作社会一贯存在的，而不是社会是当作个人总和而存在的。个人是当作属于社会总体而存在的，不是当作与社会相对立而存在的。

这是一个根本的变化，我们对后一代尤其要求这点。

这个根本变化，决定了每一个人自己应如何来努力与发挥他自己的作用，做个时代的人，时代的青年问题。

我们反对各种各样的个人主义，（包括封建的，资本主义的和小ブル的）但我们并不反对个人的前途，个人是平凡的，但也是伟大的。

新时代的青年应该透彻地明了这点。在这样的认识上来努力是正确的。

许多青年，生活在这新时代，而还以旧的经验旧的观点来处理自己，这不但是苦恼，且是发展自己的障碍。

如果青年们思想上解决了这个问题，则你们的前途就是坦然大道，不会像我们一代有这许多的磨难与曲折了。[在]社会磨难中，才能锻炼一个人的时代已经过去了。剩下来的只有是自然磨难与对敌人的磨难中来锻炼自己了。

[新]时代的青年们是幸福的青年，我们前一代的青年，看到你们能如今天这样是如何高兴啊！希望你们努力，给后一代青年以更好的条件。

三、学生的根本任务是学习，学习就是准备替国家替人民做事情。

新时代学生的任务：

（一）学生的根本任务是学习，学习就是准备替国家替人民做事情，参加建设，也就是因为如此，所以学习应分二方面：

1. 是本课[本]学习，没有课本知识那就不成学生。

2. 是政治思想学习，懂得时代与自己的任务，懂得社会发展的方向与国家前途，懂得科学与群众的关系，学习不可孤立，且是来自群众的。只有两者很好结合起来，才能学好，偏废一面是学不好，或者学不健全的。

（二）应有健全的体魄和愉快的精神。健全的体格不但做事有体力，而且能有饱满的精神，死读书是不行的。

（三）应养成集体的有组织的生活习惯，（参加各种组织）在学校中，首先把自己锻炼成是团体中的一分子。

我以为只有备有这些条件，即德才兼备体魄健全，我们才称得起是一个新时代的学生。

四、三年来在各种社会运动中学生的〈供〉贡献是大的。这说明了中国知识青年在历史上传统的优点是充份保持在我们现在的一代[中]，而且只有过之而无不及。

我深信你们一定会比前一代的青年对国家与人民的〈供〉贡献更多。这里我以前一代青年的资格，向你们祝贺，祝你们的会议成功，祝你们进步和光明的前途。

毛泽东时代的青年万岁。

毛主席万岁。

中华人民共和国万岁。

（文件编号：F170）

关于萧山代行人代大会职权问题的讲话

1952 年

一、代行所得的结果

1. 从为人民服务的政府变成又是人民的政府，大大改变了人民与政府的关系，巩固了政权，代表不要开会费了，人民提了要选谁，做何事。

2. 最广泛的、最有力的动员了人民，从而使许多工作，都在自发性的热情中完成或加强了。

3. 增加了许多积极分子，代表与准备竞选者，且加以评定与组织。

从〈肖〉萧山的经验中说明了：

1. 人代会之动员群众，提高群众的自愿积极性有比开干部扩大会来得强的地方。

2. 是工作深入与了解情况的最好方法，也是改变干部作风与观念，了解干部的重要条件。

二、工作上的几个问题

1. 充分的内部准备工作：

(1) 反复打通思想(干部思想)。

(2) 代表与委员等比例与人数的准备。

2. 广泛的通俗的宣传与准备提案、选举代表相结合，并展开工作竞赛，而与当前工作任务密切结合起来。把宣传、选举与讨论提案，分开三个阶段是不对的。把建设与当前工作公开搞也不对的。

3. 有领导的充分的协商和民主选举，与必要的隆重的仪式。

4. 会后的巩固：

(1) 对代表的鼓励，以后工作中作模范，会议的传达和在乡民主建政中的运用；

(2) 常务委员会与代表的联系和了解吸收下面情况；

(3) 迅速处理提案；

(4) 保护代表与培养代表。

三、新形势任务下代表成份的改变与照顾：

1. 要为国家建设作准备，代表应以基本群众中各种工作模范为基础这是对的，但不可忽视别方面可能发挥的作用（如小教），[以]减少我们前进的阻力。

山区县	平原区
农民 63%	农民 57%
文卫 10%	工人 9%
工人 5%	文卫 10%
商人 5%	工商 7%
党团 2%	民主人士 5%
政府 7%	青年 3%
军 1%	军 1%
青年 3%	
民主人士 5%	政 7%
军烈属 2%	军烈属 2%
其他 1.5%	其他 1.5%

① 少数民族代表比人口比例稍增，渔盐民出路。

② 常务委员比政府委员应稍多，内政府代表只需 1/3。

③ 常务委员会中设干部，能去领导与工作。

④ 加强干部统战教育，以支持他们，培养教育他们。

对ブル政策，一般干部情绪当时宁左毋右，但同时有为对ブル过去搞错的情绪，干部还不懂为何要团结又要斗争，如何又团结又斗争，各部门间对ブル政策方针不一致。

金华

① 庙宇，下面传说要大修庙宇，有人不相信，如何去解释。宗教问题，耶〈苏〉稣教与天主教徒积极要求做礼拜，如何解决。

② 区干[部]在人代会中算是政府代表还是地区代表。

③ 对ブル问题，主要是摸不到底，干部多是左的形式与情绪，但许多是右的实质。

直属[单位]：

① 对代表发挥作用问题，总的〈肖〉萧山较好，绍兴联系得比较好，但仍上

面有联系，区乡不和他联系。

② 对ブル政策问题，是反左防右，五反后又大力扶持，似没有解决对ブル的问题。

③ 工商联的组织很混乱，绍兴工商联一月开销要一亿以上。

衢县

Ⅰ. 代表比数：

乡	似镇非镇	农村乡	镇
农 60%	农 70%	农 90%	农 60%
文教 15%	工 15%	其他 10%	工 15%
工人 10%	工商 8%		工商 10%
工商（包括民主人士）5%	文教 7%		文教 10%
机关团体 10%			机关 5%

Ⅱ. 代表积极性问题，主要搞好

1. 做好代表中工作：

① 选得好及选时的教育；② 会议中发挥民主性，使其能说能争，自觉是主人，又对提案处理得好；③ 代表回去对工作要布置得具体。

2. 会后，发挥常委会的作用：

① 常委经与代表经常保持联系，应有机关；

② 对代表经常通信，对好的进行表扬；

③ 区乡干部应注意培养代表。

3. 解决干部思想：

① 干部会后要教育培养代表；

② 对代表提意见要虚心、不可妒忌。

（文件编号：F139）

关于浙江省招待工作的讲话提纲

1952 年

Ⅰ. 招待外宾及少数民族代表,中央是提到战略意义上来处理的,是我们国际和国内统一战线的二个重要方面,在这方面说,我们一般的思想是很不足的,都只管浙江与自己的业务部门了。

Ⅱ. 今日的国际问题

1. 总的是加强团结与联合兄弟国家及世界各国的人民,保卫和平,反对侵略孤立帝国主义以达到:

(1) 加强民主世界的安全,专心从事建设,壮大自己;

(2) 为世界被压迫阶级及被压迫民族的革命造成有利的条件,准备基础。

2. 斯大林、毛主席的指示:

(1) 斯(大林)指示是:① 和[平]运[动]是制止帝国主义侵略,为各国人民革命事业准备基础,但民族解放运动并不在和[平]运[动]范围之内,和[平]运[动]不能代替他,但他对民族解放运动都有很大帮助,有密切的关系;② 和[平]运[动]基本目的是与帝国主义争群众,孤立他,积累自己力量,孤立帝国主义是长期的力量对比。

(2) 毛主席指示是:国际工作就是与帝国主义争群众,争取对象,愈多愈好,范围愈广愈好,不管什么党派与主义和意见有多少分歧,只要一点相同,即赞成和平,那怕是反共的也要争取他。

3. 中国在世界斗争中的地位与任务:

(1) 从世界说,苏联是中心,从亚洲地区地域上说,中国有他特殊重要地位,历史、文化、经济和政治概念上有他特别的关系与作用。

(2) 亚洲及太平洋和平会议,是这里很集中的一件工作,是世界和平运动中给中国的分工,这不但有助于世界和平运动,且大大增强了我们的国威,犹如朝阳之育万物,阳光万丈。

Ⅲ. 但会开好了,中央工作做好了,我们地方上招待得不好,甚至出了纰漏,那如何了得!

因此招待工作是一件严重的政治工作,从事务观点去理解他是错的,觉得是额外负担也是错的，工人阶级及其政党对和［平］运［动］是采取积极领导方针的，地方对中央应该愉快听命，自觉地来担负光荣任务的，任何借口都应认为没有充分的理由。

Ⅳ. 少数民族问题

1. 不要以为浙江无大问题，在全国来说这是个很大的问题，中国有大量的少数民族，历史上隔阂极深，几成世仇，而这些地方又很落后，帝国主义都有相当大的势力，如果团结不好，不但大失新中国的政治威信，且可成为内忧外患的发源地，这是消极方面说的，若从积极方面来说，若我们搞得好，这对世界人民与民族斗争是一个极大的推动力，同时，也是建国的极大力量。（物力与人力）

2. 今日中央的政策是尽多的要少数民族到汉族地区来参观，（以后的数量是只会增加的）以此来增加他们对祖国的感情与伟大光荣感，并促进他们的进步，中央把这一部份任务分给我们，我们是责无旁贷的。

Ⅴ. 招待工作中的一些问题

1. 过去招待基本上是做得好的，无论外宾和少数民族代表来过中国来过杭州都印象很好，这使我们政治上得到极大的收获。

（1）少数民族方面印象在激烈的改变中；

（2）兄弟国家间的感情与对中国伟大的认识，对世界和平事业的信心也大为提高；

（3）在资本主义国家中，冲破了美帝的造谣与污蔑，知道中国既富裕又爱和平，而且力量甚大，发展的很快。

这些结果就造成了：

（1）和平力量的鼓舞，和平运动的信心和对殖民地半殖民地国家的许多启示并加强了进步的与和平力量的团结；

（2）帝国主义的困难，对我们望而生畏和［使］资本主义世界中矛盾的增加。

这二个条件都有利于世界革命，为着在准备基础的，自然这是要长时期奋斗才能完成，但我们已有了好的开头，应努力继续下去，以尽全功。

这任务是光荣的也是伟大的。

（文件编号：F139）

关于第一个五年计划问题对青年的讲话提纲

1952 年

一、五年计划是中国社会主义革命大规划的行动计划。

(一) 在 1949 年中国革命取得全国胜利推翻了帝国主义封建势力和官僚资本主义的联合反动统治之前,中国近百年来的历史是被压迫、被侵略、落后、穷困的灾难性的历史。如果我们对清末及北洋军阀时代的许多事情未曾亲身体验到,但在日本鬼子和美蒋反动统治下的痛苦是都亲身尝到了的。

大半个中国都被日寇占去,人民受尽苦难,其后,整个中国几被美国所统治。美兵到处横行,垄断中国经济,剥削全国人民,到处饥民塞野,指挥国民党屠杀中国人民。

有六万万人口占世界十二分之一土地的中国为什么会苦到这样程度呢?这是因为:

1. 中国政权被反动派〈买〉卖国贼所占据,把人民当作鱼肉,以人民为敌,宁愿〈买〉卖国。

2. 中国没有或很少有现代工业,没有力量来发挥六亿人民的劳动效力,因而穷困,落后也没有国防与外交。

(二) 1949 年,在共产党领导下,中国革命在全国范围内胜利之后,中国的政权性质是已根本改变,成为人民自己的政权了,即变成工人阶级领导下人民民主专政了,实质上也即是工人阶级专政了。因而帝国主义势力也被驱逐出去,但是,中国的穷困与落后,却仍然存在。如果穷困与落后仍然存在,那么中国问题还没有根本解决的,因为:

1. 人民生活上的痛苦还没有解决,穷困落后是最大的痛苦,因而灾害疾、病也会袭击我们,社会还不能得到真正安宁的。

2. 再进一步说,我们若长[期]是这样,我们国家还不能高度巩固,且有被帝国主义袭击的危险。因此,我们还需用一切办法来解决中国的穷困与落后问题。解决中国的穷困与落后,使国家富强这就是中国革命当前的根本要求。

(三) 自从中国革命在全国范围内取得胜利之后,在中国共产党领导下的中国人民是一直有意识地在解决这个根本问题的。

在最初的三年，虽则一方面还要去完成革命在前一阶段所未完成的任务和巩固政权工作如土改、镇反以及反帝国主义侵略等等，但是一面，也已开始做各种的经济恢复工作，使大约在三年的工夫，我们国家的各方面（经济与文化）都恢复以至超过了抗日战前的水准，也正因为获得这样的结果，而政权基本上巩固了，社会治安也基本上解决了，经济和文化也恢复到抗日战争前的水准了。所以就为了我们国家可以进行大规模的建设与改造[创造了]条件，在这样的时候，为着把中国革命继续发展下去并以更大、更快的步调来进行建设的，我们国家的五年计划就成为十分必要了。

1. 事情就不能不统筹一下、安排一下，建设与改造——即革命的速度应该多快，规模应该多大，这一些是必需全面而仔细地筹划的。

2. 有了这样全面的规划，不但使全国人民可以看到自己的命运与前途，并且可以知道自己应做一些什么能够更好地来动员全国人民，为自己和国家的命运与前途来奋斗。

由此，我们可以知道，五年计划是中国革命继续进展中所产生的大规模的社会主义革命行动计划。他是我们大规模而有计划地来解决中国的穷困与落后，保证人民生活的富裕，文明和国家安全，以至于增强世界和平进步力量的社会主义革命行动计划。

（四）有人问：说是革命行动计划就够了，为何说是社会主义革命行动计划呢？应该知道这社会主义四个字很重要，没有这四个字也将不能有革命行动计划[这]六个字。

这理由是：

1. 不是社会主义，我们建设就不能有计划，资本主义是私人经济，根本是以剥削人与利润为出发点，不是为着人民生活需[要]的，他的发展规律根本是无政府的，因此也就根本不能规划，更不能有全面规划，世界上只有社会主义经济才能规划，资本主义国家的什么计划都是骗人的或根本不同性质的。

2. 不是社会主义的，就是说，我们国家的经济所有制生产关系也就没有改造，不改造这些，则我们工业也就不能发展，更不能有那么大规模的发展。

3. 不是社会主义，经济发展的结果，将是增加剥削，增加工人、农民，也即是说增加人民的痛苦，同时，中国若是资本主义的发展则其结果必去追随帝国主义，而成为殖民地与半殖民地。解放前中国的历史不是证明了这点吗？

所以我们的五年计划必需是社会主义的，而我们计划的内容也完全是社会主义的建设起来是全民所有的，而现有的私有经济亦必须渐次被全民所有制与共有制所代替（一个建设二个改造）所以必需称谓社会主义革命的行动计划。

（退一万步说，若不是社会主义全民所有制的，那还有谁愿意为这计划而奋斗呢?）

二、五年计划的梗概。是一个规模很大的国家建设与改造计划。

（甲）关于建设方面：

（一）五年内基本建设投资总数达 766 亿。

其中	工业部门	313.2 亿	40.9%
	农林水利	61.0 亿[①]	8.0%
	运输邮电	89.9 亿	11.7%
	贸易银行物资储备	21.6 亿	2.8%
	文教卫生	142.7 亿	18.6%
	城市公用事业	21.2 亿	2.8%
	各经济部门流动资金	69.0 亿	9.0%
	各经济部门大修理费	36.0 亿	4.7%
	其他经济支出	11.8 亿	1.5%

从上表可以看到投资的中心是在工业，而〈就〉其中尤其是重工业，在工业投资中一般重工业，燃料工业和机械工业三部分合计要占工业投资总额的 75.9%，这完全是合乎毛主席的指示精神的，毛说“没有工业，便没有巩固的国防，便没有人民的福利，便没有国家的富强”。计划中是具体地体现了主席这个指示精神的。

（二）这样投资的结果：

1. 它使我国五年内新建的工厂有限额以上的 694 个(包括 156 项)限额以下的 2 300 个。如包括交通水利及文教卫生方面的新建、扩建在内则共达六千个单位。而有的单位规模之大是惊人的，鞍山光是铁路就比北京铁路局所管的还多。

① 原文为 E，即亿。为不至误读，统一改成亿，不另注。

2. 这样建设结果，不但使五年内我国工业生产增长 98.3%（即每年增 14.7%）而且我国将都有从来未曾有过的现代工业，如大规模的联合重工业、高级机械工业、化学工业，以及原子工厂等等，同时由于这个计划的完成，我国还将开始取得我们经济上独立，与其后大规模发展的基础。如钢铁由 412.0—467.1 万吨到 1962 年将达 1 000 万吨。

3. 再则从工业投资中来说（313.2E），投于轻工业的比例上是相当少的，即投于生产资料生产的占 88.8%，而投于消费资料生产的只占 11.2%，但生产实额上前者增产为 126.5%，而后者则也达 79.7%，应该说也不算少了。究其原因是因为：我国当有许多轻工业设备和手工业力量可以发挥，而过大的投资且受到农业生产的限制，不然原料就成问题。况且把资金集中用到重工业是完全必要的。

4. 至于农业投资方面，计划中的国家投资虽只 61 亿，但其总额实达 182 亿。就是 61 亿，其建设规模亦已非常之大了，如黄河的综合规划及准备规划长江等的规模都是空前伟大的。

黄河水利枢纽主流梯级拦水坝 46 处，改为梯河，使每年发电量达 1 100 亿度，三门峡、刘家峡各装备 100 万瓦发电力，灌溉面积将由现在 1 650 万亩，第一期增至 3 025 万亩，将来达 11 600 万亩。轮船通航里程将由现在 160 公里，到 1967 年前（三个五年计划）达 1 795 公里，以至最后达 3 610 公里，从海口直至兰州。那是说使几千年来危害于中国的这条大毒龙，要乖乖地听我们的指挥，为人民造福。

5. 再则从上述投资建设的结果，推测不论是在工业与农业生产上都有很大的增长，但在相当长的时期中生活资料相对的欠缺，这是不可避免的，这是任何国家工业发展时的一般规律，我国的情形自也必然如此，其原因是在一定时期内投资不马上就能生产，投资重工业，更不直接生产生活资料，由此必然会产生消费力相对地大过于生产力。

但这是好现象，因为还在建设初期，好中自然还有不足。有些人看到这种现象而〈警〉惊恐，这完全是无知，或者是别有用心的。

（乙）关于改造方面的：（建设本来也是改造，但这是技术改造）

适应着国家这样大规模的经济建设，现有的生产关系必须相应地作大规模的改造，否则生产关系还会适应不了生产力的发展，同时生活资料相对的缺乏,也会更加严重而造成严重的困难。

(一) 农业生产关系不改变,必然适应不了机械耕作与大量生产,会造成农业与工业发展的严重脱节,这是显而易见的,同时看不如此,农民生活也就无法提高的。(农业合作化,计划中每五年解决 1/3,但事实上可以大大超过的。)

(二) 私人工商业若不改造,则不但其生产难以提高与扩大,国家经济不能正确地规划,且他会混乱市场和供应,成为计划经济的癌瘤,而阻碍生产发展的。并且若把人民的努力的、国家的繁荣,[变]成了资本家利润的泉源,这也是极不公平的。

因此计划规定,在私人工业方面,基本上都将予以公私合营,到 1957 年底大概只有零星次要的工业(占 12.2%)尚不公私合营,但其绝大部分也都将加工订货纳入国家生产计划的轨道。

至[于]在商业方面将有一半以上转为国家资本主义形式,即到计划完成时,国营,合作社营及公私合营的批发商将达总数的 63.2%,〈另〉零售商将达总数的 34.0%。

换言之,就是要把比较重要些的私人工商营都附生在国营企业中,即取消他的独立性,以便以后进一步的改造。

(丙) 关于其他方面,随着国家这样大规模的建设与改造,自然其他一切方面,也都必需同时予以相适应的安排:

(一) 交通、邮电,科学、文教卫、生等在计划中都有很大的投资和发展,没有这些方面配合上去,自然建设与改造都会发生严重障碍的。

(二) 此外,计划并在〈励〉厉行节约,集中最大的可能去建设的条件下,规定了人民生活有步骤的提高。职工人员保证在计划内平均提高 33%(农民生活不易从数字表达出来,但同样是有提高的)按计划逐年提高全国人民的生活水准,这是我们国家社会制度的特点。我国人民的生活以后将在计划中都有提高,而其后的提高率,由于生产力的不断扩大,也将不断扩大。这是革命的目的,社会主义的实质的体现,也是对每一个人努力工作的鼓励。

三、社会主义建设,五年计划的实现与青年的光荣责任

(一) 从上面所述,可见我们国家正开始在进行大规模的建设与改造,我们正开始在改变我们国家的面目和历史发展的方向,即:

由农业国改变为工业国，由经济上文化上穷困落后的国家，开始踏大步走向富裕文明的国家；由私有经济社会改变为公有经济社会；由半殖民地半封建的国家改变为社会主义的国家。

这是一个极其伟大的改变，大约我们有三个五年计划，我们社会主义建设就基本上可以完成。从这个改变的成功，它将大大地提高全国人民的生活水平，并且以后，还将以更快的速度，继续不断地提高。从这个改变的成功，我们国家的[我国的]国防和国家的安全性也将大大地加强起来，并且世界的进步和和平力量也将大大地加强起来。这是关系着我国六亿人民的幸福与命运问题，也是关系着世界和平与进步的前途问题。

因此，当全国人民看到我们五年计划颁布的时候，全国上下欢欣鼓舞，这是完全可以理解的，但同时我们也不要忘记，在我们前途上的困难：

1. 首先，我们有许多技术上与工作上的困难(苏联只能帮我们解决一部分)，我们还都缺乏这样大规模建设的经验。

2. 其次，我们更会遇到各种各样敌人的破坏与袭击的困难，而在这方面我们今天还是有弱点的。

(1) 思想上的，从各方面来破坏计划的体系，阻碍社会主义前进速度，浪费掉生产的资金等等。

(2) 反动分子进行抵抗与破坏活动等等。

(3) 帝国主义军事袭击的威胁。

由此可知，国家大规模的建设决不仅是个技术与建设工作问题，而且同时又是剧烈的尖锐的、更加复杂化了的政治斗争，忽视了任何一面都必然要犯严重错误的。

(二) 由此，我们应该知道当国家改造的方针已经确定了，建设的计划规划好了，我们都看到了我们幸福美好的前途的时候，剩下来还有一个决定一切的问题，这就是要动员全国劳动人民从自己积极的努力与斗争中来争取这个方针与计划的实现！

没有这一着，一切都是空的，因此我们也可说，现在这个方针与计划的命运是决定于我们每一个人自己的双手中！我们每一个人，对于五年计划对于中国的命运都负有最大最〈壮〉庄严的光荣责任的！

一切的幸福都没有天赐，都依靠我们自己的劳动与斗争，这应该是我们的信条。我们就是命运的主宰，毛泽东时代的人民，毛泽东时代的青年！因此，我在这里想再说一说，在国家大规模建设与改造中青年的责任作用问题。

（三）回忆起二十六年前我在苏联学习的时候，那时我也是一个青年，而且苏联也正好是在实施第一个五年计划的中途。其情形和今天的中国大体差不多。

我所看到的苏联青年在国家建设与改造中有两个方面表现得非常之突出：

第一就是他们在国家的任何战线上都英勇地担负着突击队的任务：从工厂、农庄到各种机关里的突击队以及在荒地上建立青年村与青年城，在任何战线上都是站在最前线。

第二是他们接受了列宁同志的遗教，到处都努力学习虚心地学习，使自己有更健全的思想意识和工作技术，成为各项工作的专家和优秀骨干，以适应于国家的迅速的不断的进步和发展的需要。虽然，当时我不搞他们的这一套，但对于他们确是无限钦佩，并使我非常之羡慕。我希望着我们中国的青年，也能有这样的一日。同志们，现在这一日是已经到来了。因此，我希望我们中国的青年也能如当时苏联青年一样，勇敢地发挥起在国家建设和改造中突击的作用来，并不断学习在思想上技术上武装自己，来迎接国家迅速发展的形势对于青年〈门〉们的要求。

（四）现在我们全国各地也开始在组织各个战线上的突击队，这是非常之好的，我深信中国的青年是能够和苏联的青年看齐的，在我们短短的几年建设和改造中我们已在全国各地涌现了成批的优秀的青年工作者。

今天的大会，就是具体的证例。如果我们更有意识有计划地去组织与教育青年，那么我们在苏联看到的事情，也一定能在中国实现的。我们五年计划能否很好地完成和超额完成，在很大的意义上是决定于这一方面的成败的。

（五）青年们应该了解，青年本身一般说来虽则也意味着还缺乏经验，但是他却有他们的重要的优点，这就是：有比别人更好的身体和更大的进取性，并比较少受传统的保守思想的影响。换句话说，青年比成年人更富有活力和勇气，充份发挥这种活力与勇气，并辅之以虚心学习和正确的指导，那这个力量不但会对现在国家的建设与改造成[功]起很大的〈工〉作〈作〉用，并且对将来国家继续不断的建设与发展会起更大的作用。——你们这一代，到我们这样年龄时应该要比我们这一代强的。一代强〈如〉于一代，这是合理的，社会里的必然现象。毛泽东时代的青年们，请大家担负起在决定国家和全体人民命运上伟大的责任吧，这是历史所〈付〉赋给你们的任务，也是自己光荣的责任。

（文件编号：Q23）

安子文同志关于全国党组织生活中存在问题的报告

1953年1月7日

中国党是伟大的，健全的，正确的，这是少奇同志已肯定过的，但我们的党中尚有不少不够健全的现象。这现象比马林〈可〉科夫在联共党报告中所批评的要来〈的〉得严重。

在我们党生活中存在的问题是：

1. 批评与自我批评，尤其是自下而上的批评还很不够。我们党一向重视这点，但其缺点还是很多的，如：

① 批评与自我批评的经常性不够，因之使被批评的仍会继续其错误，批评必须受群众的监督，而我们有些人则只许上级批评他而不许群众批评他。甚至有的以为群众向上级反映意见是无组织无纪律。

② 对群众批评采取官僚主义的态度也是很严重的，如山东省积压群众来信有七万多件，一般县有三万多件，更严重的则有对群众的批评进行报复与迫害的，这种情形在区乡干部中是严重存在的，而有些中级甚至高级干部也存在着有这样问题的，只是其报复的方式不同而已。

2. 无组织无纪律的现象，尤其是不反映情况，报喜不报忧的现象是相当严重的，自中央强调反对无组织无纪律后。全党情形已有很大进步，但今天这问题还是存在的，尤其是在报喜不报忧和有些干部闹无原则纠纷的现象还相当严重，在我们有些党内都有对上报告进行有意隐瞒错误和做假报告的习惯。

3. 在挑选干部中有严重的资格论和重才不重德的情形，后一点尤其在经济部门中有些情形，他们提出各种的论调来变更唯一正确的“德才兼备”的原则，有些人更有用私人，以亲戚朋友代党的原则者。

再则我们对干部的认识也很不够。

4. 在党及政府领导机关中还存在相当严重的官僚主义，而在下级基〈本〉层干部中则相当严重地存在着强迫命令的作风和任务观点。

以上是今日党组织生活中所存在的不健全的现象，应要克服这些。

1. 在党的一切基层组织及报刊中教育同志了解这种现象之不能〈允认〉容忍性，从而来动员大家与此作斗争。

2. 保证批评与自下而上，批评自由，配合着民主选举必须给压〈致〉制批评者以严重的纪律处理。

3. 对无组织无纪律继续进行无情斗争，加强党纪律委员会工作，严格党内请示报告制，反对报喜不报忧。

4. 改善挑选干部工作的方法，除加强直接了解干部外，应使干部受群众的检查。

5. 准备今〈天〉年来一次以反官僚主义和强迫命令的作风为中心的整风运动，加强监察机关的工作。

6. 加强党的思想工作，巩固整党的结果，建立经常的教育工作。

（文件编号：E26(1)）

周总理对于国际情况的报告

1953 年 1 月 12 日

我今天拟说四个问题：

一、战后二个阵营的斗争，从第二次世界大战说世界上是存在二个阵营的斗争，这二个阵营是怎样产生的呢，是由于战后美帝国主义想独占战争的成果独霸世界，而遭到全世界人民的反对。美帝国主义狂妄的野心，要领导世界，他就给全世界人民带来了一系列的威胁。

战后世界人民都要求和平建设，但美帝则进行战争威胁，不让过和平生活。如 1946 年中国正在进行和平协定，杜鲁门丘吉尔，则叫反苏反共，马歇尔回国后，再来中国就开始是战争政策了，破坏了中国的和平可能，从那时开始美帝就一贯是战争政策。

中国人民胜利后，他又不甘其失败进行侵朝、侵台，在越南、马来西亚，印尼，美帝都在那里破坏和平，美帝一贯是在破坏和平破坏国际协定与联合共处。

再则在二次世界大战中，人民为着要民主自由反法西[斯]，而结果美帝和各国反动的统治者，在美帝支持下不给人民民主自由，而且日趋法西斯化，不但在西德与日本是这样，即在美国内部也是这样，而对已得民主自由的东欧民主国家，则也用里应外合等方法去破坏他。

再则美帝又威胁各国的民族独立，不仅是对各殖民地国家，而且也加强了对拉丁美洲的统治。美帝和其他帝国主义竭力在阻止殖民地的独立，而英国的殖民地也有美国在插手。

所以在这样情形之下，怎样不叫世界人民，自然首先是苏联起来保护人民自己在二次世界大战所得的成果呢？尤其是二次世界大战后世界人民的力量——以苏联为首的，是大大增强了，这就是说我们为什么不来卫护自己呢？这是必然的原则。否则第二次世界大战的成果都将毁灭。因此在这条件下，以苏联为首的世界人民和平力量就必然要结成力量来反对美帝的侵略与战争威胁，来保卫和平与民主独立。几年来世界上这种民主与反民主的斗争是继续着的。

为什么美帝要威胁世界反民主反独立呢？

这是因为战后美帝企图独霸世界野心(意即独占资本的要求)与资本主义危机加深了之间相矛盾的结果,由于这样的矛盾,他就不能不以最残酷最野心的办法来剥削其能剥削的人,用叫嚣与准备战争和进行部份的侵略战来解决其困难,但美帝这样做的结果并没有解决其困难与上述的矛盾。

战后苏联生产增12倍多,而美国只一倍,而这一倍还是在最近二年中军事化条件下达到的,这并不是表示美国〈经〉正常的市场扩大要人民生活的提高。

在资本主义世界中,美帝是以给人家钱来破坏人家的经济。大西洋公约实质上是美国在削弱这些国家而不是在加强。丘吉尔访美的第一句话就证明这点。对其他落后国家美帝依着第四点计划,其性质也是一样的,如印尼是在美帝援助下经济上是更困难的。

很明显的战后资本主义世界是削弱而不是加强了,但另一方面人民民主世界则是壮大加强,这是我们都了解了的,用不到多说了(美帝的钢生产中,回炉钢达百分之五六十)。

在和平民主阵营中不但是巩固加强[中],而且是〈团结〉加强民主国家间的团结和世界和平人民的团结。太平洋和平会议是团结了八亿的人民。

美帝曾用一切方法破坏世界人民的力量与其团结,但除在南斯拉夫得到小小成功外都失败了。世界人民和平力量的加强[是]加深了资本主义世界的危机。美帝是不甘心失败的,他现在正在打反苏的旗帜,但这旗帜他今天所能做的不是直接搞苏联,而是先搞其他东西(苏联以外的反独立反民主的勾当)因为只有这些障碍搞掉后才能来直接进攻苏联。

在直接进攻苏联之前,美帝需要做的并且现在正在做的有六项:

① 破坏民主国家,如在南斯拉夫所搞的。美帝在南斯拉夫成功是依靠内奸的,而[这里]其他民主国家就不大可能了,内奸在那里都没有活动的自由(因此他就说我们没有民主自由了)。

② 在东方想打一个缺口,进攻朝鲜及台湾,这是美帝企图中国站起来后仍站不住,但中国人民在斗争中却站住了。朝鲜的斗争是目前二个世界矛盾中最主要的斗争。

③ 在苏联周围建立反苏的军事基地。但为建这些基地 他首先打击与侵

犯了苏联周围国度里的人民。

④ 武装西德及日本的侵略力量，在这点上美帝还不如希特勒，希特勒还能用德国有力量能出打仗，但美帝自己却无此力量，在朝鲜一出马就不像样，不能不依靠武装德、日。

⑤ 经济封锁，但结果是我们经济发展〈的〉得更好，相互的贸易也搞得更好，(中苏的贸易已差不多将达到过去中国对所有帝国主义主国家贸易的数量)而结果只是资本主义自己的市场缩小。

⑥ 加强对美国人民的剥削，上面一切事情都得美国人民出钱，使美国人平均都要负 500 美金。

但美帝结果并不是胜利而是将如在朝战中所表现的那样，钱〈代〉贷得多，人要死，事情都不成功。朝鲜尚且只能搞个〈疆〉僵局，如何敢能吞世界呢？只是暴露了他的弱点增加了内部的争〈噪〉吵与矛盾。美帝在朝鲜既然弄得如此，为何还不和呢，就是还想在俘虏问题上占些便宜，表示他是占上风的，把我们压下来了，把世界条约破坏了。如果我们在这里让步了，那他会以别的来搞我们。所以俘虏问题就美帝来说完全不是为了几个俘虏的问题，更不是什么人道问题。现在问题是我们不能让步，不能让他占这便宜，表示他是占上风的。

(印度政府这次暴露其中立的面目是并不坏的，印度怕战争这是事实，但其政府的性质是资本主义的，暴露其这种面目从长久的眼光来看并不是不利于我们的。)

美帝侵朝中不得利，显然是增加了其内部的矛盾的，最后会使与德日的矛盾也严重起来的。所以现在局势，只要战到阻止美帝侵略，我们能加强自己，帝国主义阵营间自身的矛盾是愈会尖锐的，他只好向〈身已〉自身里面去找出路了。

二、二种战争可避免与不可避免性问题。

所谓二种争战是指美帝叫嚣的反共战争，第二种是帝国主义内相互间的战争。

同志们讨论中有把这二种战争混起来的。同志的混同是由于认识不够，而杜鲁门则故意把他混同起来了。

我们应该了解，现在美帝叫嚣反苏反共战争，但这战争只能上述[在]六个条件基本上做到时才能实现。但今天这六项条件帝国主义都在一项项失败中,其中决定的一条是侵朝战争的失败,使这种世界战争是推迟了,斯大林并说人民掌握了和平力量,世界战争不是不可避免的,在现在这种战争避免是可能的。

朝战中既然我们能在战场上阻止这战争,也就能在会场上取得和平,所以和平是我们口号也是我们的实践,现在和平的旗帜正掌握在我们的手中,我们的目的就是把握这个旗帜来推迟与防止世界大战。

有人以为我们要加强国防力量与争取和平是矛盾的,其实这并不矛盾,因为帝国主义正在叫[嚣]战争,我们不加强国防力量也就不能争取和平,道理很简单,我们若力量不足,帝国主义就要侵略战争就会到来。

① 我们主张和平;

② 我们主张世界贸易;

③ 我们主张世界条约(即大家所同意的条约不是一国强在别国头上的条约);

④ 我们主张二种国家和平共居(而所谓和平共居也不是与主张社会进步相矛盾的)。

首先我们的和平建设是为着进步,为着社会主义。

再则二种国家和平共居下去,那么老的要死的社会是仍要死的,而新的则是发展的,那么我们为什么不欢迎和平共居呢?

马林科夫说要恢复世界统一市场,有人以为这是帮助帝国主义,这就不对这是帮助世界人民,是世界人民的需要。

美帝垄断安南、缅甸大米,而把橡胶价格压得很低,我们与锡兰以大米换橡胶后不但打击了美帝的垄断,也帮助了锡兰的人民,这为什么不好呢?

再则我们主张统一世界市场,美帝都反对,而这反对则就孤立了美帝,这有什么不好。

又,我们主张和平并不是怕战争,如果帝国主义敢于侵略,那我们就不怕战争,所以我们是反对战争并非怕战争,如果怕战争则只会引致帝[国]主[义]来侵略。

至第二种的战争,在第一种战争帝国主义不敢动手的条件下,由于帝国主义内部的危机加深而争夺和垄断市场日益剧烈的结果,他就会〈暴〉爆发战争,这战争是不可避免的。

是的，现在矛盾最尖锐是在两个阵营之间（社会主义与资本主义之间），但这并不等于说将来仍将如此，我们不要把现状看死，要看发展看变化。我们必需把今天与明天分开，这是历史事实证明过的。自然这样的变化是要经过矛盾，二两的变化的，但这里变化的主要决定者是我们方面。因为历史上一个苏联已使希〈脱拉〉特勒只好先向西面开场，现在我们的力量是更大了。自然这还有得于我们自己力量的加强，巩固的团结与正确的斗争政策。

既然资本主义国家间的战争在发展上看是不可避免，又为什么我们反对国与国间的战争呢？有人以为这是帝国主义间的战争我们不必去管他，我以为这种意见也是不对的。

我们和平口号是一贯的，列宁在那时代曾经说过战争是革命能成功的条件之一，"变世界战争为国内战争"在当时在对的，因为当时没有社会主义国家。但现在已有苏联与民主世界，如果帝国主义之间不战争，则我们的进步也会影响到帝国主义国家革命的。

又，反对国与国间的战争，并不是说战争的可能性没有了，反对与可能性是二件事情。

（沙文汉旁注：这里不应解释成列宁的话已时过境迁失去了效力，而只能说革命取得胜利，在现在条件下已不是一定要有统治者经过战争遭到战争损伤的条件了。因此周所说的也并没有否认统治者在战争中遭到破坏其对革命的有利性。）

总之对战争采取幸灾乐祸的态度是不对的，这观点会孤立自己。

自然国与国间战争也还有殖民地的反帝国主义的革命战争，这里属于反动与革命间的战争是第一种的战争，那自然我们不是一般反对而是主张进步，反对帝国主义的压迫殖民地人民。

那么这是否与反对战争的和平原则相矛盾的呢？这并不矛盾，因为这是世界人民的和平要求。事实上在中国革命在的解放战争中我们都经常主张和平的，没有放弃过和平。这给殖民地半殖民地国家的革命以良好的范例。

三、矛盾的规律问题

社会的发展规律自然根本上是阶级斗争。有时主要斗争也有是民族斗争的，但这仍不离阶级[斗争]的根本规律。

矛盾，[那]哪个矛盾是主要的，这要依条件与地区，时间来说的。如在解放战争是……

现在马来西亚等处的战争是局部性的战争。

斯大林说，从理论上资本主义与社会主义矛盾更激烈。而在实践上，帝国主义相互间矛盾曾更激烈，这是否矛盾呢？是矛盾的，但这是资产阶级的矛盾不是我们矛盾，因为ブル心是想进行反苏战争，但在实践上都做不到，这样自相矛盾的。

四、二种倾向

1. 是怕世界战争，怕原子弹与妥协的观念，这是机会主义的倾向，主要是他没有经验。这种人应告诉他，我们有力量而不必怕。另一种人可能是想散布怕战争心理，对于这一种应加以反对。

另则有人以为既然资本主义战争是不可避免的，我们只等待就好了而放弃了自己的努力与争取，这也是机会主义的观点。

2. 另一种是冒险主义的倾向，即以为我们力量大，我们可以索性把帝国主义势力扫光就是了。

革命不能输出的，在反法西斯战争中苏联曾帮助了有些国家革命成功，但这是在特种条件下，而不是任何的时候可以这样做的。这种冒险倾向是会孤立我们，违反世界人民和平愿望的很危险的倾向。有些人可能是幼稚，但也许有些人是有挑拨意味的。

① 两个矛盾地位的变化问题。

② 进步与和平的关系问题。

③ 和平方针的现实问题。

据杜鲁门（一月中间）向国会提出经济咨文中说：“目前（美国人民每年平均收入）的水准是大约 1 500 美元。”

据英国财政大臣巴特勒说（合众社一月十二日电）美国对于重整军事方面拿出它的全国总产量 17％，而英国则拿出 12—13％，这使英国非军事消费量“今年的确将较 1950 年低 2—3％”。

又〈息〉悉：实际上军事费占总预算支出 73％。

至1953年度美国的财政支出是：用在军事上的59%；国际安全与外交上的10%（大部亦是军费）；支付利息8%；退伍军人福利及津贴6%；其他政府计划上17%。

① 今日世界基本矛盾有四种并交叉着影响的其与二个阵营矛盾的关系又如何？

② 二个阵营的矛盾，其内容如何，是和平与民主是主要内容。

③ 不要说主要与次要而应提今日斗争的任务是什么，而即要加强自己力量与正确掌握政策去斗争，说明主要次要不能解决这问题。

主要矛盾中，主要方面是我们……

中心是阻止的美帝的我们侵略与进攻。

和平与战争的斗争是以什么为基础的。

今日主要的是社会主义与资本主义的矛盾。

将来可能是反帝国主义战争为内容。

① 几个矛盾间报出主要矛盾是必要的。

否则不能确定斗争的任务，也不能说明这矛盾中谁是主导的等等。

② 现在的主要矛盾是二个体系间的矛盾。

这是决定世界事变进程的，只有使帝国主义攻我不动，矛盾地位才会变动。二个体系间矛盾，今日不仅是理论的而且是实际上决定今日世界形势的；

这个矛盾中，我们是在主导方面；

所谓这是主要矛盾是有时间与地点的；

主要矛盾是正在转移过程，但当未转过去；

七条并未说明，斯大林说不能找主要矛盾了。

③ 二个体系的矛盾与其他矛盾的关系问题。

四个基本矛盾，二个是有世界大战性的，其他二个自己直接不大可能变成世界大战。

④ 二个阵营的矛盾，内容是否反战呢，是反战。反战不一定是二个体系矛盾，但主要是二个体系矛盾，但将来可能变成反帝国主义战争的内容。

① 与资本主义世界贸易，不但一般地促进了资本主义世界的矛盾，而且

是孤立了美帝国主义及其最反动的仆从。

② 世界市场恢复起来有否谁是领导问题。

(1953)二月廿八日华盛顿明星报报道说：

在朝美军共放射了 4 500 万发以上的炮弹(包括迫击砲)较对方多放 15 倍，较二次世界大战时多放两倍半。

某师在十五天内消耗了一百万发炮弹共值 3 600 万元美金而未进一尺。

在去年三月前美我发砲比率是 36∶1 但最近有一次朝中方面在廿四小时内发 93 000 发砲弹，而美第八军每天放射 20 万发炮弹。

战后资本主义世界内部的特点是：

① 在缩小了的资本主义世界市场下生产力的过程增大。

② 资本主义发展的不平衡是加强的，尤其是德日加上美帝的支持。

③ 民族独立和资本主义国的民主力量的大大提高变成无法控制。

④ 在社会主义民主世界影响的扩大下，资本主义内部的民主进步力量，明显地倾向于新的世界(和平反战的口号在这里起了极大的作用)。

1953 年支出

总支出	2 334 991 亿	100％
国家建设	1 383 351 亿	59.24[％]
其中经济建设	1 035 276 亿	44.34[％]
文化建设	348 075 亿	14.90[％]
国防费	522 537 亿	22.38[％]
行政费	237 796 亿	10.19[％]
其他	36 470 亿	1.56[％]
总预算费	154 837	6.63[％]

三种情形，三种方针：

Ⅰ. 在相互信任与互相帮助的基础上，保证永久合作，团结互助。

Ⅱ. 不要过低估计了有支配势力的大国与目前或暂时依附于这些大国的

殖民地半殖民地国家，附属国家之间所存在着的那种日益加大的矛盾，而忽略了在这些殖民地半殖民地国家和附属国家中存在着有广泛展开民族民主统一战线的可能性。外交工作就在于注意这些矛盾，并以此为基础，在这些矛盾中运用各种斗争的策略。

Ⅲ. 首先要认识他们的复杂性，必须调查研究和把握这些国家的性质和特点，区别美帝国主义与其他国家之间，及其他国家相互之间的差异和矛盾，以利贯彻“争取多数，孤立少数，利用矛盾，各个击破”的策略方针。

Ⅰ. 党在过渡时期的总任务与组织工作的任务：

党要在大概三个五年计划过程实现国家社会主义化与对工商业、手工业和农业的社会主义改造而组织的任务是保证他的实现。

党在第一个五年的总任务是集中力量于重工业，相应发展……

斯大林曾说当正确路线已经确定后，工作就决定于党的组织工作，组织斗争，组织审查各级的工作计划……，就保证于组织人才，没有这些正确决议就将成为纸上空谈。

这就说明在国家社会主义建设中组织工作的任务，换言之，党的组织工作是为党的政治任务的实现的。因此组织工作即是依据党的政治任务其挑选人才、审查干部的工作，并培养这种人才，巩固与扩大党。

所谓组织斗争是与实现路线不正确的思想作斗争。

Ⅱ. 统一调整干部 大量培养建设人才。

141 个单位需地委干部三千 技术人员 30 万 技工 110 万。

Ⅲ. 机构精简。

Ⅳ. 实行厂长负责制。

Ⅴ. 继续完成整党建党任务，整党必须团结着党的中心任务来进行。

共产主义的系统教育也必须结合眼前工作及其方向来进行。

Ⅵ. 提高党员的政治思想水平，现有党员 636 万 8 千人。其中 4/5 是第三次国内战争末期及其后的。

Ⅶ. 干部政策。

a. 必须坚持才德兼顾的标准，重才德则须有干部的全部历史，而不能只管其一时的情形，同时又不可只从领导上去看同志，并应结合群众的意见。

b. 大量提拔干部。

c. 照顾干部即在政治上去照顾他使他能进步。

Ⅷ. 发扬党内民主，巩固党的纪律。

发扬党内民主、多开党代表会，健全党委集体领导制和党的选举制。

发扬党内自我批评与自下而上的批评。

Ⅸ. 全党团结起来为实现党的总路线而奋斗。

Steel	520－580	Mton	（钢）
coal	3 200	Mton	（煤）
oil	1	Mton	（石油）
Heavy car	90 000		（重型车辆）
tractor	15 000		（拖拉机）

（文件编号：E26(1)）

华东局宣传部和高等学校工作委员会的工作记录

1954 年 3、4 月

大专学校的问题：

① 干部问题。现有配备不足，有的不适合应该有多少，怎样配备。

② 校长制还是党委制，党委的性质问题。

③ 政治处的任务与工作是什么？

④ 政治教育怎样深入教学及学习中。

⑤ 如何加强对教学的领导。

⑥ 学校中的统战问题。

⑦ 工会问题，以会员自身的利益为基础来提高会员的思想，发挥他们教学的积极性以达到协助行政教学的改造。

工会三大事：a. 福利；b. 业务进修；c. 贯彻社会主义思想教育。

其达到的方法是民主团结互助和批评与自我批评。

工会是发动教职员自动积极性的重要手段，尤其在党组织薄弱时更其重要。

⑧ 青年团问题，青年团与学生会。

教授专家的生活问题。

(浙江)师范学院：

① 党委怎样领导教学。

② 师范学院怎样面向中学。

③ 教职员关系复杂很难建党不能完成任务。

浙江农学院：

教学改革要求是否太急。

教学改的思想政治工作问题。

绪论外，学术中的思想问题。

成功骄傲，个人主义发展，妨碍革命。

大奸若忠。

个人领导，个人尊严，不肯认错。

（文件编号：E26(1)）

华东扩大会议记录

1954 年 4 月 2 日—10 日

陈[毅]:

学习四[中]全会决议 反对高饶罪恶活动应从阶级斗争的思想观点出发，党是阶级斗争的党，在阶级社会里这斗争而反映到党的内部来的，另一辩证原理就是事物互相渗透与转换，我们分化民主人士出来，而ブル拉了高、饶出去。夺堡垒最主要的办法是从内部攻破，现在帝国主义及ブル就是向我们搞这点。

阶级斗争的法则，还将有一百年的生命，但生产力与生产关系的矛盾以及社会间为此而斗争是不灭的。虽然在将来这斗争与在阶级社会里不同了，不会是武装的阶级斗争，但斗争还会很剧烈的。

懂得这个道理去了解高饶，那是不是稀奇的。

今天帝国主义在东南二方[向]包围着我们，放人在我们周围的特务机关比叫化身上的〈蝨婆〉虱子还多。不断的特务及空降特务进来，以为这些不会影响到我们党已和铁板一样巩固那是不可能的。

次之在国内正在搞社会主义改革，这是在几〈个〉千年地主刚打发之后进行的难道ブル与不会向我们反攻的吗 这是一个决死的阶级斗争，他们最好的办法是在我们内部找到他们代理人，以为ブル这种努力不会影响到我们内部这是不合马列主义的。

再则，Stalin(斯大林—整理者注)说，工人阶级内部也看层次的其内部都是复杂的，他是从其他各阶级逐渐转移来的，ブル能影响工人阶级就是工人内部有不稳部份，他在精神上思想上都能影响我们，所以可能被ブル影响的，今天会有将来也会有，这是不是稀奇的。高饶事件就是说明这点，高饶事件之所以不发生在渡江时而发生在社会主义改革时期就是因为ブル现在在死活的关头中。

四[中]全会决议的基本观点就说明这个道理。

① 有人说高饶历史久，威望大为什么会变成ブル代理人呢? 其实正因为他历史久威望大，所以ブル要他，他能保护ブル。

② 有人说高饶和帝国主义与ブル有否联系，我们说这种可能性固然应该查的，但问题是并不主要的，问题主要的是从尖锐的阶级斗争上来看，他是敌

人的代理人，敌人的代理人有先加入敌人组织来破坏党的，也有可以先破坏了再去加入的，刘邦明太祖是破落的穷人，当初打仗是反地主的而成功了则就加入地主阶级了。

胜利以后，党内有些腐化倾向，这也是适合于阶级斗争的规律的。我们党内最不稳定的部份今天还是与阶级敌人相呼应的，我们只有摧毁这点敌人才没办法。

③ 是否对高饶斗争过火呢？如果再有那怎么办呢？

斗争当然不是过火，党是给他们以解决错误的机会的，高在管教中没有长期考察不能信任他，而饶则还望他能作彻底检讨。这表示党很宽大的。事件中高是主要的，饶是配合的，但分别这些是次要的。饶在华东有一定影响，清查他的路线与作风，去其流毒这是必要的，但高饶的问题并不是在路线问题上，而是在搞阴谋，顶着中央毛主席方针来搞阴谋。因此在东北与华东，过去的路线方针仍是对的，并不因高饶而有改变，但由于他们与我们长时在一起，清算他们影响也还是必要的。

至[于]以后会否还有高饶与陈独秀、张国〈涛〉焘呢？当阶级斗争未消灭前在规律上是仍然有的，但我们很好学习四[中]全会决议，提高思想与警惕那可以大大缩小，[只]即使有也不会那么严重。

有人说高饶所依靠的以及其所反对的人难道没有错吗？中央负责同志的一些毛病那只是个别的很少的错误，而他们也作了严肃的检讨，而高是夸大了的，以此为借口来作他们阴谋罢了。这是他们反中央反毛主席的战术。不能设想毛主席与其左右手及中央是不能分的，谁有缺点固然应批评，但不能说可到处乱说与搞阴谋。

再则有人说中央为何信任高饶，难道没有责任吗？

在政治上思想上及组织上，我们不能责备中央的，在政治上思想上二中全会的决议〈戒〉诫糖衣炮弹，及〈戒〉诫骄都已说过了的。这说明党领导是英明的，有准备的。

中央对高饶是信任他的，现在才发现其本质是迟了的，毛主席说这二人现象与本质是矛盾的，现在才看明白。

从高饶的问题，所给我们的教训，就是我们对人要看现象同时也要看其本质。我们对所用的干部是否都了解，这是有问题的，看人同时看到这两面，那确实是不容易的。

事实上高饶不仅是ブル代理人，而是很卑鄙的个人主义野心家的登峰造极的表现，但这种人决不是高饶二人。

四(中)全会分析高饶是资产阶级个人主义野心家。但到了小组会把材料一对，则问题发觉了他们阴谋多计，品质极端恶劣的，起了资产阶级的代理人作用的。

他们在党内也是有他们的市场的，我们许多人把党与阶级及个人与党的位子搞差了。高饶是其发展的顶点。

无论在部队与地方上，有些同志把个人军队放在党之上，闹地位、闹权利，在〈买〉卖粮食中许多人不肯卖，买油中有人拿面盆去排队，这些都与高饶基础相同的，他们对资本主义很感兴趣，而对社会主义就不感兴趣。这种情形存在并不能说社会主义已可成功的，还需要不断的斗争。

再则，学四中全会决议我们应联系自己检查自己，譬如关闸过滤与独立王国问题就要很好划分，地方积极性与分散主义亦是如此，这其中的分寸就要区别得很好，各负其责做好本位工作和本位主义亦是如此。党内批评与自我批评一般的不发展，要发扬，但要注意其中破坏性的批评，反自由主义同时要提倡在党内能够知无不言，言无不尽。

我们对ブル仍是利用限制改造政策，不能因高饶事件而左一些，仍应按原政策办事。

知人不易，自知亦难。毛说对人不要无条件崇拜，也不要无条件憎恶。对自己不要迷信是正确的，也不要以为自己全无用的。

对高饶过去有些地方觉得不好，但都从好的方面去想他，过去他是我们领导者，受他的影响是一定的，这并没有可怕，而是要认识。这是然后才能从他的影响下脱离开来。

次之，自我批评要登广告，高价收集请人家作同志式批评，受群众的监督才能得到的，这样才能达到自知亦能知人。对人不可迷信对自己也不可迷信。

我们对老的同志，我们仍要培养照顾，而新的则应注意提拔。自然发展的规律老的总要丢一些，有落伍的 有死亡的，因此新的需要提拔。但有时提升是很难的，有时候则提升也很容易。如高饶就爬得很快，但任何人要好的总会提拔，(只有迟早之分)而坏的最后总要垮的。

以上是对四全会决议传达与学习要注意的问题。

4月3日,谭[震林]发言:

整个华东工作与饶的错误应划分开来有区别的。华东工作如中央说六个大区都执行了中央的决议与指示,正确的,有成绩的。而这成绩的来源是由于中央及毛主席的领导与各级党委的坚决执行,而不能归功于华东局,更不能归工作[于]饶个人。自然饶也有他一份功劳但他仍是一份,如其他同志一样。因为他在执行中央决议中,并没有突出的功劳,而且在整个工作中,尤其在解放后各项工作措施中,他在执行中是有投机一面的。他对中央的决定,往往是待中央在各地批转后,再用华东名义发指示的,而其内容也只是四平八稳,放马后炮,因此其作用也就没有特别大。

次之,在全国解放后若干主要问题上,如镇反、工厂民主改造,对ブル及知识分子统战政策中是都有问题的,从这些方面[看]饶的指导思想是:怕群众,怕群众起来控制不了越出轨道,怕乱,不敢狠狠打击敌人,不敢破坏旧秩序,他说东北是苏联的移植法而华中则是接枝法。上海、南京解放后,他怕秩序乱,(不让群众开庆祝会)。他这思想至少可以说是拖延了旧秩序,他曾说过中国因有苏联可以先发展轻工业,因此他是稳重偏右这一点可以肯定的,是否是右倾社会主义那还不能确定。因此说他按百分之九十几按中央办事这句话需要修改的,他不是按中央方法办事,而是有他自己一套。他是个人领导个人包办,他[把]对许多同志的积极性是压制的,他按中央办事是在中央开会后按中央意见来传达,这是对的,但别方面则是按他个人主义、个人威信来办事的。这点过去是没有察觉的,有之也只是当作个别缺点,并且是原谅他的。

再则自饶离华东后,华东工作是有进步的,即改变了怕发动群众及对中央指示四平八稳马后炮的缺点与发扬了干部的积极性。自然这中间工作还是有很多缺点的,五反中上海守法户太多,这是缺乏严肃性的,同时在三反中是放松了对农村工作的领导。再则工作是粗糙了,没有如饶在时那么平稳,也是事实。

舒[同]的发言:

饶在华东基本上是按中央政策方针办事的,所谓百分之九十几这是对的,但其中有些问题还得研究。在解放初期接管中就其不乱，不遭破坏，这是正确的，按中央办事的，直到50年反轰炸为止。但在当时华东局对农村的领导是放松的，农村工作没放松则是各省搞的。

50—51年间结束了军管阶段，在这一期间，华东领导思想上是稳步不前进的。

工厂的民主改革是被压应战的，并非事先有所准备，而是各地搞起来了，中央也觉上海这工作落后的。

对知识分子思想改造则是临阵动摇。中央提出这问题后，饶是没有搞的，他对文化方面都是摆着不管的，不派干部。在思想改造问题时，他问我能否搞，我说恐非搞不行，他才搞。但他还动摇的他把思想改造的评论压下来不发表，当时我们布置搞四个大学，而饶主张只搞交大一个。

他对天主教搞圣母军，则是动摇的，虚张声势见难就退，没有计划的进攻。在他的思想上是被压搞的，搞了有没有决心?

对上海的公安工作，在初期利用敌人也是太阿倒持的，过份了的。

饶在这里的思想主要是怕乱，不肯放手，表明当时领导思想落后于客观发展。尤其是使上海方面工作停止不前，他说上海应比各地迟一步。自然在上海不应冒失去做是对的，但停止不前满足现状而没有积极去准备新的步骤去提高它，赶上客观形势，这是不对的。

接管时期过后，农村[问题]已[有]相当解决。刘晓曾提出要增加干部，以加强上海工作而饶口头同意了，却没有采取步骤。

至[于]在领导上他是个人的事务主义领导的，他很少能接受与征求人家意见，只是讲自己的意见，使下面有意见很难反映。并且许多重大的决策是不通过常委的。如土改，镇反，及军政委员会主席等问题，我都不清楚怎样决定的。

4月10日，陈[毅]：

（一）五天委员会的报告

Ⅰ. 华东党内有自满有迷信，盲目地方观念等是饶能进行其阴谋的土壤与气候。但我们避免去说什么人是饶与高的腿子和小的高饶，这样就会把事情弄错而使每个人很紧张，事实上高饶活动不是经常阴谋的，我们在这里应大家来提高一步,学得经验,有能力来辨别伪君子、阴谋家的本领,加强我们的嗅觉。

Ⅱ. 饶在法国、美国与在满洲被俘是否有问题呢,这是应研究的但有人若即以为是特务。一定有问题,那就会放松我们的思想的提高,或怀疑许多人是鬼。但对饶在这方面加以检查也还是要的。

Ⅲ. 饶在政策思想上主要是稳而偏右,怕工农群众起来打毁旧社会的秩序,这种错误〈经〉正常的领导人也会犯的,但饶是有他个人主义一面的。

Ⅳ. 不要以为高岗与华东无关而不去注意他,也应去研究与从那里取得教训。

(二) 华东与中央的关系:

1. 华东是执行中央路线都获得成绩的,而且结合了华东的〈俱〉具体特点且有些创造的。尽了他的职的。但能如此,华东局同志只是有一部份功劳。

2. 对中央及毛主席的威信是信服的。没有对抗过。

对中央个别同志则有些自由主义的表现,作了不应该批评的批评。至[于]对中央有些同志有些盲目看他好,自己有些胆怯呢,有些人是有的。

这就要我们多研究,毛中央指示,有意见要当面讲,在会议上讲,即用〈经〉正常的办法讲。

3. 在饶的影响下,对各大区应有正确的关系,而不可骄傲自满。

(三) 对华东局的团结与批评问题:

华东局基本上是团结的,但即在饶走后也还有缺点。即批评与自我批评不够,更多[地]使部门同志及各地负责人充分发表意见还不够,即党员的权利义务,华东还没有很好去提倡。

党民主化,同志们有要准备。应不怕批评与批评人,不怕挨打,不怕坚持真理。

饶是有意识使华东局同志间生活上不接近,以便于他自己偶像化,不受批评。

关于华东局的集体领导,在饶走后,是有很大进步的,纠正了饶的毛病,但是否和党章所说的那样呢? 那还很不够。一揽子会,这有集体领导的一面,但这对主要问题展开讨论则很少,一揽子会只能是领导日常工作问题,不能对主要问题进行深入讨论的。

强调集体领导，不能了解[为]妨碍负责人不能下决心，文件堆积如山，但负责人也不能因此专权，领导人应注意协商。分工协商，独立负责相结合才是正确领导。

（四）与省市的关系。

（五）对发展经验要有正确的态度，并研究。

4月10日下午谭[震林]：

我对中央没有不尊重的行为，但对中央各部份则是有的。

集体领导制，组织上应有适应于他的布置方能很好实现，常委管事太多（事务）就不能发挥其集体领导作用。为何今日存有这种缺点。

① 革命的急性病，革命的乐观主义刻满着头脑，而不大看困难。这即是说不合客观规律的，所以工作上粗糙。

② 对自己的看法存在着严重的〈偏〉片面性，如自满自负而不自觉，过份相信自己。但另一面又以为自己是一般干部，讲话却很随便，这都是〈偏〉片面性。

③ 对人家的看法也有很大〈偏〉片面性，虽然看人并不固定。但我常看人一段，某些事，（除非是很熟识的人）因而容易片面看错人，过快批评人家或赞扬人家。

④ 七侠五义思想尚未消灭尽。这对我参加革命有推动力，自然也有我家庭环境困苦的一面，这种思想使我今日为打抱不平不服就要说，看不惯要批评。

⑤ 长期独立工作，缺乏组织上的锻炼与被监督。（自作自为）

舒[同]：

① 对饶的问题。

② 自我检讨。

因为长期做部门工作，对领导的依赖性就很大，缺乏全面性去考虑重大问题。

彭康：

① 有些同志调工作要带一批干部，这会使党生活不〈经〉正常的，容易形

成山头派别。

② 从高饶事件应警觉到提干部不要只看来执行政治路线。

③ 领导民主化 不[但]要领导,要发挥集体作用,[而]且要使同志善提意见有机会提意见。

(文件编号:E26(1))

中等技术教育的汇报

1954年4月25日

① 要求在杭州成立中技党委会加强对中技教育的领导，并加强其政治思想教育，同志们到学校后，就看不到斗争等党刊。

② 杭州学校领导上有时多头多层，如生产节约报告，就要听三四次，但有时则就无人管。又党领导上对学校少具体照顾，当作一般机关党的任务来布置，党工团的领导也各有系〈通〉统，有些属于市，有些属于区，有些则归省管。

在海关学校中工会是属于店员工会的，而在游行时店员工会的口号是要团结资本家，这与学校简直太不对头了。

③ 淮河学校中，淮党委有要学生搞新三反工作。

④ 党组与校长的职权如何。

⑤ 学校党的力量一般尚薄弱。

⑥ 学校中的保卫工作如何来做。

⑦ 建党中遇到成份及社会关系很复杂。

⑧ 在教师中大部是好的，但有少数是对抗总路线的。（这些人多半是家中有问题的）这些人如何对付。

特殊问题 ⑨ 杭州土木工程学校，是交通部管还是交通厅管，现在还推来推去没有决定。交通部教育司长说谁教你们合并的，后又说再闹学校就解散。

⑩ 学校的行政领导与党的领导，中央领导与地方领导问题。

⑪ 学校领导关系的转移，要注意转移没有人管，踏杭州土木工程学校的〈复〉覆辙。

⑫ 学校的政治教员要大大加强。

⑬ 学校中的教师及干部的政治教育方面，应有领导。其内容如何，亦应有决定，又教育业务学习方面也如此。

⑭ 建议轮训各校长及学校工作干部。

⑮ 党委派学校去的干部希望不要派文化程度太低的去，务要使他能工作

才好。不到学校中去的干部有很看不起教师的，因之希派去前有很好教育与交待。又在党内闹不团结[的]，这影响于学校的工作。

⑯ 学校工作要经常督促检查，交流经验。

文件编号：E26(1)

在上海各高等学校党委书记会议上的讲话稿

1954 年 4 月

一、前言

(一) 根据中央和华东局的指示，并初步了解了一下上海各高等学校的情况，为使下学期各校能集中力量来搞教学改革，并使它能顺利地进行，我们想对上海各学校提出这样的要求：即抓紧这学期一个半月和暑假中的这个时间，集中力量来解决贯〈澈〉彻党对知识分子“争取、团结、改造”的政策问题。并相应地加强党内的团结(学习四中全会的决议)。中央把团结知识分子问题是看作“办好学校的一个重要关键”(徐懋庸案的批示)。而在对科学党组的批示中，又提到“ 国家的社会主义建设能否顺利完成”的重要意义上来说的。〈而〉在华东局华东文教工作的报告上所批示的，也把他看成是“关系到文教工作改进和国家建设事业发展的一个极大重要的环节”，并说明“必须予的充分的重视”是在五条批评中当作第一个重要问题提出来的。

在这个精神下，我们来看一下我们各学校的情形，是否已也有这样的重视了呢？自然不能说完全没有，但有是少数的，并且从实际工作上来说，这项关键性的重要工作是没有很好解决的。在多数的学校中，我们与知识分子间的关系，表面上虽不紧张(这里我们应说明，这半年多来是有进步的)。但在实际上存在的问题都还相当的多，我们与党外知识分子之间是存在着相当大的隔阂，学校中都还缺乏坦白诚恳的团结精神。根据我们对复旦的了解，则几乎可以说绝大多数的教职员同志(包括团员)对党外知识分子都存在着歧视、鄙视等不正确的观点，固然也有少数人在做人家尾巴的观点。任何一个系中都存在着相当严重的不团结问题，在别的学校里虽未去深入了解，并且在程度上可能会与复旦不同，但恐同样性质的问题一定也会有的。

因为绝大多数学校，据我们所知道贯〈澈〉彻党对知识分子的政策方面对所有党团员，还都没有进行与认真的教育与检查过。而这些同志政治水准并不很高，对知识分子政策的认识，偏差是很大的。

再则，我们也可看到，在有些学校中党内外的关系甚至可以说还相当紧张的，我们不时得到党外不满的反映，不时收到控告，而在个别的学校中，甚至还有一种可疑分子在进行组织活动，企图利用党外对我们的不满来反对我们学校的负责人。应该说明今天学校里的政治情况是相当复杂的，如果我们不能善于争取与团结他们，多数人对我们都有意见，则坏分子，不但无法孤立他并且难保不发生严重问题的。综合前述情况，我们应该承认，在我们学校中团结知识分子问题，确还没有很好解决的，我们过去的重视与认真贯〈澈〉彻党的政策确实是很不够的。不久前全国第二次文教会议，中央对华东指名提出批评意见，我想是正确的，我们应正视这个批评，诚心地接受起来，并认真地设法来解决这个问题。

（二）从领导方面来说：到今天，我们才开始把贯〈澈〉彻党对知识分子政策，当做一件中心工作来搞，自然这不能不说是已经迟了。同志们对知识分子政策在认识上的偏差与不健全，这是老早就有了的（有人说：思想改造以来就存在的，我们没有及时扭转它，我想这也可能的）。从领导上来说，也不能说是没有看到这种情形，尤其是当去年七月，中央对徐懋庸同志的错误的批示通报各地后，领导也相当重视了这个问题的，并作了若干一定的措施。并且也愈看愈觉得这问题的严重，但总还缺乏作有效的步骤与措施来帮助解决同志们的思想与这个问题。这自然不能不说是一个严重的缺点。本来高校党委会在这学期开始时就想把他当做中心工作来布置的，但是由于我将来[而]未来①，而我来了后，因为对学校的情况不熟识，就不敢贸然下决心，如此又延迟了几个月，直到今天才把这个问题提出来。那自更迟了。在这点上应该说领导上是有责任的。即没有及时地采取有效步骤来解决党对知识分子政策的贯〈澈〉彻。因此在责任上说我们是首先应负责的。这里我们应有充分的自我批评的精神来对待这个问题，虽则要全部责任都由我们来负也是不对的。

但今天的问题，不是说谁应负责就能了事，今天最主要的问题是迟了，怎样〈干〉赶上去，来补足我们过去的缺点，把这个问题予以解决。今天开会，为的就是这个目的。

二、工作的布置与安排

（一）我们打算本学期及暑假中，主要搞好贯彻党对知识分子的政策，使这个问题求得基本解决，去掉我们工作道路上的阻碍着发挥知识分子自觉积

---

① 指将到任还未上任。

极性的绊脚石，下学期可集中力量来搞教学改革。要保证教学改革的顺利进展，我们觉得先搞这一步是必需的，这个方针已得宣传部及舒（即舒同——整理者注）主任的批准。

（二）贯〈澈〉彻党对知识分子政策的办法与要求是：

1. 从上到下进行系统的学习，使全体同志包括团员（重点在教职员中）对于党对知识分子政策有系统的全面的了解。因此这学习不但看文件，听报告，必需〈接〉结合检查我们每人在这方面的工作与每一个同志的思想，并做出总结。这里不但要同志们正视事实，并应有充分的自我批评的精神来进行这项工作。因此其程序是学习、检查工作及思想、再来总结，总结中研究与确定以后怎样工作，怎么办。勿使成为只有消极的批评与检讨，以致工作失去信心。

2. 俟党内检查大体将完成，认识一致后再作如下必要措施：

（1）召开适当的会议，征求党外对我们的意见，以补充我们了解不足（在这会上我们要首先有适当的自我批评），以增长党内外的团结的气氛。

（2）把[一]些突出的问题予以解决，如贪污帽子，有些突出的误会和对立意见予以消除。

（3）在检查总结时，应〈接〉结合学习四中全会的决议，同时解决党内团结及党员（其他方面）的思想问题。

（4）前面是对教职员同志的，至[于]在学生方面，则主要是学习，检查只要适当进行就行了，且时间可迟些。

（5）抽调与组织行政及领导机关的力量，有重点的进行检查与帮助，并要求工作情况的每星期汇报制。

以上的作法基本上仍是依着三月间高校党委的学习四中全会决议及党对知识分子政策的布置来做的。但步骤上要求上有些改变并把他提得更高，而当做中心工作来做就是了。精神上是相同的。

3. 鉴于学校里工作很忙，许多行政任务必需完成，因之要使这项中心工作能够做好，我们在工作上还需将整个的工作有一个适当的安排，否则搞不好工作。因此需要：

（1）凡在教职员中的政治工作和我们党的工作，都需〈接〉结合到这项中心工作来做，以保证完成这项中心工作后再来考虑完成其他的任务。（但不可放弃）

(2) 对基本建设,招生,专业鉴定和生产实习等行政任务,应安排一定的力量予以照顾。勿使搞坏,使整个工作能够健全地发展,不变成三脚桌。为着如此,工作上应特别注意发挥群众力量。

(3) 工作上这种安排与组织,我们要求各校自己作具体的计划,不必而且也不能强求一律。尤其是我们干部及负责人,在工作时间上要有很好的组织。

学校里工作忙是事实,但我们要求忙而不放松中心工作。

三、统一对党对知识分子政策及其学校中贯〈澈〉彻下去的认识

基本上请好好去阅读中央对于这方面有关的文件,但这里我想提出一些问题来说一下:

(一) 为什么我们要有这样的对知识分子的政策

1. 办好学校,提高文化与科学基础,是国家建设的需要,国家走向社会主义的条件之一,而这工作必需通过教师们来完成。我们只能领导他们来做,不能代替他们,离开他们来做,在一定意义上也可以说,得依靠他们。

2. 知识分子固然有他旧社会所带来的落后复杂的一面,但也有其有用进步的一面。因为他们也是自食其力的自由劳动者,并且他的工作是集体的,为社会的。这与资产阶级就有本质的不同。几年来教师已有很大的进步,他们根本上是爱国的、拥护共产党领导的,在工作上也是努力的,这表示思想上已有很大的提高有进步,并且也说明绝对大部分的知识分子是可以改造成为我们的知识分子的,且由于国家发展的前途与他们所处的地位是保证了这一点的。

3. 要人家努力做事,并进行思想上业务上的双重改造,没有他们高度自觉性和积极性那是不可能的。我们的政策就是为着发挥他们这种力量,使他们自觉自愿,而且积极地为我们的教育方针与国家的建设来努力。

4. 因此我们应把教师看成是我们的干部,国家的财产,我们政策其终极的目的是为着工人阶级来服务的。(有人以为政策是我们为人家服务,这是不对的。)

5. 有人把他们看成是无权利的、被改造的反动和落后分子,这是不对的——在思想改造时,根本上也不是如此的。

(二) 今日教师的情况与我们对他的要求

1. 在一般教师的心目中有四个问题他们最关切(即除了政治上别有用心

的坏分子之类之外)，这就是：

(1) 国家的穷富、强弱与其前途。他们要中国富强有前途。

(2) 他们很关怀事业与自己事业前途，希望科学发展，学校发展，书教得好，学生有成绩，研究有成绩，在这方面自己有作为。

(3) 关切自己的自尊性，要体面。

(4) 关切自己的生活能过得好。

这四种要求基本上适当的，虽则其中有些内容上是要商量的，即我们不能赞同的，但总的说仍是正当的。

2. 我们对教师的要求是：

(1) 政治上是要求他们爱国，即从爱国出发，使他相信中国在富强中，共产党领导保证了中国有前途，从而进一步使他拥护共产党，乃至爱我们党、爱社会主义。

(2) 要他们服从我们的教育方针，从服从到真心的拥护与佩服。

(3) 要他们业务上积极负责。从积极备课教书，学习苏联科学，到逐渐成为马列主义的科学家。

我们要求应集中在这三点上，而且每点都应有初步(基本的)与进一步的要求之分，其他方面，我们一般都不去要求他们。除非他们中间有反革命活动。至[于]一般政治上有问题的，则这需警惕慢慢了解，一般地应是除现行犯外都争取利用他们。

以这三点要求来衡量今天的教师，我以为我们与教师间是有许多共同点的。虽则他们多是朴素的，雏形的。因而也有与我们要求所不同(程度上，具体内容方法上，时间速度上和重点等等)，但根本上我们都有条件可以提高他们的。只要我们有耐心去掌握得好。

(三) 贯彻党对知识分子政策的方法问题

1. 要善于在政策方针上正面地去说服领导人家，证明给人家看，带他们前进。我们应该领导不应该赶羊。有人以为过去教师的进步是靠压力、靠鞭策的，这是军阀带兵的办法，而且今天的事实也证明与此相反的。压力在一定意义上可以帮助进步，但多了就不行了。对知识分子团结，一打一拉，打拉并重也不行的。

2. 要关心他们的工作及生活，帮助人家解决困难，在共同事业上建立我们和他们间真正的感情。

3. 要尊重人家放手让人家做事，使他们有职有权（但不是交了不管，不帮助人家）。要和他们善于商量讨论。这是学校中的群众路线问题。

4. 多建议少批评，批评要考虑到整个工作的需要，并要了解人家的思想情况，掌握分寸，讲究方式与态度，使人家乐于接受。知识就是与人为善的，只有对那些真正的坏分子和累教不改的落[后]分子，当他的这错误已被一般教师所了解，与在教师中孤立起来了的时候，才可进行严肃的批评。至[于]在政治或其他方面的犯法行为则又作别论，且那亦不是批评问题了。

（四）最后要贯彻党对知识分子的政策，我们必需反对党内两种不正确的倾向。

1. 即自满麻痹、居功自傲、有己无人和机械的阶级立场与纯政治观点（他们否认阶级立场的实现要有政策）（进步包袱背得大了就变成"左"的落后分子，进步要打括弧）。

2. 畏缩自卑，不敢领导，对搞好学校没有信心，有时得过且过，有时无原则迁就的倾向。这两种不正确的思想常常是同时并存或互易位置的。

3. 此外，对不识大体，给人家〈应〉印象恶劣的行为，应竭力予以端正。

有夫妇吵架，或尽闹情绪不做事，房子、物质上先满足自己的等等。但这种问题可等到学习四中全会决议时来进行。

（文件编号：Q24）

交大、同济汇报贯彻知识分子政策学习的计划

1954 年 5 月 25 日

一、学习阶段共四星期。

（一）先以二星期学习文件了解政策内容。

1. 传达对科学院批示及沙的报告。

2. 组织自学文件。

（二）次之，初步的联系自己思想，进行讨论。

1. 对文件及报告内容中提出问题来讨论。

2. 并从具体对教授工作中来提问题进行讨论。

三个星期，每星期六小时。

二、检查工作

三、总结

对领导提建议，总结工作经验制定以后工作方案，时间两星期。

四、领导

工人中要进行教育。学生中主要在党课中进行教师教育，拟在下期解决之。

1. 报告传达及文件学习中看情况，要适当强调帮助人家进步（改造思想）问题。

2. 工作阶段上，不要机械划分。

3. 检查中不斗，个别的可能拖着，先求大家思想提高。

知识分子要求弄清工人阶级知识分子的标准，所谓资产阶级知识分子是说他们过去的。

同济[大学]汇报：

1. 5 月底检查党四[中]全会决议。

2. 5 月底至 6 月底学习党对知识分子政策。

3. 6 月底骨干搞好检查与总结。每星期学两次，约八小时。

（文件编号：E26(1)）

自我检讨与自我鉴定

1954 年 6 月

一、检讨

我生长在山村里，是一个破落的小地主家庭出身的知识分子，并做过五年农夫，在中国第一次大革命时参加党的。到一九四九年全国解放时为止，全部时间都搞地下工作。一九四二年至四六年间虽则身在根据地，但我所担负的工作仍在国民党统治区，实质上仍旧是搞秘密工作。这是我经历的主要特点，一九四二年至四四年间在华中整风時，曾对自己的思想和工作等方面做过一次总检查。现把学习了七届四中全会的决议案后对自己的检查写在下面。

（一）个人与组织到关系。检查了自己自参加革命以来个人与组织的关系，一般地说向组织闹独立、和同志的关系搞不好、损害组织等事情，都不曾有过。在尊重组织和与同志团结（无论是上级、同级与下级）方面基本上是好的。闹地位，向组织讲价钱，以致对同志采取不正派的打拉等作法都不曾有过。所以能够如此，则是因为在参加革命的初期主要是受旧社会中侠义奉公的道德观念的影响，其后随着自己政治思想上的进步，又逐渐被工人阶级政党的组织观念所代替。再则自己做事比较虚心，克己的精神亦比较好。但这只是就大体来说的。至若严格的来检查每一时期自己的行动和思想，则仍有不合组织原则之处。其中尤其显著者有如下二事：（1）六届四中全会后，因自己被当时领导干部歧视，对当时组织的干部政策从抱着很大的疑惧心理，因而对于组织在感情上存在着一定的隔阂。而在其后的生病期间甚至曾一度发生革命情绪低落（主要表现是生活无法解决，想找职业。以上均详见于一九四四年整风自传中）。这说明了自己小资产阶级的感情脆弱性。（2）一九四二年从上海撤到根据地时，在起初一个时期内对上海工作成绩有些自满，因而对当时华中局负责人饶漱石很不关心上海工作的态度亦多少有些不满，以致有些同志发牢骚，在某种程度上采取附和的态度，说明了自己亦有若干山头情绪。以后看了整风文件，知道不对，则又疑神疑鬼，以为同事中有些同志有严重宗派产主义存在，因而对他们做过分坏的估计与过当的批评。这些事情说明了我的思想和行为都有错误，有损于党的团结和对同志的正确态度。

虽说这样的事情以后并没有重犯，而且自己也十分谨慎，注意改进，但从自己是小地主家庭出身的本质和受旧社会的意识影响比较深的特点来说，这方面自己仍需时时加以警惕。

再则，若检查一下我对同志的态度与干部政策，一般说来，则往往爱护宽厚有余，而督促与严格的教育不足。所以会有这样的毛病，从我的思想上来检查。则有下属四点：一则自己在六届四中全会后受当时组织上一部分领导同志的歧视，以及眼见得许多同志受他们的打击的痛苦情形，确实自己是不想这样的痛苦在给别人了，因此对于同志也往往鼓励多，批评少，从好的一面看得多，而从坏的一面看的少。二则由于自己长期处在地下工作中，从实践中体验到组织给同志的诚意与温暖，当同志遇难时，对于他们的能否坚持革命的立场有很大的影响。三则地下党员在地下時自私观念个人前途考虑往往比较少，有，亦不容易发现出来，这使我对干部的概念也就简单起来。四则在一定条件下。即当被批评者对我个人有意见時，我常常考虑得过多，怕人家对我的用意有误会，而不去批评他，有时甚至容忍别人的错误，这显然也是一种个人主义的表现。由于前述种种原因，使我地同志督促与教育常不严格，对党性不健全的同志缺乏杜渐防微精神，这是有损于党的组织原则的，需努力加以改进。

（二）工作和政治思想的检查。从历史上来检查自己，一般说来工作是称职的。我做事情很负责任，很用心，也不大怕困难；工作态度也是老实的。而对新的事物也有一定的敏感性，并没有犯过显著的错误。虽然，在六届四中全会后，险些就被当时领导同志丢掉了，而后虽仍分配我的工作，而这工作也带有很明显的被处罚与考察的性质。但这并不是因为我自己有错误，而是当时组织上一部分领导同志对我的处理有宗派主义情绪（详见一九四四年整风自传中）。

然而这并不等于说我在工作上和政治上什么都是好的。若回顾一下自己的历史，首先可以看到我的工作都很平庸，进步也不快；我的政治水准与我的党龄和革命的经验都不顶相称的。从这点上来说，我作为一个在党培养下革命近三十年的同志，是有愧于党与革命的，深深的感到自己对革命的〈供〉贡献是太少了。

在全国解放之前，我自己并不觉得有这样毛病。当别的同志说我政治上开展，能力也不错時，我觉得似也受之无愧。我相信我在工作中是比较能把握条件并有一定的开展性和魄力的。在全国解放之后起初二年中，因为主要仍是搞秘密工作（台湾工作委员会），所以这种毛病也还没有及时察觉。但到一九五一年十月回浙江去工作后，则就感觉到自己思想的迟钝。能力上有追不上客观形势发展的倾向。这时才开始觉得，过去这种自信是过当的，把自己估价太高了，因而常常自问，是否对新事物的感觉力已衰退下去，在政治上落后了呢？这个问题二三年来曾不断的反复在我脑海中，而且想求得解决。起初以为主要是由于自己缺乏公开政权下有系统的工作经验，而后[逐]渐意识到思想观点和方法上也有不对。直到学习总路线和七届四中全会的决议之后，才弄明白最根本的问题还在于自己思想上对现实的中国革命缺乏而真正的认识，因而对于一切问题不能切实的从社会主义革命和其发展的形式上去考虑，致自己对许多问题的看法不尖锐、不正确，而影响到工作上的迟钝与错误。

回想起来我在全国解放之后，除对帝国主义、国民党反革命势力和地主的斗争上一般的还保持着过去那样的尖锐态度之外，在对资产阶级的斗争和对旧社会秩序的改造方面则至少在思想上是落在客观形势发展到后面的。我相信我是主张社会主义革命的，也知道资产阶级和旧社会的秩序非改造不可，但这种观念在某种意义是上来说却是抽象的。因此，每当我们政策上对旧社会秩序的改造有重大的措施時，则辄把可能发生的反面作用考虑的过多，畏首畏尾，生怕把社会秩序搞得过乱，对我们不利。

这种思想，从其形式上来看，也可看作是缺乏革命的经验，而且就我本人来说也确有这方面的弱点。但若就其思想实质上来说，则显然是没有确切的和足够的社会主义革命的观念，所以也就不能及时的正确的了解革命发展到真实形式和我们的政策、步骤，致全国解放以来自己工作上感觉到要跟上党的政策而很吃力。我在这一时期政治上是确实落后了，如果不是总路线和这一次七届四中全会决议的学习，我这种落后还将继续下去。

为什么会有这样的落后呢？这与我自己努力的方法有很大关系的。自一九四三年整风之后，由于自己错误的理解反对教条主义，我对理论学习是看轻了的，而把自己努力的方向主要放在考虑实际工作问题上面，并在研究实际工作问题时又把工作怎样去进行考虑得多，而把他从革命根本条件上去研究与分析则做作得很少。换言之，我是以狭隘的经验主义来反对教条主义的，因此造成了自己一方面理论水平渐次低落，而另一方面实际工作的经验又不能真正的很好的总结起来,致自己对革命经验中所遇到的事物规律的理解,也停留在一知半解的基础上。因此革命的形势一转变,自己的思想就跟不上了。回想起来,我对二中全会的决议和其后党中央的许多决定,是没有真正看懂的。

由于自己缺乏高度的马列主义的武装,[不能]从社会主义革命的观点上去考虑全国解放后的一切事物,因而在自己的头脑中也就不能不被外界的资本主义和由自己的出身所带来的本能的非无产阶级的意识所干扰,使自己某些思想观点上反而不自觉地在帮助资产阶级!

当党中央历次提出政策上的重大措施时,的确我也不是完全无动于衷的。我也感觉到我对中国革命的认识似和中央有些不同。但是当我想到这些问题上饶漱石对我们的指导时,则这些矛盾似又消失了。

从上海解放的第一天开始,饶漱石就强调"稳",单方面的指出"防左"与"防乱",认为搞乱旧社会的秩序就是搞乱我们的天下。他对资本主义只看其有利与积极的一面,并主张还要发展的。这些主张在某些意义上却[恰]好与我从地下工作中所带来的狭隘经验有些相同。同时更由于我过去对饶有很高的信仰,因此更加强了我这种不合时宜的错误思想。以至于有时虽觉得我这种思想观点有些不对,而想到饶在这里是起着助长作用,使我不能很快转变,并在这改变中增加了我的困难,那是确实的。关于这一点,是我在学习四中全会决议案,参加了华东局扩大会议之后才发觉的。在这之前,我还以为我把中央的意见领会错了。这里充分说明了我受饶漱石资本主义思想的影响是很深的,并且对饶确曾有过迷信的。

在全国解放后所暴露的前述这些毛病与错误,虽则在一九五二年离开浙江之前已初步作了清算(这种清算以后也还继续着的,尤其在一九五三年六月至五四年三月的养病期中),并在这次调到华东局宣传部来后,工作上似并没有重犯这些毛病。但事实上,却还只能说是在开始改正中,要消除自己这种毛病,使自己在思想上、工作上都能追得上时代的发展,那还有待于以后政治上不断地提高与工作上更多的锻炼。

(三)个人生活方面的情况。

我的生活向来比较简单朴素且较能刻苦的。虽长时间生活在大都市里,但对物质生活的要求并不高,亦不大有兴趣。在"三反"之前在一个时期曾有过公私不分的错误,但也很快改正了。以后我相信也不至于重犯这类错误的。

(四) 关于一个人注意及思想意识的检讨

一般说来,从我过去事实上所表现的,我的个人主义是不严重的,但从旧社会中所带来的非无产阶级的残余意识,却并没有根绝,它还不时会反映到工作、思想、同志关系与生活上来。这点仍需十分注意予以克服。从前述我在全国解放后思想上的落后,对改造旧社会制度方面的犹豫等事情来看,显然是不能乐观的。如果自己不能从"三反"运动以来不断加以清算,而仍让他保留,那很有可能会犯政策上或路线上的大错误。这点应引起我特别严重地加以警惕。

再则,在全国解放初期对旧社会关系的处理。"三反"前生活上的某些公私不分和对同志缺乏严格教育等等方面,也都表现了自己旧社会的残余意识尚未完全肃清,个人主义意识还不时在起作用。虽则程度上并不严重,但只要这根子还存在,自己却不能有一时疏忽的。

二、高饶事件及其所给我的教训

高饶二人过去我对他们都有很高的信仰,但对高的观念是抽象的,因为我不认识他,至于对饶,则因在相当长的时期中是[在]他领导下工作的,他对我的印象不但深,而且是具体的,我的思想上曾受过他许多影响(已如前述)。

当我初听到高饶事件的时候,确曾大吃一惊,觉得这太意外了。继而了解到他们罪恶的阴谋活动与其资产阶级本质的时候,则又深感痛恶,觉得自己的思想太简单,过去对饶嗅觉太低太迷信了。中央对高饶事件的处理不但是正确的,并且也更证明了中央的英明与我们党的光明正大。中央七届四中全会的决议我是完全拥护的。

从高饶事件所给我的教训,我觉得不但自己应努力造成各种条件,使自己能充分的受党与群众的监督,并且更应切戒自己的骄傲。从历史上来说,我的骄傲虽不严重,这种毛病不是没有过的。譬如一九四二年撤到华中根据地时,对当时领导上不重视上海工作,情绪上有些不满,这就是一种骄傲的表现。而在解放初期,我之所以会有若干公私不分和对社会关系处理不严肃的事情(我把一个在地下时期帮助过我们,而面目未认真弄清楚的国民党员介绍到我们的教育机关去做事)发生,在某种程度上说,也是由于自己有些骄傲,放松了对自己的监督。再则,更严重的还在于从自己思想锻炼上来说"败则不馁"的锻炼较多,过去我的自我监督也往往偏重于这一方面;而"胜则不骄"的一面在自我思想锻炼上就比较少。那么,这方面如果自己不及早下功夫,则在某种条件下还难保不骄傲起来。高饶事件对我个人来说，我觉得应该得到这样的教训。

三、自我鉴定

（一）工作是努力的、负责的，作风也比较踏实，能不辞艰辛与困难，埋头苦干。就大体上说工作也还算是称职的，但进步却不快，而作为其中最主要的原因是缺乏有系统的钻研理论和从马列主义原则上去总结工作经验。

（二）政治上一般水平是有的，但也显得不高、不敏锐。主要表现是自己进步得慢，尤其是全国解放后思想上进步的不快。

（三）在个人与组织的关系上一般地都处理得好的，并没有夸耀个人，把个人放在组织之上等现象。但对待同志则往往是宽厚有余而严格地督促与教育不够。

（四）做人的态度基本上是虚心的，心里比较宽厚，对自己要求也比较严格，一般的都能随时检点自己，自我批评与求进步的精神亦都较好。至生活作风方面则也比较朴素，只是身体不怎样好，有肺气肿和心脏病。

（五）严重的个人主义是没有的，但旧社会的残余意识并未完全清除掉，个人主义意识不时还会起一定的作用。不过主观上并不放任，且大体上都能够掌握的住，主动地予以解决。

四、今后努力方向

根据我现在的情形来说，我觉得我当前的努力方向应该是：

（一）加强自己工人阶级的思想锻炼，力求肃清自己思想上受旧社会的传统意识和资本主义残余思想的影响，遇事要多从工人阶级革命发展的观点上来加以考虑，以加强自己的战斗性。

（二）加强有系统的马列主义政治理论学习，首先应从二中全会以来党的决定与苏联的建设经验学起，以加强自己的政治理论水平。

（三）在工作上仍应努力去取得公开政权下具体而又系统的实际经验。

（四）克服事物主义的工作作风，并继续警惕与清算自己个人主义的残余意识。

（五）要很好掌握自己的身体条件来进行工作，防止小资产阶级拼命主义的倾向。

（文件编号：F12）

陈毅同志在华东扩大会议上关于向明同志错误及山东工作的总结

1954 年 7 月 8 日

基本上通过二个文件，授权华东书记处作补先修改。

1. 这是工人阶级社会主义与资产阶级的斗争，党是要社会主义，而向明是以资本主义来破坏党及社会主义。

2. 向的检讨是仍无进步的，他仍保持其资产阶级的一套，而没有交待他与饶的关系，他赞成这二个文件是假的。

① 向明的错误有他历史根源的。

② 向在解放后错误是因我们有了政权而发展的，他对社会主义是采取抵抗态度，他是为[作]来做官而不是为人民服务为社会主义革命的。他是在饶指示下勇敢打冲锋的。

我们当然应把他党内外职务撤下来，但还有保留，希望他放弃资产阶级的立场。

他有一整套的资产阶级立场及〈作〉做法，而只承认其若干现象，认为是政治水平低，抵抗党，抵抗社会主义。请问你如何解释你过去那么勇敢斗中央组织部、财政部等等？顶上压下，而在四中全会中反对高饶反党要你发言，你默不作声。因此这只能解释向明同志一贯的为资产阶级利益鞠躬尽瘁死而后已。现在他的靠山倒了，却还想抵赖，因此要彻底清算他。

党是治病救人的，但本人不愿救，党应有权利来处理他，今天党对向明是用了最大的耐心的，希望他能改变他的立场。

向明过去有很大的勇气，但这是资产阶级的勇气，个人的勇气，离开阶级是不可能的，向明只说明是水平低，而这如何能说明，他过去有这样的勇气来坚持自己的意见，反这个，打那个呢？

3. 到会同志同意浙江农村工作检查的报告，及上海山东等的检查精神与方法，而山东则还是检查某些问题。四[中]全会后，揭露了高饶资产阶级的资产阶级思想体系及其纲领，我们应在各地贯彻下去，这样检查，可能解放各地方同志的思想，而站到中央的方针与思想上来。

我们土改中有尾巴，这不能否认土改的伟大成绩，但如浙江的那样检查，则可来巩固与加强土改的成果。

浙江的报告，在检查方法，了解问题的基本思想等都是对的好的，可供各地参考，但其中反复讲到老中农这一点应加注意，他与贫雇农，新中农是有区别的，但政策上仍要团结，这点不可忘了，否则会反右而犯“左”。

在三角州不退押，饶这主张是错的，但是否还要来抵押呢？则须慎重研究。经中央批准后才可做。贫雇农的要求需要满足，但也不可搞乱国家五年计划建设，（这与饶的怕乱不同，饶是为着替艾森豪威尔及蒋介石保持社会基础）而应有计划来做，解决土改中所遗留下来的尾巴。

社会改革不是一次就革得好的，野火烧不尽春风吹又生，生了还要改革他，以便彻底消灭他。三反五反也是如此的。

4. 关于过关思想，即过四中全会、自我批评关，也即过社会主义关。

毛主席说社会主义要步步改掉资本主义不能不影响到党内四中全会改掉了高饶，浙江农村工作中改了资本主义思想。高饶及向明是代表资本主义思想，其他大大小小的资本主义思想都要改掉。这方面不彻底改掉，社会主义与资本主义的界限不划清，明天仍有人可[能]贩资本主义私货的，因此所有领导干部每个人都要好好自我批评，向明反对社会主义革命口号，这不是自策略上来说的，实是其阶级本质的表现。反高饶要控宗派，控阴谋，控思想，控作风，控生活等等，但主要是控思想，其次较重要的是生活，这是全党各地各人共有的都要控的。

有些人对资本主义留〈连〉恋，对社会主义不太有感情，从理论上说许多人都不同意的，但在实际工作中去检查，他就不能不承认的。自然每人的〈成〉程度与情形是不同的，我想恐很少人是没有的。

至[于]生活方面把高与饶二面对起来就可了解全面。高生活是腐化的也要求最高权〈利〉力，饶是刻[苦]的，但也看重于最高权〈利〉力，其目的最后要求是一样的。

只有这些方面很好清算才能搞清思想。这里需领导人请自动动手，带头检讨。

过关最难的是领导同志检讨资本主义，怕自己下台不了，以后领导不了。如果这样这就是领导同志有资本主义和封建思想。我不相信这样能过关到社会主义的。

教育者不教育自己，就不能教别人，(费尔巴哈说)这是真理。

过去我们安于事情表面上的平静，而没有在挖一挖后面是否在发霉。

我们有一个看问题的方法，即把新阶级的阶级斗争了解得不完整，以为是和平斗争，而没有了解这和平斗争须经过长期艰苦的斗争，没了解万里长征只是第一步的内容。

我自己在四中全会后都有进步，各次检查对我都有很大教育，一面是增长了信心，但一面也觉得有些没信心，觉得社会主义革命如何搞，不很熟练而需把握，这样认识过程是自然的。

5. 对山东问题的处理基本上同意。

向明的错误与三个副书记有区别的，向是搞阴谋，别人不然，而三个副书记赖可可最严重，他过去是好的，这一年半变坏了。委员则责任更少了，至于一般干部及整个是好的，但有强迫命令的传统。

我们现在打掉庸俗的解释问题。

打掉无原则的维护领导核心，我们应看重唱反调的，把他当作好干部而不要喜欢人家唯唯诺诺来拥护。

打掉对领导人的迷信，不可无条件迷信。

所谓保持一致，对外这是对的，对下级自然有些需要，但在党内委员会里则就不应如此。

庸俗，最庸俗的是要先讲成绩，以为单刀直入的说缺点的是坏人，这是不对的。

风吹二面倒是投机取巧，这种作法应该打掉它，如果在下级被压迫了，其情虽可原谅，但原则上不能原谅。看人看事不要固定化，这是非科学的。

隐名信，骂人信，控告等等，党内负责人都要看。在民主作风未行通前，这种信是不会消灭的且有其重要性。

最后我们要建立正确的马列主义作风，这是我们每个同志的任务，我们能看到几个五年计划还知道，但一定要努力把党的坯子打好交给后代。

文件编号：E26(1)

华东局高校工作委员会工作记录[①]

1954年7月下旬

1. 领导组扩充六个人。

2. 准备开三天会，每人发言三十分钟。

3. 发言请尽量简要

师大，孙陶林：

1. 过去我们在学校中社会主义革命的观念，不清楚的[而]是所谓办民主主义学校，而这个问题领导[上]也无交待，师大建校只说办个新型的大学，但不明白是怎样新型的。

2. 关于"三反"及思想改造。

① "三反"中革大去的干部没有使他们成为学校的干部，按上行政职位，而组成一个三反办公室，这是一个问题。因为当时考虑按上行政职位对我们不利。又现在我们干部的配备还仍浮在校部没有到系里去，而系里却是更重要的。

② "三反"思想改造后，善后工作我们是没有做好的，斗过火的，搞错的和有问题的都没有解决掉。而对有问题的在进修部人员，是没有明确的处理政策的。

③ 院系调整后几批调教师中我们有本位主义思想，但领导上要调，则无明白标准与政策不愿他去的也就无法。

3. 教学改革。

① 领导上认为教学改革要用群众运动的规模，思想改造的精神，约一年时间解决，这使我们就疯狂般乱搞了。

② 我们在教改中看成这是社会主义与资本主义思想的斗争，我们是不明确的，我们只在行政及其他办法上去解决。

我们对教师原有的东西有过左的否定人家学问的地方。

---

① 原文无标题，系编者根据内容自拟。

领导上对教改，除 1952 年开座谈会后，尤其在纠正冒进后，很少来领导学校的教改，甚至高教部的决定都未传达。

③ 政治辅导处，三月会议可说是政治工作退却会议，以后就一直没有布置与领导，这方面长期没解决，是否表现[为]我们领导上没有适当注意。

④ 今年总路线学习，在思想上去解决学校中社会主义思想是不明确的。

⑤ 学生工作方面，在师大别校〈併〉并来的有许多落后学生，在思改时，领导上〈教〉叫不要做记录登记，并亦未与清理，这说明对学生思想及成份上注意不够[的]。

⑥ 政治课领导注意不够，而政治教育则很形式与教条化，总路线学习后，没有加强这方面工作，领导上亦没有注意这个问题。只说以总路线精神教育学生，而不说是社会主义思想与教育学生。

在团中有些团员简直是不像团员的，但组织上没有认真对待与处理这个问题。这使我们团就无力了。三好教育是没有确定思想内容的，团的思想不纯，组织不纯是很有问题的。

⑦ 学校党委性质如何，工作是什么，长期没有明确。陈说是要保证教学改革，后党委[中]说是只管建党与……[①]。师大的党管教师的思想，还被大学党委去的同志[受]批评。

⑧ 工会。

民主党派。

问题：① 领导上管教改方针很少，一针一线一个人管的很多。

② 对加强党员思想及学校中思想领导工作是忽视的。

保下来不动在初期是对的现在再如此是不对的。

7 月 21 日，复旦发言，李政：

① 接管后，人也抽完（党员及进步教员）学校乱了无方针，长期丢着不管。

② 三反为打虎而打虎，领导上只要求数字，而不是对教员主要是思想改造。后来扭转时，下面同志有许多意见，觉得上面做好人。而领导上多变，交任务批评人多而说明思想政策界线少。

---

① 原缺。

③ 思想改造，华东是先读文件，我们则只做报告未读文件，且一开始就是批评用压力，这与周总理在北京的思想改造的精神不对。

而在过关时，一二类检讨不好时，我们规定硬要过关，三四类检讨很好时，则硬不许他过关，五类人排队是主观的，而上面这规定也机械的。

财政学院，姚耐：

① 社会主义与资本主义界线问题，教授出书有很浓厚的资本主义思想，被中央批判了，学校中是没有足够注意及力量来反对他。

② 学校政治教育的阵地如何？显然是很少的。

③ 国际主义思想是社会主义内容的一部份。

④ 财经学院夜校问题，三反未解决，现在总算暂时[以]训练在职干部。

⑤ 学生成份问题，觉得工农中学办得迟了。

⑥ 学校里党的领导问题。

在 1952 年之前是根本没有领导，其后是重视不够，在学[校]党委不健全，不肯放本钱，而对业务部门领导的学校，则更无领导。

剧分院，苏堃：

"三反"思改时，最初舒的报告说分思想改造、组织改造和教学改革三部份准备在一年半中间完成，对此问题大学党委陈部长说〈变〉边教〈变〉边改，而没有贯彻下去。

教学中陈说要消灭单干，培养新的代替旧的，这说法是否过左了。

在思改中，把五类人分得很仔细规定的很机械，有变动时，要上级批才行，这使下面不好办。思改要学生参加，而无明确的内容。

思改时说以工人阶级思想为标准来批判。在当时是否太高了，当时陈指示要把资产阶级思想及其代表人物打倒弄得很丑，现在看来也觉过左。

思改运动时宣传部抓得很紧，但结束后，就不管了，大学党委也没有管我们。

思改后，在党外政治上是自卑，业务上则自信，而我们同志政治上则自傲，业务上则自卑。

对知识分子政治，大学党委及统战部都没给我们什么指示过，而党委在长期中只布置我们发展组织没搞其他的。

总之党委会领导时松时紧，没有恒常性，同时感觉党委会对大的学校注意多，对我们小的学校注意得太少了。党委会领导上有官僚主义，思改后剩下来的问题很多，若不是中央提出注意对知识分子政策，恐党委会不会注意此事的。

纺织学院，盛华：

① 直到总路线教育后，还认为学校教育还是新民主主义的，而领导上也从没明确有所指示。

② 华东教育部曾批准纺织学校房子卖掉(28 亿)还给资本家。

③ 三反时，行政上要打虎，党委方面要思改，二方面不一致。

又思改中把先生弄丑这似有问题，而思改后尤其没有思想建设阶段的工作，这似是一大缺点。

教育改革开始后，我们许多会议都未参加，我们曾找过陈其五及曹未风而未得要领，未有指示。在华东方面对此是无指示的。

我们的政治处，是自说自话搞起来的，而华东开政治工作会时，只"列席"听二次报告。

④ 学校党委的性质与基本任务问题，一直没有明确。中央说是基层组织，而华东则未明确，舒主任说党委而领导学校的工作，现在我们弄得既不像党组又不像基层组织，也不像一级党委。要党委起一级党委作用，则干部的配备亦要加强。现在这样是不行的。

我们建议上级党委把这个问题能明确起来。

⑤ 在学校中政治教育是薄弱的，而其内容则有教条主义的倾向，只管政治课成绩很好则仍可是天主教徒，不服从分配，华东对政治课是不重视的，没有配备必要的教员，也没有开个一次政治教育的会议。

总路线学习中，说在学校中只管正面教育不开展思想批评，我觉得这意见有问题的，如此只能为理论而理论，今天的学宪法也有这个倾向。

⑥ 总之，我们觉得领导上对高等学校是不够重视的。

从干部配备上来说是如此的，在我们学校中所配的干部是"三反"中撤下来的，犯错误病的和精神病的，这可见领导对学校的看法。这些干部到学校，只会去闹问题的。

学校的主要问题固然是政治路线，但没有必要的组织及干部作保证那也不行的。学校里的干部报告，文电是没得份的，这与机关里相差太远了，这是太不合理了。

⑦ 学校中的工资是不合理的，不是[按劳]取[酬]的，上一个钟头的课，也可拿别人一样的工资的。再则一般工资则又偏太低了。

⑧ 关于政治与业务问题，这问题如何〈搬〉办法在学校里长期是不明确的。

⑨ 对大学党委及高教局。

没有创造与拿出重点大学的经验来指导我们。

除找重点学校外，也应注[意]薄弱的环节。

我们希望今后领导上对学校有长期的计划。

布置工作能估计下面的条件不要一下子加许多任务。

同济，蒋材云：

1. 接管后的情况，有三年都[停在]原封不动的，这对学校工作是有很多影响的，如：

① 图书馆的反动书到思改时才清除。

② 对反动分子嚣张学校中很有意见而上面不准动。

2. “三反”问题：

对此问题领导上，目的与步骤都不明确的。

当时要许多干部进去，也没有说明学校情况，并限五天展开斗争，当时我们提议夏坚明等也参加“三反”指挥部，而大学党委则不同意结束是组织清一色的，继工会负责人都不同意参加，因此事实上只能依靠外来干部与党团员了。造成了以后我们与教师中关系不好[的原因]。又对学校三个负责人材料是不确实的，但都打了，这是不对的。

3. 思想改造，思改是在“三反”打虎余威上进行的，当时指示是依靠学生，进步职员、工人来反教师，争取中间的，孤立打击有问题的人，我们觉得这方针是有毛病的。

五类人过关，确定某人过几次关，很机械，[而]缺乏实事求是的精神。

对教师理论学及学生中政治课，领导上是没有重视的。上面派了阿飞及资产阶级分子来做政治教育。

我和刘华都去教政治，上面说这是名利双全的，不知这如何来看待学校的政治教学。

院系调整时，工作很乱。

至[于]教学改革，应如何做，各校都自管自搞的。领导上也没有明白方针步骤，因而我们也不明白这是社会主义改造而要与资本主义思想斗争。我们报告与请示，党委是常没有答复的。

青年团：

1. 接管后党对学校是没有管的。

① 团负责人变成学校工作的指导者。

② 只有政治运动，学生做报告，先生也要来听。

2. 拖延了思想改造。

3. 教改陈其五报告，有三点毛病（1952 年 10 月间）。

① 认为教改是学校大革命，要二年培养出新教师，一年搞好教改，因而大发动群众来消灭单干户了。

② 党委负责亲自动〈身〉手，认为教改靠党外教师是靠不住的。

③ 教改内容提出七点，而无先后轻重之别。

4. 三月会议后，党委无领导，只靠建党与政治学习。

5. 学生成份问题，在上海大学中五年来无[甚]改变。

6. 政治处成立后，实际上是行政上代替了青年团及工会，个人领导代替了集体领导。这说明了我们[的]思想是行政与个人领导思想，而不是走群众路线靠群众自觉和集体领导。

我们在学校中政治教育是很形式脱离实际的。

总结起来说：

① 领导上只研究而不决定，太强调稳了，是否受饶的影响。领导上对高等学校重视不够，华东对大学工作从未发个正式的指示。

② 领导上有骄傲自满，缺自我批判精神，有官僚主义，如反对忙乱，而没有批评。起初如何布置教改，“三反”结束时也是如此，只说成绩伟大胜利，而

没看自己毛病。

交大,万均:

1. ……[①]

2. “三反”方针办法是不明确的,只知打虎,打职员吓教师。

3. 思改,所谓在“三反”基础上进行思改,事实上就是[在]打的威风上来进行。[听]说领导上又说“打下教师的威风”等等。

五类过关,分类也是我们主观分的,过关办法也是太机械的,不是群众来决定的。

这说明领导上对学校的政治情况了解得很不够,实际上学校是希望共产党去领导,我们能在思想上去团结他们的,因此我们“三反”与思改可充分用群众力量,而大可不必如此的。

在“三反”中领导不但只叫打,而且有好大喜功的思想,只求考虑数字多,而不研究情况,下面是被迫的。

在“三反”结束后这样大的工作是没有总结过的,更没有布置以后的工作。

在“三反”中我们干部都是整人家的,而这种思想也未予整理,以致一直留到现在。

4. 教改:内容与步骤是不清楚的。陈说——要用群众运动的方式来搞教改。

5. 政治处问题:

陈说部队经验不能用在学校,但没说有什么不同,且又说学校政治处工作主要是搞教师方面的工作,这使我们就为难了。

又政治处与党委的界限是不清的,至于政治处应如何工作,则在今日也还没解决的。

6. 学生青年团工作方面,团的成份是很有问题的,这方面是没有去注意他的。

7. 领导问题:

① 干部配备是不够的(质与数都有问题),上面是不体会学校中干部的需

① 原缺。

要与条件的。

② 大学党委的领导问题，陈部长领导上不虚心，他变得很快，前后常不同，而没有自我批评，把工作向下面交待清楚。

其后大学党委是只搞发展党的工作了。大学党委自开一次成立会后似未曾开过会。

二医，王乐三：

1. 革大[①]改造的教师都是改造不了的有问题的人，而不是教育进步分子的，饶说以革大推动大学，这完全是句空话。

2. 在二医思改与"三反"实未解决问题，我们说伟大胜利，而敌人在香港总结也说伟大胜利，经过了考验。起初不肯开除学生，后来一下有开除 20 多人这都不好的。

3. 宗教的组织，对我们有统一的对付组织，学校中宗教活动是统一组织的，我们都没有统一的组织与对付他。对宗教工青等活动我觉得我们主张是有些右的。

4. 大学党委只搞发展党与理论学习这是和他的职责不相称的。

政治处干部固然不够，但我担忧着干部多了怎么去工作，教师学生都很忙，干部越多学生的负担也越重。

又党内的思想领导很不够，各学校对知识分子政策都不对，这在领导上就有问题了。

又对学校内的党员教育也非常之少，连重要的报告也没有听。领导多头使我们工作很难搞。

工会，金立人：

工会的工作由于学校中党与行政工作加强而减弱了。

"三反"思改中说依靠学生工人迂〈迴〉回出击，而其后也没有作其他说明，这说明党对依靠教师办[法]学校的思想是不明确的，因此对运用这个教师的组织——工会问题自更不会考虑了。

---

① 指革命大学。

工会是什么东西，工作应是什么，党委也是不明确的，因此对工会的工作自也没有领导。而各学校的党委对工会也是如此的，因此我们建议：

要求党委把工会的任务有很好了解，并运用工人的作用。

上一医，王宗东：

① 镇反时，有反革命分子不处理只送革大学习，群众很有意见。

② “三反”，当时只要数字，政治上掌握很少。一医死或未死的就有 8 人。思改中，说打下臭架子，今天看来是有恶果的。

③ 上医附属的改成 6 个专门医院，对群众固然不利（就医）而对学习也不利[的]，使学生都变成好高骛远的专门家，出去时做医生反而不能医普通的病。

④ 干部配备问题，以宫乃泉为院长，没有必要干部。

⑤ 当〈做〉作一级党委来说，应全面领导而不应该只管建党，建党亦不应集中力量孤立来发展，而把党其他工作都妨碍了，使党的工作脱离了群众生活。

⑥ 党委性质问题，二重任务实在负担不了。

⑦ 对高级技术人员入党问题，王泗淇入党问题很久没有解决。

⑧ 宗教问题在上医很严重，没有统一领导。

⑨ 政治教育太少太弱。

⑩ 干部又多又少，多是有 20 多人，少是工作情绪很低，能力很弱，脱离群众，事情没人做。

⑪ 工会没有生活，会员很有意见。尤其进步分子，工会开会没有时间给他，同时也没有专门的干部兼〈级〉职又管不过来。

速成中学，郝镜清：

1. 饶的轻视学校影响到学校干部配备都成问题。工农速成中学的“三反”几乎都是反革命分子。同时镇反又没解决学校问题。我们校中有政治问题者有 60%，其中有特务及国民党军法处长，都是从高教局及上海教学局介绍去的。

2. 思改后未继续贯彻思改工作，因而未解决问题。

3. 工业速成中学学生中有各种反革命分子及逃亡地主等，各地都是把坏人无法处理的送到工农速中去。

4. 对领导意见。

① 文委及大学党委都没研究〈个〉过我们的工作问题。请示报告也未予批示，尤其是大学党委。

② 对知识分子政策，过去我们干部都是骄傲自满，但徐懋庸事件后，都谨慎小心，而少办法，因此缩手缩脚。大学党委抓政策是对的，但怎样团结与改造好教师则指示不够。

教员贩油，要在群众中批评，大学党委不准，我们思想不通群众亦不满意。

③ 关于干部政策，调去学校时没有教育，今天有些人摸出经验是安心工作人，但还有人在苦闷中，还有人在想离学校，再则学校工作的干部则没有报告听，文件看。

又在物质待遇，学校的戏票在党代会时是坐在最后一排的。文化俱乐部学校的三长是有的，而政治主任则就没有这是不对的。

④ 关于干部管理上，在文教系〈通〉统还很混乱，没有系〈通〉统〈的〉地进行培养，提拔，没有按职管理，按级谈话。

5. 不懂业务是否能领导学校，我认为这是过渡办法，现在可以去领导的，但自己要逐渐懂业务，不然会[被]淘汰的。

体育学院，范鸿恩：

1. 体育学院无论是先生的职员成份都很复杂，我们似急于就成把他搞起来了。我们学校不但没有体育场，就连校舍一共也只有 500 平方公尺的 3 层楼房子，什么都装在这里面，而操场则是 3 个学校拼用的。再则学校性质与专业是什么，现在也还没搞清楚。总说起来院系调整时是草率了。

2. 关于教育改革

① 任务不明确。

② 学习苏联经验，到今年才有一些苏联材料。

③ 在步骤上中央要积极准备，创造条件，坚决贯彻，而我们只注意到坚决贯彻。

④ 实施顺序，本应先定培养目标，再定教育计划，而我们则只搞内容及教育方法，而弄得越搞越乱。

3. 具体意见：

① 感觉高教局处理问题有些拖，党委会则有些压，提意见常遭批评。

② 对于部处理也是拖的，一个音乐教员，不教书了一直没有处理，而拿薪水。

③ 派学校干部去时，多未谈话，交待清楚。

④ 工作任务太多，大学校与小学校一样做，我们实在担负不住了。

⑤ 党内工作布置得太迟，还是外面来得快，如政治理论学习就是如此，工作量的学习也是如此的。

财经学院，姚耐：

1. 接管，在解放前做训导长带人捕过学生及教授的人，一直到镇反时才处理。

解放后学校党归区委领导而就把校内人[才]抽光，根本没有建设学校的观念。

调整院系之前，对学生学籍问题长期没有指示。

2. “三反”及思改[①]。

① 从“三反”结果只有解放前的死虎一点来看，说明我们对学校情况是不清楚的。

② 从“三反”入手，搞思改，说从“三反”入手容易撕破面子，拉下架子，把他搞臭，这精神是与要教师自觉不太相合的。

李沛南曾介绍了交大经验，以学生搞先生，说这样有生气，因此使各校一“生气”而很紧张了。从这里说明党内盲目性是很大的。也说明我们党内民主生活不够，不能很好讨论问题，听下面意见，当时批评“学校是清水衙门”是右倾，这使人家不敢讲话的。

③ 院系调整，财经学院是除今年外每年有调整，我们工作一问是“方针不明，前途不清”。

④ 财经学院说要干部急于早三年毕业，这是盲目的，事实上并不这样急要人。

⑤ 学校有重点，而把次要的变成不管，这不对的，坏学生也给财经学校这更不多。

---

① 即思想改造。

⑥ 人民助学金，似不应给资本家子弟及管制分子们的，而统一分配财政系全部都分配做别的工作了，这是有问题的。

⑦ 上级对学校的困难不够了解，也不够考虑。这使我们工作就很困难了。

⑧ 党的领导问题。

要党委性质任务搞明白。领导头绪多，stalin（斯大林）〈誓〉逝世就有十一二个单位要我们反映情况的。政治处任务工作亦应明确。而学校党工作不应如机关党那么搞法。

大学团委说“尊师爱生”口号不能提这似有毛病。

学校干部配备，华东局应放些本钱。而配备系主任现在很重要了。

学校的党委书记应该专职不要院长兼了，未开课教员要处理。

政治学院，郑文卿：

① 学校政治工作制度，我认为当时有此需要的，今后则工作应保持，而组织形式可以改变。二十几项工作中，应把几项主要工作来做，使与教学结合起来。

② 干部管理，处理上是不够及时的，我们副教务长批得一年多才批下来。

③ 教授保下来了，处理中有些缺点，主要是帮助他们不够，但其中有隐藏下来的反革命分子，捣乱，我们处理是不够坚决的，有国民党国际情报司司长，且很嚣张，我们还是供养着。我觉得我们应清理一下，否则他们存在也会影响别人的进步。

④ 学校基建，对建房子是宽的，但图书仪器设备等则很紧，希[望]领导上注意这点。

党委工作应学习人大经验。

（文件编号：E26(1)）

关于华东高等学校工作的初步检查报告记录

1954 年 7 月 31 日下午

前几天我们把这个礼拜各单位、各校四个半天的发言综合研究了一下，今天由我来谈一谈我个人对五年来高等学校工作中的方针、政策的看法，虽然曾找有关同志谈过，但主要还是我个人的看法、个人的意见。我现一方面是在华东局宣传部工作，一方面兼了高校党委书记的职务，同时也兼管了部分高教局的工作，因此同志们对三个单位所提的意见大部分是混在一起很难分的，只能综合起来谈。分三部份：

第一部份：

首先根据华东局第二次扩大会议精神来检查一下学校中社会主义思想够不够，受饶漱石的思想影响怎样？

（一）学校中什么是饶的资产阶级思想？为了把我们高等学校几年来的工作在政策上搞得更清楚，必须先说明这个问题。

饶的路线表现在我们学校中的特点主要有：

1. 饶的思想中极端轻视文教工作。他把整个文教工作（包括科学院工作）放在可要可不要的地位，认为多搞工作似乎是自找麻烦。他在华东第一次宣传工作会议上说："文教工作可以让旧人员去搞，我们可以腾出手来搞其他重要工作"。此问题一连串地发生，甚至党报的主要编辑当中也有非党知识分子。这是很典型的。

2. 饶认为我们党在学校中是没有群众的，与群众没有联系的。中国新民主义革命在无产阶级领导下取得了政权，但他还认为我们在学校中未树立影响，无力量的，我们与群众是没有联系的，群众也是人家的。这不但与当时实在情况完全相反，据我所知，解放前交大就有 200 多个党员，复旦有近 200 个党员，解放前他们就组织了轰轰烈烈的对敌斗争，但他却说我们与群众是无联系的，好像以前的斗争是变戏法变出来的，这与事实不〈府〉符，并且从马列主义的理论上来看也讲不通。全国革命大变动，政权掌握在工人阶级手中了，却与小资产阶级没有联系，好像革命只是我们在革，这点也根本不通，根本不符合马列主义的观点。

因为他把学校工作看成无所谓的，又认为我们在学校中与群众是没有联系的，因此他把学校的旧势力看成是大老爷、大菩萨了，不敢动他，所以采取消极等待的政策，保持原状。对接管来讲，原封不动是对的，是中央的指示，但他却原封不动三年之久，他自己讲："在文教政策中要采取积极的政策"，实际上全是骗人的话，因他不好讲"应一辈子不动"，故说"用积极的政策"什么是"积极的政策"呢？就是用报馆、革命大学、行政来影响学校，怎样影响得了呢？影响多少日子呢？难道十年、廿年影响下去吗？所以完全是欺骗。实际政策是不要去动学校，让那些老爷去搞，使学校维持原状，一面则以"用革大、报纸、行政去影响"来麻痹革命同志。这十足说明他的资产阶级路线，与党中央的政策路线是完全相反的。原封不动在接管时是对的，对接管后党中央的政策是："一面要发挥学校的力量，一面要改造这些学校。"因为接管后学校的性质变了，它是为革命服务的，为社会主义建设服务的，而另一方面旧社会的思想、教学内容是旧的，所以要从组织上、政治思想上、业务上、教学内容上加以改造，所以毛主席在1950年曾经说过，"中国的人民解放军很强大，在学校中我们也要组织起像人民解放军这样的队伍。"这话的意思是说我们也要用干部来加强学校。所以我们一开始要用这学校，以后要不断改造这学校。而饶的方针与党中央的方针完全不同，目的是为保持学校而保持学校旧秩序。

（二）我们明白了饶的思想以后，明白了在学校中有两种思想、两条路线以后，就可以了解解放五年来我们在学校中的政策、方针对不对？社会主义思想够不够？有否受饶的影响，受饶的影响怎样？

总的讲起来，饶的资产阶级路线对我们的影响很大，但由于一方面有中央的正确领导，另一方面我们自己的头脑并不等于饶的头脑，即我们脑子里有社会主义思想，不过是受了饶的影响，因此各个时期的表现有所不同。

1. 从1949年上海解放到三反开始时。大约三年时间中，我们在学校中的方针、政策几乎完全被饶的资本主义思想路线所笼罩。（那时饶就在华东）在这时期中不但把大学的工作完全放在不重要的地位，接管后基本上未讨论过学校的方针、政策问题，唯一的方针政策就是"原封不动"。对学校在政治上、思想上、业务上的改造毫无准备，也无改造之意，相反地把学校中必要的工作同志也抽走了。必须说明抽走一些是必要的，因为上海初解放需要就地抽些干部去工作，但抽光了就没有学校了；同时在这过程中，他用各种政策，如反对学生“左倾”，防止运动“左倾”，要稳防乱等，以这样冠冕堂皇的口号来将学校中的反革命分子实际包庇了下来，使以后处理很困难，因为以后大的斗争、运动减少了，镇反、土改、抗美援朝等都搞过来了，如再来反一下不方便。

当时饶还不许在学校中搞运动，尽管外面搞得轰轰烈烈，但校内不准动，只准学生到校外去搞运动，（当然学校中也有同志就自己乱搞。）就这样三年多来学校中对反革命分子不动，对要改革的也不动，完全实现了饶的政策、路线，被饶的资本主义路线笼罩起来了。

2. 三反思想改造开始至教学改革初期（至 1953 年）

当全国开始三反的初期，上海的三反还受饶的影响，并且直接受饶的压制，不准搞三反思想改造，直至全国各地都搞起来了，中央三令五申，饶看压不住了，才对舒（同）主任说“再不搞不好了”。当时情况已很急，52 年暑期全国要院系调整，但华东由于饶的思想过去根本未考虑到学校，经中央一指示，看出学校资本主义思想很严重，又要限期完成，才大吃一惊，于是来一个仓促应付、被动应战，未准备条件就马上四面开花，使运动一开始即带仓促性，华东学校三反思想改造所以较他地为迟，也是这道理。另一方面由于饶离开华东了，阻力也就挪掉了，所以运动也就一下子展开了。从这时候起，我们在总的方针、政策上是真正执行了中央的政策的，所以路线、方针是正确的，因而工作上是有很大成绩的（应该这样讲），但因为没有准备即开展运动，又由于我们思想上还有饶的影响，社会主义思想还不够成熟，所以从三反、思想改造开始至教学改革初期，我们在工作上是有毛病，有缺点的，主要是偏粗偏急，或如习主任所说“又粗又急”。在领导上讲起来当时对三反、思想改造运动要求太急太高了。一开始来势急了，使运动在一开始就压力很大（光学校外面的环境、压力也是够大了），同时，领导上当时对这工作的复杂性、困难性估计不足，多少是看得轻易了些，如我自己就是这样，浙大的三反是搞得很糟的，布置了以后未管，结果“老虎”要吃人，死了二人。此外，领导上在领导运动时不够深思熟虑，没有对学校情况作很好研究。如对干部情况——都是经过土改或革大来的，都有“三斧头”；学校与机关、部队究竟有何不同；校外三反、五反的火焰很高，对学校有何影响？这些条件我们都未很好研究，因此在运动的布置、动员上，所讲的话或布置的工作上分寸不顶恰当，使各校干部有简单地“打”人的观念，简简单单地“整”人家。如强调要数字，工作汇报时也问“打了几个老虎？”下面同志原来已脸红、眼睛翻出来了，但领导上未很好分析条件、冷静地研究如何搞，虽然也不是没有管、没有研究，主观上是花了许多精力的，但是就实际所需少了。这种情况在三反转入思想改造时领导上是看出来了，但缺乏采取有效的步骤，对干部的思想加以整理、把工作毛病向大家讲清楚，因此把三反的余威贯彻到思想改造中去，直至思想改造结束时，也未加以纠正，使三反时的偏粗、偏急的毛病到教学改革初期还存在着，如教学改革初期我们还强调群众力量。到中央提出反急〈燥〉躁、冒进后，我们在反急〈燥〉躁冒进中也有些急〈燥〉躁，原来当时并不全是急〈燥〉躁冒进，有些是教学改革中必然要出现的，但我们也认为是急〈燥〉躁冒进，另一方面当时一般教师均存在着较严重的保守思想，我们没有在反急躁冒进时也加以反对，所以以后有的教师就以“急〈燥〉躁冒进”这四字来抵我们。

所以这一时期中工作一般是粗的，领导上未很好地深入地研究；同时从某些意义上来讲，领导上把成绩看得多，而对缺点看得少。从同志们所提的意见及当时的总结报告中也可看出我们对成绩说得多了，对缺点不够正视。如过去总结中对打死人等是作为个别错误来看的，固然在大运动中这种情况是不能[避]免的，但不能对领导上粗急的毛病完全不提；又如在第二批学校思想改造的情况报告中提到“前次有人讲：看到山东彪形大汉，自己就准备挨打，但等工作后大家很佩服。”这是夸大成绩，二医王乐三同志讲“当我们讲取得伟大胜利时，教徒也开会说取得伟大胜利。”这两面都取得伟大胜利也说明我们对成绩估计过大了。上面所说长期存在偏粗偏急的毛病。领导上没及时纠正它是与领导上对成绩估计过高、对缺点估计过少有关的。

在这时期中，我们在工作上的方针、政策、路线是正确的，是执行了中央的指示的，基本上成绩是主要的，这一点应该肯定。（同志们讲压力太大了，但一定的压力是要的，不用热水烫一下，肮脏就下不来，当然把皮烫烂了是不好的。）但我们在工作中也的确存在着又粗又急的毛病，对学校的特点、学校中的社会主义路线不清楚，就工作论工作，与办好学校——这个总的目的联[系]不大起来，与在学校中进行社会主义革命——这个总的目标也联得不紧、联得不密切，所以把粗急的毛病看得次要了。

在这时期中，以领导思想来讲，可以说是对饶的思想的一个反抗，是从饶的思想的笼罩下解放出来了，所以思想上基本上是对了，把饶的思想基本上

〈摔〉甩掉了，但由于我们本身思想上尚有某些不健全，情绪上尚有急〈燥〉躁的毛病，以致使工作产生偏高偏急。

3. 从 1953 年后直至现在

这时期，我们工作中有些特点，反盲目冒进；政治工作摊子一下子摊开，大家因搞得不够好，所以情绪有些低；中央对教学改革抓得很紧；后来有总路线的学习等。这时期的重要特点是一年来宣传部把对学校的领导放松了，同时对轻政治重业务倾向未纠正。

（一）从去年起一年中领导上尤其是宣传部对高等学校的工作是有意识放松了的，因为人手不够，所以许多事不去研究，对高校党委讲"你们研究一下"。原来准备放松半年，但后来因为宣传部有的部长生病躺下了，结果就放了一年，当然这不能是主要原因，主要的原因是领导上有意识放松。

（二）宣传部由于政治辅导处工作搞得很困难、问题未解决，同时中央对教学改革抓得很紧，于是在整个工作上就产生了重业务、轻政治的情绪。对学校的改造，原包括组织的改造、业务的改造、政治的改造三方面，组织改造得差不多了的时候就是业务与政治的改造，但领导上有了重业务轻政治的倾向，尤其是前一年。同时领导上虽然一方面是看到了这倾向，但另一方面又不够重视，没有看到这倾向如连续发展下去会犯路线的错误。这种情况也表现在总路线的学习中，学校中一般是学得不错的，但未解决学校自己的问题。知道办学校的目的是培养建设社会主义的干部，从这点讲是联系到社会主义了，但没有联系到学校中如何进行社会主义改造的问题，这说明我们领导上对学校的社会主义观念不清楚。

把五年来的情形总的说起来，我们是被饶的资产阶级路线笼罩了三年，而且以后还是受其影响的。尽管以后学校是循着中央的路线、方针、政策的，但由于饶的影响在我们当中起作用，另一方面我们自己又未认真去考虑，所以领导上五年来主要的缺点就是对学校的社会主义改造缺乏明确的、系统的、有步骤的方针、政策、路线，即使在总路线宣传时，领导思想上对学校的社会主义革命还是模糊的，概念仍不明确，只认识到应该改造，至于应如何改造则不明确。也由于认识不完整、明确，所以搞一件事情就是一件事情，如三反、思想改造、教学改革等工作前后不连〈串〉贯、关系不紧密。工作不能与目的完全密切地结合起来，所以有时左时右、时紧时宽的现象，虽然许多工作就工作论工作是做得不坏的，如三反，但如以办好整个学校及以总的方针来讲，那么这样下去就会出轨的。这次领导上检查最重[要]的一点就是这点，社会主义思想够不够、有无受饶的影响，主要也就看这一点。

第二部分：

从工作作风上讲，领导上也是有着相当严重的毛病的，这就是我们对学校的工作特点、工作规律系统地、深入地研究很不够，回想起来，重要的问题就没有在我们领导机关中作过认真的研究和反复的讨论，对各校的工作也很缺乏很明确的指示，所以工作作风一般是停留在原则领导上、不深入、对各校的具体领导、帮助不够。但另一方面，相反地对下面批评多了。如对同志们至今意见不一致的党委性质问题、政治辅导处问题，领导虽也经过反复研究，但未解决实际问题，没有拿出政治辅导处究竟应该如何做的榜样来具体帮助同志们；又如对知识分子的政策问题，对违反知识分子政策的、违反统战政策的同志批评的多，但究竟如何团结才是对的及如何才能把他们改造好，这方面的指示就很不够；同样教学改革也是如此。总之，关于解决学校工作的思想上的问题以及工作办法问题的指示、决议案就很少（不是没有），华东局宣传部对大学、对科学院如以完整的工作指示、决议案来讲是要打屁股的。三反、思想改造的指示、决定较多，此后对学校或有指示但不解决问题，或基本上没有完整的指示，或很少把实际经验总结起来，或很少对同志们讲清方针、政策、任务、办法；另一方面，相反地，对下面批评得多、这也不行，那也不行，一出了〈叉〉岔子就批评，且消极的批评多。当然做不对应该批评，但领导的责任是积极研究问题，摸工作规律，具体、系统、完整地来指示下面。我们过去这方面做得太少了，因此同志们就有意见，有个别同志与我说："我们搞得很苦，你们一点不体谅。"这说明我们对下面的困难体谅不够，帮助下面解决干部问题，解决干部思想上的问题不够，领导上要求下面多，批评自己少，在若干意义上讲对自己过去的领导工作虽不是满足但至少也是看得不坏。

五年中，起初三年是饶的思想占优势，此后领导上主要检查出两个问题：

1. 有社会主义思想，但不完整、明确。现在已基本上搞清，但还不敢讲完全弄清楚了。

2. 在工作作风上是深入帮助下面集中力量研究主要问题、关键性问题不够。

所以会产生以上严重问题，一方面是由于饶的思想影响，另一方面是自己在某些方面讲水平不够。在饶的思想影响之下，我们的思想水平自然要低些，社会主义思想自然要少些，社会主义的方针、路线就不明确。社会主义思想虽有，故在路线、方针上是能接受中央的领导，贯彻执行中央的决议，但不明确。如饶认为对非无产阶级的思想要以共同纲领来教育他们，我们就搞不清了。就我自己讲，在学习总路线时觉得饶的指示与中央的指示是有矛盾的，过去曾想不通，但现在一想就想通了，这说明过去不是没有社会主义思想，但是由于一面受了饶的影响，另一面我们自己的水平不高，工作经验不足，对工作又不是采取顶虚心的态度，深入研究的精神很不够，所以五年来会有这两大缺点：一是方针、政策不完整，另一是工作作风上满足于一般领导对下[面]的批评反而多。根据华东局第二次扩大会议精神及同志们所提的意见检查饶的思想及其对我们的影响的综合即如此。

第三部分

说明几个问题：

（一）党委与政治辅导处的问题。这问题向来是大家争论的中心问题，现在仍在争论，未得到解决。对这方面的问题如党委、政治辅导处的性质、任务、关系等问题在这次会议上不谈，将另外开一次政治工作会议来解决它。但要先说明一下：政治辅导是要的（因大家所提的意见中有不要它的，故有提一提这问题的必要）。主要是因为学校中政治力量薄弱，（在这里不多讲所以要的道理了）但既要，就要有些麻烦，这是考虑解决的。不是与过去那样不去解决。因此特通知你们不要自己取消政治辅导处。

在这问题上我们领导上是有严重缺点的，如上面所讲，有许多指示、决定不是顶明确和解决实际问题的，只规定了任务，但没有设法解决下面能不能做等实际问题，对下面工作力量及工作困难的估计也不够，因此影响各校的正、副主任搞得情绪不高。所以这不全是下面的问题，领导上有责任的，但另一方面也不能讲下面搞得不好，工作无条理、未具体搞出经验来，统统是领导上的问题。

（二）同志们提了许多对个别同志的意见及对某些领导机关的特殊意见。我们在上面的发言中没有包括在内，这不是对同志们所提的这些意见置之不理，我们是准备把它摘录后提[交]给其本人或单位，要他表明态度的。

最后，我再声明一下，我今天的检讨是代表了三个单位的，但主要是我个人的看法、个人的意见。由于我才来了四个月，许多事我未亲自做过，只凭有关同志所讲的与我自己四个月来的印象而提出的，所以不可能完整，有许多部分也可能不正确，只能当作初步检讨，不是结论。同志们对它有充分的发言权，同志们如认为不对或认为有很重要的关系到政策思想性的问题未提到的，希望尽量提出，以便我修正后作最后的检讨。

我们原拟把这检讨讨论两天，后因这方面的工作规定要在八月半结束，便于以后布置学校下学期的工作，而在八月半前各校自己还要检查，同时华东宣传部还要开大会，作关于方针、政策问题的检讨，所以如果讨论几天就会影响学校的检查、讨论。因此是否学校把对我的检讨提意见与对学校自己的检查、讨论结合起来进行。这其间有意见随时可提。这样做的好处是学校在检查工作中可能发现其他问题、其他意见，供领导上最后作修正检讨。如大家认为这样做不好，那就采用第二个办法，即先讨论几天。但不论采用那个办法，从领导上讲一方面是自己的检讨未结束，需继续考虑研究之，但另一方面，把工作重点又逐渐移到各校、各单位去，领导检查基本告一段落。各校回去可先把我的初步检讨在党委支委、中作传达，〈浪〉让他们提意见，党委检讨后再一道传达至一般同志。至于各校自己的检查，主要是检查党委、尤其是负责同志，一般同志主要是学习。检查分三方面：① 主要检查受饶的思想影响，探查学校中方针明不明、社会主义思想够不够；② 检查主要的工作作风；③ 组织生活方面也要很好地检查一下（这方面我们在鉴定时已过了关，该检讨已送华东局）。在检查方针、政策时要结合检查知识分子政策。时间上要求在两星期搞完。希望同志们都能站在党的原则上对党对自己负责，很好很快地过这社会主义关。各校自己搞，但如有严重问题而自己又不很好检讨的话，如四中全会学习与知识分子政策学习现已三个多月了，有条件的学校可结束这问题了，但有几个学校问题较严重，而自己又对这些问题一毛不拔不敢正视，那么，为了不使时间拉得很长起见，我们就准备拿到大会上来检讨，强迫过关，务必求〈的〉得在八月半前结束之，以便布置下学期的工作。

沙（文汉）对个别学校所提问题的解释摘要：

学校中政策、方针的检查，主要是学习，上面的方针、政策如何与学校工作具体结合，仍是一个长期的工作摸索过程，不可能在两星期内解决。

这次检查主要是个人过关，因四个月来，我们在知识分子政策及四中全会决议学习中，是强调以党委会中心为重点，有关个人的方面则结合检查解决之，现在党内有许多问题已提出，所以总的问题应该解决。至于个别学校可能落后了，各分院如过去未很好探讨，现在要搞一下，可当作特殊问题来研究。

（文件编号：Q25）

胡立教传达组织改变及周总理的外交报告

1954 年 7 月

① 6 个大区 128 000 多人，撤消后只能动用 20 000 多人，其他不能动，在转单位。中央希望补充 10 000—16 000 人，地委以上 4 000 多人，内 60 余个部长—副部长，480 个司局长。

经算账，地委以上干部可动者只有 2 093 [多] 人(内省级 193 人其中 20 人调做大使及参赞，因此只好紧缩。调内中 60%给中央，40%给地方)县以下可分配工作者 9 920 人，县级占 2 900 人。

② 华东机关人员处理方案：

能动者 4 831 人，其地级 402 人(内省以上 48 人，主要地级 155 人，其他地级 193 人)县级 755 人其中 185 人不宜到中央因此只有 575 人其中县级主要干部 422 人，一般干部 372 人。

地委以上干部，到中央 49.7%，内省级 23，主地级分配省市，省级 15 人，主地级 50[人]，一般地级 72[人]，转工业，主地级 4 人。

不能分配工作者原级原薪，组织学校去学习。老干部学文化，非党员学政治。党校统统保留。

团校东北西南及华北三个撤消，华东中南西南三校保留，建制如党校属中央。

行政干部研究解决，但现在干部不动。中央马列学院增加组织，宣传及哲学各 1 班，每班 60 人，以训练大区调整后的干部。

大区撤消后地[委]书[记]及专员以上的任免归中央，其他一般地专级干部归省市。

至[于]遣散人员组织学校解决一部份，退休一部份。

③ 全国有党员 660 万，三[中]全会 [议] 后中央曾说农村中暂不建党，现拟到 1957 年 [至] 发展至 1 000 万(或 990 万)，内产业工人 100 万即 3 人中有 1 人党员，〈只〉即使如此全党中还只有 14%。

农村 170 万(现有 330 万)总数占 50%，高等学校毕业生中应保持 15 至 20%。团员至 30%(以 1957 年为期)。

中等技术学校毕业生应保持 20—30%，在私人企业中至 1957 年发展 10 万人（职工员），手工业工人要发展至 20 万。（二千万人中有二十万）部队机关发展 20 万。党员连死亡与开除每年约占 10%。

（文件编号：E26(1)）

关于日内瓦会议及毛主席对外交的指示

1954 年 7 月

毛主席说轻视中医是最卑鄙最恶劣的资产阶级思想。

日内瓦会谈对缓和世界紧张起了很大作用。

此会议召开不是偶然的，是由于美帝七八年来所造成的国际紧张局势坚持不下来了，所以开这会议，美帝在德国制造柏林事件失败了，在东方制造朝鲜战争也失败了，这使帝国主义内部矛盾亦加深了。被侵略的殖民地半殖民地国家与帝国主义的矛盾亦加深了。

次之，在军事上苏联已经在上〈峰〉风了，军事工业上亦上〈峰〉风了，美帝这点已看到的，他并没优势。由于苏联强大及以苏联为首的和平民主阵线强大，也使帝国主义国家间的矛盾加深了。

现在世界上有九万万人空前的团结，这次去印度及缅甸，看到那里的政府与人民都渴望和平，这说明整个国际局势趋向和平，美国是孤立的，其地位降落了。

中国的国际地位已空前提高，就是美国操纵的国家也想与中国打交道。

现世界有四部份。

① 承认我们的国家，以苏联为首的。

② 印度、缅甸等是主张和平的。

③ 英法虽与美国亲密的，虽不敢公开得罪美国，但也不敢支持美国侵略，因为与他们的利害是冲突的。

④ 美国及其被操纵的国家坚持反对我们。

朝鲜问题我们与苏联，〈相〉向来以最大努力争取宣言和平解决，但被美国所组织的 16 个国家破坏了。但这 16 个国家中意见是不一致的，英国、加拿大并不与美国意见一样的，只美国已也不完全一致的，艾登礼朝鲜问题总还要讨论的，这时还非你们中国签字不可的。朝鲜问题虽未解决，但已暴露了他们内部的矛盾。

印度支那的问题是可以解决的，基本上没有问题了。其原因军事上法越军只有 47 万人，且其战斗力很弱，再也打不下去了。美国企图要法越支撑下去的，而成为所谓东南亚的反共力量，但他本身是不愿参加的，因为首先他国会反对，再则在朝鲜已吃了败仗，他也没有信心了。

至于法国，人民既反对，连军人也反对，而美对法的援助叫得很响，而实际并不多，法国在战争上是累败，国家是怕战的，历史教训太严重了。（法朗斯说，法国当〈做〉作一个强国是说不上的。）

根据如此局势，我们外交方针是争取国际和平局势到来，要如此我们则必须联合英、法联合印度及其他可能联合的国家以孤立美国。现在争取法国条件已经成熟。法国是资本主义国家的最弱的一环，连法杜尔都可争取的，戴高乐等都在动摇。

英国与美国之问题有矛盾的，英竭力主张维持现状，而美则主张战争。杜勒斯是呆伯，他走了艾登就大大欢迎，英国变成西方的主角了，所以我们是联英反美，因而英国对我们很高兴。中英的关系现亦已有改进。

在日内瓦休会期间，一面艾森豪威尔，邀〈邱〉丘吉尔去美，一〈件〉面是印度要周去英，而我们公报中五条愿与一切爱好和平者共处，这给世界上起了很大的作用。

联合东南亚反对美国侵略，此口号受到一切殖民地半殖民地国家的拥护。由此可以证明和平的共同愿望是迫切的，缅甸对中国有些怕，现已大为放心，不久印尼也可能与中国关系也进一步发展，发共同宣言，印度缅甸印尼等的态度，在一定程度上也是受了英国态度的影响的。

〈寮〉泰国与高棉实与越南是同一民族（只有一部份泰族），只因我们说只要和平与反对美国建立军事基地，我们可以和平共居，做邻邦，他们就高兴了。

我们对保大是采取分化政策，争取其中亲华的一派。

史密斯对莫洛托夫说（吃饭时），美国的外交政策是不现实的。

法国在越南有四亿美元的投资。

主席指示：

同意总理国际和平统战方针，开展统战有如下几点：

① 争取印度支那和平实现。

② 东南亚建立和平区，内容就是五条在此区域内，不管任何国家。

③ 对英争取改善关系，恢复邦交。

④ 争取与法国改善关系，并有可能的。

⑤ 争取与美国政府开始改善若干关系，同时要团结许多国家孤立美国，使其改变态度，即承认我国，但美国可能还要与我们作对，但这不怕，因为时间长得很。他作对，我们也反对他，和他斗争，他改变了，我也改变，决定点是要孤立他。

⑥ 以上一切国都有和平的力量，因此开展国际统一战线与开展外交只有时间问题。

⑦ 我们国内要团结要支持周总理为首的代表团的工作，我们各民族各民主党派要团结起来，才能支持我们代表团的工作，有些人不愿做外交工作是不对的，要把外交工作做好来支持国内建设，否则建设不好的。

文件编号：E26(1)

科学院工作汇报

1954 年 8 月 24 日

[上海]冶金陶瓷研究所：

本所在 1930 年创设起初只有 11 人。内研究人员五人，1939 年发展至 33 人，内研究人员 11 人，解放时有 32 人内专门研究者 3 人，高级技术人员 5 人，至 53 年又增 73 人，54 年又增 108 人，现共有 208 人，专门研究人员 7 人，高级技师 5 人，共 13 人，中级研究及技术人员 18 人，初级的研究技术人员 79 人，技工学徒 40 人，其他为行政人员共 68 人。

现在研究工作人员开始向党靠拢，但有些人"三反"中有牵涉于他的问题没有解决，因此尚有一些意见。过去他们把所看成是自己的，而现在尤其是对人事及行政方面，觉得自己没权了(所用技工有不合格的，不接受他的意见)。同时所内有些事情他们亦不详细，他的感觉起初我们是提高旧人，现在则从外面派人进去了，觉得老人前途小了。——但技术上仍是老人负责的，他们对技术与业务虽说是认真热心的，但有不敢问事、不谈政治的倾向的。他们喜欢埋头苦干的好学生，不喜欢会讲政治的青年干部，搞政治的积极分子在一般群众中亦有另眼看待的情形。

新来干部，虽经政策教育，但对政治上落后的，或学问差的，或工作不负责的都看不起。他们到本所后觉得政治空气太厚，而自己未来之前有些抱负，但到所后又觉得科学如海有苦闷，但到现在的一年中，一般都已安心工作，也受到了科学家的重视，工作上与学习上都有成绩的。

本所经"三反"、"镇反"思想改造后，确实一改了过去工作三四小时的腐朽空气，尤其"三反"及思想改造作用更大割断了所内人员与资产阶级的联系，消灭了在外兼职，划清了和ブル的思想界限，但由于运动来势较猛，是伤了他们的自尊〈性〉心的，今天他们想起来还是心有余悸，刘大为的服毒自杀是曾有许多人为此流泪的。

思想改造时，大家都臭骂了自己，但事后大家都有些不甘心。此外，内中有五个人在思想改造时是没有通过的，而现在也没给他解决。因此，经此运动后大家做事都缩手缩脚，表现在订计划，大家怕负责，许多事情都要征求党团员的意见。自己是小心翼翼的，一直到五三年检查工作后这种情形才有改变。尤其是随后即展开科学研究工作，政府交给他们的国家建设的研究任务，与加强对其工作的帮助后，他们的感觉就更有不同。此外实践论的学习以及新来的同〈意〉志态度均较好，则使科学家们工作情绪是向上发展的。

科学家在研究上是有职有权的，对此他们都没有意见的。同时他们对苏联科学的认识也是进步。

目前存在为有如下四个问题，[首先]，从上述来看，我们成绩还是初步的，尚未很好巩固。首先是“三反”及思改时所遗留的问题还没很好解决，因而应问到有些人思想上有隔阂的，有些人有在政治上受歧视，再到在评薪评级中，因为德不够，而有些评低的。

在“三反”与思改后，有一部份人工作是消极的，或者工作战战〈竞〉兢〈竞〉兢，生怕搞错而被斗，起初他们是惶恐，后来他们是不满，现在则尚有隔阂，所以“三反”及思改的遗下来问题必须解决，否则不能发挥他高度的积极性。

其次，高级人员中表面客气，但各人都只管自己，有相当严重的分散现象，其间团结是不够好的。其决定的问题是所长，有些人对所长研究工作及对所研究工作领导是不满意的，在他们研究工作中很少商量。

他们中间所存的问题主要都是为人都有偏见，而多固执着少开诚布公的交谈。同时研究工作没有学习领导的核心也是一个问题。

第三，新来的青年的工作人员专业务精神很好，但有忽视丢[掉]政治的倾向，再则他们有些高傲看不起旧的工作人员至对老工作人员有意见。党团员中则也有不敢提的，再则有些青年工作人员也不努力，办公随便迟到早退，总之青年干部少人管他们，而尤其是家庭成份坏的，知道自己政治上也没前途（留苏选不上）因此只埋头钻业务或工作不积极，自由散漫起来。再则对他们生活照顾也不够，因之在青年中有向自由散漫发展的倾向。

第四问题，党团员与群众间生活未打成一片，群众不知党员在干什么且有些疑虑，而我们则不容易了解群众的思想，而党的支部也未公开自己也不知道在所中党的支部工作应怎样来做。有比较好的群众对我们说：我们感觉不到党对我们有什么工作与帮助。而有些政治问题的人则对党团员觉得有压力，我们党团员虽不突出，但也没与群众打成一片。

造成上述四个问题的原因是：

① 党的政策思想领导不明确，我们虽交待过政策但主要只是原则，没有在工作中去很好贯彻，我们同志对群众有成见，常只看他落后方面既不分析其原因，又不去研究其有用及在进步的方面。

② 对业务较差及工作不诚心的老研究人员，不〈歉〉谦逊或讨厌，不认为他们是国家的遗产，过去党号［召］中曾有想取而代之的思想，但在有些方面我们看问题并不一定完全正确的，有些人业务水平并不很差的。我们同志有不惯于现在工作环境，尚念念不忘于旧工作岗位的，再则今天同志中有缩手缩脚的，但也有以为我们政策把知识分子搞骄了的思想。

③ 团结科学家的工作中看来找到主要问题的毛病。如"三反"遗下来问题知道了而没解决，再则我们工作中有把团结看成〈事〉是与人家打交道的倾向。我们领导上对情况则有偏听偏信的情形。

在政策问题上我觉得是缺少对具体的事实进行分析来教育全党的缺点。

因此感觉今后要：

a. 小组要善于分析情况研究具体情形。

b. 要重视科学家，才能使他们靠拢我们，这就要去发扬其积极面，有事要多和他们商量。

c. 要相见以诚，有些表扬近乎捧他们是不对的，不要背后当面各一套。

d. 要教育他们个人的利益结合到国家的利益上来去，［来］提高他们，因此要注意解决他们个人问题。

e. 要发挥科学家学习方面的努力来加强其集体生活。

f. 我们政策应是具体的贯彻于各方面而不仅是原则。

g. 要不断〈的〉地贯彻党的政策思想的教育（无论对内与对外）。

最后关于今后工作的改正上，我的意见是：

Ⅰ.

a. 对头一种人，要大力宣传党政策，表扬其积极方面，要使他们向前进，从而来改进其缺点。

b. 对第二种人（解放以后来的）应宣传党的政策，安排他们工作表扬他们的成绩，使他们对本门科学的前途，在这样前提下专心长期的来改进其缺点。

c. 对第三种（新来的党团员）要加强政策教学并照顾其困难，过去批评太多了。

Ⅱ. 解决三反思想改造的遗留问题。

Ⅲ. 在党团员中应使对党外人员有具体的统一正确的认识。

Ⅳ. 加强所内的学习领导及举行学习研究进修性的会议。同时对老、青年应有不同的要求,尤其在政治方面。

关于包头铁矿的冶炼研究中党是如何工作的:

包头铁矿很特别,是碱性的,〈隔〉夹杂着有钾与钠及萤石,这对普通炼铁都有害的,在业务上还没发现过这样铁矿。

我们党在这研究中的工作是这样的。

① 党的组织工作。由于这方面研究工作起初高度保密所内许多研究人员都不知道,大家都很有意见。为此党做了统一思想认识的工作。

② 对知识分子的团结工作。基本上是通过具体工作来进行的。邬元奕本来是很怪的人现在与我们搞得很好,工作亦很努力。

③ 支部工作曾有一时不能配合业务,而在研究工作的保密中,由于缺乏制度与警惕性,也做得不好。我们对外的与全国钢铁公司的联系也不够。

④ 经验教训:

党在研究部份的工作应:

a.〈找〉抓住团结知识分子。

b.〈找〉抓研究计划。

c. 组织工作三方面。

⑤ 党员的工作与作用。

a. 要钻业务。

b. 团结科学家。

c. 要起模范作用。

d. 随时向党反映意见。

e. 对试探研究必须鼓励,便其打破成规。

f. 要贯彻研究为生产服务的观点。

关于党支部性质及作用的汇报:

Ⅰ. 党内思想情况及其发展过程。

支部成立已 8 个月，党员 25 人，在群众中占 10/100＋。大部党员都是技术为队的干部。

Ⅱ．支部工作主要成绩及其所存在的问题。

[把]科学的支部当作一般机关支部来确定任务是值得研究的。

Ⅲ．工作上的主要体会：

党要做好研究工作，必需依靠团结科学家与发动广大群众相结合。

党是应在实际工作中对不同的对象进行不断的政策教育。

衡量专家进步与否，首先应从其业务及工作上来衡量。

文件编号：E26(1)

关于今后高等学校工作中应注意的几个问题

1954 年 8 月

（一）以教学改革为中心来加强学校内容的社会主义化，使之能发挥它应有的作用，承担起培养国家社会主义建设所需要的足够数量和一定质量的人才，这方针是完全正确的，因为教学改革不但是学校业务上的改造，并且也带动了教师的政治和学术思想上的改造，而大量新教师的培养也只有经过这样的改革才能完成。

（二）教学改革能否顺利完成，决定的关键在于我们能否充分发挥教师的自觉性和积极性，领导他们集中力量往这个方向来努力。在这里阻碍教师自觉积极性的发挥固然是错的，分散了他们对这个中心问题的力量也是不对的。

（三）根据这样的准则，现在我们的工作，除整风业内的组织和思想外，最主要的有下述二端：

（1）贯彻党对知识分子争取、团结、改造的政策，消除长时期来从我们工作中所造成的和教师间的隔阂不团结现象（包括新老教师间的不团结，因为这主要是我们主观执行政策上有偏差的反映）。同时加强我们对教师们工作的正面领导，鼓励他们前进，并以适当的方式展开对真正的反动和落后思想作斗争。

（2）明确工作的中心内容是教学改革，使其他工作都能有机地围绕于这中心来进行。而我们的政治思想工作则更应为这个中心任务来服务。这就是说，一方面，我们党、政、工、团的工作应该以鼓励教师进行教学改革和消除他们在教学改革中的困难与思想障碍为任务；而另一方面我们与教师间的必要斗争，也应围绕在这个中心目的来进行。因此在这个中心目的之外，除了特别严重的问题必需解决外，其他的斗争都应有计划地予以缓和，勿使教师改造的负荷过重，反而妨碍其前进积极性或分散其工作注意力。

（四）今天我们学校里要搞的工作是很多的，除了教学改革一整套的工作之外，在业务上来说有基建，整理学校的组织，教师实行工作量制等等，而从政治思想工作上来说，则有提高教职员与学生的思想政治水平，加强我们与教师的团结，积极搞清楚他们的政治面目，发展我们党的组织，提高我们党的水平，摸索我们党、政、工、团在学校里工作的经验等。这些工作如果安排得不好，则不但教学改革的中心会模糊起来，甚〈且〉至可能把我们工作人员和教师们都在繁重的要求下压死。

因此我以为：除按照前述这些原则来安排我们工作外，还应注意：

（1）改变同志们对教师们抽象的只从一般政治质量与思想意识上去要求教师的观点，而代之以学习苏联教材与科学，以及马列主义思想是否积极认真，执行新教育的方案和制度（即按教学改革的规定）是否认真负责为中心，来要求他们。而我们其他要求，如加强他们爱国仇美与社会主义的观念等，则基本上亦应通过前述这个中心要求去达到。

（2）党、政、工、团的工作。应以实际上能否发挥他自己的作用，去推进教师教学改革的积极性与解除其阻碍思想为准则；至于党及团在学生中的工作则应以能否帮助学生在业务上、政治上学好为准则；而在党员中则应以保证师生完成前述任务为准则。为了直接解决前述这些要求以外的其他政治思想教育，应该视为政治思想教育工作的辅助手段，不能过多，更不能常开大会妨碍教学与学习。要之，一切都应注意中心、注意质量与效果，切忌形式化与一般化。

（3）除直接解决中心问题之外，则应在总的工作打算下组织一定的力量去进行。既不可因此妨碍中心工作，也不能因中心工作抹煞必要（其他一切必要进行的工作如发展党的组织和学校的基本建设以及其他临时性的工作等等）的其他经常工作。

（五）我们学校就其性质上来说已是新型的社会主义性质的学校，但其内容还存在着许多旧的东西，因此要使这学校为国家建设服务（培养建设与科学研究人才）。一方面我们就要善于运用他，能运用他现在的条件来为国家建设服务；另一方面我们也必须善于改造他，使他的内容更好地社会主义化。这两方面偏废一面，或搞[成]了某一面妨碍别一面，都是错的。

而学校的内容要社会主义化，则在基本上应该有三方面的改造：即业务改造、思想改造和组织改造（包括成分与党员的数量等）。如果这三方面偏废某一面也是不对的，但在国家大规模建设已经开始，各方面都急需各种人才的时候，我们改造是应该以业务为中心的。而〈把〉在其他方面的改造则应该配合在这个中心来进行，这是必要的、正确的。因为不然，它必会妨碍我们对今天学校的运用。在我们的学校里，我们应该使同志们首先明确这个概念。只有明确了这个概念，我们才能正确掌握我们的方针，〈统〉通盘筹划学校的工作，一并来确定各种必要的步骤与工作方法。我们在过去的工作中，对于这点似少注意，希望今后能设法补足之。

参加全国人大一届一次会议期间的笔记[①]

1954年9月

9月4日,邓小平

① 党组

共662人,到了555人。

政治局兼党组[并]吸收有关大区同志参加,成为党组成员。

党组小组以选举单位来组织。(省市合〈併〉并后的省市)如此共33组,以下述人为小组和副组长,浙江省——沙文汉、杨思一。

党组秘书由中央秘书长、副秘书长担任,加一个习仲勋同志。

② 大会日程

明日开始至13号小组工作时完成大会准备15日开幕争取28日闭幕。

工作主要有二件。

ⓐ 讨论宪法与五法。

ⓑ 准备发言,对宪法及五法的发言,对工作报告的发言。

9、10、11、12、13、14天讨论宪法新草案及五法,其前三天讨论宪法原草案。宪法发言100人准备党内30人党外70人,由中央及统战部商定名单,发言辞则由小组集体创作。

对工作报告发言,则定60人,党内拟20人,发言名单与发言辞与前同。

党员发言稿务要早准备好,使中央审阅。

以上是13日以前的工作。

15日是开幕,通过主席团,秘书长及五个委员会。

从15日起4天,是报告发言与通过。必在19日解决。

20至23,四天中是政府工作报告及发言通过。

24至25,二天通过五法。

27、28二天选举及闭幕式。

在大会期间大体上是上午开小组会下午开大会。

---

① 原文无标题,系编者自拟。

29 日有苏联国家代表大会来。

③ 这次会议任务很大，日程很紧，因此要党员保证务必把会开好，党外人士对大会是很认真的，党员若不认真，则这就使人觉得对民主可怀疑。统一战线不但使许多重大事情都一致通过，而且是有效地孤立了敌人的，大大减少了我们走向社会主义的阻力。

我们要在小组中多交换意见，说服人家，不要靠多数吃饭，以为能多数通过就算了。

又会中必有斗争，资产阶级是认真地和我们在做合法斗争，我们若疏忽就会上当的，但我们以耐心说明精神都是必要的。同时他们中间也确有许多好意见，而好意见是应接受的。小组中可能有无把握的问题，而对这种问题不可轻易挡回去。而要在党小组中很好研究，再则可请示中央。

④ 这次会议发言，务要有内容，不可千篇一律，而要有批评与自我批评。要能生动活泼的反映我们的事实内容。

⑤ 最后，党员必须强调纪律。

首先要求聚精会神，开好会。

要遵守大会的秩序与规则。

党员应提出他自己所感觉的意见，但同时要注意通过组织，经党的审查与同意。

浙江的粮今年要求收购总产量的百分之八十五。

吒咤则风云变色，喑呜则山岳崩颓。

恽逸群，温仰春问题。

梁国炳及霍士廉的工作问题。

原子的大小等于头发直径的 1/50 万到 1/100 万。

原子核有二种粒子组成，一是质子，一是中子。

质子(是氢原子核)是带电的。

中子则不带电。

电子数相等，而其核的中子不相等则同位素。

物质的化学性质都由电子数不同来区别。

铀 235(原子弹用)。

[铀]238。

钚 239(原子弹用)。

铀 238 加一电子,即成钚 239。

如果雇贫农经济条件太差,就会影响到雇贫农在合作化中团结中农的困难(缺乏互利的条件)而中农财产太多,则在合作代中也增加了中农丢包袱的困难,要不然则就是雇贫农向中农多让步,这也是使合作化增加困难的。

"英法是现状维持派,但若发生世界大战则恐不可避地会跟着美帝国主义下水的。"(英法是企业图用美国势力来维持世界现状。)

农业的落后主要是:

ⓐ 小农经济生产关系。

ⓑ 生产设备的落后。

因此在农村里须有二个革命,即社会革命改变生产关系和技术革命改变生产力和生产方法,苏联这二者是同时进行的,中国则只能是分开来〈作〉做前后二步来走。

至社会革命我们亦是分二步走的,第一个五年计划是基本上完成半社会主义改造,基本上不办高级社,至第二个五年计划再逐步的转向高级社与消灭富农。这二步是必经过程,不可逾越的。

明年全国办 60 万个社,华东 20 万个,浙江 25 000 个。

至 1957 年全国应连农业总人口 50%以上(社数大约 300 万个),老区可能达到 70%,新区可能 30—40%。

平湖水稻每亩平均产量为640 斤。

550 斤。

580 斤。

(文件编号:E26(1))

地委书记联席会议记录

1954 年 11 月 16 日

宁波：

老社 497。
新社 4 685。 } 9 544 社，共 26 万户。
在建 2 852。

总农户 1 073 304 户，占总户数 24%。

有 1 112 乡已有社(总乡数 1 358)。

有 244 乡建社农户占 50%以上。

绍兴，镇海二县有 40%以上。

慈溪 38%。

建社在20—30%四县。

15—20%鄞宁海嵊县。

新昌 5%，天台 8%。

老社平均 44 户，新社 60 户。

十个县基点乡(共十乡)的统计共 153 社。

贫农占优势的占 88.9%。

中农占优势的占 12.3%。

李学智：

金华共有 5 223 个社，156 700 户占农户 15.2%(内新 4 191 社)。

第一类好的占 40%，中等 45%，差的 15%。

110 合作乡，一个合作区(诸暨)高级 30 个。

乾西乡为地委典型合作社乡 90%已合作化。

每口收入粮食 800 斤，副业在外，(未参加〈作合〉合作社者 128 户，内地主 28 户，富农 16 户，反革命分子 14 户，其他为中农 24 贫农 34 户，其劳力 15 户，手工业小贩 37 户。)。

张复兴，衢州副书记：

新社 3 858，已办好的 404，正在配理 1 667。

刚搭架子 1 837，入社农户 100 424。

老社 220，原户数 4 674 户，现扩大到 11 018 户。

新老合计共 4 078 社，总计户数 114 442 户，占总户数 31.3%，高级社 19 个计 2 203 户占总户数 1.61%。以开化龙游发〈占〉展得最多。

龙游占总户数 3.6%。

开化占总户数 66.4%。

衢县占总户数 36.6%。

宣平占总户数 30.6%。

江山占总户数 14.2%。

常山占总户数 19.2%。

遂昌占总户数 8.7%。

松阳占总户数 8.9%。

上述社中好的社占 35%，中等的 40%，差(有问题)20%。

根本不行没条件的 5%，新社中最严重的问题是政策和生产管理问题，也就是经验问题。

赵星，嘉兴：

共 9 400 社，〈估〉占总农户 31%，共 24 万户多些。

(嘉兴区有农户 88 万户稍多些)。

问题：

ⓐ 下面情形上面不知道，如嘉兴。

ⓑ 干部对办社外行和没有实事求是研究工作条件问题。

① 和群众条件对比来说领导思想及工作准备是落后了。

② 但群众条件各地委所报告的恐有一般化毛病估计其中还有不少是轰起来，或者甚至是很勉强的也说不定，尤其是衢州。

③ 巩固合作社与粮食统购统销的安排问题。

④ 现有合作社如何巩固问题。

温州：

老社 218[户]，农户 3 314[户]现扩大为老社 226，农户 9 329 户。

新社已办好 2 187[户]，还在办 1 329[户]合计 3 516 个社计 71 674 户

旧新合计 3 742 社。

户数 81 003 户，占总户数 6.13％。

在报名要办的(包括自发的)41 475[户]。

舟山：

农业 3％(4 154 户)盐业 4％。

(62 社)

渔业已组起来 21 629 户，共 81 个社，(平均最大有 1 000 多户的一个社，261 户一社)占渔户 61％，最高是嵊泗占 84％。

新社的巩固到如何程度。

凭主观力量首先是能巩固多少。

在阶级政策的情形是：

① 反富农注意是有的，但对中农的顾虑多，因而不敢开贫农会，另一方面则只顾贫农，把土地农具价压得太低。

② 社里，在组织上贫农的优势大体是解决了，但思想上去提高贫农，使能起领导中农的作用则注意就不够。因而有些贫农做了社里的骨干，有老鼠翻到向米缸的想法。

③ 再则对富农有一般化，而少注意去缓和他们的破坏。

温州区，沿海有 8 个县，36 区，248 乡(47 个乡未进行土地改革)，港岛 410 个，岛屿 180＋个，全区渔民 6 100 人，家属 14 000 人。

边海防问题：

① 中心问题是以海盐民生产及合作为中心去搞好人民的群众工作。

② 政策问题，及对敌工作。

③ 具体部署。

④ 组织问题(包括编制)。

(文件编号：E26(1))

传达全国第四次农村工作会议的发言稿

1954 年 11 月 17 日

一、一年来工作中主要经验

经验：

（一）半社会主义的农业生产合作社，既能增产，农民又易于接受。

（二）广大农村中初步建立了社会主义优势，这是各方面工作配合所取得的，首先是中央公布了总路线；其次党员干部社会主义觉悟有了很大提高，农村中党员自发资本主义思想受了驱逐；基本上〈势〉实行了阶级路线。阶级情况：贫农在群众中的优势初步建立。

（三）几年来互动组广泛的发展，创造了基础。90％以上是从互助转的，社带组更加促成了参加社的自愿。

（四）掌握了群众自愿的原则，〈顺〉训练大批干部，先进行深入教育，坚持自愿原则，边巩固边发展，充分准备，一年四季都可发展。

二、增产的经验：

（一）发挥了现在土地生产的潜力，最主要的还是贫农土地产量的提高，废除了地界。

（二）充分使用劳力。未组社前地方农民一年只 150—180 劳日，而组社后一般 200 —200 工日，妇女参加劳动积极性提高。

（三）初步地改进了农业技术。

（四）劳动力土地生产资料结合一起后，可以实行多种经营，增加收入。

（五）老社进行了基本建设：

关键是在于生产资〈了〉料统一使用，劳力集中，人尽其才，地尽其力，物尽其用，也证明了中农和贫农结合互助有力。

三、缺点：

（一）对运动的发展形势，农民觉悟估计不足，准备不充分。

（二）春天发展的十一万社，一般的是〈作〉做了组织工作的，但不够，目前只看到好的一面，有些干部不够冷静，盲目乐观，有的地方不顾情况，想迎头赶上，有的上级要多少就给多少，要防止胜利〈充〉冲昏头脑，目前不顾实际情况的现象非常普遍。

（三）阶级路线若干地区不明确，如依靠贫农和中农问题，老新中农区别问题，对富农的警惕不够是主要的。

（四）一般地说，党委抓住了中心，但个别地区党委尚未抓住合作化这一中心。

（五）开始产生了强迫命令，中农准备退社等。

（六）10%左右的社不够巩固，有的省办的不大好的社 20%左右，影响不好。产生缺点主要原因是缺乏经验，时间短，任务重，农民本身的落后性，我们的本身政治薄弱，有的社领导成分不纯，有的社老中农在领导上占了优势。

四、农业合作化方针步骤和大体上的计划。

目前农业不实行社会主义改造，不能适应社会主义改造的需要(一亿六千多个体单位)，主要是两方面落后：1. 小农经济生产关系的落后；2. 个体农民生产力的落后，设备生产赶不上需要，因此各种货统购统销，因此要从两方面改造，一方面改生产关系，另一方面实行机械化，是一技术革命。苏联是一面推广集体化，一面机械化，两头并进，苏联当时是社会主义革命，又是土地国有。农民土地私有观念，统购统销还需二三年才打下基础，因此我们从两方面条件还不能把社会革命和机械革命一起走，要分两步。大体上第一二[个]五年计划完成社会革命，第三个五年计划完成机械化。

社会革命也分两步走：第一个五年计划中基本上完成半社会主义，1957 年 50%以上，基本上不办合作社，个别试办。第二个五年计划，逐步地先后的参差解决转高级社，小社并大社，消减富农的问题，这是必须过程，不可逾越的。今年到明春，大体发展到 60 万个社，华东 20 万。办六十万个社有希望有困难，只许办好，不许办坏，不许出废品，建起来就要办好。1957 年全国要求达到 50%以上。全国以三十户一个大体 300 万社，到第二个五年计划数字可能缩小，社大了。

五、如何办好农业生产合作社：

明年是一个关键是为整个合作化大发展打基础，明年 60 万办好，后年就是一很大的进步，办社中很大的比率是群众办社，再加上干部和领导水平的不平衡，任务很艰巨。四条：

（一）确实增产。

（二）分配合理，原则上劳动略高于土地。

（三）自觉地〈势〉执行国家计划（生产供应）。

（四）农业生产合作社要成为团结互助和个体农民的核心。

1955 年农村合作经济达 10%，生产量就不止。华北、东北可达 30%以上，因此今年合作社增产不增产，对明年的发展有很大关系。下决心办好 60 万社，防止贪多、大，目前盲目乐观已有萌芽，要防止明年出大的偏差。少数地方自流右倾，也要克服，这一问题上要实事求是，全国总情况看盲目乐观是主要的危险。

各地党委应遵照中央的指示，指中心完全转到合作化方面来，应〈作〉做到认识上思想上的一致，依靠这一中心来保证农业增产。政法、公安工作也要依靠这一工作，我们党的各种工作都要以这一工作为中心，通过它推动其他工作，中心工作不能孤立，是政治经济文化的中心。

如何抓合作社。各级党委都要有一书记或副书记掌管合作化，明年四月去开会，专管就要误入钻研，省地县委都要有农工部。

全党办社，支部办社，办社中整理和发展党。

掌握运动规律：

1. 首先掌握发展速度，按照实际条件，条件不够，可少发展。报告。废品不能超过 1/1 000，不能放任各级盲目追加数字。

2. 掌握合作社的性质，主要抓发展半社会主义的社，一般不办高级社，县也不准动高级社。在劳动收入占比率很大，生产发展的很高，土地收入农民已感到普遍稳定，条件具备了如何转问题还[要]研究。

3. 贯彻中央对合作社的决议章程，主要掌抓中、贫农关系问题，既要充分照顾贫农利益，又要适当照顾中农利益，涉及到中贫农利益问题要充分协商解决。

土劳分红问题，土地分红以定量分红为宜。〈生〉牲畜农具作价问题，原则上生产农具持有，用各种形式逐步公有化，对中农是半妥协，适当地让步。耕畜农具采用入社的办法，耕畜问题很值得我们警惕。苏联 1931—1932 年〈生〉牲畜死了一半。果树山林，把养果树的工夫记上五分，主要是中贫农关系问题，中农在合作化中就要丢掉私有包袱。

大小问题：原则上大社比小[社]好，但现在是由小到大，一般以 20—30 户为宜。这是适应农民的水平。控制大小，由各省拟一办法，不要控制死，不要对下边表示不欢迎大社，但也不要太小了。河北很多三五户的，这些小社中间可能有〈敌〉抵抗社会主义的。

4. 贯彻群众路线，工作力求深入，新干部要注意训练，因地制宜，结合生产，在新办社中进行一次社长教育。一般宣传和个别〈穿〉串联相结合，重大问题都要这样做，要很深入的细微的组织工作，全面准备分批发展。

5. 巩固扩大老社的问题：

（1）首先要重视社的示范旗帜作用，要依靠老社骨干，干部不愿到老社的情况要转变，老社中一系列的工作。

（2）如巩固提高。A. 发展各种副业，农林渔牧，全国 40 亿亩荒山；B. 基本建设、水利等。

（3）贯彻计划管理，订计划。

（4）加强政治教育，要做到十一万社大部能起带头作用。

（5）老社的扩大问题。

6. 各方面工作的配合：

（1）农业部主要[抓]：A. 新式农具，1957 年全国要推广，150 万部双铧犁，1955 年 40 万部，使农民在经济上和我们建立更密切的联系，更依靠我们；B. 种子，农业部门要设精种站；C. 耕畜，防止疫病，加强繁〈植〉殖工作，设育种站；调剂；D. 防止病虫害；E. 培养会计人材，每一区设一会计辅导员，[在]城市店员，农民中；F. 技术指导，1957 年春要区区建站，每站 5—8 人，站长请各级党委组织部门想办法。

（2）水利部门，旱地变水田问题：A. 目前主要搞群众性小型水利，主要靠群众出钱；B. 流域规划，抽水机站也要办，但不能大批办。

（3）林业部门：A. 扩大木材供应；B. 规划造林工作。

（4）银行，主要是发放农贷和信用合作，信用〈和〉合作要大量发展，明年准备 15 万的，每个五千万，今年全国农贷 12 万 5 千亿，实放 4 万 5 千亿，返还问题，一般做到有借有还，十分困难另作别论。

（5）气象工作：要发展到 150[个]高空勘察站。

（6）统购统销工作。

（7）A. 合作社干部不要经常变动；B. 党组织要建立。

(8) 菜蔬和畜牧合作社。

六、关于过渡时期党在农村中的阶级政策问题

(一) 一定的政策必须要有一定的阶级基础,我们政策是积极的,执行政策要有一定的阶级做依靠,搞社会主义革命没有阶级性、阶级观点是犯错误的。我们政策本身是有一定阶级性的。

(二) 依靠贫农还是依靠中农?这个问题在大革命时期就一直争论,这一问题在民主革命过程中解决了的。我们中国革命两阶段,民主革命依靠贫农消减地主而社会主义革命是〈阶〉消灭阶级,难道还要退回来依靠中农吗?社会主义革命、合作化,贫农最需要,他拥护,对富农有害,所以他反对。从长远利益讲,是对中农有利的,故可以联合。但在目前有些问题他们也吃点亏,中农是慷自己之慨。不承认有这一矛盾存在是不合常理的,在合作化运动中对中农的基本利益是照顾的,依靠贫农的口号不会影响中农的,不会使中农动摇。

(三) 贫农和新中农的问题,依靠贫农,包括新中农在内,一方面依靠多数,另一方面也不需再划一次阶级了。新老中农虽然有共同之处,但有基本的区别,新中农是在互助合作中产生出来的,老中农是旧社会生长出来的,有些生产资料,但比不上老中农,有自发势力但已经受到教育,如不依靠,我们党在农村中就依靠了少数,对投机取巧的上升到新中农的少数分子,不应依靠。另外新中农和现在的贫农有一定差别,有些问题上容易和老中农相同,但基本问题是和贫农一致,但也应认识这种差别,更应依靠现在贫农,加强这方面工作,轻视对现有贫农的依靠是不对的。

(四) 关于农村中贫农优势问题,主席认为贫农的优势当然要,只有把农村中贫农优劣建立起来,才能完成社会主义改造,如果中农占了优势,农村社会主义就搞不起来,如让富农们优势就到资本主义。目前农村中贫农只〈如〉能政治上占优势,领导成分要占 2/3,对现在领导成分要逐步改变。办社时要以贫农和新中农为主,吸收老中农参加,领导成分也能吸收老中农参加。雇贫农会议可以开,但不应成为固定的组织。

(五) 关于巩固地团结中农问题,老中农一般 20—30%,我们的政策,通过贫农把中农拉进来,社会主义革命就是和富农争贫农,中农全部争取过来,富农就孤立,大部争取,富农就相当孤立……把中农取过来,社会主义就能顺利

进行,中农是可以算上社会主义,因为他是劳动者,但他不能自发的走上社会主义,为了争取中农,必须孤立富农。政治上的教育,经济上适当的必要的让步,贫农的优势地位,必须贯彻说服和自愿原则。

(六)对富农政策问题,全党应强调对富农的警惕,富农对我们社会主义改造的抵抗是必然的,主要是防止麻痹。我们是不断限制他,最后迫使地投降。参加合作化改造,富农破坏最〈利〉厉害的是钻进合作社〈怕〉破坏,这次同意1957年以前不准富农参加,个别基础好的老社可以,但要经省委批准。富农地多种不过来,合作社可以承担,富农献田一般不要提倡,一般不接受。对富农教[育]主要是要他们守法,硬是反动对抗的,坚决镇压,〈以〉依法制〈采〉裁,斗争会办法不应轻易采用,对富农、猖狂地富应公开镇压,对富农要有策略,分别对待,着重对嚣张分子,土改不彻底的按土地法办事,驱逐富农出社,一般不要轻易清算,揭发富农的剥削,破坏行为是有利的。

七、其他若干有关问题:

(一)关于统购统销问题,中央的方针是完全正确的,当相长的时间内最少十年中需这样进行,由于我们没有经验。不仅是照顾了贫农,并且也照顾了中农甚至富裕中农,一年来粮食价格是稳定的,对农民有利,对奸商、富农不利。

1. 随征带购,今年全国800多亿,防止畸轻畸重,要实事求是。

2. 办好国家领导的粮食市场。

3. 对小商的改造问题,可考虑用组织合作社的办法,不用国家资本主义,可以研究,从农村市场先开始,挑贩可用供销合作社委托代销办法。

(二)关于发展山区经验问题:

1. 改造自然条件:(1)40万万亩荒山造林,全国山林只占山地5%,据苏联研究林要占30%;(2)增加经济作物生产,北方是核桃,南方茶油、椰子、桑树,果园上出要各地研究;(3)山区合作化的问题。

2. 如何发展:(1)各地党委的重视;(2)主要是依靠县区乡,先易后难,由近而远,当年生作物和多年生作物相结合。

3. 有利山区发展的政策。

4. 靠山区农民,靠合作化。

(三)关于改造落后乡的问题:

1. 1957年春耕前搞完。

2. 向中央禀报。

3. 今冬明春搞好典型经验。

4. 县区乡编制问题，以省为单位，包给省，自行调剂，县设农林水利局各省研究，县要加强，小县撤消区问题各地研究，不要乱撤，区的编制可考虑减少，乡可不动。

（文件编号：R138）

在上海各大专学校贯彻四中全会决议与知识分子政策会议上的学习发言

1954年11月

第一部分　党内思想情况与问题

去年下半年经过典型调查与一般学校的了解，我们觉得上海各高等学校党内普遍存在而要求解决的有下列问题：

（一）要求明确学校党委性质与任务，政治辅导处的工作任务，及其存废问题；

（二）要求继续配备有适当质量与数量的干部；

（三）对团结改造知识分子政策思想上不明确，没有认真贯彻党的政策，同时党内个人主义思想普遍存在，影响到党内团结与党外关系的不正常现象。

从何着手解决学校内部问题，大学党委对这些问题的解决拖延与犹豫了很长的时间，没有能够果断的解决，一直到今年三月后才正式决定以贯彻四中全会决议与知识分子政策为中心工作，使各校工作受了一定的损失，我们应当检讨。

党内基本情况与问题：

我们党在各校原有的基础是薄弱的，党的干部对学校工作也缺乏实际经验，再加上自去年三月政工会议以后，有较长的一个时期内领导上放松了具体的帮助与督促，学校重要工作问题未获及时解决，在这种情况下，绝大多数同志还是积极忘我工作，为党做了许多事，而且也有一定成就，这都是不可否认的事实，是我们党好的一面。但由于领导上没有认真管党，党内组织上思想上产生了程度不同的一些混乱现象，这主要表现在：

（一）党内普遍存在程度不同，各种形态的个人主义骄傲自满思想。党内闹不团结，同志间关系不好，部分同志互相看不起，往往对别人的长处看得少，对别人的缺点看得多；对自己个人的成绩估计过高一些，对自己的缺点看得比较轻一些，对工作缺乏虚心钻研精神，满足于老一套工作经验，行不通时，粗暴急〈燥〉躁，伤害同志的感情，无原则的纠纷也相当普遍的存在。至于极个别的特殊的，甚至也有发展到抗上压下，颠倒是非，坚持错误而不改的。另一方面对党外关系也不正常，某些干部看不起党外人士的思想，对团结改造知识分子缺乏信心，个别少数的干部，甚至摆威风，不虚心听取群众意见，使党外关系相当紧张。

其次是表现在相当普遍不安心工作的现象。主要是由于许多问题得不到上级的支持与解决，上下责难，内外夹攻，自己又缺乏学校工作经验而感到异常苦闷与不安；另一方面由于其自身存在不同程度的自满情绪，作风不深入，没有集中精力去创造工作的办法，因而不安心问题更加发展。另外一部分干部自中央强调政治工作要与教学结合，觉得自己文化科学水平低，而感到自卑，但又没有专心去考虑政治工作与教学如何具体结合的矛盾问题，只片面考虑自己得不到提拔机会，学校工作吃不开，因而产生不安心工作的现象，个别的也有发展到得过且过，终日无所用心的；也有个别的片面地认为业务比政治更重要，甚至说："不会教书的不能领导学校"，更助长了文化程度不高的同志不安心问题；也有少数同志享乐思想有所发展，对自己地位待遇计较过多，因而不安心。

（二）党的集体领导制度没有很好执行，党内批评与自我批评不开展，党的民主生活不健全，各校党委会议虽然开得很多，但讨论的内容属于具体细碎的工作问题和事务性的问题比较多，思想政策问题注意过少，党内有分歧的意见，不大能够通过批评与自我批评及时解决，有些问题议而不决，决而不行，有些问题由于个人决定，有些问题虽经党委讨论，实际上是成形式，因而发生党内不团结的现象。

（三）党内组织纪律比较松弛。对上级指示决定坚决贯彻精神不够，我们对于违反政策违反组织纪律的问题处理不及时，过去处理的问题半数以上是属于男女关系，生活腐化等问题，强调执行党纪方面不够。原因主要由于领导上对纪律问题抓得不紧，对各校的党的纪律教育很少，通过具体事例及时处理都不及时，同时各校党委对纪律问题也抓得不紧，缺少及时反映情况，提出自己的处理意见。

其次从党与群众关系问题上来看，我们觉得存在不少问题，我们〈翻〉反复研究了中央团结改造知识分子政策问题，逐渐明确要办好学校的关键问题，必须贯彻党的政策，而且又必须整顿党内个人主义的思想，与加强党的组织生活，因而我们针对现状，下决心用一个学期的时间，贯彻四中全会决议与贯彻政策问题，作为解决学校内部问题的首先第一着。

第二部分　进行学习检查的过程与步骤方法问题

第一步是去年下半年学习中央对徐懋庸问题的处理指示，与习仲勋同志对文教统一战线报告，各校进行了一次普遍的学习与检查，并做了总结报告，是有一定成绩与收获的。大家都对执行政策问题更加重视起来，初步批判了错误与缺点，党群关系也有一些改善，同时对我们认识贯彻政策的重要意义，也更觉明显。但这一次学习由于我们缺乏明确布置具体检查的步骤与方法，因而从积极意义上去解决思想问题收效不大。有些负责干部思想上仍然带着麻痹自满情绪，认为没有什么值得检查的，部分党团员对“尊重教师，向他们学习”思想上仍然搞不通；另一方面有些缩手缩脚，不敢去领导与改选教师思想，希望和平相处。

第二步是从今年四月间开始到现在为止的一个阶段。

今年四月以来华东局与上海市委，坚决贯彻党中央的四中全会决议，不断揭发高、饶的错误与思想影响，对于我们有决定性的推动作用，干部思想才逐步明确。

我们的基本做法是把学习四中全会决议与政策结合起来进行学习与检查，但先后次序则视各校情况而定，开始时是普遍先学政策，后来看到党内问题的严重情况，以学习四中全会决议为主。结合起来学习的主要好处是：(1) 能够更深刻的从思想根源泉上去找出党内外不团结的原因；(2) 使党内外所存在的思想问题，同时获得一定的解决方法。根据经过情况看，结合进行是正确而可行的，而且两者也有不可分离的关系。

如何具体进行学习与检查的步骤方法，分述如后：

第一步，经领导上先作一动员报告，说明贯彻政策思想的重要，打破思想顾虑，确定以一个学期时间结合四中全会决议来学习政策问题，作为中心工作，发挥教师积极性，为下学期教学改革打下思想基础，以便进一步集中力量搞好教学改革。

具体要求：(1) 从上到下进行一次有系统的学习与检查，重点放在科长以上党员教职员方面，教师团员同时参加学习，使大家对政策认识有一个全面的理解。(2) 党内检查大体完成,思想上提高,认识上取得一致后,再作一定的措施:第一是召开适当的党外人士座谈会,征求对我们的意见,并进行适当的自我批评,增强党内外的团结(现在正在进行中);第二,解决突出的问题,以消除过去若干的误会等;第三,解决党内所存在的不团结问题;第四,在学生党员中进行适当的党内教育,提高政策认识。

具体方法:先阅读中央有关文件,然后再转入检查工作。以党委为主,检查过去执行政策情况与党内不团结问题,随着每个党委委员作个人检查。而各部门党员以学习为主适当联系实际。

在开始的一个时期,我们检查起来觉得运动进展缓慢,有不少学校停滞在文件的学习上,思想展不开,运动有停滞不进的危机。探求其原因:第一是我们对各校党内团结问题的严重性与复杂性了解不够,同时也由于我们人手不足,只搞了四个重点,对一般学校缺乏检查、具体帮助与必要批评;部分学校党委的领导人认识不足,或者思想顾虑大,惧怕批评与自我批评,有的还是强调业务重于政治的观点,没有把它当作一件重要的工作来做,有的是缺乏党内思想斗争的实际经验,不知道如何着手。同时我们觉得既要检查政策,又要检查党内资产阶级个人主义思想,两者如何分别地具体进行,而又要互相渗透,需要进一步的规定内容与范围。因此在七月中旬又召开一次各校党委书记的联席会议,具体地规定了检查的主要纲目,以便大家有所遵循。这次会议一致同意我们的建议,分组织方面与工作方面两个问题,来进行检查。

组织方面主要内容大致规定如下:党委的集体领导制度,党内民主生活,个人与组织的关系,执行干部政策等方面。工作方面问题,主要是执行党对知识分子政策,党对各方面的政治思想领导等。

这一次布置对各校检查工作有不少帮助,目标更加明确具体多了。但是新的困难又发现了,还是觉得不易检查,我们再进一步的研究,发现了其他原因:

第一,领导上对过去几年来工作没有先进行总结与检查,数年来工作中主要问题是什么没有说明,使大家心中无数,如何进行检讨,抓不到头绪,有些问题责任归谁,是非不清,觉得难以着手,因此在七月下旬我们又连续地开了几天各校负责人的大会,先由领导上对学校社会主义发行的具体内容与步骤、思想界限,对各个时期工作提出了初步的意见,然后各校酝酿研究,对领导先提出批评意见，最后由领导上作出检查报告，启发大家，经过了这个步骤，大家思想界限就明确多了，然后再转入各校自己检查。

同时八月五日起华东局宣传部召开文教系统会议，检查饶漱石思想影响，各校党委书记均参加，对大家更有启发作用，在大会时间穿插各校自身的检查。

开学以后，因忙于其他工作，暂停了一个时期，暑假中又因照顾学校行政工作，抓得不够紧，各校进度都比较慢了，个别学校因为情况特殊，未能认真贯彻的学校，至今尚未解决思想问题，目前还要继续进行。大部分学校政策检查已基本上告一段落，今后应是更深刻地教育全体党员明确党的政策，加强党内外的团结。同时，不久以前华东局统战部召开了一次非党教师的座谈会，让大家对我们各校党的领导上提出许多批评意见，统战部负责同志作了总结，目前各校正在先后召开党外人士的座谈会，以批评与自我批评的精神，达到党内外更进一步的团结目的。

第三部分　执行团结改造知识分子政策存在什么问题

大多数学校尚未写出书面总结，现在只能根据现有材料，归纳一下。根据这次大家所提出来的问题，我们认为下列问题是应当值得注意与改正的。

第一，依靠谁办好学校？

依靠谁来办好学校，人民日报的社论曾经明确地提出过，社论说："有赖于高等学校党组织进一步贯彻执行党对知识分子政策，加强新老教师的团结，对老教师采取正确的态度，充分发挥全体教师的能力，并努力培养大批新师资"。这里很明显的指出要依靠全体教师，共同来办好学校，而且中央把团结知识分子看为"办好学校一个重要关键之一"。为什么我们对待知识分子要有正确的政策，根据情况是容易明白的。

（1）因为我们党员少、业务知识少，不可能代替或离开教师，我们只能在政治上领导他们，办好学校来提高国家的文化与科学知识，以适应社会主义建设的需要。

（2）教师的社会地位与资产阶级不同，他们是脑力劳动者，绝大部分教师政治上已有相当大的进步，基本上拥护共产党与政府，而且是能够继续改造的。他们的劳动目的与我们相一致，都是为了培养后一代。

(3) 因为我们要发挥教师高度积极性，使其自觉地学习苏联经验，改造他们的思想与业务，执行国家的教学改革方针。

(4) 因为教师是我们国家培养建设人才的干部，团结与改造他们，其目的是为工人阶级服务。

我们的偏差是在于对“团结全体教师办好学校”的观点没有明确，对老教师在教学上作用估计不足，因而产生歧视、怀疑、“利用”观点，认为团结他们，只不过是一种手段，等我们培养出红色专家，即可取而代之，因而又产生重视青年讲助教的作用，助长他们的自满情绪，轻视或不够尊重老教师的意见，使老教师不愿积极培养新师资，造成新老教师间不团结现象。再则又影响到师生之间的不团结。院系调整以后，有些学校仍然采用“用学生力量推动教师进步”的口号，学生当面指责先生的错误，很大伤害教师们的自尊心与积极性。他们说：“现在学生第一，助教第二，我们只要保住饭碗就行了。”

第二，用什么标准去衡量教师估计在教学上的作用不够明确。

这里要说的主要是关于老教师问题。根据教学改革的要求，一般说教师的教学质量与马列主义水平都是不够高的，但通过教学与科学研究，我们应当相信是可以逐步提高他们的教学质量的。在培养青年教师方面，在为经济建设应用科学的理论技术问题方面，在提高国家的文化和科学水平方面，今后都是能够继续发挥一定积极作用的。

另一方面，教师心目中所要求的，基本目的也在于发挥他们的作用。除少数反革命分子以外，他们是爱祖国的，关心自己的事业前途、学校的发展前途的，他们希望书能教好，学生有成绩、研究有成绩。同时也希望自己生活能够过得更好，希望我们能够尊重他们的学术的成就。这些要求基本上也都是正当的。

根据各校所检查出来的事实看，我们对老教师的积极作用方面有过不够正确的看法，衡量他们的标准上存在过若干的偏差，这即是：

1. 把资产阶级出身的知识分子或者与资产阶级有社会关系的，与资产阶级本身混为一谈；解放以前为资产阶级服务过，现在为工人阶级服务而仍认为是资产阶级分子。

2. 衡量他们的作用，对其本身业务或是否酷爱本业，努力工作出发看得不够，对他们科学、文化、知识、学术上的成就不够重视与爱护，特别是对文史方面的教师。

3. 对他们政治上的进步一面看得少了，对他们落后一面看得多了，历史经历复杂性方面看得多，对其可改造性，为国家培养建设人才的重要作用一面看得轻，往往以要求党的干部的尺度去要求他们。

4. 也有一些干部对他们的生活方式比较讲究，薪水比供给制干部拿得多，误认为是“资产阶级生活方式”，因而看不起或感觉不服气。

由于这些思想的存在，我们没有及时的纠正，因而对教师普遍发生不够尊重与不够信任的态度，甚至用粗暴方式批评他们，伤害了他们的自尊心，引起反感。许多教师认为对他们教学工作上信任尊重很差，也有误认为“思想改造时看透了他们臭历史，因而不信任”，也有要求确定他们的社会成份的，这些问题存在很久，隔阂很深。

第三，改造教师的途径问题。

我们对教师如何进行思想改造，除在三反、思想改造时搞了一下之后，在学校日常工作进行中怎样来贯彻这项任务，一般地都没有摸到有系统的经验。我们只知道笼统的改造资产阶级思想，但又不明确教师每个时期的思想变化、特点而加以改造。三反思想批判以前，对教师思想问题，主要是批判其政治上的封建、买办和资产阶级思想，那个时期集中火力批判政治立场、划清敌我界线等等，这是正确的，而且其所存在的基本思想问题，经过各种政治运动大致上也已经获得解决。进入教学改革的初期，领导上对教师思想情绪的变化了解不够，团结改造教师的方法没有明确的交待，政治工作，方面性又抓得很广，对各校工作很少督促检查，总结经验，给以具体帮助，各校工作长期停留在摸索状况中，因而使下面发生很多问题。

实际上经过思想改造，教师政治思想是有显著的进步，尤其是这二三年来我们全国形势有很大的进步，而在这潮流中，教师的政治思想也有很多进步的，否认这些，显然是不对的，自然各种教师的政治认识的提高是不平衡的，进步快慢也都各有不同，(1) 少数先进分子是积极地在向马列主义的方面发展；(2) 还有一大部分教师拥护党与政府，对国家和科学教育事业发展抱有信心，基本政治态度也没有问题，但在学术思想上，资产阶级观点仍然占着相当重要地位；(3) 真正政治上反动的也是极少数。中间多数的教师在学校中占着教学行政的重要地位，这批人在教学上还反映着严重的资产阶级的思想，如教学方法上的个人主义与集体主义问题，教学内容上联系实际与教条主义问题，学术思想上马列主义与唯心论观点，向苏联学习与结合中国情况等等，都缺少正确的认识。

因为对教师的思想情绪了解不够，经验不足，对改造教师的工作方法又发生了不少的偏差，主要缺点是：

(1) 政治工作没有紧密配合教学，从教学工作中去逐步改变其资产阶级观点，而是什么都想批判改造，甚至包括生活方式，不大了解"教学改革过程即是教师思想改造过程"的重要意义，循着他们的途径使其逐步接受社会主义教育思想体系，改变他们的思想观点。我们对教师的思想教育工作重视不足，党的政治工作也没有很好强调以保证教学任务的完成为其主要任务。

(2) 改造教师的工作方式简单化，学习徐懋庸问题以前，有的学校政治工作主要方式还是仍然沿用思想改造的一些办法，如开大会做报告，开师生座谈会等。

(3) 另一种表现是畏缩自卑，不敢领导，对错误思想不敢正面批判，得过且过，有时有些无原则迁就的倾向，特别在徐懋庸问题发生以后。

第四，先团结还是先改造，尚未改造好能不能团结？

中央对这个问题的指示是明确的"离开团结来谈改造固然不对，而离开改造来谈团结也不对"，但我们有些同志对中央指示了解是片面的，往往把两者对立起来看，"改造必先团结"认识不足，另一方面改造也不足。认为"团结不好是因为老教师落后"，认为没有改造好，"没有办法团结"，因而又机械地搬用了思想改造时的一些办法，所谓"划分类型，分别对待"。如果为着团结改造目的，自然是需要的，但目的如为了谁应团结，谁不应团结，将"接近我们的，能讲话的"以至于能迎奉我们的列入团结范围之内，学术上有地位有名望的注意团结，对我们有意见的，学术上较差的，政治进步慢的，不注意团结，甚至加以歧视排斥，这就错了，使许多教师感觉我们有亲疏之分。

中央一再提出团结改造知识分子是办好学校的重要关键，团结是为了改造，除了反革命分子，都应当团结，政治上落后的也应当团结，因为这不但不会妨碍鼓励进步教师继续进步，并且适足以孤立混在教师中的真正反动分子。但我们没有很好体会这些指示。至于今后为了团结改造的目的，如何进行对教师的排队分类，是很值得我们认真研究的，主要困难是标准问题。

第五，行政工作为教学服务的观念问题。

学校一切工作应服务于教学工作，行政部门工作搞得好，对保证教学工作有很大的作用，从检查结果看，群众对于总务部门意见也很多，主要问题是不懂得教学需要，不懂得如何去保证教学工作。教学上实际需要照顾不够，或多或少影响党群关系。我们同志在大学内作总务工作经验是不够的，并且党委对他们的日常政策教育也比较少，因此问题相当多。大部分同志有其传统优点，节约观点、遵守制度比较好，但存在着片面的财务观点。同时又不大懂得教学上的实际需要，应办的事不办，引起教师对我们不满，实验室规定四个学生一年合用一盒洋火。此外，如为教学工作者安排工作便利条件，如物质供应，仪器图书设备不周全，房屋家具设备不合工作条件，关心教师生活，减除家庭生活的困难，医药卫生、子女教育、交通吃饭等，都照顾不够。

其次，也有一些同志对教师抱着歧视态度，为教师服务思想不通，个别的认为“老子打下来的天下叫他们享福”，很不服气。职员比教师低一等不舒服；有的认为教师生活已经比我们干部好，还要照顾觉得是多余。

人事部门的问题也很多，各校人事部门的组织机构不健全，干部很少，学校情况又复杂，制度不明确，客观上是存在许多困难的，但我们主观缺点也是有的，主要是我们对教师思想情绪、业务知识理解能力不够，不重视日常的调查研究工作，与各部门配合较差，在人事调配问题有许多不适当的地方，在评级评薪问题上，也出了许多问题。

我们政策问题上的错误与缺点是不少的，这里所提出的五方面问题，并不能包括所有一切问题。这些问题经过不断的学习政策与检查工作，各校情况是在日益好转中，工作上有新的改正，有许多问题也只能当作历史的经验教训来看。

从初步的体会中我们觉得以后贯彻知识分子政策的方法问题，应当注意下面的一些问题：

（1）我们对教师应采取尊重与信任态度，民主作风需要很好发扬，工作问题应多商量，要放手让人家做事，正确的意见必须采纳，解决问题要及时，有困难的要帮助解决，在共同事业上建立真正的同志感情。

（2）照顾知识分子的自尊心，要善于在政策方针上正面地去说服领导教师，多建议少批评。对不同的对象，应当采用不同的方式，掌握对方思想情绪，态度必须诚恳谦虚，使人乐于接受，鼓励其前进。另一方面，我们对真正落后的错误的思想观点，也必须进行必要的批评与斗争，扫除教学改革的思想障碍，至于斗争方式，必须慎重，轻重缓急要有分别。（学术思想批判问题，今天主要是提倡学习苏联。）

（3）要经常关心他们的工作与生活，多接近教师，理解他们的生活情况与困难，在可能范围内要改善其物质条件。

（4）学校的行政组织与其任务必须明确，党的政治工作与行政关系必须力求密切配合，而又要具体明确分工，不要使党外人士觉得有职无权，也不要使党的工作与教学工作脱节。因此这次会议必须把党委性质任务，政治辅导处工作范围弄清楚，这样才会减少许多党政不分的纠纷，使各校党委能够集中精力于政治思想与党的组织工作，以教学为中心统一党政工团的步调，发挥各种组织的力量。

（5）继续派遣政治与文化水平较高的党员到高等学校去。“干部决定一切”，这个原则必须紧紧掌握。

至于这些问题的发生，其原因是多方面的，主要的还是由于领导上政策教育不够，具体帮助不够，学校领导上也缺乏对高级知识分子的工作经验，另一方面党内个人主义思想的滋长，是助长了问题的复杂性，因此我们认为贯彻党的政策结合检查党内思想的办法是正确的。

第四部分　我们的主要收获与几点体会

根据这大半年来的学习与检查，我们是有一定收获与成就的：这主要是大家认识了党内个人主义思想的发展的危害性，贯彻党对知识分子政策是办好学校的关键，从实际体验中更进一步认识中央政策的实际意义与其重要；认识了健全党内组织生活，加强党纪的必要性，而且在实际工作中，我们也看到了党内外团结有显著的进步与改正，不安心工作现象也有较大的改善，为搞好学校工作打下了政治基础。

另一方面我们也体会到许多工作还存在不少缺点，政策思想解决得不够彻底，在今后的实际工作中，必须进一步加强与继续去完成。换言之，我们尚须正面地去创造具体的工作经验，不能停留在抽象的理解中，而且各校的成绩大小亦各不同，我们没有任何理由可以自满，尚须继续努力为健全党的组织生活与加强政策思想而奋斗。

至于以上这些成就，主要应当归功于华东局与上海市委的领导，特别是揭发高饶事件的贯彻精神，给予我们的帮助是非常大的，同时华东局宣传部对我们也抓得很紧，华东局统战部对搜集党外人士的意见，对我们了解执行知识分子政策的情况，也给了许多具体帮助，没有这些重大帮助，光靠我们的力量，是不可能获得这些成绩的，至于我们自身工作却存在许多缺点，对各校党委的具体帮助也是做得很不够的，今后尚须继续补救。

几点体会：

（一）通过这次检查，更理解到整理党内思想工作的重要性，因为要办好学校，首先是要依靠校内党的领导骨干和党组织来贯彻实现关于高等学校的方针政策计划和决定，过去因为领导上对党内思想教育工作不够重视，缺少具体的帮助，各校同志又忙于工作，对党内思想教育也是有一些放松的现象，因此，补这一课认为很有必要。

（二）为了教学改革任务顺利完成，必须首先贯彻党对知识分子的政策，上海各高等学校在饶漱石领导时期，他没有管高等学校工作，强调维持现状一面，没有根据中央方针加以改造，三反思想改造时起，才改变了情况，执行了中央的方针政策。但由于我们以后在工作中没有很好继续分析各个时期教师的思想动态，对知识分子政策没有全面交待，执行政策不够具体化，对某些偏向没有及时注意纠正，因而造成思想上的一些混乱，不能充分发挥教师的积极性，因而认为进一步学习与检查政策是完全有其必要。

（三）通过批评与自我批评，发扬党内民主，加强党内的团结，这是一个重要经验。我们体会到经过这次的检查，彼此展开批评与自我批评，使上下之间也比较地通了一些气，关系方面也有改善，这是一个很好的开端，我们认为今后还应继续这样做，因为只有这样，党内才能更好的加强团结。

（文件编号：H13）

省府党组会议记录

1954年12月8日

出席

内容

霍[士廉]:

到华东去，研究，北京建议搞七办，我们先〈后〉搞六个可以了；政法、文教、财贸、工业、农业、国家资本主义。加强省的工作，加强对各部门的领导，这样是好。人选精神，党政很难分清，各个行政协助……。过去各委实际是小省府，现在是协助，是办公室，不能发布命令，不能决定。一方面要管党的工作，一方面管政，一身二任。政策、政法主任王芳；文委俞仲武兼；×兼主任；财经任一力同志主任，下面多设几办公室付主任，三人，×××。农林……国家资本主义主任[①]，余纪一；付[主][任]黄新、杨思[一]。刘省长管常务，老彭[瑞林]协助老杨[思一]，杨兼管政法，文教彭省长……；基本建设、文教，各口审查没问题的，王文长可盖章发出。

中央：① 国政院全部；② 〈长〉常委会＋总理加秘书长；③ 领导核心：周[恩来]、陈毅、习[仲勋]，日常办公集中到这里来。周出发后，陈云代管，付总理管各口。总的问题：党委如何加强对政府工作的领导。党委要重新分工，他们没意见。党委如何运用政权工作，加强领导。彭[真]这一口可直到沙[文汉]，统战一部(政权统战工作)由沙管。

党组问题：本来大谭说不要党组即可，但是办公会议是主席领导，党组是集体领导。书记沙，付书记李、杨，十一个委员干事会五人，沙、李、杨、彭、王。文教卫生摊子很大，〈化〉花的钱很多，但我们没管好，文教卫生不要放松，彭到底如何问题，我们向组织部了解一下，老彭管其他好，管文教不熟，[王]文长管内部，人民委员会保持一月一次，主席办公会多开些，一些没有机密事可开，有机密的开党组会。

1. 协商委[员]会付主席把余纪一排最后。

---

① 原文如此。

2. 省府委[员]会还增加一个党员，我们 21，党外 20，我们多数，他们推了周贯五或孙章录，如周不放可选为委员。

3. 厅长、付厅长，大〈提〉体中央同意，如变动赶快上报，中央要在选举前公布。

李[丰平]：

本来写一文件，党政分工提法有毛病，本质上是加强工作的问题，后来和上海谈了一下，他们想建立党组：1. 使党委出手来；2. 党委把事务工作排出去。组织方法：省委员会 41，党 21，非党 20，优势，省长中一人党外。

2. 组织上的措施：① 人民委员会；② 秘书长设办公所主任由王[芳]兼；③ 政府人民委会下属厅局行，王办。第一[办]民、公、法、监委会，主任王芳，他兼职太多；二办教育……主任彭，付俞仲武(他有顾虑)；三办粮食，主任任一力，付曾、徐；四办工建，主任；第五办，[主][任]吴，付沈士如；六办，主任余纪一，付黄。

二、党的领导关系：① 省建立党组，沙[文汉]等十一人组成，党组日〈长〉常事务由干事；② 各厅局党组小组，大组领导；③ 4、5、6[①] 同时分省，有关各部双重领导；④ 党组直属省委领导，除定期向省委报告外，主要重大事情必须事先请示省，讨论决定；⑤ 省人民委员会所属各厅工作直接提请……，凡属涉……；[②]⑥ 干事会；⑦ 分工。

彭协助省长事务，管二办……。王文长管办公厅机关日〈长〉常事务，沙、李、杨、彭、直[接]向省委负责。

三、省委建立省委会总党委，省委让杨管，省[③]。

题目，省委加强对人民委员会的领导。

方：

(一) 体委会缺一主任，建议程文徵。

(二) 三学院(农、医、师)需要由办公室领导。

---

① 原文如此，疑为四、五、六办。
② 原文如此。
③ 原文如此。

（三）新〈文〉闻出版处现通知划到文化局；文管会、文史馆等实际工作会[和]文化局很密切，但局管不了，放省府。宗教、民族事务委[员]会如何领导，畲族要算少数民族，要建立少数民族事委。（沙可和华委合并，三馆可要宋云彬去干，委托代管。）

沙[文汉]：

各厅局的党组小组可归省府领导，省府党委可直属党委领导，这样省府作用大了。这样分工是否适合于下边各部份的作用的发挥，大家考虑一下。六口这样分会不会妨碍各厅的工作，搞不好要碰头的。他是代替省府工作的，考虑各厅如何独立工作的（省和各厅协商解决问题），党组现在要顾虑他自己所属工作的方针政策的问题，各厅作用要很好发挥。党组要不要好我们还可以慎重研究一下，省有两种意见。分工问题大体这样，彭担子重了些。现在看恐还是有党组好。不要党我考虑有的问题：（一）成立了搞不好会太多了；（二）搞不好形成了小省委。一般的会议党外也可参加，机密的党组开会，多开会的问题解决了。第二是大胆考虑问题，重要问题积极请示报告叫省委讨论。这是工作积极性的问题。否则，重要问题也不请示报告，这叫闹独立。

彭[瑞林]：

总的感觉如何发挥政权的作用，工农业及几[个]主要方面都说了，办公室减少了党委的事务，党委可考虑主要问题：① 有些厅，如农业工业厅，里边对外是通过政府，内部是党委主要领导呢，还是省府为主？（沙：这有各办直接抓。）② 党组问题，我意有党组好，工作上统一些，党组会议是否加多呢？要根据情况，尽量少开，保证党委意见的贯彻。（方：法院和监察院是否省委也委托杨管？）③ 我协助杨的问题范围（沙、霍：各方面。）；④ 六个办公室的性质是助[理]作用，是日常工作中协助，省长具体〈势〉执行工作，口里经商量是否可直接答复。（沙、霍：不能直接答复，主席直接对外。具体审查研究，有一定的人员，霍除财贸大些，一般不超过 10 人。）⑤ 二办、三办事多些；⑥ 交际处是否专设一办公室（本身有两内外办公室，可直属秘书长管）；⑦ 目前二办要接管，现不摸头绪，研究一下；⑧ 新安江工作问题。

王[必成]：

① 省府党组和省各小组的关系问题，应逐步研究；② 省长和厅是两级别，办公室不对外；③ 我和沙、刘的界线要划，现我搞十二个方面（工作分工可具体研究下）。

霍：

党委掌握思想、方针、政策、计划、运动，省委基本上同意的。

这样事实上党分工管的问题，这一部份负责管政权工作。不要怕提意见，由这几同志大胆负责，现在的问题就是怕大家不敢大胆负责任。如目前统购统销，省委有若干工作可抓，省委负责发动群众，动员卖粮，其他很多工作可由省府做，任务增减要省委搞决定，林[乎加]、李[丰平]等常委最后批了可直接交王文长盖印发，省委给他以权力。

省府党组有些重大问题也可以研究决定，最后向省委备案，如错了纠正，吸取教训，省委可在重要问题上看是否是错了，这是一条线。第二条线是王文长、方琦德看了是否有抵触，有抵触提出来。工作不要怕负责任，错了大家负责，没有组织责任，省委一星期一次会。

（一）两级，重点要放在厅，发挥厅的积极性，厅的党组要健全，今天厅的党组很弱。

（二）办公〈部〉室和部的关系要划清，办公室就是向主席负责，不和各部负责，不是双重领导，不能两头跑。工业、农业亦可直接向主席负责，党委和主席的关系可研究。

省党组的任务以党章的规定。

王[必成]、李[丰平]、杨[思一]可不摆常务，李办公室主任也有权以省长名义批件。霍、方线：1. 厅；2. 办公室主任；3. 党委；4. 主席。

（文件编号：R138）

关于统购中强迫命令的汇报

1954 年 12 月 10 日

陈国光：

桐乡州委组织部长因统购乡富农罚一千万元，造成富农夫妇焚屋焚粮自杀。

浦江有一个区统购中 18 家尾欠户逃跑。

大区乡，有十八户卖耕牛。

永嘉区委在群众会上说，今年统购，县委已批准要杀拒购者。

平湖，动员金银铜铁锡、木材、家具。

温岭被吊打，假枪毙、假活埋等有一百九十余户，镇委说假枪毙办法很好可推行！

法院：金华，衢州。

共捕 1 212 名(据云是阶级异己分子)。

金华、永康已没收富农田 466 亩。

嘉善，8、9、10 三个月中自杀 21 人。

临溪 最近六七天中自杀 10 人，其中贫农 5 人。

统购中强迫命令的情况：

① 恐〈恸〉吓。

② 扣押，考虑，打虎，留公所。

③ 吊打。

④ 提升成份。

搜仓现象亦相当多，因此造成自杀。

嘉兴到 11 月底合作社已发展 12 544 个，地委认为可以巩固 80%。

商业问题：

① 关于商改。

商改改出的 557 人已〈按〉安排 106 人，主要是转移他业。但转业有问题如搞墨水等货没人要。有困难的五行，即百货、南货、文具、五金、新药，明年有一百五六十人要失业。

自统购统销后，[redacted]市场本身已缩小。许多买卖都不进城。

关于价格问题，南货毛利约 26%，现在只有 14%百货 18%。

② 工业品下乡问题。

ⓐ 百货批另差价：大百货十七八，小百货也只有十七八（按过去是大百货为二十，小百货为四十）。

ⓑ 过去品种四万多种，现仅有二百多种。

ⓒ 脱销的小百货有一百多种，私商不进，因为到上海去进怕处罚，而国营公司则无此货。

ⓓ 小百货下乡过去许多是靠担子，现在则担子大减，现在只有一百余户（过去据说有 800 户。）。

③ 业务〈进行〉经营赶不上。

〈进行〉经营品种：总路线前一千余种现有四千多种，因此管不过来，有货发错，地方发错的而工作每日做到半夜十一点钟。

对今后意见：

① 批发业务如何跟上形势发展的需要，尤其基层批发业务。

② 差价，城乡已拉平，再加上合作社优待，结果变成乡村比城市便宜。因此批另差价及城乡差价恐须调整。

③ 有些批发如小百货我们恐包不了的，应考虑如何利用私人的，又小土产批发高，如中药等是否须要维持与利用他。

再则不商贩恐须经要很好利用，否则鸡蛋、鸭毛之类就不易收到，这种牵涉到价格及税收政策及多要一些价是否犯规等等。

④ 商改踏步，到比例如何，到何比例为止，是否停在 44—48%。

⑤ 改造中，经销代销问题。

代销是否只许代销一千至四千元以下的东西。以旺养淡，旺季余钱如何分配，作为公积金还作福利。

农业生产问题

法院（司法座谈会汇报）

检察署北京开会汇报

（文件编号：E26(1)）

财政厅李厅长谈工作

1954 年 12 月 13 日下午

沙[文汉]：

现有两问题：

1. 我们预算比中央的控制百分比高了，有没有问题？

2. 可办[可]不办的不办，各部门的意见是什么？

李[丰平]：

我到中央开会时，曾提到浙省因拖年度的关系，可能突破控制数，×付部长表示似乎同意。

关于第二个问题在把本省××方面可以补给，可不过国家预算。

沙：

抽水机站的问题，还是和他们讲，把原 41[个]接好，不再办了。不〈了〉要挖预备预算。我们开会要早一些，把有关计划部门找来开会，农业厅、教育厅、卫生厅先给他们谈一下。

李付主席，省府办公大楼可不修，可把现在房子修补一下。

沙：

我们现在一个很严重的问题就是数字搞不清，底摸不到，计划不能很好做出。

会 议 安 排

李：

明天我上午搞边防。下午工业管理问题。（沙：十六日星期开党组会）星期三上午，法院、检察署汇报，星期五汇报一单位。

星期四上午：预算，党组中余来。

星期四下午：省代会讨论由干事会。

党研中对秘书长，以后哪些会参加要研究，省委开会通知，如可不去，下面可打一括[号]。

沙：

关于互助合作的发展也有问题，到底我们干部有多大的力量，要考虑；了解了我们的力量如何使用少又是一问题。一面要稳，一面要积极。

明年197亿，打减5%，扣达到165斤(余粮)。

省府机构中：30，外贸、物资没整整。

厅局长总数：109，党员22(付67)，非党员6(付14) 20

协商委员会委员数：常39，党员12，非党员27。比率

主席1，付5，非党3，委员33。

财　经

55年国家建设公债总数60 000亿。

职工14 000亿(每人平均73 012元)。

军队1 000亿。

农民18 000亿(去掉受灾5 900万人，每户平均18 000元，每人4 000元，假定3%的贫困户不推销加到30%的富裕户上每户富裕36 000元)。

私营工商业25 000亿。

其他2 000亿。

(附注)1954年估计缴款85 000亿元完成141.67%。

浙江发行。

商业市场安排

批发本省国营合作化营90%。

零售本省国营合作化营63%。

1954年底全国国营批发比重占社会商流转总额88%强。

（文件编号：F192）

商业厅王厅长关于城乡情况的汇报

1954 年 12 月 15 日

一、城市情况很紧张，（一）供产销、灾荒、粮棉减产；（二）机械工业，老问题，主要工业供不应求，次要工业肚子大了，失业现象也多，工业品推销上有问题；（三）农村统购统销有问题，有些东西上不来，农民拿到钱东西供应不上，说明城乡经济不活，主要是小的东西上，领导上感到问题很大，分几个组到下面去，是了解一下统购统销的情况，供产销的情况。

我们到兰溪去住了三天。

（一）市商安排问题（数字没有很好核定），私商批发高县城外已安 106 [人]，主要是轻工业生产。1. 墨水厂积压；2. 石矿机上海某社订立了合同，后合同推〈反〉翻了。其余 150 多人，现已失业或近失业的，大概有 40 多人，包括部份工人。〈另〉零售商、百货、南货、文具、五金等六行业，有的已赔本，明年有一百五六十人要失业。主要：① [redacted]过[去]是集中推销的，现不入城了，去年到今年减 23%，容量减少了。② 零售的整[顿]迟了一步。③ 价格政策上有问题，过去私商毛利 26%多些，总路线后南货只 14%，百货 17%。过去有一部份是直接进货，吃地区差价，另一头是牌价有差价 2—3%，现拉平了，毛利也少了。④ 过去有一套资本主义信用制度的，现这方面断了，资金周转不灵了。再加货源照顾，不舍得，踏步很难踏，单纯让比重是不行的，主要是利润率小了。

（二）工业品下乡的问题，主要东西不够，次要的有点问题，特别有些东西销不出：1. 价格政策上的问题，大东西批零差价一般 17%，小的货也是 17%左右，因此对私商经营小货积极性有影响，过去小的一般 40%，大 20%；2. 因此就发生小的货减少品种太多，1 个过去九百多，现四百多，库存减少了 30—40%，小货有一百多种已脱销，私商又不进货，他们说如进货怕说泛滥，国[营]公司又供不上，文具也脱销；3. 小百货，过去主要是靠挑小担下乡，总路线后减少三四百户，只剩了一百多户。（1）过去没有统购统销时可下去换上来个小东西，现换上来收购站规格太差；（2）我们自己业务发展的快了一些，但对小百货总是想少经营些，合作社也是不喜欢买小百货，同时百货公司的仓库和商店脱节现象，有 90 多种没拿出来的，次要商品下乡受些影响。

因为供应的问题，反过来也影响统购：1. 主要土产型的东西，农村消费增加很多，粮、药、油联系很大；2. 农民卖出东西买不回东西来，不敢卖了。另外，〈另〉零星东西还不能上来，他们不能上来卖，我们也达不到那里收购。

主要批发商没有完全安排，〈另〉零售商再要动，农产品收不上来。

（三）业务经营赶不上，一月〈分〉份经营一千多种商品，到 10 月底到 4 900 多种，各方面产生脱节。1. 错账；2. 发错货一个月损失 30 多锭布，晚上到 12 点吃不〈销〉消，合作社的营业员，往往是一个，特别批发业务赶不上，进货困难。1. 是否普遍现象；2. 农产收购搞的不透。

1. 批发业务如何跟上，是解决工业品推销的主要问题。

2. 价格政策，差价一般是拉平了，另外加上合作社优待，因此私商没有办法了。因此须要从价格政策上研究。批零差价、城乡差价要考虑，到底缩那一头呢？过去拉平了，因私商占 70%，税务局税收也少了。

3. 关于批发商业的问题，是否包了呢？小百货，实际上是包不了，如何考虑如何利用小百货批发商，现担子很重。小土产批发商业的问题，如赶掉，我们包不了，是否想办法维持，在加强领导下利用。另外小商贩的利用问题，一是零星品种下乡，一是零星日用品下乡，他们说利用他们，收买小东西增加了十几倍。组织各方面，税收、价格政策，顾虑如何解除。另外收购的规格，地区范围，是一系列的政策。

4. 零售比重踏步到什么原则，是否保证能保证市场稳定，四季度水平 40%—48%。

5. 私商改造问题：(1) 经销代销，据说有规定，一至四千[种]东西可代销，是否大的可代销；(2) 困难户是否马上经[营]代销。棉布商改了。(1) 税收没有了，改时确定了保本营业额，另外营利分红问题，以旺[季]养淡[季]，旺季这部分钱如何规定；(2) 资本家资金，要不要给他利息，如不给，是否怕影响其他行业抽资金。

农业生产。兰溪。

三作：

一作小大麦，还有些潜力。

最大是三作，如杂粮、五谷有很大潜力。

收割的时候也是播种的时候，最多 15 天的空间（天气变化），要 140 多个工。

1. 关键问题是提高单位产量，是两项问题，就是收割种的问题，没有合作化不容达到，另外党〈整〉政应很好配合下去，加上所有的力量突击。

2. 肥源问题，肥料只能解决一场，绿肥，猪（很大问题），上年原 504 万头，现剩 60 多万头。

3. 两项产量低的问题，中间把主要技术关键，明年准备增产 18%。

密植的问题。

水利的问题，防洪、旱、地改田、种子问题。

萧山

三个合作社增的情况关键，临普区。

从单干到互组到合作社都有增产。

单干每亩 420，临互 450，常互 578，合作社第一年 642，今年 665 斤，增产的主要问题就是扩大了速作稻，其余 30 个老社都减产，焕垣区社单 360，临 460，常 6[00]，合作社 573，蜀山合作社，单 430，常 580，合作社 702。

单干时土改分了地。1. 地是自己的了，在地里下〈工〉功夫，加工、加肥。2. 靠天，临时互助组靠天的情[况]稍有转变，掌握了生产季节，常年互助组开始接受了新技术（老牛耕狗洞钻不近，连作稻），只有合作社才能推广连作稻，合作社第一年增长最大，12%，先进技术接受了，最高 928 斤，主要是劳力问题。第三年主要改变工作制度，第三年如不动脑筋。在这地区在未集体化前，到了普遍推广连作稻增到位了。1. 劳力问题；2. 种子；3. 技术。最有效的肥料是青草河泥，广沅的劳动妇女小孩割草〈合〉和泥，连作稻每平均 24 个工，中稻 12 个〈夫〉工，15—7 天时间，920 多亩 4 组中如有 10 头牛就能一半连作。萧山缩小中稻扩大连作与间作，19 万亩水稻搞一水闸就解决了，耕牛如增 100 头，萧山 30%连作稻间作稻，贫雇农的技术已不行了，如何提高技术，对技术站有意见。茶桑上山。

种子问题，要因地制宜，1 050，一般是好处：1. 不抗风；2. 不耐肥。除耕牛外最大的问题是种子问题，811（平湖），16 种种子在几亩田中同时实验，灌水治虫实是一好办法，六七月间不缺水。钻心虫■■■。

准备工作：

从冬季开始肥料种子准备，秧苗问题。清明前7天种，每亩960多，另一种一天以前少200多斤。

耕牛问题需大力支持，挖泥船，每条35万一支。

林乎加：

商业问题这一情况是代表一般的，专门研究一下。

农业生产二年未完成计划，现在就往下拉，可靠了，他积极挖潜力不移，下面信心很大，但也有的有些盲目性，但总的潜力是很大的，现还是争取200亿。

吴宪：

兰溪情况不少的初级市场都有这些情况，基本认识是一致的。当前有三大紧张：

1. 供求关系紧张

(1) 供求关系紧张，是根本问题。城乡关系，工业品下乡和农产收购的问题。收购上，棉、麻、蛋等都没完成任务，供应问题主要是供不应求，杭州主要的牙刷积压。

(2) 外销内销矛盾，外销一年年增多，猪肉、蛋、茶。

(3) 军需民用。

解决：内销服从外销，民用服从军用，工业品城市服从乡村。

2. 公私关系紧张，七个市的公私关系较好，需留57、58。县城初级市场问题大了，35∶38，我们进了14%。私商明增2 400亿营业额，从业人员能得17万，每月平均，和职工也较紧张。

3. 计划供应和自由市场的矛盾紧张，除粮食布计划供应外，其他没有，没有解决重点照顾，和广大消费者的关系紧张。

人造的紧张应尽量缓和。

党委如何加强商业工作的领导问题。不少单位基本上缺乏全面管理其他财经工作。很多收购没完成任务，主要是工业品未下去。

(1) 党委要抓什么：A. 要抓计划，过去只强调业务搞计划；B. 组织典型经验；C. 解决干部问题，组织如何合理是一问题，主要按“块块”要管，党委管，加强“条条”的检查。

(2) 稳和改的问题,有的地方强调了稳,改造跟不上,有的前进快,安排不好,总的是前进快了,特别是合作社。主要是小资产阶级的宁左勿右的思想,只挤不安。A. 在划分阶级问题上,很多把小商贩划成资本家;B. 安排货源上不少问题:a. 名牌货国营留下,次牌货推给私商,代销品种很少;b. 以旺养淡〈经〉精神领会不清楚,下边有抵触;c. 批发〈另〉零售问题,没有强调以批发为主。

小商贩的解决:

(1) 我们批零,他们〈另〉零售。

(2) 合作社。

(3) 代销代购。

4. 商业工作上的业务建设,主要是供给制思想。

(1) 计划性很差,对工厂和消费两头不清楚。

(2) 财物管理浪费很严重,仓库建设没解决。

5. 商业系统缺乏依靠工人阶级搞好商业[的][观][念]。提高价格,浪费,贪污,合作社基层不纯,全局观点很差。

6. 组织看,供应网的分布,经济区和行政区划的问题,不一致,今天应基本上采取由统一行政区的领导。

三季度比二季度提高10%。

(文件编号:R138)

邬家箴同志关于司法会议的汇报

1954 年 12 月 16 日

邬家箴汇报北京开会情况

出席：沙、李、彭、邬。

内容：

到北京开会三星期，主要是如何学习组织法。

主要报[报]魏文伯，较系统的把 1. 法院组织法系统化、具体化；2. 把几年来司法工作加以总结，用法律条文肯定下来，是理论和实际，领导和群众结合的产物，国际经验中国经验〈想〉相结合。

关于巩固与加强革命法则的问题，主要是更好地保证国家经济建设，在社会改造时期主要靠发动群众，过去的敌人往往都是公开的，可以靠法令政策办开，现在敌人更隐〈避〉蔽了，必须加强革命法治。① 审判权统一由法院行使的原则，任何公民犯了法，一定受法院的审判，不能受其他任何机[关]的审判，法院体系是统一的；② 任何公民在法律上一律平等，没有人例外，任何公民的民主权利都一样受到保〈获〉护，守法一律保〈获〉护，犯法一律惩办；③ 法院独立审判，只服从法律，不〈守〉受任部门的干涉，这不是在组织上脱离党的领导，这和苏联不同，苏是审判员自行审判。

法院任务：一方面实行专政，另一方面又要保〈获〉护民主，不能分割，总的是保〈获〉护民主制度、人民财产、社会主义建设和社会主义改造的顺利进行。另一方面他不是单纯的惩戒，同时也要教育人民爱国守法。

法院民主化制度问题：

（一）公开审判制。

（二）被告人有权取得辩〈获〉护。

（三）人民。

（四）回避。

（五）判决会议。

（六）民族语言。

（七）法院由本届人代会选举并对其负责。

（一）公开审判就是把审判工作〈致〉置于人民监督下，保证审判公平合理，另方面教育人民群众，两种不能公开审判：① 国家机密；② 男女关系。现在物质条件有限制。

（二）辩〈获〉护制度，保证被告人的权利，防止主观臆断，在未判前法律上是平等的，把被告就当犯罪是很危险的。本质就是从客观事实运用到法律上的负责。五种：① 本人；② 律师；③ 群众；④ 被告人指示；⑤ 被告〈维〉委托，法院批准。另外反革命分子，土棍不能做辨〈获〉护。最重要的是律师制。

（三）人民陪审制，是广大人民对法院审判监管，和群众联系更密切，对人民群众进行广泛教育。① 年满 23 岁的公民；② 陪审人可以讲他判何罪，因他的陪审员〈和〉是临时的，每年到法院十天。

（四）合一制，三人合一，一审，一审判员两陪审员，二审，一审判长两审判员，法院书记不能办案，陪审员要二十三岁以上，要懂人情事理，审委会。

（五）回避制度。

（六）民族语言、文字。

（七）人民法院院长受本级人代大会选举，并对其负责。

二审终审。

法院：① 审判案件；② 监督下级法院。

司法行政，干部管理，财务。

法院和党委的关系，是党领导是没问题，向党报告工作要以党的形式，上级党组不能领导下级党组，重大条件政策方针都要请示党委。

明年上半年以贯彻中央组织法为中心任务，省院明年上半年实行从上到下，层层带领，点面结合，积极推开。有条件不贯彻是错误，没有条件积极创造条件，案件请示制〈去〉取消了。

苏审判员参加了调查就不能审判了。

省院本身我们首先学好法院组织法。最近半天工作，半天学习，结合检查我们的思想作风，提高干部政策思想水平，边学边做。组织方面做好组织工作：① 中级法院院长人选问题要很好研究；② 法院和司法厅要分开，以司法行政处为基础，请省府把人选物色好。司法厅第一处是司法行政，第二处是管司法干部、宣传，三处是财务，设一办公室。法院一办公室，两个厅，刑、民厅，（将来经济建设厅也很重要），如这样可以我们可以报上去，干部初步〈缺〉确定。③ 省院逐步建立[这]些制度。④ 把基点工作搞好，搞些经验，城市杭州，农村萧山。⑤ 省积极地办训练班，现每年只训一次，业务只占 1/3 时间，建议行政学院中有固定几个班，专训政法干部，每年任务 2 次，不能训练太短。准备开一全省司法干部会议，贯彻组织法，开一各分院院长会，一月五日前。下面重点加强中级法院，省逐步整人民法厅，司法厅编制是 50 人，省法院 76，中级很大。

1. 党内要求很好开展一次守法教育，请党委研究一下。

2. 逮〈补〉捕判刑问题，下面有些乱。批准的范围，量刑问题。（李：你们要提出建议。）

3. 没收财产是否还要报请省府。（沙：要法院搞，李：本来有这一制度。）

4. 对反革命案，过去公安厅办，现如何办，完全交给法院吃不消。（李：一下子不可能完全改，现军管会还未〈去〉取消。）

李[丰平]：

司法会议规定的问题是〈完〉全部正确，不仅是民主形式，而是民主的实质，过去重点是反革命，现在问题更隐〈辟〉蔽了，人民内部事也多了，有些问题很复杂，搞不好打着自己，任务更重，公安机关再一把抓不可能，工作上需要这样做。现在需要具体的步骤措施，一下达不到，如何使有关部门结合，逐步积极的，逐步积累经验，逐步推广，我想全面推广恐二三年内搞好，积极〈作〉做些典型试验。一专署搞一县，一方面培养干部，首先我们司法干部搞清〈初〉楚，要宣传，然后通过具体形式步骤党内外进行宣传。

组织问题，中级法员，地委委员或付专员要求太高了，现在的司法干部好的培养他，如县委部长好的也可以，原则上相当或近于地委委员一级，好的县干也可以，要求不要太高太死，快点把干部人选提〈中〉出来，主要是中级法院名单，交彭。编制问题，不要失望，干部可能没有那么多，先把牌子挂出来。一个处 5 个人也可以，要和中央联系，他们表示态度，我们干部是没有编制有限制。

开会问题，可开一小会，找几个分院院长，研究如何过〈度〉渡。明年三四月我们政法方面的头子开一次会，党委布置任务，逐渐贯彻。守法教育问题，党内单搞不一定有效，你们可以搜集材料，党内通报。同时也通过报纸、广播。

彭[瑞林]:

贯彻的问题:① 一方面积极的,一方面要逐步的贯彻;② 是否要整理一个文件,党内研究一下。(沙:等王芳同志回来后,三方面研究,做一大概计划。)目前先从法院本身学习贯彻很重要,对下面干部了解适当整顿还是必要的。③ 贯彻时独立工作精神应很好的解释清楚,如不加强主义会影响关系。④ 组织方面。训练问题是否考虑一计划,统一安排一下,财经学院现可安1 500人,是可以放下的。编制可根据需要与可能,人选问题可把名单提出来研究。(沙:主要是现有的。)

沙:

根据这个方针去做,考虑需要和实际上可能实现的条件,配合着各个部门,计划,等王芳共同研究一下计划。党内守法观念,李付主席讲的很好,一方面你们宣传,同时党内可研究配合其他工作贯彻。省人民大会可以结合,这是很难的问题。

(文件编号:R138)

陈主任关于最高检察会议的汇报

1954年12月17日

下午

出席：沙、李、陈。

内容：汇报中央高检会议情况。

陈[伟达]：

会议内容两个：1. 组织法公布后今[后]情况；2. 基建工作。

过去可以按政策方针办事，今天要有实质的法治。今天的敌人和过去的不同，今天是隐〈避〉蔽的。

1. 彭真同志报告。

2. 检察院和法院如何结合，法院、检察、公安组织上没有矛盾，但具体的工作中是有矛盾的，这是三位合一。公安员侦查办案，检查院检查、起诉、批准，法院是审判。

3. 检察机关垂直系统，是自中央一直垂到下面，为什么这样做，就是保证了各种政策法令的正确执行，中央曾发生分〈列〉裂现象。垂直是保证法令的统一集中原则，是列宁指示。检察长的责任制和……。院是民主集中制，检察长可以批捕人犯，重大问题必须〈管〉经检委会讨论最后由检查长决定，如有不同意见先执行检察长的决定，意见上报。组成人组，省中厅长级组成检委会。这样有好处。没有处理权。

4. 检察工作和法院工作，检查工作今后要加强，检察院工作不加强起来我们各方面工作都被动。特别是城市检察要一定批准、捕人，公安出人，检察署出编制。

5. 党的领导，法〈党〉院是审判的，检察署要垂直，检察院不但要受党领导同时还要受群众监督，争取党的领导。同时要尊重当地政府，也要作报告。

6. 学习问题。学习组织法很重要，苏的检察机关叫法律保证者，因此检察机关学习法律，运用法律，了解法律，透通，明年十月要通过。干部基本上明年训练完毕，董老说首先强调学习的重要，一个省都要办一政法干校，解决四问题：(1) 有人办；(2) 适当经费；(3) 学员来源；(4) 教材。

张(鼎丞)说,提高信心,克服困难。贯彻组织法,如何干,要搞典型,谁干,我们的任务是重大的,因此就要有健全的组织,我们检察系统是在缩简呢?是发展,我们是在发展。全国现有 7 000 多人,如提高水准发挥群众智慧,有党的领导,是可以克服的,公安法院等基础比我们强,我们应互相帮助,要争取人家帮助,首先把自己工作做好,要教育人家首先自己要做好。

高等检察署党组向党中央的报告。

关于检察工作会议的情况和今后意见的报告。

首先讲开会的内容,然后谈到近年来的成绩,二届会议后注意了进行典型试验,这次强调一定搞试点,现已展开了典型试验,明年正〈试〉式搞。

1. 检察业务建设,逐步建立正确的检察制度,省市以上检察院,明年一年内达到有系统的工作制度。省以上工矿交通要道地方,要按照组织法正规制度做事情,省市以上检察院必须负责主要任务,重大刑事要侦查,刑事案的起诉,各省根据具体情况由各省人民检察院作出具体计划;2. 其余已建的各级检察院,首先把批捕人犯、重要案件侦查起诉;③ 县设检察院的应由县常委兼批捕,也要开门。

必须总结已有的典型经验,按组织法内容办事。必须建立机构,首先省建立起来,工厂交通要道,检察院加强,不健全的加强,五年计划全国组织方案,57 826 人,明年 15 000。

必须有计划有步骤训练干部,明第二季度必须把现有干部每人一遍。

思想建设加强政治思想领导:1. 每一干部必须加[强]责任心;2. 要联系群众,加强团结,批判自满情绪和特权思想,克服信心不足保守思想,但又要防止盲目冒进,必须加强请示报告。

本省事情禀报一下:

二届会议后,(以前 43 人)现检长 76 人,299 人干部,228 机构。

业务建设,二届以前,实际没搞业务,以后都结合了中心进行业务计划,及时地打击了敌人的破坏活动,试点工作还不错,9 个县市,参加干部 20 多,办案 72 件,大致按正规制度做的,各方面反映都很好。

存在的问题:

1. 照正规制度〈作〉做很慢,程序。

2. 一般和公安关系较好,但有的公安感到要检察长批,到底那个大那个小，个别检查院同志有骄傲情绪。

3. 个别地区案子增加，有的没经检察署批准拒捕。

4. 编制上 38 人，两正两付处长，办训练处去了一处长，搞试点去了 10 个，现留在家中工作的人不多。（1）我们要求一两个骨干，搭架子；（2）交通要道，温、宁、杭等要搞；（3）萧山杭州为重点。

建议：

1. 批捕工作很乱，现规定还未下达，党委要支持一下，现在名义上是地委批，实际上不一定。

2. 那些地方真不称职，重点的加强几骨干。

3. 训练班没有房子。

4. 要开一次会，最好在三月。（李：二月什么会不能开，最早三月。）

5. 正付检察长，中央要委任。

（沙：会议最早三月，（方）案催一下，早一点发来。）

李[丰平]：

检察工作很重要，要加强。把现在名额加以训练，300 多人，新编制下来，再并一部骨干来。检察干部一般小孩子不要。从部队转业中挑选一部份人，训练一下，不要过于急，防止搞进坏人来，训练，就以重大文件为主，政治课只占 1/4—1/5。首先把 300 多老干部训好。目前一个抓试点，一个是能抓多少抓多少，因地制宜，每专署有一试点，其他量力而行，批准权也是逐步的转，用几种办法，根据情况。搞清过渡办法，提出意见，省委批一下。

公安司法的干部中间要注意团结，主动团结，检察署应向公安方面学习他们的经验，批准问题，内部可采取商量办法。中央三权的分开的好处是大家都可避免错误，少犯错误。

（文件编号：R138）

杨思一同志对嘉兴工作的汇报

1954年12月19日

下面省办社就是方针，斗争就是政策的思想。

产量稻平均每亩494斤，连[带]春花每亩平均564斤。

“用行政命令方法来代替那在党内有决定意义的说服方法……结果会把我们的各级党组织由一些自动性的组织变成空洞无谓的以奉行公事的机关”。

Stalin(斯大林)在联共十五次代表大会上报告

出版总署：

摸产量，决定的问题是对群众的思想教育，其次才是内情。

摸底。

掌握全面生产。

掌握四季。

照顾全面经济。

文件编号：E26(1)

农林厅李厅长关于毛猪生产情况的汇报

1954 年 12 月 22 日

上午

毛猪数 350 万〈顿〉吨，计划数字，404 万〈顿〉吨。

典型：金华：136 合[作]社，每户平均 1.1 头，……乡 1.47 口，去[年]金华 0.18。平均比去[年]增 17.6%，我们报中说减产 18.6%，主要[是]典型调查的太少，嘉兴 36 合[作]社，每户 0.91 口，去年每户 0.51 口，收购 78 万多口，去年 28 万多口，12 月份可能 80 万口，屠宰数也增加很[多]，两数加两百几十万头，自算自销的不算，比去年增 60%，60 万—80 万，今年宰掉的三百到四百万头，计划数 350 万口，超过了。

新情况：

1. 山区发展较快，平原慢。

2. 过去养多的现[在]发展慢，甚至下降。

3. 过去一年生长的时间延长，过去七八个月，现[在]十多个月，主要饲料不好，精饲料平均每天长一斤多，现减了精饲料。过去小猪两个月 28 斤，现只 15 斤。减料从两千多斤降到 900 斤，生长很慢。口数增加了，斤两减了，金华减 20%。本来七个月半养一次，现十个多月一口，分量也减少了，每只平均减少 40 斤，减一亿六千万斤至两亿万斤。今年减肉二亿斤，等于 9 亿斤谷，肥料也减少，一斤肉等于一斤谷子多的肥料，有的算一斤半，也减少几亿斤谷子，总的至少减少 8—10 亿谷子，诸暨养 16 万头猪，等于一亿两千万斤谷子，肥料可增 5 千万斤谷，他们全年产量 4 亿斤谷子。农[民]生产不抓畜牧。

4. 有的地方杀老母猪、仔猪。

原因主要是饲料问题，只[是]这一问题不知这样紧张。(1) 收种，春花减产，青草水草少了；(2) A. 统购销中也有问题，过去马料豆不收购，今年大麦、蚕豆都收购；B. 过去评产不实，实际上没有给猪留料，区乡干部不敢宣传养猪，480—560 斤口粮、种子、饲料在内，事实上不留；(3) 商品饲料供应少(麸皮，去糠)(报告上有)，价格高，米糠价 5 万多，黑市价 10 万，大麦一千四，豆 2 000。互通有无断了；(4) 加工有问题，统购 40 亿斤每百斤成十几斤糠，群众每 100

斤 20 多斤，集中加工到分散供给，供给不及时，距加工厂近的，供应方便，不均，合作社是代销，群众排队，〈化〉花了时间，只买到一少部分糠。

群众思想顾虑：1. 群众没有周转余地；2. 干部通过养猪摸余粮，养猪多了，认为就是饲料多，宣传多种粮少种饲料；3. 合作社中也有些问题；4. 杀母仔猪问题，饲料问题，价高，亏本。

解决了问题：

1. 饲料解决了一部份。

2. 增产米糠，向粮食厅反映。

3. 统一领导，有关的部门组织委员会每月一次会。

4. 所有饲料归合作社统一经营。

5. 价格上要调整的合理。

6. 农林部宣传代用品。过去着重粮食增产，毛猪放松了，过去下边也不抓，对饲料的认识不清。当前的问题，大账一定要算一下。我们意见主要是领导上下决心，使能相互平衡，相互作用，内销服从外销，群众意见少，农村服从城市，群众有些意见，要适当照顾农村。

（文件编号：R138）

傅主任传达华东检委会情况

1954年12月23日

会议由李步青作了报告。

1954年全区检察工作，经过全区社会主义总路线和四中全会决议学习后，干部的觉悟加以提高了一步，以经济计划为中心。

1. 省市一般都围绕着生产进行检查，工厂、生产、商业、主要交通运输、银行，将结果通报，教育干部。一方面对国家的经济建设起了保证作用，另一方面教育了干部。

2. 各级特别专县一级对粮食统购、销中及互助合作运动中都进行了检查。浙江有一亿九千多万粮水分高，没有受到损失。发现问题，农业生产〈乎〉忽视领导。供销合作的资本主义思想，信用社中心。

3. 部分机关对资本主义工商业的改造加工等进行了些检查，部分干部对改造的任务认识不足，对私商的唯利是图缺乏警惕。

4. 〈收〉受理人民的〈监〉检举控告也起一定作用，开始监督检查政府各部门处理人民来信的工作，浙江处理人民检举控告信5 278，涉及干部1 220人，监查建议员250人。

5. 领导方面，各级监[察]机关联系指导方面加强了。上级监察机关及时的发了指示等。注意了解决工作中心许多问题，省市监委能开始集中力量对某些事情进行了检查。

6. 训练了干部，一年来监察干部已有了很大的提高。

缺点：

一年来的工作发展不平衡主要为：

1. 不少监[察]机关还没有很好地抓住各部门的具体情况监督检查，对习仲勋同志〈小〉做[了]些[报告]，好些〈提〉体会不够。

2. 工[作]贪多贪大。

3. 各级监查机关都有不同的方法，县区机关偏重县区人民来信。

4. 对监查通讯员的工作忽视领导。

主要是因为监[查]是在“一”。

另外是许多监查机关机构不健全，[redacted]没有。

1. 要全面的开展监察工作，必须把直接检查和对下级领导结合。有些重大问题必须要直接负责。

2. 加强对下级机关的领导，必须及时的具体的指导，掌握重点，具体贯彻，每个时期的监督检查的要求，协助下面拟订可行的计划，召开小型检查会。

3. 加强对下级检查机关领导的同时，各省市检查委[员]会的机构，一般省了处一室，我们六室，中央没有规定。① 工业；② 财贸；③ 政法；④ 农林水利；⑤ 人民群众来信；⑥ 办公室。

中央这次提出四处一室，一二三处，政治文教卫生……中央：① 工业；② 财贸；③ 交通；④ 政法。公民控诉局。组织机构调整，注意培养干部。可能和需要的条件下，配备专干。

今冬明春的工作：

1. 财经企业应围绕生产财经计[划][生]产的情况决定检查任务。工业着重产量，产品产质量外，年前主要食品质量，工程质量，上缴利润，明年全面均衡完成计划。

商业商品流转计划，对私加工定货，忽视调查研究盲目信任。

财政金融，交通企业，计划，骄傲自满情绪，铺张浪费，贪污现象斗争。试行检查编制 55 年计划情况，讨论学习哈尔滨铁路局检查经验，研究〈计〉订出计划。

2. 农村工作，以互助合作为中心的农业生产任务进行检查监视，检查贯彻积极领导稳定，前进的方针，反对强迫命令统购统销，政策方向，加强对收购、运输、储藏的检查。

3. 加强检举控告，切实保证宪法〈人〉给人民的权利，检查监督政府相关部门处理人民来信情况。

4. 组织干部认真学习宪法。

5. 学习三次全国会议的文件。

浙今冬明春的任[务]。

专县检查机关主要以互助合作为中心的任务进行检查，防止纠正违犯阶级政策，自愿原则，强迫命令。统购统销、供销、信用合作重点进行检查。

城市企业，开次城市企业小型会议了解情况，布置工作。

任务：继续贯彻省三次检查工作会议关于今后任务的指示，围绕财经企业部门，着重检 查生产财务计划的制订，工厂完成生产计划的情况，防止春季松[的]现象。

商业贸易应检[查]物资流转、积压、交通运输、运输计划(安全——王)，向铺张浪费、官僚主义现象作斗争。(沙：应反一单纯的经济事件。)将来省叫厅，专叫处，县上面派下去。

我们意见省设五处一室。① 工业；② 财贸；③ 农林；④ 政法文教；⑤ 交通运输。市设局，和省差不多不一定叫处，叫科，专署处下[设]组。编制：省、市规定二百三四十个，我们省 30 人。

我们准备省到 90 人，下边拿上来。嘉、宁、金，每专署处 20—22 人，衢州、舟山 12 人，10 重点县等，经济地位较重要，距[redacted]近等条件，设派出机关，总计 246 人(市不在内)，比原多 12 人。杭、宁、温、绍、四市设检查机构，比原来超 20—30 人，有的财经企业部门没有的应设立。4 人以上的机器设备的企业设室，五百人左右小厂可设监查员，中央规定室 2—4 人，现提出要增加省局厅的室，至少五人，厅下至少三人。

李[丰平]：

华东开会的精神是对的，增加人的问题，编制这样紧，就是现在这人很好的利用也能做不少事了。对事不对人，抓住互助合作统购销中心的适当理论重点搞。交通安全和浪费，商业抓一方面积压，另一方面又脱销，商业计划是否还行。主要是组织人的问题，主管部门的思想问题，不重视，怕麻烦，有计划，抓住重点，找几个部门搞个样子，组织问题，可以提出初步意见，市里可设局，商主要放市内，可以提出一意见，事务的可紧缩，工作原则组织规程下次讨论，专署是督导一级需顾虑，恐省的派出机关为好。

王：城市面广了，应把几主要问题提出来。

1. 过去有就业务搞业务，除主导一面还应发现其他问题。不是单纯的对人，而是提高工作。抓住中心，依靠组织群众。

2. 年关总结问题，检查工作中间，推动各部门的更好注意，〈推〉促使其明年计划的更好完成。

3. 各部门的重点，开会换一下，每一重点是否都开会，业务部门和主管部门的一致性。

杨[思一]：

重点不够明确，面太宽，力量是否够，如何找重点的问题，但主要从反面找问题，防止不良倾向。和业务部门检查的角度不同，我们是发觉了问题检查。重点是农村，农村冬季工作，重点检查干部的强迫命令打击报〈负〉复，违法乱纪。检查原因，找找问题，纠正防止，主要不是惩罚。城市主要放在工厂企业单位，关键是贪污浪费，不负责任，官僚主义，造成国家资财的严重损失。

干部方面重点使用。

沙[文汉]：

方针上没什么问题，今冬明春工作重点要选一下。

农村基本上三问题：1. 阶级路线，这问题不多，出了是大的；2. 强迫命令，不是单纯打的问题；3. 各时期工作的重点，1—10 月，四十几县区杀 1 147 人。围绕着互助合作为中心。城市中同意老杨的意见，节约是我们生产上根本的问题，一是生产一是事故，我们注意〈订〉盯容易出毛病的地方，有重点的，有教育意义。应注意我们的检查工作要使各部门的行政负责人思想精通，不要形成了和行政的对立，而是帮助他们工作，斗争一定是有的，但有原则性。

检查通讯员如何〈作〉做强是很重要的工作。

编制问题应以精简的原则，具体的你们提出一计划来，专署是不是一级，要搞清。基本上是原来的人，如〈何〉果我们都自己抓，一千人也抓不过来。运用行政机构就不需要这样的人，但工作会做好的，我们是开放看。

（文件编号：R138）

浙江省政府党组会议记录

1954 年 12 月 30 日

沙[文汉]：

我们把自己的分工考虑一下。

1. 杨[思一]主要政法为中心；彭：文教，各厅正付职，考虑一下，最好和业务联起来。如：财贸李管，文教彭[管]，这样：(1) 杨工作减轻；(2) 正职付职分开事实很难管。

2. 人事局的问题：(1) 还是杨管；(2) 曾晓东同志代管，大家考虑，其他不动了。日常工作大家搞，人事局曾管是否重了。

协商委员会，省人代大会可考虑(办公厅管)。协商会要组织几人专管，俞、宋、吴专管，可专门管理，有系统对他们进行教育，人代将来也考虑这样。杨思一同志去参加政协是代表政府的，只开会到，事情不多。

李[丰平]：

人事局可给曾管，就是工作范围问题(沙：国务院规定……一般按国务院规[定]，将来有必要可另行研究)，是组织部分工问题，工业农业统战省委管，政法文教省级等由人事局管。(沙：人事局事实上是组织部的一分机构。)

杨[思一]：

总的讲个人看起来多一些，过去太宽，但什么工作也〈作〉做不好。

正付职问题我同意结合起来。

人事局考虑管省级政法文教，问题很多。

法院监察院如何管法，思想领导，具体案件如何办？

一个人是否可管得来？

协商委[员]会，过去省委亲自抓，抓的不够，这次中央开会启发很大应很好抓，但我过去一贯对这方面不了解，不熟悉，我过去考虑这两方面工作最好李或沙抓。

检查厅是否放上我，是否能找到这样一个人。(沙：考虑付职不强，先要你挂个名。）

李：

区副职同意沙意见，检查厅因名称尚未定，写电报时临时写上杨的，付厅长傅××同志还可以，如没有厅长的话可提拔上去。

人事局机构不强不是重要问题：1.〈给〉和我们各业务部门接近，了解业务；2. 组织部可摆脱事务管主要的。（市级以下的省委机关由人事局管。）如组织部管……文委要分开我是不同意，让宣传部管又不管业务将来会扯皮。人事局主要是管省级机关，大的问题曾少东帮助，日常工作人事局管。

法院检察署是一独立的机构，是独立行〈施〉使职权，另外有党委管。省委按直管不合理，省委委托杨管，所通过党组。直接管死刑和死刑缓刑。责任还是业务部门负，政协还是维持原来的。加强是必要的，杨参加是有必要时参加，事情不多，具体工作俞管。

彭[瑞林]：

总的讲同意，另外考虑具体分管的单位、作法。这一决定基本上是加强省委如何领导人民委员会，因此考虑到专辅职，专要很好考虑，省委特别是党委负责同志，具体事务兼的太〈很〉狠会影响主要工作问题，具体直接管的有些方面还要考虑。尽可能地不挂名。省委方面需考虑有些委员兼职太多，要很好研究，因为他们要负责领导工作。

分工不是分家，有的委员专职的是否就一〈兼〉职不兼。希望如霍也要兼一点，沙是否也适当兼点。1. 可从各厅局工作分量多少上考虑，协商会主要同志兼一下有好处，是否霍或沙兼一下；2. 处理具体案件。同意业务、行政、政治领导结合起来。人事厅业务要落实。干部问题要加强人事局。

党的情况曾来后如把几……

作法要考虑，我们掌握那几条。文委每天大体办文二三万字，分三种情况，有些是要上面批，有些具体问题可以放在下面的也搞上来，占 30%，这些问题应确定。划一下，那些属那里，排排队，那些报省长，那些提[交]党组。

我已接管七单位，一天目山问题，要早考虑，明年移民问题很紧张，这方面的工作地委是否一下管得过，管的话：1. 时间；2. 不管，如何办。省编委会的结尾的一些问题。

行政管理局、莫干山、交际处交过来管的话，三单位成立一党组，交际处是否能够合并。行政事务大家都找来了。（沙：商业学校房子没搞好，先不调整。）

文史馆，文管会不接头。（沙：可不去管，吴（山民）管。）图书馆，可让宋、吴去具体的搞。

宗教事务，是党内的一问题，都是新问题，什么不了解。（沙：是否要你们搞，可专设一局，宗教、华侨，或一个办公室，一个机关是照牌。）

二办，行政交际；三办，莫干山；四拖。

文化局各处管多头，都管都不管。（沙：非政府机构都出去。）

秘书长们本身如何分工解决要考虑。

由此办公室兼主任也好，付主任也好，应大大地发挥下面作用，宋云彬、吴山民可管文史馆一[redacted]。

王[必成]：

干事会分工。

政治辅职同意结合。

人事局：曾管，党委书记[redacted]，[redacted]一民调作付书记，统一管人事局。

法院，吴仲廉是否身体担得了，王芳管。

检查厅可以不(杨)。

协商委员会，杨和地方上联系还是好的。（沙：杨仅代表政府，有问题和他协商，其他不管）

文管会，独立单位不在二办，宋、吴管。

现一最大的问题就是厅长不敢负责。

杨：

总的我没意见，我总感到少一个人，如加一人，问题就解决了。

我的工作省委决定我没意见，协商委员可向省委建议一下，沙或霍兼。

监察院，吴仲廉同志好了，是否〈她〉他管，否则具体工作谁做，王芳一人不行。

财经干[部]管理，人事局现两局长搞，提不起来连财经干部管来，可调一得力干部。(沙：〈它〉他可以做多做少，少就是只盖印。李：办公室干部很困难。)(沙：暂时还是盖印机关，将来再考虑。)

人事局现管到了县长。

沙：

杨监察厅不干了，建议傅负责，政治辅职各口管，人事局考虑。

彭：

文委一部份俞仲武主要管，彭仅原则方针管，机关事务管理局，莫干山，交际处要具体管起来，一个头子。宗教、华侨、民族可以一个机关三个牌子。彭现具体主要抓〈山〉天目山开发委员，同省委商量研究解决，最好不兼。几老先生给他钱要他们干，这样两三个单位，可管得过来。

宋：

体委，文史图[书]馆，吴[redacted]生是他们的秘[书]。

杨是否参加协委同省委商讨。

各口各厅，党组同分党组的问题：

1. 分人负责，厅要变成一作战单位。我们是指挥部，他们是军团。厅对内是一党组，凡即定方针，有条例政策，没有特殊问题的他们可独立负责干，各口解决不了的再拿到我们这里头。我们解决：(1) 各口解决一部份；(2) 我们开党组会再解决一部。具体划分要搞的过程。

2. 各口自己提的一般意见差不多，省委开会，六口中有几种，一般政法不是多大问题。王芳解决不了，交杨直接批，财经李，工业吴，农林、文教沙，一般的问题，吴，林批的省府盖章。大的问题我们提出完整的意见要省委审查。

各口负责人虽不是一级行政领导，但实际他要负很大责任，因此考虑各口编是否适合。

党组干事讨论：(1) 重大的问题，方针政策问题；(2) 根据省〈政〉委的指示发现新问题，政策问题如何搞好，就是对整个全局有关系的问题。

李：

1. [①]

2. 办公室组织讲座很精干，打字的可〈去〉取消，公务员一概不要，办公室下面不要小办公室，设主任秘书或秘书，档案由秘书兼管，其他基本上同意。

3. 办公室的一般职责，搞些通则，各办公室可搞细则，我们不管。

4. 有的部门主要属那部负责要明确。

办公厅的问题，临时事时，门市部很多。各口来的文件要用省长的名义发，是否与政策法令有抵触，把法令指示等要把最近的法令对一下，与别的部门相抵触的，重要的。

各地向省府的请示、报告、批复。

各厅业务互相结合交流经验联系。

机关事务面有些多，各口统一调整一下，很多地方可进一步紧缩。

彭：

办公室下设处或给组要统一，最好成立处。组长地专干部有困难。

杨：

今后主要发挥厅局的作用，办公室多作调研工作，可召集几主任开会研究一下。机构性质要有规定，办公室和党政的关系要加强联系，要和二办讲清主动接受宣传部的领导。

各厅对省长直接负责。

沙：

县的组织应如何，将来我们要研究。

王：

1. 两级制我很同意。

2. 办公室不是一级是对省长负责。

---

① 原文无内容。

3. 办公厅，任务(政报第十期载)(1) A. 综合；B. 定期向中央报告；(2) 办理会议；(3) 联系，人民代表、各厅局、统战；(4) 秘书行政；(5) 其他，国防等。(6)日常别的部门不管的。设秘书处，政策研究处。

4. 通则问题。

5. 组织和编制。内部调整，基本上不再调入。四五六办略大，要缩。

沙：

两级制，各口以上到省长是一领导单位，下面各厅是作战单位，各口问题拟一通知。

职责任务：1. 审查公文；2. 了解研究所管部门的情况，包括法令熟悉；3. 提意见，对厅商量，对省建议。办公厅有所不同。

大体上办公厅：1. 审查公文中是否有矛盾；2. 审查下面报告；3. 向省委国务院的报告；4. 代表大会人民委员会的召开。

大概内容确定，具体的自己考虑，我们不多干涉。

通知各厅整理一下党组小组，报上来，三人到七人，在人代大会前开次会。

几个问题要考虑：

1. 政治负责。

2. 党委会的工作。

3. 党组小组如何领导。

城市附加问题：

1. 国营公司合作社是否可搞附加，中央口头只同意 1.5%，等中央文件下来。

2. 工商界 6%，只能在营业所得税中搞。

（文件编号：R138）

省人民代表情况统计

约为 1954 年

全省的　省一级 451 人

① 工人 49(10.8%),机关干部 123(27.27%)

部队 15(3.33%),农民 117(25.94%)

以上是基础力量,共 304 人,占 67.4%。

民主人士 19(4.21%)科技界 25(5.54%)

文教卫生 68(15.8%)宗教 4(0.88%)

工商业者 31(6.88%)

以上共 147(32.6%)

② 共产党员 230(50.99%)

青年团 11 人(2.43%)

民主党派 42(9.31%)

③ 男 378(83.81%)

女 73(16.19%)

（文件编号：F156）

谭震林对吴植椽发言的意见

1954 年

（1）吴的发言作为暴露我们缺点与检查自己这是很好的，许多人不同意这点是不对的，但吴的意见中说话的许多分寸是不适当的，界线不清楚的，如不分析会有破坏性。

（2）饶的思想与浙江省委执行中央路线是有区别的，省委在总的方面说还是执行中央线的。因为群众是发动了。（自然其程度则各地都有问题）并且也组织起来了，再则发动群众与组织群众，基本上是执行了依靠贫农，团结中农的阶级路线，所谓依靠生产积极分子，这话也有对的一面，而其毛病只没有说明依靠贫农生产中的积极分子。

在土改初期的和平土改时，自然是有毛病的，土改后没有一个时期也不明确这是对的。再则地主是打倒了土地是没收了（固然也有漏划的），这也是执行了中央路线的。

至于恢复农业生产，中央这方针也是对的，并且在恢复生产过程是否仍恢复了老中农和富农呢？虽然是有 60%的贫农是上升了，这也不能说不对的，这里的问题则是我们从各方面去支持贫农的生产不够。

再则，组织起来走社会主义路线，在总路线前固然未提，但组织起来由个体经济变成集体经济这点是提出来了的，这也说明是执行了中央路线的，这里有问题是提得不够明确，没有什么更大的宣传。

从上述各点看浙江基本上都执行了中央路线的。党和政权的组织也还是基本上掌握在贫农手中的，因此浙江基本上是执行中央路线的，（不能说执行华东的决议，因为华东是饶在那里搞）但在承认这基本一面外，我们也要严肃的来看非基本方面的。

（3）饶漱石的思想影响问题：

关于土改，饶有地主资产阶级的理论，有纲领的。一就是乱要乱自己；二就是江南特殊，地主与工商业关系太密切，三我们已有政权，可以和平解决，四划阶级则主张，可划的划了，不可划的不划上去，五他主张可以损害一些农民利益而去保护工商业。他有这样系统的理论。

乱要乱自己这错的,发动群众只乱到敌人。江南地主与工商业联系多,而不退押,这说明没有乘此机会与削弱资本家,吴植椽只认识不能给贫农更多利益,这还不够的。事实上退押也乱不了的,武汉就这样做了的。

这些方面我们是都受了他们影响的,照转照达了,我们没有反对他的,但若说这些都坚决贯彻了,这也不对的。首先群众及下层干部就未执行,而我们也未坚决去贯彻这些。如富农土地,一般不动,浙江则一般都动的。

这就是说饶的影响是很大的,但工作并不是饶漱石路线,所谓影响大就是地主阶级没有打透,如大农具没有没收。

饶把土改只看作改变土地制度,而没有认为是彻底打倒地主与孤立资产阶级,我们接受了他这理论而没有反对与批判他,这就说明我们原则不强,认识不足,但饶的路线的实现则主要是在基点试验和平土改中,而以后是有改变的,因为受到了中央的批判。

现在土改之后,饶是有资产阶级纲领的,这纲领主要是十大政策,虽然在初期它也起了积极作用,但他本质是有利于富农的。

我们接受了十大政策,但未完全按此来做,如山东那样坚决在贯彻的,因为我们虽受了饶的影响但也有我们自己的社会主义。我们曾提出了 20 年的社会主义计划。但由于饶的影响,在我们思想上确是不明确,很混乱的。社会主义思想与饶思想是和平共居的。我们继续巩固阶级路线是不够的,土改后到总路线宣传前富农的势力是发展的。

(4) 吴植椽的话除上述外界线尚有不清楚的。

嘉兴 1/3 是和平土改这不对的。

极大部份没有分,应该说有的可分,有的不分的。依靠贫农团结中农,限制和逐步消灭富农,这条路线是完整的不可分割的,吴有分割的倾向。强调开贫农会这是大可研究的,我们依靠贫农是依靠他们互助合作(社会主义)的积极性,而不是给他们小恩小惠。

吴说政治上发动了,经济上没发动这也不对,地主打倒土地分掉了,经济上也发动了的,贫农只有经济困难还没很好解决,贫农的优势,首先是政治优势,而他们的经济优势则只能依靠组织起来互助合作,否则他不能有经济优势,我们在经济上从这方面去支持贫农是不够这是有的。

农贷的毛病主要是没有以支持组织起来的农民为中心,而还不在于保借保还等口号。

互助合作领导中应该有中农参加的,没有中农参加是不对的,而中农则当有上中下之分,有利益得的多少的,我们应选择于我们有利的与好的来参加。

又关于粮食统购统销,反五多,及区委书记联席会议,吴的说法是有些情绪的。

谭启龙在这里是有缺点的,自己没挑担子,而对事情少分析,但新登并非吴植椽没有毛病。粮食统购统销的缺点,吴说省委是中农路线这是不对的,我们觉得主要是:

A. 没有法令。

B. 没有指出与富农作斗争。这与华东领导有关系的。

区书会议主要是没有强调互助合作,而吴说这时是资本主义路线,那是不对的。

吴又说,总路线迟了,这说法是不对的。

因此可以注意,吴的思想是暗示省委执行饶漱石路线,不是执行中央路线,这点应加以注意。但是在华东发言还是很重要的,他对工作是起了起承转合作用的。

要说明的问题:

(1) 自己准备浙江人代会开完后再来搞半个月,准备九月的政治工作会议。

(2) 大学的问题确很严重,长期没有管。路线方针任务都不明确,除若干中央决定外,也没认真讨论过。政治辅导处和党委的方针很混乱,大家苦闷。

知识分子政策很混乱。

党中个人主义在发展。

(3) 这学期在整顿知识分子政策及整顿党委并清算学校中的路线思想。

下学期才可解决,以教学改革为中心解决党政工团的方针任务和工作问题。

(4) 学校中有在三大问题:

① 干部问题;

② 政治教学问题;

③ 以教学改革为中心的党政工团的方针与任务问题；

（5）大区撤销后，学校工作问题：

① 上海高教局兼管江浙高等学校；

② 党方面各省市委须有专门工作机构；

三种形式均可，但高校党基层组织，暂须专管学校的党机关直接领导。

（6）到浙江去的指示。

チン的工作问题。

宣传部总结新登经验搞好否。

如尚要搞相当长时期，华东宣传部拟派人来参加。

（文件编号：E26(1)）

关于华东高等学校工作情况的报告(草稿)①

1954 年

一、国家的社会主义建设和改造，要求我们高等学校相应地也进行同样性质的建设和改造。因为今天我们的高等学校就其性质来讲，虽已是社会主义的新型的学校，但就其内容来说，无论是在思想上、成员组织上和业务上还都与新型的社会主义学校不相称，因此学校的本身如果没有这种建设和改造，则他就担负不了国家所假于它“培养足够数量和有一定质量”的建设人才的任务的。

根据过去的经验和现在的情况来看，在高等学校中要进行这样的建设和改造，在扩建校舍，增加设备，以及增加学生和改善学生的成份等等，虽则还都存在着若干困难，但基本上都已不至于会有什么大问题了。而最成问题的则有如下二端：第一是学校内容的改造问题，即按照国家的需要在业务上、思想上以及组织上继续实施社会主义的改造问题；第二是按着社会主义教育需要的标准，迅速培养足够的新教师，来适应学校急遽扩大的需要问题(按中央的计划，到一九五七年，华东高等学校的学生数将增加一倍)。

二、自一九五二年，我们在学校中进行‘三反’思想改造以来，接着又进行了大规模的院系调整，并在同一期间我们也派了一批干部到各高等学校中去工作，这一连串的措施，不但在 思想上打掉了封建、买办、资本主义思想在学校中的合法地位，树立了工人阶级思想在学校中的领导，并把原有高等学校的组织也加以极大的改变，使之适合于国家能够大规模培养各项专业建设人才的需要；更由于我们党员干部派到学校里去工作的结果，使所有的高等学校，基本上也都能以我们党员为骨干来进行学校的各项建设与改革，这对办好学校来说，更有其特别重大的意义。从五三年开始的教学改革工作，一般地都能进行得比较顺利，显然是与前面这个措施分不开的。

总而言之，这些改革，他的确给我们在学校里的工作打下了很重要的基础，它使学校真正迈步走向社会主义的大道，建设了学校社会主义化的最重要

① 此文件为沙文汉关于高校工作建议给华东局的报告稿。

的基本条件,它的成绩是很大的。但是所谓成绩很大,这并不等于说学校社会主义化主要部分的工作都已做好了,相反地我们工作应该说还仅是为学校内容的社会主义化建造了一些基本条件。在学校内容社会主义化的万里长征中,我们还只走了第一程,更多更复杂的改造与建设尚待我们今后去努力。事实上就今天的情况来看,我们的学校离开社会主义化,能替国家培养足够数量与一定质量的社会主义建设人才的标准,还是很远的。

三、什么是学校内容社会主义化的标准呢?按中央各种文件和指示来看,归纳起来应该是这样:

(一)业务上基本上学得了苏联的先进技术和理论,并能与中国的实际相结合起来,而教学的计划和方法也能按照苏联的先进经验来进行。

(二)思想上:(1)能以马列主义的原则为各种科学的指导思想,即使担负业务课的教师还无法以这样的标准来进行教学,但他自身至少要体会到这是真正正确的思想观点。(2)政治教学上能给学生以马列主义的思想武器与社会主义的劳动观念和人生观。

(三)组织上,无论在教职员与学生中,都有我们有力的党组织,学校的重要工作,都掌握在我们党员和政治上可靠的进步分子手中。同时对现在的学校中有反动政治活动的,基本上应该把他清理清楚。而学生也做到以工农阶级的子弟占主要成分。

只有学校改造得基本上合乎前述这些标准,我们才能说这个学校的内容基本上社会主义化了。自然这些标准都不是一下子能做到的,但我们若按前述的标准来看一下现在的高等学校,则可知距离这标准还是很远的。

四、在现在我们的学校中,很明显地存在着如下的各种严重缺陷,这就是:

(一)教师的水准和教学的质量,无论在业务上与政治上还都很低。我们的教师绝大多数都是老教师,而老教师的落后,不但在政治上,并且也在业务上。

先就政治上来说吧,虽则自解放以后,这方面的情形已经有很多变化,一部分教师应该说已够得上是进步分子了,他们不但爱国,对国家和科学事业的前途都抱有信心,拥护共产党和社会主义,并且自己的思想也积极的向马列主义化的方向在发展。但这样的人究竟还是少数,多数的教授对国家和科学事业的前途固然有信心，拥护共产党的领导，在基本上也都无问题，但对社会主义原则虽不一定反对，也不一定有情感。而自己的思想，基本上虽也有了变化，但大部分还多是旧的，资产阶级的一套思想意识仍占着主要地位。这种人，是多数的，自然，除此以外，还有对我们不满意，思想上，以至于政治上反动的分子，但这也是少数。总而言之，就政治思想上来说，今天教师中的主要问题是进步不足，跟不上国家社会的发展与教育事业改革的需要。这个问题虽非急躁的手段能够解决，但问题确是存在的，而且也是严重的。

再则，在业务上来说，今天的教师在教学方面只有马列主义的思想观点不足，而业务上基本上不须要作很好的准备就能做今天学校里的课程者，那只有少数的名教授。绝对大部分的教师，包括一般老教授在内都须经过很好地学习苏联教材，和自己业务上的进修，才能够担负得起他所教的课目。交大四十一种的专业设置，尚有二十七种今天还没有人能教，就是一个明显的例证，如果我们再了解一下，华东高等学校教师中，助教、讲师的比例占教师总数的百分之六十以上，则其严重情形就更清楚了，所以这是很明白的，今天我们教师质量的低，不仅是在政治上，并且也是在业务上的，自然二者比较起来政治上尤其是来得严重罢了。

以上是就一般教师情况来说的，若再说一下政治教育，则其问题的严惩性又大大超过于一般学〈课〉科的教学。学校中四门马列主义政治教育的课程，绝对大部分都是连其所担负的课目，就书面上的问题都还不容易解释得通的政治教员在教，纵令教师的水准降低到这样的程度，但许多学校还仍没有教师。据高教局统计，尚缺少马列主义基础的教师六[十]二人、政治经济学三[十]七人、中国革使命三[十]八人、辩证唯物主义与历史唯物主义三十人。因为没有教师，这些课程只好设而不开，而开了的，调皮的学生则证说它是“卫生课”，因为听了这些政治课反正听不到什么东西，反而可以休息了！共产党所办的学校，政治课糟糕到这样的程度，简单直是说了都无人相信的。

前面是我们高等学校里教师质量与水平方面的严重情况。其次，再说一下我们党的情况：

（二）我们党在高等学校中的基础是薄弱得可怜的。就上海各校来说，学生中党员平均只占百分之六点二七，而在教师中共产党员自更是凤毛麟角了！和五二年院系调整同时，我们虽然派了许多干部到学校里去工作，但是，第一，所派的干部多是一般性的，且多是做总务工作，能够领导学校或主持学校一部分工作的骨干则为数就很少，一般学校只分到三五个至十来个人，校部的工作固然已照顾不过来，在系里就根本分不到党员骨干，何况我们所派去的有些骨干还不适合担任学校工作呢。

再则由于我们对学校中党组织曾长时期地没有认真去领导他们，多数学校的党组织，非无产阶级的意识，都在新的环境下滋长得相当厉害，党委很少有集体领导和民主生活，领导人包办的现象以及一般党员不安心工作，不正派作风等个人主义意识是在普遍的滋长中，党的原则和纪律也都在损坏与松弛中，严重的(如水产学院)甚至变成家长领导下的独立小王国了。

此外，自院系调整之后，我们党在学校里虽已工作了两年，但到如今为止，党究竟如何领导学校的工作，总是还并没有得到很好的解决。在学校中，政治辅导处和党的支部、工会、学生会、以至于青年团等工作，究竟应怎样去做，基本上还都没有摸上轨道，搞出一套比较完整的经验来(自然〈就〉其中青年团已有比较系统的工作经验，但还是远不够学校化)。因此使我们在学校中的政治工作还很乱，做得多，成就少，同志们都很苦闷。

这说明了我们党在学校中的基础和力量确实都太薄弱了。

(三)再则，由于我们自身对于学校的工作在认识上和作法上还都存在着一定的缺陷(即我们主观上对高等学校的特点和高等学校进行社会主义改造还缺乏全盘的明确的概念)，工作上缺乏明确的完整的有系统的方针、步骤和思想界线，因此，不时〈都〉会发生偏急与放任的毛病，致使我们与教授间的关系也存在着相当大的隔阂，这种隔阂长久都没有能够解决。有些学校在有些时候，我们与教师间的关系甚至搞得相当紧张。党对知识分子的政策，在多数学校内部迟迟没有能够很好贯彻。这大大地障碍了老教师思想的提高与其积极性的发挥。

作为今天我们学校中所存在的主要缺陷，就如上述。

五、但是应该说明的，前面这些缺陷，自然只是情形的一面，我们若就学校中整个发展的形势来看，无论是教师的业务和政治思想，以及我们党的基础和工作等都是在增强与提高的，(尤其是教师的业务水准和教学方法方面，在教学的改革过程中已有较显著的提高。)并且我们与教师的关系基本上也是趋向改善的，所以成问题，主要是这些进步速度太慢，显著地落后与国家计划的需要与客观的可能罢了。

因此这里有个问题，为什么会慢呢？显然其原因不能推给客观，而主要还在于我们的主观。如果我们主观上有明确的适合于高等学校的一套工作办法，我们相信，我们与教师间的团结问题是容易解决的，教师的积极性是能够大大地发扬起来的，从而他们业务上、政治上、思想上的进步速〈力〉度，也必能大大地提高，使之赶上国家建设与学校自身发展的需要。

自五三年下学期以来，学校的工作中心，按中央文委及高教部的部署，都转到教学改革去了。自然这是正确的，因为教学改革是学校教学内容，教学方法，以及教学组织和学术思想上的社会主义改造。如果没有这种改造，学校的业务上是社会主义化不了的。但是既然是社会主义改造，它不但在业务上有很复杂的问题（如确定学校培养学生的标准和规格，按此来制订教学计划，教课内容，建立教研组，改造教学的方法等等），并且在思想上也必有复杂而剧烈的斗争（如教学方法上个人主义与整体主义的斗争，教学内容上联系实际与脱离实际的斗争，学术思想上马列主义与资本主义思想的斗争，而尤其严重的则是要教师们迅速提高其学术水准，大大地加强了他们的劳动。）这种斗争，显然是很自然的，不可缺少也不能避免的。

按说，随着学校工作中心这样的转移和新斗争的展开，我们在学校里政治思想工作也应相应地有所改变，设法把我们与教师间旧的隔阂消除掉，把其他非必要的对立缓和下来，从而集中力量来解决教师在教学改革中的各种阻碍思想，以发挥其积极性和创造力。但是我们在长时期中并没有解决这个问题，我们的政治工作还是惯于离开业务，孤立地抽象地来搞，我们还只惯于〈偏〉片面地从政治质量和思想意识上去要求教师，而不善于从教师业务的提高与教学方法的改变中去增强其政治觉悟与思想改造，不善于从加强他们对教育事业和国家建设的责任上去发扬其自我改造的积极性。因之这不但使旧的隔阂不易消除，而且不时还要增加新对立；这不但使政治思想工作脱离了学校的中心任务，并且在某种意义上来说反而还在妨碍中心责任的进行。

应该说，在这个时期，我们在学校里的政治思想工作是落在学校形势和工作发展之后的。鉴于前述这样的情况，为贯彻国家过渡时期党在高等学校的方针和政策，我们在前学期，特对上海各院校，除了维持他们继续进行教学改革的原方针外，在党内布置了检查党对知识分子政策和学习七届四中全会决议,并以此作为党内的中心工作,便从这里入手,首先整顿好我们党内的思想,明确我们党对高等学校的政策、方针,使以后我们的政治思想工作能切实地围绕着教学改革的中心任务来进行。并且为着这个目的,我们有意识地把其他问题(如党如何来领导教学改革和学校里的政治辅导处等工作问题)暂时放一下,到以后再来解决。

这样的作法,今天回想起来也还是对的。因为贯彻党对知识分子政策与整顿我们党内部的组织和思想作风,都是带着根本性的问题,如果我们党内不先在这些方面整顿好,则任何工作都不能有做好的条件。但是由于我们在起初一个时期,对各院校党内情况了解得不够,工作的步骤和作法一般地都太松了,太强调自我教育与思想学习了,因此造成我们工作计划并不能如期完成,而不能不把一个很大的尾巴拖到下学期去解决。

现在新学期转瞬就要开学了。我们打算在这学期中,除解决检查党对知识分子政策和学习七届四中全会决议的末了部分外,开始把工作的重心移转到去贯彻教学改革,并把党在高等学校里的政治思想工作(包括以教学改革为中心的政治思想工作的方针和内容以及学校中党的支部、政治辅导处、工会、学生会、青年团的工作等),亦以此为中心来摸索经验。为着这个目的,九月份我们拟召开一次高等学校的政治工作会议,来交换这些方面的工作经验并确定今后的方针和任务。这学期的工作打算主要就是这样。

六、但是很明显的,前述这些任务,以我们今天在学校中的力量来说,光有一二学期的时间是不见得能很好解决的,我们要摸到高等学校教学改革的底细,这固然已不是一件容易的事情。而在这里我们同时又要摸党、政、工、团等工作经验。使我们能指挥若定地领导高级知识分子和学生。这更其是不容易的。然而,国家建设的需要。并不能假我们以充裕的时间,到一九五七年学生数量,扩增一倍还是不能更动的。我们既不能输送给国家以业务上、政治上不够格的学生,也不能在数字上打折扣。因此,监于高等学校的任务这样繁重,他本身的改造和建设还存在着那么多的问题。

我们建议:

(一)党应设法加强对高等学校的领导。华东局拟在上海建立学校工作部,这是非常之好的。我建议在华东的各省委最好都能设立学校工作部,不然至少在宣传部增设一个副部长以及必要的处专[门]来照管学校工作,[以]便把学校的工作(包括中学校、速成中学及中等技术学校等)好好加强一下。据我所知各地的学校差不多都是宣传部附带管一下的。事实上学校的工作,除清理中层思想改造等几个大运动,党委曾认真去管了它一下之外,平时对学校的建设与改造实际上是不大过问的。今后学校中的问题,基本上将不会搞什么大运动,而其工作主要将依靠深入细致的改造与建设。如此党委若没有一个专门的工作机构去管它,事实上必然会重踏没有人去管的覆辙,如果这样,明天我们可能会犯大错误。

(二) 再则,高等学校中的干部,我们必需大大的加强。现在的干部情况实在是太弱太小了,我觉得在一般学校的校部,除配备校长、政治辅导处主任(没有政治辅导处的自可 不要)、人事处主任、办公室主任与其下面必要的工作骨干外,并应设法挑选适当的党员干部去做教务主任,或副主任(有些可从学校内部建党中去解决)。而总务处中。则我以为只要有一定的骨干就够,不一定要配党员的总务长。至于大的学校,党员的校长则需配备二个人,一个人事实上是忙不过来的。

再则,各院校的系和教研室里,原则上也非都有党员的干部去做主任、副主任或助理主任不可。并且为能搞好工作,在系里主任或副主任之类党员干部应该不〈至〉止一人,而是二人,便一人能多管业务,一人能多管政治。考虑到党要派出这种干部的困难,固然,一方面我们可以有重点地陆续来配,即不是一下子都配齐了;而另一方面,则也可在学校中进行培养,以补足这个困难。但在原则上一个系里两个党员负责干部只恐是只会少,不会多的。因为现在学校中的一个系,其实比过去一个大学的学生还来得多。

总之,学校中党员的骨干不加强,则光靠外面党委领导的加强也还是不能解决问题的。

(三) 对于政治教员问题,我希望党能大力予以解决。现在的情形实在太不成话了,前次我们建议各地抽调适当的有一定文化水准的干部,由华东局党校予以专业的训练,并在每年暑期,由华东局党校来组织现在各校的政治教员进行进修。我希望这个计划能付诸实施,按这个计划,三、二年后各校的政治教员问题才基本上能够解决。如果连这个计划也行不通,实[际]问题实在太大了,我们的学校就会变成没有政治教育的学校,这如何能培养出一定政治质量和思想水准的学生来呢?

(四) 如果我们解决了上面这些问题,则剩下来的只有党如何领导高等学校一个工作问题了。但我以为,有了干部,有了领导和明确的方针,则这问题究竟也不难解决的。即使是培养新教师这个最艰难的问题,则在一般业务水准提高与新老教师关系的改善中也可解决的。

最后我想对于学校党委的性质与任务,和政治辅导处等工作问题,提出如下的意见,以供组织参考:

(一) 学校党委的性质和其任务问题。按党章的规定,学校中党的组织应该是党的基础组织。而其任务按中宣部的指示应该是保证学校行政任务(即教学、学校的改革和学习等任务)的完成(即没有如工厂党基础组织那样的监督权)。按这样的原则来做,我想是比较适当的。但现在华东高等学校中党组织的性质与任务是带有二重性的,即一方面既是基础党的组织,而另一方面又是学校的领导机关,这样不但使学校中党组织的权力与其所担负的责任过大。并且很容易党政混淆,不好办事情,因为按照这样的规定,校重要问题纵令是上级政府的指示也非经党组织决议校长就无权处理,今天我们党委一般说来多没有这么高的水平。而另一方面又使党组织的工作,一天到晚都混到学校的行政事务堆里去。

再则按这个制度的规定,党委书记也都是校长兼任的,这更容易使党委书记一人包办。党的生活缺乏民主性,而党性不健全的校长,就会变成家长。

这一年多来,学校里工作搞得相当乱,同前述党委性质与任务的规定有很大关系的。如果说当我们初派力量到学校去工作,学校又在以运动的方式来进行改革时,暂时地党政合一一下,把行政也统一到党委方面来,那也可说有他一定的道理。但等思想改造、院系调整等运动过去后,我觉得不应该再保持这样不合理的制度了,因为它事实上是弊多利少的。

对于这个问题,学校中意见很多,我们因为忙于抓知识分子政策和四中全会决议的学习,没有去处理他,那么这学期我觉得应该设法把他解决了。二重性应该取消,而党、政则又分开为好。

(二) 政治辅导处的存废和工作问题,这也是一年多来各方面的意见最多的一个问题。由于今天我们党的力量在学校中还很薄弱,学校各方面的改革还正在进行,学校一般行政组织还不能很好来注意政治工作问题,同时我们学校里的政治思想工作又太少了,根据这些条件来说,政策辅导处是应该设立的。但在另一方面，如果党和学校各种群众组织，以及学校一般的行政组织能够担负起学校的政治工作时，则亦没有设立这样机关的需要了。所以政治辅导处他的本身实是一种过渡性质的组织，而在现在我们学校的情况下，一般地说，他还有设立的必要。但是他过去那一套无所不抓，无所不管一切都抓在自己手中和直接干涉学校其他行政部门的工作的内容和方法，则又必须改变。因此我们觉得：

(1) 凡已〈没〉设有政治辅导处的学校，除了极少数学校，规模很小(如水产学院)和党的力量很强(如政法学院)等外，一般仍应保持。而未设的学校则暂可不设，俟将来摸出完整的经验后再确定设不设。

(2) 设有政治辅导处的学校，凡一般的政治工作能够通过学校的其他行政部门和党委以及各种群众团体去做的，则务让他们去做，即政治辅导处应尽量不做。而其他行政部门和常委以及群众团体不能做的，则应〈概〉该由政治辅导处来做。(所以如此是因为 1. 政治辅导处是过渡性的组织，将来取消后其他机构不能做政治工作，那就不好。2. 以政治辅导处出面做群众政治思想教育，不如以马列主义教研和党与群众团体出面来做更为适合。)

(3) 政治辅导处的任务主要是做学生中的思想政治工作，如必须也管教职员的思想和政治理论学习。[其][它]则应该以学校教职员的身份用工会等群众团体的职权去进行工作，而不应以政治辅导处名义去工作。

(4) 政治辅导处应该有主任和一定数量的工作干部，其组织的方式与人员的多少可按各校情形和工作需要来确定，一般的说机构不必很大。而其对党的关系来说，则只是党需要用行政面目去进行政治工作时一个合法的工作机关，因此他一面是学校行政组织的一部分，由校长来领导；一面也是党在学校中工作机关的一部分，而由党委来领导。至于党工作机关的全部工作人员则不须都在政治辅导处中去〈按〉安个名义(则所谓一套人马二块牌子)，而党对工会、青年团、学生会以及民主党派等领导，则又应与政治辅导处的工作分开来由党委直接去领导。

(5) 政治辅导处主任应由党委书记或副书记兼任，其他干部一般地应该都是专职的。

(6) 设有政治辅导处的学校各系中都应设政治辅导员，或政治工作秘书，一般地可由系内党组织的负责人(支部或分支的书记或书记)兼任。

苟能按照上述的各点来做,则我以为政治辅导处与学校其他的行政部门以及和党委的关系都可解决,而不至混淆不清,互打官司了。

(文件编号:Q26)

后　　记

刘建平、赵晋、刘彦文、徐进、于之伟、张放参加了沙文汉、陈修良工作笔记的编校工作。沙尚之先生参与了部分三校工作。杨奎松负责统编并终校。

图书在版编目(CIP)数据

中国当代民间史料集刊. 11，沙文汉工作笔记：1949～1954年/华东师范大学中国当代史研究中心编. —上海：东方出版中心，2015.8(2025.3重印)

ISBN 978-7-5473-0806-6

Ⅰ.①中… Ⅱ.①华… Ⅲ.①中国历史—现代史—史料—1949～1954 Ⅳ.①K270.6

中国版本图书馆CIP数据核字(2015)第118219号

中国当代民间史料集刊 11

出版发行：东方出版中心
地　　址：上海市仙霞路345号
电　　话：62417400
邮政编码：200336
经　　销：全国新华书店
印　　刷：上海万卷印刷股份有限公司
开　　本：710×1020毫米　1/16
字　　数：590千字
印　　张：38.5　　　　**插　　页**：2
版　　次：2015年8月第1版　2025年3月第2次印刷
ISBN 978-7-5473-0806-6
定　　价：118.00元
